St. Petersburg

Marcus X. Schmid

6. komplett überarbeitete und aktualisierte Auflage 2019

Inhalt

Wege durch St. Petersburg

Unterwegs mit

Marcus X. Schmid

Geboren und aufgewachsen in der Schweiz, im nicht sehr aufregenden Mittelland zwischen Zürich und Bern. Der fehlende Blick aufs Matterhorn oder in die Sonnenstube Tessin hat seine spätere Reisetätigkeit erheblich begünstigt. Studium in Basel, in Erlangen und im damaligen Westberlin, dortselbst die akademischen Weihen in Germanistik, Komparatistik und Politologie empfangen. Lebt und arbeitet freiberuflich als Autor und Übersetzer in der französischsprachigen Schweiz.

Liebe Leserinnen, liebe Leser,

wie alle Touristen stehe ich am ersten Tag meines Besuchs auf dem Newskij-Prospekt. Der „Newskij" ist die Hauptader von St. Petersburg, hier kann ich den Puls der Stadt am besten fühlen. Was hat sich verändert seit dem letzten Mal? Die Marschrutkas mit ihren K-Nummern, diese „Sammeltaxis", verstopfen den Newskij nicht mehr, sie wurden offenbar aus dem Zentrum verbannt. Statt atemberaubend hoher Stöckelschuhe, denen jeder Ausländer, aber kein Russe hinterherschaut, tragen russische Schönheiten zunehmend Trash Look. Was geblieben ist: die Sandwich-Männer und -Frauen, die stumm auf ein Restaurant, einen Boat-Trip oder ein Konzert aufmerksam machen, die Babuschkas, die einen dünnen Blumenstrauß feilbieten.

Und was ist aus den Großbaustellen der Stadt geworden? Das Fußballstadion wurde rechtzeitig zur Weltmeisterschaft 2018 fertig, die Insel Neu-Holland ist keine Baustelle mehr, sondern zur Flanierzone geworden, und im Norden ragt der neue Gazprom-Tower, vom schnellen Volksmund „Maiskolben" genannt, in den Himmel. St. Petersburg verändert sich derzeit rasant, dem auf den Fersen zu bleiben, ist meine Aufgabe. Sicher hat sich auch die Gastro-Szene verändert, denke ich, auch das will recherchiert sein. Also an die Arbeit: Erst einmal gut russisch essen gehen ...

Was haben Sie entdeckt?

Haben Sie ein nettes Hotel entdeckt, ein gemütliches Restaurant oder den heißesten Nachtclub von St. Petersburg? Wenn Sie Ergänzungen, Verbesserungen oder Tipps zum Buch haben, lassen Sie es uns bitte wissen!

Schreiben Sie an: Marcus X. Schmid, Stichwort „St. Petersburg" |
c/o Michael Müller Verlag GmbH | Gerberei 19, D – 91054 Erlangen |
mxs@michael-mueller-verlag.de

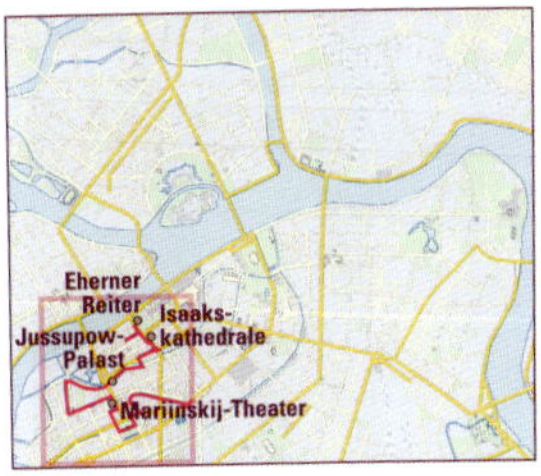

An Kanälen entlang

Tour 5: Vom Sennaja-Platz zum Ehernen Reiter

Das Mariinskij-Theater und die Mariinskij-Tonhalle gehören zu den berühmtesten Kulturtempeln der Stadt. Von da führt der Weg an Kanälen entlang zum Jussupow-Palast, in dem der unselige Rasputin ermordet wurde.

■ S. 90

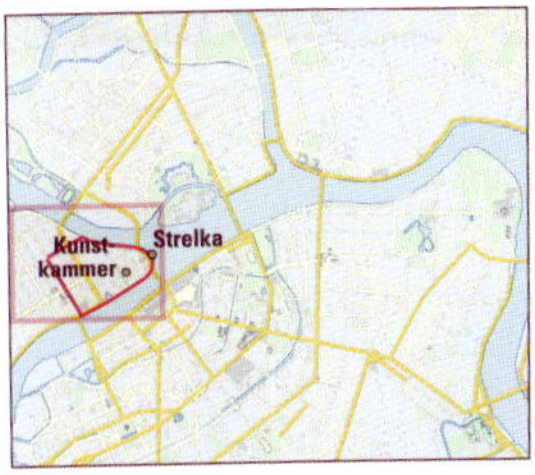

Auf Linien zum Quai

Tour 6: Wassiljewskij-Insel

In ihrem östlichsten Teil gehört die Insel mit ihren Palästen zum Stadtkern, in ihrem westlichsten Teil liegt der Hafen, davor dominieren Betonburgen – und versteckt zwischen ihnen die supermoderne „Erarta"-Galerie.

■ S. 108

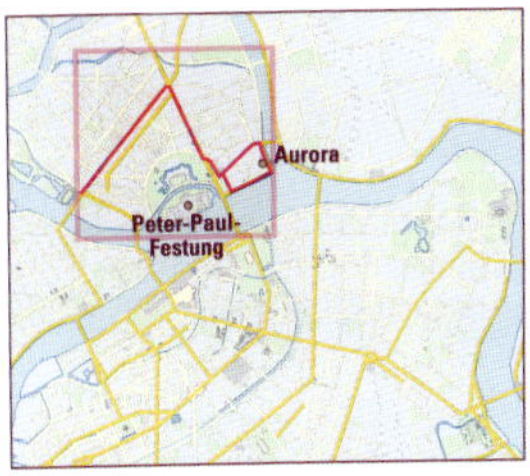

Hinter der Peter-Paul-Festung

Tour 7: Petrograder Insel

Die Zaren warfen ihre Gegner ins Gefängnis der Peter-Paul-Festung, sie selber fanden in der Kathedrale derselben Festung ihre letzte Ruhe. Eine Brücke führt hinüber zur Petrograder Insel, wo Touristen kaum hinkommen, obwohl es da einiges zu sehen gibt.

■ S. 122

Weitere Ziele

Außerhalb des Stadtkerns

Wenn die Petersburger dem Großstadtlärm entfliehen wollen, suchen sie die nördlichen Inseln auf. Diese sind untereinander mit Brücken verbunden, sodass ein Spaziergang sich anbietet. Die schönste von ihnen ist zweifellos die Jelagin-Insel: Wälder und Teiche, keine Autos und keine Hunde.

■ S. 140

Ausflüge in die Umgebung

Peterhof ■ S. 152 | Puschkin/Zarskoje Selo ■ S. 158 | Pawlowsk ■ S. 163 | Gatschina ■ S. 164 | Gedenkfriedhof Lewaschowo ■ S. 166 | Kronstadt ■ S. 167 | Repino ■ S. 173 | Schlüsselburg ■ S. 171 | Walaam ■ S. 173

■ S. 152

Nachlesen & Nachschlagen

Kompakt / Auf einen Blick

Verzeichnisse

Vielen Dank für Hilfe und Tipps!

Eugen von Arb, Taddeo Battistini, Helmut Bischoff, Sergej Martschukov, Heidi Moretti, Regina Püntener, Antje Vogel, Anastasija Zyganko

Besonderen Dank an:

Gérard Bétant und Michel Riethmann für fotografische Begleitung
Ilona Bodmer für den Beitrag „Ikonen“
Anastasia Nicolier für Hilfe bei den Kapiteln „Nachtleben“ und „Etwas Russisch“

Was haben Sie entdeckt?

Haben Sie ein nettes Hotel entdeckt, ein gemütliches Restaurant oder den heißesten Nachtclub von St. Petersburg? Wenn Sie Ergänzungen, Verbesserungen oder Tipps zum Buch haben, lassen Sie es uns bitte wissen!

Schreiben Sie an: Marcus X. Schmid, Stichwort „St. Petersburg“
c/o Michael Müller Verlag GmbH | Gerberei 19, D – 91054 Erlangen
mxs@michael-mueller-verlag.de

nachhaltig, ökologisch, regional

meinTipp Die besondere Empfehlung unseres Autors

Sozialistischer Realismus im Untergrund – Metrostation aus den 1950er Jahren

Peter-Paul-Kirche, Peterhof

Orientiert in

St. Petersburg

Orientiert in St. Petersburg

Stadt und Stadtviertel

Die nördlichste Millionenstadt der Welt ist eine junge, planmäßig entstandene Stadt. Gebaut wurde das „Venedig des Nordens", wie St. Petersburg wegen seiner vielen Kanäle und Brücken genannt wird, auf dem einst sumpfigen Gelände des Newa-Deltas. Eine Stadt ohne verwinkelte Gassen – der Besucher findet sich ohne Probleme zurecht.

Gegründet: 1703

Namen: 1703–1914 St. Petersburg, 1914–24 Petrograd, 1924–91 Leningrad, 1991 erneut St. Petersburg

Fläche: ca. 1400 km^2

Einwohner: ca. 5,4 Millionen, damit die zweitgrößte Stadt Russlands

„Große Seite" – die Festlandseite

Die von Kanälen durchzogene Festlandseite ist das **Zentrum der Stadt**. Hauptader ist der **Newskij-Prospekt** mit seinen Prunkbauten, der sich bis zur Newa zieht, wo – architektonischer Fluchtpunkt des Prospekts – die goldene Spitze der **Admiralität** in den Himmel ragt.

Hier auf dem „Newskij" kommt alles zusammen: auf Stiletten stöckelnde Schönheiten, Geschäftsleute mit dem Smartphone am Ohr, Jugendliche mit Bierdose in der Hand, kamerabehangene Touristen. Auf die zentrale Prachtstraße und ihre Seitenstraßen kommt man, ob man will oder nicht, immer wieder zurück, weil man in der Regel hier seine Unterkunft hat, weil man hier die meisten Restaurants findet, weil hier auch nachts viel los ist.

Am unteren Ende des Newskij steht die wegen ihrer riesigen Kunstsammlung legendäre **Eremitage**. Der Palast ist, zusammen mit dem **Schlossplatz**, dem größten Platz der Stadt, Petersburgs Fotomotiv Nummer eins.

Doch auch abseits des Newskij gibt es auf der „Großen Seite" viel zu sehen. Im eher plebejischen **Viertel um die Wladimirkirche** kann man anhand der genauen Angaben in Dostojewskijs „Verbrechen und Strafe" auf den Spuren des nihilistischen Mörders Raskolnikoff wandeln, die **Rubinsteinstraße**, im selben Viertel gelegen, profiliert sich in jüngster Zeit als Kneipenmeile mit vegetarischer bis zur fleischreichen kubanischen Küche. Im **Viertel um die Isaakskathedrale** wiederum lebten in Zarenzeiten die begüterten Geschlechter. Der Palast der schwerreichen Jussupows gehört heute zu den viel besuchten touristischen Attraktionen. Bescheidener ist die einstige Residenz der Nabokows, wo im Erdgeschoss ein kleines Museum an Vladimir Nabokov erinnert, der hier seine Jugend verbrachte

und später im amerikanischen Exil mit seinem Roman „Lolita" Furore machte.

Wassiljewskij-Insel

Die Wassiljewskij-Insel ist durch die Bolschaja Newa (Große Newa) von der Großen Seite getrennt. Peter I. hatte sie ursprünglich als Zentrum und Regierungssitz der neuen Hauptstadt vorgesehen. Später änderte er seine Pläne, machte die Insel aber immerhin zum Standort der Akademie der Wissenschaft und gründete darüber hinaus hier mit der „Kunstkamera" das erste Museum Russlands.

Heute ist die Insel vor allem am Newa-Ufer ein Blickfang. Am östlichen Ende, der sogenannten **Strelka**, stehen die auffälligen **Rostra-Säulen**, Symbol für die Herrschaft über das Meer. Von den imposanten Gebäuden am Quai ist die **Kunstkamera** ein Publikumsrenner; sie beherbergt das Kuriositätenkabinett von Peter I., der für seine Sammlung in ganz Europa Beispiele menschlicher und tierischer Missbildungen zusammensuchte.

Petrograder Insel

Von verschiedenen Armen der Newa umspült, ist die Petrograder Insel mit ihren stattlichen Wohnhäusern heute ein beliebter Wohnbezirk mit einem regen Leben, das sich entlang der beiden Hauptachsen abspielt. Ausländer flanieren gelegentlich im **Alexandergarten**, machen vielleicht noch einen Spaziergang zur legendären **Aurora**, dem Panzerkreuzer, der einst den Startschuss zur Stürmung des Winterpalasts gab. Massen von Touristen hingegen sieht man auf der vorgelagerten Haseninsel, auf der die **Peter-Paul-Festung** steht: Die Kathedrale mit den Gräbern der Romanow-Zaren sowie die Trubezkoj-Bastion, Gefängnis der politischen Gegner der Romanows, sind hier die Hauptattraktionen. Die Einheimischen kennen sie längst und nehmen am Strand vor der Festung ein Sonnenbad.

Inseln zur Erholung

Die Inseln Krestowskij, Jelagin und Kamennyj, im Nordwesten der Petrograder Insel gelegen und mit dieser und untereinander mit Brücken verbunden, werden von Fremden nur selten aufgesucht. Die drei Inseln bieten viel Grün und Erholung vom Stadtlärm. An der westlichen Spitze der **Krestowskij-Insel** wurde, noch rechtzeitig zur Fußball-WM 2018, ein neues Stadion fertiggestellt. Am ruhigsten ist die **Jelagin-Insel**, einst Erholungsort für die Zarenfamilie, heute ein gepflegter Park und Paradies für Radfahrer, Jogger, Skater und Spaziergänger ohne Hunde. Letztere haben ebenso wenig Zutritt auf die Insel wie Autos. Auf der **Kamennyj-Insel** wiederum sichtet der Spaziergänger versteckte Datschen, auf dem zentralen Kanal paddeln Kanuten.

„Sich in einer Stadt nicht zurechtfinden heißt nicht viel. In einer Stadt sich aber zu verirren, wie man in einem Walde sich verirrt, braucht Schulung."
Walter Benjamin, Berliner Kindheit um Neunzehnhundert

Orientiert in St. Petersburg

Sightseeing-Klassiker

Wer in St. Petersburg war, ohne die Eremitage besucht zu haben, war nicht in St. Petersburg. Es gibt offenbar so etwas wie ein touristisches Pflichtprogramm. Was da hineingehört, sieht man, wenn man auflistet, welche „Highlights" die klassischen Reiseveranstalter für einen Aufenthalt von zwei Tagen vorschlagen.

Unter dem Schutz der UNESCO

St. Petersburgs historisches Zentrum mit seiner einzigartigen Architektur ist seit 1990 UNESCO-Weltkulturerbe. Das heißt nicht, dass in der Stadt die Uhren stehengeblieben sind. Moderne Architektur aus Glas und Beton ist kein Problem, wenn sie sich einfügt – die historischen Gebäude überragen darf sie nicht.

Museen

■ **Eremitage:** Die von Zarin Katharina II. Mitte des 19. Jahrhunderts gegründete Kunstsammlung hat sich heute zu einem der weltweit größten Museen ausgewachsen. Doch sind die rund 60.000 Werke, die hier ausgestellt sind, kaum mehr als zwei Prozent dessen, was die Eremitage besitzt. Selbst wer für den Besuch der Eremitage einen ganzen Tag einplant, muss vorab überlegen, welche Abteilungen er sehen und welche er auslassen will. → Tour 2, S. 58

■ **Russisches Museum:** Bei Einheimischen ist das Museum, das der russischen Kunst von der alten Ikonenmalerei bis zur Revolution 1917 gewidmet ist, fast so beliebt wie die Eremitage. Einen besonderen Platz nimmt *Ilja Repin* ein, der bedeutendste Vertreter des russischen Realismus, der einst gegen den akademischen Betrieb in der altehrwürdigen Akademie der Künste rebellierte und heute zu den „Klassikern" gehört. → Tour 2, S. 46

Paläste

■ **Jussupow-Palast:** Nach dem Winterpalast, der heute von der Eremitage in Beschlag genommen ist, der prunkvollste Palast der Stadt. Die Gemäldesammlung der steinreichen Jussupows fand den Weg in die Eremitage. Geblieben sind zahlreiche Prunksäle und ein hauseigenes Theater, ein wahres Schmuckstück. Zum Schluss des Besuchs ab in den Keller: Dort wird in einer etwas makabren Installation Rasputin – Wanderprediger und Wüstling – ermordet. → Tour 5, S. 97

■ **Katharinenpalast:** Der 300 Meter lange Palast in Blau und Weiß ist ein Meisterstück des russischen Barocks. Im Inneren beherbergt er eine der größten Touristenattraktionen, das legendäre *Bernsteinzimmer*. Das Original ist zwar seit dem Zweiten Weltkrieg verschollen, die 2003 eingeweihte Kopie überzeugt aber. Auch der Spaziergang durch den Katharinenpark ist lohnenswert: eine ruhige Anlage mit Teichen und wunderbar verspielten, bizarren architektonischen Einsprengseln. → Ausflüge in die Umgebung, S. 158

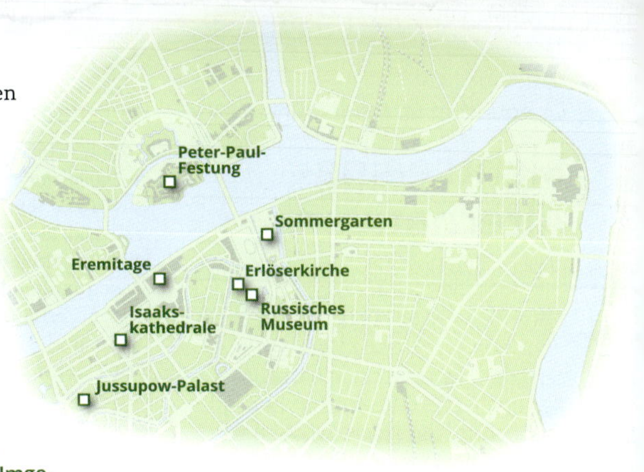

Kathedralen/Kirchen

■ **Isaakskathedrale:** Als Gotteshaus dient die Kathedrale mit der wuchtigen Kuppel, für die 100 Kilo pures Gold verwendet wurden, heute nur noch bei besonderen Anlässen. Im Inneren ist eine gute Dokumentation über ihre Baugeschichte zu sehen. Aufregender ist der Rundblick, den man oben vom Säulengang aus genießt. Trotzdem: Wir ziehen das Panorama von den Türmen der Smolnij-Kathedrale vor. → Tour 5, S. 102

■ **Erlöserkirche:** Die Kirche mit den farbigen Zwiebelkuppeln erinnert stark an die Moskauer Basiliuskathedrale. So schön die Erlöserkirche auch ist, sie bleibt ein architektonischer Fremdkörper in der Stadt, der neoaltrussische Stil passt nicht nach St. Petersburg. Im Inneren ist die Kirche vollständig mit feinen Mosaiken ausgekleidet, weshalb sie offiziell als „Mosaikenmuseum" geführt wird. → Tour 2, S. 44

Gärten

■ **Sommergarten:** Die Gründung des Sommergartens geht auf Peter den Großen zurück, der auch das Wohl der Hauptstadtbewohner im Sinn hatte und nebenbei für sich selber einen bescheidenen Sommerpalast in den Garten stellte. Katharina die Große gestaltete die Anlage neu – ungefähr so, wie sie sich heute präsentiert. Seit einer letzten Überarbeitung 2012 können sich die Besucher wieder zwischen den über 200 italienischen Statuen (Kopien) und wunderbaren Springbrunnen ergehen. → Tour 2, S. 53

■ **Peterhof:** Zum Palast Peters des Großen am Finnischen Meerbusen gehören zwei Gartenanlagen. Die untere mit ihren vielen Kaskaden, Springbrunnen und Scherzfontänen stellt selbst ihr Versailler Pendant in den Schatten. Spektakulär ist die „Große Kaskade", eine hydraulisch exakt durchkomponierte Symphonie aus weißem Marmor und goldenen Figuren, zwischen denen das silberne Wasser in die Höhe schießt. → Ausflüge in die Umgebung, S. 152

Festungsanlagen

■ **Peter-Paul-Festung:** Die beeindruckende Festung auf der „Haseninsel" steht am Anfang der Stadtgeschichte; weit sichtbar ragt die von einem Engel gekrönte goldene Spitze der *Peter-Paul-Kathedrale* in den Petersburger Himmel. Im Inneren der Kathedrale ruhen die Überreste der Romanows, von Stadtgründer Peter I. bis Nikolaus II., dem letzten Zaren. → Tour 7, S. 123

Sightseeing-Alternativen

Die „Klassiker" sind Pflicht, die „Alternativen" sind Kür. Aus den über hundert Museen der Stadt wird der Historiker das Museum der politischen Geschichte heraussuchen, der Psychoanalytiker das Freud-Museum, der Spieler das Spielautomaten-Museum. Die folgenden Kür-Vorschläge sind insofern nicht frei von einer gewissen Willkür.

Im Untergrund

Da das Newa-Delta stark vermoort ist, musste für den Bau der Petersburger Metro bis zu hundert Meter in die Tiefe gegraben werden. Die ersten acht Bahnhöfe, für die viel Marmor herbeigeschafft wurde, stammen aus den 1950er Jahren: sozialistische Monumentalarchitektur, vom frechen Volksmund als „Paläste des Volks" verspottet. Sie sind einen Abstecher in den Untergrund wert. → S. 230

Wohnhaus-Museen

■ **Anna-Achmatowa-Museum:** Die Grande Dame der russischen Poesie wohnte von 1924 bis zu ihrer Evakuierung während der Leningrad-Blockade 1941 im bescheidenen „Fontänenhaus". Das Museum dokumentiert, in welch beengten Verhältnissen die von Stalin als „Hure und Nonne" beschimpfte Dichterin wohnte (zusammen mit ihrem dritten Mann, dessen Ex-Frau und deren gemeinsamer Tochter) und arbeitete. **→ Tour 3, S. 66**

■ **Schaljapin-Museum:** Die geräumige Wohnung, in der *Fjodor Schaljapin*, dessen Bassstimme die berühmtesten Opernhäuser der Welt begeisterte, von 1914 bis 1921 lebte, ist ein Juwel unter den Petersburger Wohnhaus-Museen. Das Museum zeigt, mit welcher Akribie der Sänger sich in seine Rollen einarbeitete. Zum Abschluss eine akustische Kostprobe im hauseigenen Theatersaal. **→ Tour 7, S. 136**

■ **Repin-Museum:** *Ilja Repin* (1844–1930), der berühmteste Vertreter der russischen realistischen Malerei, verbrachte die letzten 30 Jahre seines Lebens im finnischen Örtchen Kuokkala, das zehn Jahre nach seinem Tod als Folge des finnisch-russischen Winterkriegs an die Sowjetunion fiel und zu Ehren des Malers in Repino umbenannt wurde. Repins Wohnhaus überrascht den Besucher erst durch seine karnevaleske Architektur, dann durch zahlreiche Skurrilitäten im Inneren, die den Maler als Exzentriker ausweisen. **→ Ausflüge in die Umgebung, S. 168**

Gotteshäuser

■ **Alexander-Newskij-Kloster:** Ein Ort der Stille. Das älteste Kloster der Stadt, von *Domenico Trezzini*, dem Hausarchitekten Peters des Großen entworfen, wird seit dem Zerfall der Sowjetunion wieder von der Russisch-Orthodoxen Kirche genutzt, Besucher sind angehalten, sich entsprechend diskret zu verhalten. Noch bevor man den Klosterbezirk betritt, sieht man links und rechts des Wegs die berühmtesten Friedhöfe der Stadt, den *Lazarus-Friedhof* und den *Tichwiner Friedhof*. Auf letzterem sind Dostojewskij, Mussorgskij und Tschaikowskij begraben. → Tour 1, S. 23

■ **Smolnyj-Kloster:** Die in einer Schlaufe der Newa gelegene Klosteranlage ist ein Musterbeispiel des russischen Barocks und wurde von *Bartolomeo Rastrelli* zur gleichen Zeit wie der Winterpalast gebaut. Religiösen Zwecken diente das Kloster nur kurz. Heute kommen Besucher hierher, um ein schönes Foto zu schießen und dann auf einen der beiden Türme zu steigen: Der Panoramablick über die Dächer der Stadt ist einmalig und stellt jenen der Isaakskathedrale in den Schatten. → Tour 3, S. 76

Denkmäler

■ **Eherner Reiter:** Irgendein posierendes Hochzeitspaar kriegt man bestimmt ins Bild, der Eherne Reiter ist nicht allein zu haben. Die berühmte Bronzestatue ist die verdichtete Symbolik der Geschichte der Stadt: Katharina die Große ehrt Peter den Großen. Der Stadtgründer weist auf dem sich aufbäumenden Pferd auf das Delta der Newa: Hier wird die Stadt gebaut. Wer sich dem Zaren in den Weg stellt, wird zertreten wie die Schlange unter dem Huf des Rosses. → Tour 5, S. 105

■ **Gedenkstätte der heldenhaften Verteidiger Leningrads:** Das 1975 eingeweihte Memorial für die rund 800.000 Menschen, die vom September 1941 bis Januar 1944 in der von der deutschen Wehrmacht eingeschlossenen Stadt ihr Leben ließen, ist beeindruckend. Über die offene Vorhalle, die mit ihrer Architektur die Blockade symbolisiert, gelangt man in die von 900 Kerzen nur schwach beleuchtete unterirdische Gedenkhalle. → Weitere Ziele im Stadtgebiet, S. 148

Kaufhaus/Markt

■ **Gostinyj Dwor:** Das unter Katharina II. gebaute Kaufhaus ist das älteste ganz Russlands und wird, was seine Größe anbelangt, in Russland nur noch vom Moskauer GUM übertroffen. Knapp ein Kilometer lang ist der Umlauf unter den Arkaden des Gebäudes. Im Erdgeschoss reiht sich Geschäft an Geschäft: Juwelen, Schreibwaren, Schuhe, Kleider ... Man kann innen von einem Geschäft direkt ins nächste schlendern – oder draußen unter den Arkaden flanieren und mit den Augen shoppen. → Tour 1, S. 32

■ **Apraksin Dwor:** Die Geschichte dieses offenen Markts geht wie die des nahen Gostinyj Dwor auf Katharina II. zurück. Seit einigen Jahren ist ein Abriss im Gespräch und in Teilen auch vollzogen. Aber noch wird hier gefeilscht: Stoffe, Kleider, viel Ramsch und gefälschte Markenartikel – die Händler stammen meist aus dem Kaukasus. Der Apraksin Dwor ist ein höchst lebendiger Markt, hat aber nicht den besten Ruf. Vor Taschendieben wird gewarnt. → Tour 4, S. 87

Essen gehen

Das Angebot ist groß, die Speisekarte nicht selten ein Buch mit den Kapiteln kalte Vorspeisen, warme Vorspeisen, Suppen, Salate, Fisch, Fleisch, Desserts – ganz zu schweigen vom Getränkeangebot, das stets auch Wodkas und Biere auflistet. Am besten, man bestellt sich erst einmal 50 Gramm Wodka und macht sich damit ans Studium.

Ausführliches zur russischen Küche → S. 205

Restaurants in den Stadtvierteln finden Sie am Ende der Stadttouren

Alle Restaurants kompakt und auf einen Blick → S. 261

Tipps zum Entziffern russischer Speisekarten → S. 272

Küchenvielfalt

Die russische Küche ist vielfältig, auch Vegetarier kommen auf ihre Kosten. Zusätzlich findet man in der Stadt zahlreiche andere Küchen: chinesische, italienische („Mama Roma" mit vielen Ablegern), französische (meist teuer), und in neuester Zeit schießen Sushi-Bars wie Pilze aus dem Petersburger Boden. Bei Einheimischen sehr beliebt sind Restaurants mit Spezialitäten aus Georgien, Aserbaidschan und Armenien und den dort wachsenden Weinen.

Küchenrussisch

Lokale, die sich an den Tourismus gewöhnt haben, haben meist auch eine englischsprachige Speisekarte. In kleineren Gaststätten spricht vielleicht ein Kellner ein paar Brocken Englisch, sonst ist man auf Russischkenntnisse oder mimische Fähigkeiten angewiesen.

Restaurants (ресторан), Cafés (кафе)

Das klassische Speiselokal ist das Restaurant. Einen Tisch vorab zu reservieren, erweist sich oft als sinnvoll. Wer nicht reserviert hat, lässt sich vom Personal einen Tisch zuweisen oder macht das Personal mit einer sachten Geste auf seine Anwesenheit aufmerksam. Eine ebenso gute Verpflegungsmöglichkeit sind oft auch die Cafés, von denen sich etliche geradeso gut Restaurant nennen könnten. Einige kleinere Cafés bieten mittags einen billigen Business-Lunch an (*бизнес ленч*), der aus drei Gängen (keine große Auswahl) besteht und schnell serviert wird.

Self-Service-Restaurants, Stolowaja (столовая)

Die Atmosphäre ist nüchtern, Plastiktische sind die Regel. Insoweit sind russische Self-Service-Restaurants vergleichbar mit Fast-Food-Küchen im Westen, zeigen aber ein wesentlich größeres Angebot als diese. Zu den Self-Service-Restaurants gehört auch die *Stolowaja*, manchmal nur eine Art Kantine.

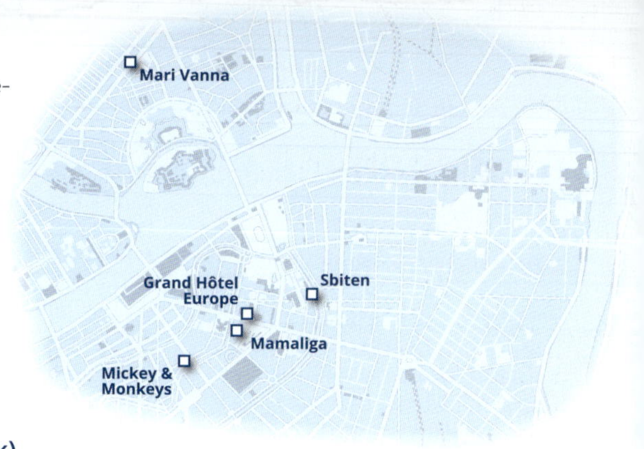

Teremok (Теремок)

Das Wort bedeutet so viel wie „Turmhäuschen". In St. Petersburg steht der Name für eine Kette von Buden, die *Bliny* (das russische Pendant zur bretonischen Crêpe) mit allen denkbaren Füllungen anbieten. Sie sind eine preiswerte, ideale Schnellverpflegung für den Spaziergänger.

Bars (бар)

Hier wird getrunken, in erster Linie Shots, Longdrinks und Bier. Gelegentlich gibt's auch ein Häppchen zu essen. Teurer ist in der Regel die Bar im Luxushotel, die Krone gebührt der Kaviar-Bar des *Grand Hôtel Europe* am Newskij-Prospekt.

Vom Aussterben bedroht

Nur noch selten trifft man auf diese Verköstigungs-Einrichtungen:

Tscheburetschnaja (*чебуречная*) – der Name leitet sich von *tscheburek* (mit Fleisch gefüllte Teigtaschen) ab, die dort angeboten werden.

Pischetschnaja (*пышечная*) – kleines Lokal, in dem *pischki*, eine Art (süßer) Krapfen aus Hefeteig, serviert werden. Dazu wird Kaffee getrunken.

5 Tipps für 5 Abende

- **Mamaliga:** Geräumig und doch stets voll, kaukasische Küche. Im Angebot sind Suppen, Eintöpfe, Salate, Chatschapuri (überbackenes Käsebrot) und, und, und – die Karte ist endlos. → Tour 1, S. 40

- **Korjuschka:** Die Lage mit Blick auf die Eremitage und die Strelka ist unschlagbar. Gerichte quer durch die russische Küche. Im April/Mai kommt auch der namengebende Korjuschka auf den Tisch, ein kleiner Fisch aus dem Finnischen Meerbusen. → Tour 7, S. 128

- **Mickey & Monkeys:** Großes, helles Lokal in der 1. Etage. Preiswerte 2- oder 3-gängige Mittagsmenus (Salate, Suppe und Hauptgang zur Auswahl), die allerdings nur in Russisch auf der Karte stehen. Sonst à la carte (in English). Viel jugendliches Publikum. → Tour 5, S. 106

- **Mari Vanna:** Der Gast fühlt sich in eine riesige russische Wohnstube aus der Nachkriegszeit versetzt. Die Küche ist durch und durch russisch: Borschtsch, hausgemachte Pelmeni, Schweinefleischspezialitäten. Eine hauseigene Spezialität ist der Meerrettich-Wodka, den man zum Abschied auch käuflich erwerben kann. → Tour 7, S. 138

Orientiert in St. Petersburg

Ausgehen

Das Nachtleben in St. Petersburg braucht den Vergleich mit westeuropäischen Metropolen nicht zu scheuen. Discos und Clubs haben bis in den Morgen geöffnet. Besonders an Wochenenden während der Weißen Nächte, wenn die kaum untergegangene Sonne schon wieder aufgeht, sind die stets lauten Lokale oft brechend voll.

Mehr Clubs, Discos und Bars im Kapitel Nachtleben ab S. 217.

Newskij-Prospekt

Die zentrale Ader der Stadt pulsiert nicht nur tagsüber, sondern auch nachts. Gruppen von Jugendlichen – oft mit einer Bierdose in der Hand – schlendern über den Newskij und durch seine Seitenstraßen, konsultieren ihr Smartphone, um zu erfahren, wer gerade wo ist und wo was abgeht. Paare – die Dame oft mit einem geschenkten Blumenstrauß, den sie dann den ganzen Abend mit sich herumtragen muss – suchen eines der zahllosen Restaurants oder Cafés, Touristen buchen nicht selten einen nächtlichen Boat Trip durch die Kanäle der Stadt, um die berühmten Paläste in ihrer Illumination zu bewundern. Meist erst nach Mitternacht blüht das Leben in den Clubs und Discos auf, am heißesten und am lautesten geht es in der **Ecke Dumskaja uliza/Lomonossowa uliza** zu, wo trotz der homophoben staatlichen Politik die einheimische LGBT-Community mit der **Central Station** ein Refugium hat. Einige Clubs verlangen einen bescheidenen Eintritt, für Frauen weniger als für Männer, andere beschränken sich auf eine Gesichtskontrolle, die der Ausländer in der Regel problemlos besteht. Einzig zu den Nightclubs („adult pleasure"), die einsamen Männern erotischen Kitzel versprechen, ist der Eintritt hoch.

Die Quais der Newa

Vor allem in den **Weißen Nächten**, von Anfang Juni bis Mitte Juli, wenn die Sonne, kaum untergegangen, schon wieder aufgeht und die Temperaturen menschenfreundlich sind, flanieren die Petersburger gern an den Quais der Newa, am liebsten zwischen dem Winterpalast und dem berühmten Denkmal des Ehernen Reiters oder am Ufer der gegenüberliegenden Wassiljewskij-Insel, wo nachts die Ostspitze, die Strelka, mit ihrem angestrahlten Spring-

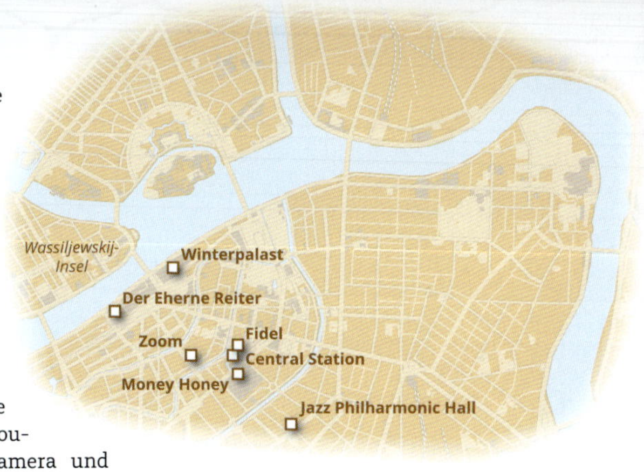

brunnen das optische Zentrum ist.

Spektakulär wird's nach ein Uhr früh, dann gehen die ersten von insgesamt 13 Brücken der Stadt hoch. Zwischen der Schlossbrücke und der Blagoweschtschenski-Brücke strömen die Massen zusammen, Touristen zücken die Kamera und posieren für ein Selfie mit dem Hintergrund der beleuchteten, sich öffnenden Brücke. Ragt die Brücke dann zweigeteilt senkrecht in den Himmel, setzt sich eine schier endlose Karawane schwerer Schiffe mit dem Ziel Finnischer Meerbusen in Bewegung. Aufgepasst: Bevor die Brücken hochgehen, sich vergewissern, dass man auf der richtigen Flussseite steht, sonst kann der Nachhauseweg umständlich werden.

Wassiljewskij-Insel

Auch die Wassiljewskij-Insel hat ihre abendliche Ausgehmeile, selbst wenn sich diese auf das kurze Stück **Fußgängerzone der 6./7. Linie** zwischen der Metrostation Wassileostrowskaja und dem Bolschoi-Prospekt beschränkt. Touristen sind selten hier, meist sind es Inselbewohner, die zwischen Cafés und Schnellimbissen flanieren und einen Tisch im Freien suchen: sehen und gesehen werden.

5 Tipps für 5 Abende

■ **Zoom:** Das Café ist seit Jahren ein Renner beim studentischen Publikum. Tagsüber sieht man Schachspieler, Zeitungsleser, Laptop-Arbeiter oder einfach Leute, die sich zu einem Bier treffen. Ab 19 Uhr ist in der Regel kein Platz mehr zu bekommen. Reservierung geboten, dann kann man hier bis weit in Nacht essen und zechen. → Tour 5, S. 106

■ **Fidel:** Ob's dem Máximo Líder hier gefallen hätte, weiß man nicht. Jedenfalls wäre der Namensgeber des Clubs besser nicht vor Mitternacht gekommen, denn bis dahin ist im Fidel absolut nichts los, erst gegen 2 Uhr kommt der Laden in Schwung. Dann aber richtig. Wechselnde DJs legen Rock und Techno auf. → Nachtleben, S. 218

■ **Money Honey:** Der Club am Rand des seit Jahren vom Abriss bedrohten Apraksin-Markts ist vor allem bei russischen Studentinnen und Studenten beliebt, die hier auf zwei Etagen zu Rockklängen, live oder vom DJ gesteuert durch die Nacht tanzen. → Nachtleben, S. 218

■ **Jazz Philharmonic Hall:** Das 1989 vom Petersburger Jazzmusiker Dawid Semjonowitsch Goloschtschokin gegründete Lokal ist die Adresse für den gepflegten klassischen Jazz-Abend. Mit seinen über 70 Jahren bestimmt Goloschtschokin auch heute noch ein Programm, das sich durch hohe Qualität auszeichnet. Gelegentlich tritt der Meister auch selbst auf – mit Violine, Saxophon, Vibraphon, am Piano oder am Schlagzeug. → Nachtleben, S. 219

Erlöserkirche im Lichtstrahl

Wege durch
St. Petersburg

Wo das Herz der Stadt schlägt

Tour 1

Oft wird der „Newskij" mit den Pariser Champs-Elysées und anderen Prachtstraßen des Erdballs verglichen. Er ist weit mehr. Zwar finden sich auch hier die teuersten Geschäfte, luxuriöse Hotels und Restaurants, vor allem aber begegnet man hier dem kunterbunten Panoptikum der St. Petersburger Gesellschaft.

Невский проспект

Newskij-Prospekt

Alles kommt auf dem Newskij zusammen: eilige Geschäftsleute mit Handy am Ohr, Jugendliche mit musikverstöpselten Ohren und einer Bierdose in der Hand, auf gewagt hohen Stiletten übers Pflaster stöckelnde Schönheiten, gekleidet nach der vorletzten Mode, und Gruppen kamerabehangener Touristen, deren Augen die Fassaden nach einem Motiv absuchen. Gelegentlich strecken Roma-Frauen mit stechend schwarzem Blick und halbnackten Kindern im Arm oder Gebete murmelnde Mütterchen die Hand nach Almosen aus, Babuschkas stehen stumm am Straßenrand und bieten einen Blumenstrauß feil. Mit dem kapitalistischen Glamour teurer Boutiquen kontrastiert ein Häufchen versprengter Kommunisten, das mit Stalins Konterfei gegen die neue Wirtschaftsordnung Propaganda macht.

Hinter der pinkfarbenen Stretch-Limousine, dem bevorzugten Hochzeitsgefährt neureicher Brautpaare, knattert ein heillos überladener, vom Rost angefressener Lada. Nirgendwo kommen sich Gewinner und Verlierer der neuen russischen Wirtschaftsordnung so nahe wie auf dem Newskij-Prospekt.

Dass auf dem Newskij Glanz und Elend nah beieinander sind, ist kein neues Phänomen. Schon in seiner 1935 erschienenen Novelle „Der Newskijprospekt" notiert der Schriftsteller Nikolaj Gogol: „... mein Gott, wie viele Füße ihre Spur auf ihm hinterlassen haben! Sowohl der plumpe, schmutzige Stiefel des abgedankten Soldaten, unter dessen Gewicht selbst der Granit zu bersten scheint, als auch der federleichte winzige Schuh der jungen Dame, deren Köpfchen sich den blitzenden Schaufensterscheiben zuwendet wie die Sonnenblume dem Licht ..."

Wir beginnen unseren Spaziergang am östlichen Ende des Newskij-Prospekts.

(außerhalb des Kartenausschnitts auf S. 25). Dort besuchen wir zunächst den großen Komplex des Alexander-Newskij-Klosters, der von früheren Zeiten erzählt, und stoßen dann ins quirlige Stadtzentrum vor.

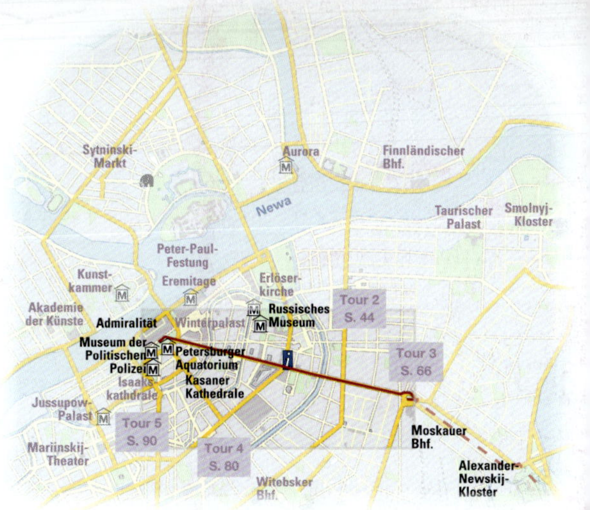

Ausgangspunkt: Ⓜ Doppelstation Ploschtschad Alexandra Newskogo 1/Ploschtschad Alexandra Newskogo 2

Александро-Невская лавра

Alexander-Newskij-Kloster

Den Verkehr, der auf dem Alexander-Newskij-Platz rund um das Reiterstandbild Alexander Newskijs tost, hat man rasch vergessen, wenn man sich im stillen Klosterbezirk befindet.

Der russische Begriff für Kloster ist *monastyr*, für das Alexander-Newskij-Kloster wird jedoch der Bezeichnung *lawra* verwendet, womit ein erstrangiges Kloster gemeint ist. Insgesamt fünf Klöstern der Russisch-Orthodoxen Kirche tragen diesen Ehrentitel, drei davon liegen in der Ukraine, zwei im heutigen Russland, das Alexander-Newskij-Kloster ist eines von ihnen.

Noch bevor man über den Monastyrka-Bach den ummauerten Klosterbezirk betritt, liegen links und rechts des Wegs zwei alte Friedhöfe, es sind die berühmtesten der Stadt; ihr Besuch ist kostenpflichtig. Eine weiter nicht begründete Vorschrift legt fest, dass man zunächst den Toten links des Wegs und erst dann den Toten rechts des Wegs seine Reverenz erweist, was immerhin der Chronologie der Entstehung der beiden Friedhöfe entspricht.

St. Petersburg im Kasten

Alexander Newskij – der Schutzheilige von St. Petersburg

Alexander Jaroslawitsch Newskij (1220–1263), Fürst von Nowgorod, wird in den russischen Geschichtsbüchern als Nationalheld gefeiert. In der *Schlacht an der Newa* brachte er 1240 den Schweden eine entscheidende Niederlage bei, was dem Heerführer den Beinamen „Newskij" eintrug. Zwei Jahre später schlug er auf dem zugefrorenen Peipus-See (heute im estnisch-russischen Grenzgebiet) die Truppen des Deutschen Ordens und sicherte so endgültig die Nordwestgrenze des Russischen Reichs und damit des orthodoxen Glaubensgebiets. Im 16. Jahrhundert wurde Alexander Newskij von der Russisch-Orthodoxen Kirche heilig gesprochen. Peter der Große ließ 1715 zu Ehren des Helden, der die Schweden bereits ein halbes Jahrtausend vor ihm bekämpfte, das Alexander-Newskij-Kloster bauen und Gebeine hierher schaffen.

Лазаревское кладбище

Lazarus-Friedhof

Der Gottesacker wurde bereits 1716, also zu Zeiten Peters des Großen, eingeweiht. Die meist mit einem längst rostig gewordenen Eisenzaun umfassten Gräber stehen regellos dicht beieinander. Wer sucht, der findet hier die letzten Ruhestätten der großen Petersburger Architekten italienischer Herkunft *Carlo Rossi* und *Giacomo Quarenghi* oder des Basler Mathematikers *Leonhard Euler* (1707–1783), der in St. Petersburg lehrte. Noblere Tote fanden in der einstigen Lazarus-Kirche, die über dem provisorischen Grab von Großfürstin Natalja Alexejewna, der Lieblingsschwester Peters des Großen, errichtet wurde, die letzte Ruhe. Leider bekommt der Besucher, wenn er nicht Russisch versteht, keine Erklärung zu den prunkvollen, mit Goldreliefs und Familieninsignien verzierten Marmorsarkophagen, es bleibt ihm nur ratlose Bewunderung übrig.

Тихвинское кладбище

Tichwiner Friedhof

Er wurde erst 1823 eingeweiht und wird gelegentlich auch „Künstlerfriedhof" genannt. Im Gegensatz zum Lazarus-Friedhof ist er besucherfreundlich großzügig angelegt und mit Wegen durchzogen, die zu einem kurzen Spaziergang einladen. Gleich rechts des Kassenhäuschens führt der Weg zum Grab von *Fjodor Dostojewskij* (1821–

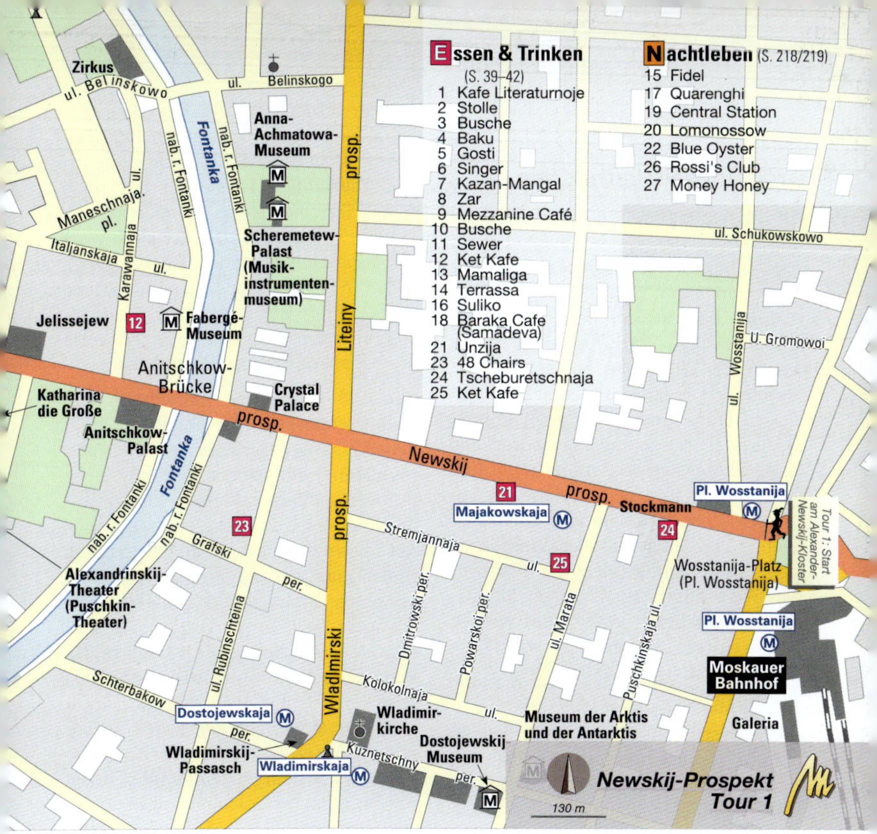

1881, mit Büste und darunter ein Epigraph aus „Die Brüder Karamasow"), ein paar Schritte weiter begegnet man dem im gleichen Jahr verstorbenen Komponisten *Modest Mussorgskij* (1839–1881) und weiter hinten seinem Zeitgenossen und Kollegen *Pjotr Tschajkowskij* (1840–1893).

9.30–18 Uhr. Eintritt für beide Friedhöfe zusammen 400 Rbl. Der Besuch der Lazarus-Kirche (tägl. 11–16.30 Uhr, Di geschlossen) kostet 100 Rbl extra.

Благовещенская церковь

Mariä-Verkündigungs-Kirche

Über den Monastyrka-Bach hinweg gelangt man in den eigentlichen Klosterbezirk, wo linkerhand das älteste Gotteshaus der Anlage (1717–1722) steht: Die Mariä-Verkündigungs-Kirche sieht eher wie ein weltlicher Bau aus, und so stört seine heutige Verwendung als Gräber-Museum kaum. Hier fand Großfürstin *Natalja Alexejewna*, Schwester Peters des Großen, ihre letzte Ruhe, weitere Angehörige der Romanows leisten ihr Gesellschaft, und auch der berühmte Generalissimus *Alexander Suworow* (1729–1800), der fast ein halbes Jahrhundert lang an ungezählten europäischen Fronten kämpfte, fand hier einen angemessenen letzten Aufenthaltsort. In der ersten Etage findet man weitere Grabplatten; interessanter ist hier ein aus neun großen Blättern zusammengesetzter Stadtplan von St. Petersburg aus dem Jahr 1753.

Mi–So 11–17 Uhr. Eintritt 200 Rbl.

Троицкий собор

Dreifaltigkeitskathedrale

Die klassizistische Kathedrale ist der Mittelpunkt der Klosteranlage (1776–1790) mit einer zentralen Kuppel, flankiert von zwei Glockentürmen. Hier strömen seit Beginn der postsowjetischen Ära täglich um 7 und um 10 Uhr wieder die Gläubigen zusammen, um die Liturgie zu singen. Wer sich die Kirche in Ruhe anschauen will, kommt also besser nachmittags. Beeindruckend ist die Ikonostase aus rotem Achat und weißem Marmor, rechts daneben befindet sich unter einem gold-roten Baldachin das Hauptziel der Wallfahrer: ein Silberschrein, in dem die Überreste von Alexander Newskij, dem Schutzheiligen der Stadt, aufbewahrt werden (→ Kastentext „Alexander Newskij").

Eine grobe Störung der Totenruhe fand am 12. Mai 1922 statt: Die kommunistische Parteiführung der Stadt ließ im Beisein des orthodoxen Klerus, von Journalisten, Fotografen und rund 300 weiteren Personen den Reliquienschrein öffnen, um vor laufender Kamera der Mär des unverweslichen Heiligen ein für allemal ein Ende zu bereiten. Tatsächlich fand man nur noch seine Gebeine sowie eine schwarze Mönchskutte. Kleid und Knochen wurden darauf wieder in den Schrein gelegt, dieser in die Kasaner Kathedrale (siehe weiter unten) abtransportiert, wo er bis 1989 als Ausstellungsstück im „Museum des Atheismus" seinen Platz bekam.

Vor und hinter der Kathedrale sind zwei weitere Friedhöfe angelegt, direkt dem Eingang gegenüber der sog. **Kommunisten- und Atheistenfriedhof**, der nur wenig Pflege bekommt. Einige Gräber sind eingezäunt, andere liegen mitten im wuchernden Grün, gelegentlich findet man ein vergilbtes Gedenkfoto an einen Baumstamm geheftet, oder ein roter Sowjetstern verrät, dass hier ein Genosse unter der Erde liegt. Im **Nikolaus-Friedhof** hinter der Kathedrale wird auch heute noch beerdigt; unter anderem ist hier *Anatolij Sobtschak* begraben, der erste Gouverneur St. Petersburgs nach dem Zusammenbruch der Sowjetunion (→ Geschichte der Stadt).

Letzte Ruhestätte für den Genossen

Newskij-Prospekt → Karte S. 24/25

Vom Wosstanija-Platz zur Fontanka

Die rund eineinhalb Kilometer zwischen dem Alexander-Newskij-Platz und dem Wosstanija-Platz könnte man auch mit der Metro (eine Station) oder dem Bus (3 Stationen) zurücklegen, zur Einstimmung auf den weit bekannteren Abschnitt des Newskij-Prospekts, der nachher folgt, empfehlen wir jedoch den viertelstündigen Spaziergang. Der obere Teil des Newskij, der sogenannte *Alte Newskij-Prospekt*, kontrastiert immer noch hart mit der Prachtstraße und ihren Palästen im unteren Teil. Doch die farbig schillernde Konsumwelt verdrängt zusehends auch hier das noch verbliebene Grau der sowjetischen Zeiten.

Площадь Восстания

Wosstanija-Platz

Mit dem Wosstanija-Platz („Platz des Aufstands"), wo der Newskij mit einem Knick die Richtung leicht ändert, beginnt die touristische Meile. Vor der Oktoberrevolution hieß der Platz Snamenskaja-Platz, benannt nach der gleichnamigen Kirche, die später Stalins klassizistischem „Tempel", der Metro-Station Ploschtschad Wosstanija, geopfert wurde. Mitten auf dem Platz ließ der letzte Zar, Nikolaus II., ein Reiterstandbild seines fülligen Vaters Alexander III. aufstellen, das vom Volk bald respektlos als „Nilpferd auf Kanapee" verlacht wurde. Während der Februarrevolution 1917, die dem Platz den Namen gab, diente das Denkmal als Rednertribüne. Auf dem Rücken des Zarengauls stehend, feuerten die Revolutionäre die mit den sozialen und wirtschaftlichen Verhältnissen unzufriedene Masse an. Später schafften die Sowjets das künstlerisch etwas eigenwillige Denkmal diskret in den Innenhof des Marmorpalasts, wo es heute noch zu sehen ist. An seiner Stelle sticht nun ein marmorner *Obelisk*, auf dessen Spitze der goldene Sowjetstern prangt, in den Petersburger Himmel. Er erinnert an den Sieg über Nazideutschland.

Lange stritt der Stadtrat über eine Neugestaltung des Wosstanija-Platzes. Den Obelisken an einem anderen Platz aufzustellen und dem „Nilpferd" wieder seinen alten Platz zuzugestehen, stand auch zur Debatte, eine Mehrheit dafür fand sich aber nicht. Schließlich begnügte man sich mit flankierenden Maßnahmen zur Konsumförderung: Neben dem Moskauer Bahnhof reihen sich in der *Galeria* die Boutiquen, und wer hinterher immer noch die Brieftasche voller Rubel hat, wird diese locker

Am Wosstanija-Platz

Kein Rathaus – der Moskauer Bahnhof

beim finnischen Warenhausgiganten *Stockmann* los, der, ein paar Meter vom Platz entfernt, am Newskij-Prospekt auf sechs Etagen zum Shoppen einlädt.

Московский вокзал

Moskauer Bahnhof

Der Moskauer Bahnhof ist das dominante Gebäude am Wosstanija-Platz. Den Namen hat er seit seiner Einweihung 1851 oft gewechselt, sein Aussehen hingegen, das mit seinem Uhrturm eher an ein Rathaus als an einen Bahnhof erinnert, ist praktisch unverändert geblieben. In der Eingangshalle ziert ein ziemlich kitschiges Trompe-l'Oeil-Gemälde die Decke, in dem sowohl die Fahne der Revolution mit Lenins Konterfei wie auch jene der Olympiade Platz haben. Die riesige Haupthalle ist ein Shopping-Bezirk, an der Wand lässt sich das russische Eisenbahnnetz von Odessa bis Alma Ata studieren. Mehr als ein Dutzend Züge fahren täglich nach Moskau ab. Die Hochgeschwindigkeitszüge (Siemens-Velaro) rasen in dreidreiviertel Stunden in die russische Hauptstadt.

Дворец Белосельских-Белозерских

Belosselskij-Beloserskij-Palast

Am *Newskij Palace Hotel* vorbei gelangt man bald zur berühmten Anitschkow-Brücke (siehe unten) über die Fontanka, noch vorher steht links an der Ecke der rosafarbene Belosselskij-Beloserskij-Palast. Das auffällige Bauwerk, von muskulösen Atlanten gestützt, wurde von *Andrej Stakenschneider*, dem Chefarchitekten von Nikolaus I., entworfen, der seine Spuren noch mancherorts in der Stadt hinterlassen hat. Ein Schild vermerkt, dass der Palast im Ersten Weltkrieg als englisch-russisches Krankenhaus Verwendung fand. In einem Trakt wurde 2013 das „Anatolij-Sobtschak-Museum" über das Entstehen der russischen Demokratie eingerichtet, das den 2000 verstorbenen ersten postsowjetischen Gouverneur der Stadt ehrt. Kaum eröffnet, wurde es 2013 wieder geschlossen.

Vielleicht wird demnächst auch die Museumstafel wieder abgenommen – und der Beamte an der Rezeption hat Ruhe vor neugierigen Touristen.

Schräg gegenüber dem Palast steht der **Crystal Palace**, das erste Tonfilmkino Russlands. Heute beherbergt es drei Säle, die Besucher kommen in den Genuss der Dolby-Technik. Die Filme sind entweder original-russisch oder synchronisiert-russisch, ausländische Originalversionen mit oder ohne Untertitel sind selten. So nutzt dem Sprachunkundigen alle Dolby-Technik nichts, und er hält sich schadlos an dem, was ebenfalls aus dem Westen kommt: Popcorn und Coca Cola.

Аничков мост

Anitschkow-Brücke

Die Brücke des Newskij-Prospekts über die Fontanka ist wohl die am meisten fotografierte der über 300 Brücken der Stadt. Die vier imposanten, muskulösen bronzenen Rossbändiger (Mitte 19. Jh.) an den Brückenköpfen sind ein Werk des deutschbaltischen Bildhauers *Pjotr Klodt*. Die berühmte Skulpturengruppe lag 1941 den Leningradern so am Herzen, dass sie abgebaut und vergraben wurde, um sie vor einer möglichen deutschen Zerstörung zu retten.

Шереметьевский дворец

Scheremetjew-Palast

Bevor wir die Fontanka überqueren, machen wir noch einen kleinen Abstecher nach rechts, dem Quai entlang. Nach 300 Metern – an der langgestreckten Filiale der Nationalbibliothek vorbei – steht man vor dem Scheremetjew-Palast. Peter der Große hatte seinem erfolgreichen Heerführer Boris Scheremetjew hier ein riesiges Areal geschenkt, auf dem dessen Nachkommen den Palast errichten ließen; die schwerreichen Scheremetjews hielten ihn bis zur Russischen Revolution 1905 in Familienbesitz.

Die Scheremetjews waren in St. Petersburg als Sponsoren des musikalischen Lebens der Stadt bekannt, im 18. 19. Jahrhundert unterstützten sie zahlreiche Musiker. Heute beherbergt der rechte Flügel des Palasts auf zwei Stockwerke verteilt ein **Musikinstrumentenmuseum**, das jedes Musikerherz höher schlagen lässt. Auf engstem Raum sind in den alten Vitrinen des Erdgeschosses Instrumente aus aller Welt ausgestellt: Flöten aller Art aus allen Kontinenten, Balalaikas, Banjos, Mandolinen, Harfen, Akkordeons, Geigen, Spinette, Glocken und Glockenspiele, Percussioninstrumente ... Eine Besonderheit ist das russische Hornorchester, das im 19. Jahrhundert in aristokratischen Kreisen ungemein beliebt war: 60 bis 120 Instrumente umfasste ein Orchester, jeweils ein Musiker war für einen Ton zuständig. Noch Nikolaus II, der letzte Zar, ließ damit zu seinen Krönungsfeierlichkeiten aufblasen.

Die großen Instrumente haben in den teils prunkvollen Sälen der ersten Etage Platz gefunden: Konzertflügel, Klaviere und Cembalos.

Musikinstrumentenmuseum: Mi 13–21 Uhr, Do–So 11–19 Uhr. Am letzten Fr des Monats geschlossen. Eintritt 300 Rbl.

Музей Фаберже

Fabergé-Museum

Nachdem wir die Fontanka überquert haben, machen wir erneut einen kurzen Abstecher nach rechts und stoßen auf das 2014 eröffnete Fabergé-Museum.

Das Museum verdankt seine Existenz dem in der Schweiz wohnhaften russischen Oligarchen Wiktor Wekselberg, der 2004 bei einer Versteigerung neun von 42 noch erhaltenen Fabergé-Eiern erwarb, die heute das Kernstück des Museums mit seinen über 4000 Werken bilden. Wekselberg handelte mit der

Newskij-Prospekt → Karte S. 24/25

Stadt für den Schuwalow-Palast an der Fontanka einen Mietvertrag über 49 Jahre aus. Der Prunkbau aus dem 19. Jahrhundert wurde außen wie innen sorgfältig renoviert – die luxuriösen Fabergé-Eier haben einen ebenso luxuriösen Wohnsitz bekommen.

Der „Blaue Saal" mit den berühmten Eiern, unter ihnen auch das älteste, das Ei mit dem Hühnchen (siehe Kastentext), steht im Zentrum der Sammlung. Aber auch die anderen Säle zeigen erlesene Schmuckstücke: silberne Schnupftabakdosen mit dem Zarenporträt, ein Mini-Samowar, zahllose bemalte, mit Juwelen besetzte Döschen, russische Porzellankunst und mehr – ein schier unglaublicher Reichtum.

Tägl. 10–20.45 Uhr. Der Audioguide (150 Rbl) beschreibt nur die Architektur der Räume, er erzählt nichts über die ausgestellten Objekte. Eintritt 450 Rbl.

St. Petersburg im Kasten

Ostereier für die Zarin

Die Fabergé-Story beginnt mit Gustave Fabergé, der 1842 in St. Petersburg ein Juweliergeschäft eröffnete. Seine Söhne Carl und Agothon Fabergé machten mit den als Fabergé-Eier weltberühmt gewordenen Schmuckstücken Furore und ein glänzendes Geschäft. Begonnen hatte die hübsche Tradition mit Zar Alexander III., der im Juweliergeschäft für seine Gemahlin Maria Fjodorowna ein Osterei bestellte – und die Fabergés lieferten ein kleines Kunstwerk: eine mit Email verzierte Eierschale aus Gold, die sich öffnen ließ, im Innern fand der Zar ein fein ziseliertes Hühnchen aus purem Gold. Carl und Agathon gingen auf dem eingeschlagenen Weg weiter und produzierten insgesamt 54 verschiedene solcher kostbarer Eier. Nikolaus II., der letzte Zar, durfte seiner Gemahlin ein Exemplar schenken, in dem sich ein Miniaturbähnchen befand – eine detailgetreue Kopie der kaiserlichen Eisenbahn samt mechanischer Lokomotive aus Juwelen.

Die Tradition der Fabergé-Eier setzt heute Sarah Fabergé fort. Ihre Kreationen finden Sie unter wwwfaberge.com (in Englisch).

Von der Fontanka zum Gribojedow-Kanal

Аничков дворец

Anitschkow-Palast

Zurück zur berühmten Anitschkow-Brücke, steht gleich auf der anderen Seite des Newskij-Prospekts der älteste Palast der Prachtstraße. Der Hauptbau des Anitschkow-Palasts datiert aus dem Jahr 1741 und fällt unter die Regierungszeit Zarin Elisabeths, die den ansehnlichen Bau ihrem Liebhaber schenkte. Bei dessen Tod fiel der Palast an Zarin Katharina II, die die großzügige Geste ihrer Vorgängerin wiederholte – der Glückliche war diesmal *Graf Potjomkin*, der für die Zarin nicht nur gegen die Türken zu Felde zog, sondern sich mit Leidenschaft auch um ihre Herzensangelegenheiten kümmerte. Anfang des 19. Jahrhunderts wurde dem Anitschkow-Palast ein großer Säulenvorbau hinzugefügt, zusätzlich wurde der Park mit zwei Pavillons aufgewertet. Zar Alexander III. gefiel die Anlage später so sehr, dass er sie an Stelle des Winterpalasts zur Winterresidenz auserkor. Nach seinem Tod ließ

Newskij-Prospekt → Karte S. 24/25

sich Zarenwitwe Maria Fjodorowna darin verwöhnen, bis die Revolutionäre den Palast für weniger aristokratische Zwecke beanspruchten. Heute heißt er etwas umständlich „Palast des jugendlichen Kulturschaffens", Schüler üben sich hier in Theater, Musik, Ballett und Malerei.

An den Anitschkow-Palast schließt sich eine kleine Grünanlage an, mit ihren Bänken tagsüber ein beliebter Platz für eine kurze Rast. Inmitten des Parks thront eine gewaltige **Statue Katharinas der Großen**, zu Füßen der Zarin gruppieren sich auf einem mächtigen Sockel neun Personen, unter ihnen in selbstbewusster Pose Graf Potjomkin.

Katharina und ihre Höflinge

Александринский театр

Alexandrinskij-Theater (Puschkin-Theater)

Am Kopfende der Parkanlage steht das von Carlo Rossi 1828–1832 gebaute Theater, dessen Fassade mit ihrer Quadriga an das Brandenburger Tor in Berlin erinnert und das heute noch bespielt wird. Der prunkvolle Zuschauerraum mit seinen fünf Logenrängen ist unverändert erhalten geblieben. Ist er geschlossen, begnügt man sich mit der Betrachtung eines Modells im Schaukasten des Entrees.

Das Theaterprogramm beschränkt sich weitgehend auf russische Klassiker, gelegentlich empfängt das Haus aber auch in- und ausländische Ballett-Ensembles.

Елисеевский магазин

Jelissejew

Gegenüber dem Park mit der Katharinenstatue, auf der anderen Seite des Newskij, steht ein auffälliger Jugendstilbau mit großen Glasfenstern, viel Schmuck und Stuck. Es ist der alte Gourmettempel der Familie **Jelissejew**, die hier zu Beginn des 20. Jahrhunderts ihr berühmtes Feinkostgeschäft eröffnete. Unter den Sowjets wurde es verstaatlicht und unter dem prosaischen Namen „Gastronom Nr. 1" weitergeführt. In postsowjetischen Zeiten nahm es seinen alten Namen wieder an und gewann seinen Ruf als erste Adresse für Delikatessen zurück.

Nach umfassender Innenrenovierung wurde der luxuriöse Feinkostladen 2012 unter einem neuen Pächter wiedereröffnet. Im Prunkraum sticht eine riesige Ananas ins Auge, vor den paar Cafétischchen steht ein von Geisterhand gespieltes Klavier. Verkauft werden Gruyère-Käse aus der Schweiz, Balsamico-Essig aus Modena, Schinken aus Parma und Bayonne, Bordeaux-Weine und Delikatessen aus aller Welt. Die Preise machen allerdings schwindlig, so dass die meisten Besucher sich darauf beschränken, mit den Augen einzukaufen. Auch das hauseigene Restaurant, im Untergeschoss und auf der ersten Etage, verlangt einen dicken Geldbeutel.

Nach dem Park Katharinas II. stößt man auf das riesige Hauptgebäude der **Russischen Nationalbibliothek**, das dem Newskij-Prospekt seine Stirnseite mit einem Lenin-Relief an der Mauer zeigt.

Гостиный двор

Gostinyj Dwor

Bei der Nationalbibliothek kann man die vielbefahrene Sadowaja-Straße unterqueren und taucht beim Gostinyj Dwor, dem berühmtesten und ältesten Kaufhaus der Stadt, wieder an die Oberfläche. Der trapezförmige, klassizistische Bau mit einem Arkadenumgang wurde in den Jahren 1757–1785 errichtet, im Zweiten Weltkrieg weitgehend zerstört und danach wieder aufgebaut. Im Erdgeschoss reihen sich zahllose Boutiquen und Läden, „thematisch" gruppiert: Schmuck, Schuhläden, Bettwäsche, Papeterie, Kleider ... Vorschlag: Den ganzen Trapezumlauf machen (knapp 1 km) – gelegentlich muss man auf den Arkadenumgang ausweichen – und hinterher, wenn noch Geld übrig ist, im Open-air-Kafe der oberen Etage ein Bier trinken!

Gourmettempel Jelissejew

Wer im Gostinyj Dwor nicht fündig geworden ist und einen zu dicken Geldbeutel hat, unterquert den Newskij und begibt sich in die **Passasch** (Passage). In der lichtdurchfluteten, 180 Meter langen Einkaufsgalerie von 1848, nach einem Brand im Jahr 1900 restauriert, gehen Juwelen, Pelze und teure Parfums über den Ladentisch. Der spiegelblanke Marmorboden ist übrigens ein Geburtstagsgeschenk der italienischen Region Emilia-Romagna zum 300-Jahre-Jubiläum der Stadt 2003.

Армянская церковь

Armenische Kirche

Ein paar Schritte weiter, ebenfalls an der nördlichen Seite des Newskij, steht etwas zurückversetzt das pastellblau-weiße armenische Gotteshaus aus den Jahren 1771–1780. Anfang des 20. Jahrhunderts unternahm der armenische Architekt *Alexander Tamanian*, der vor allem für seine umfassende Umgestaltung der armenischen Hauptstadt Erewan bekannt ist, eine Renovierung des klassizistischen Baus. Unter der sowjetischen Regierung wurde das Gotteshaus 1933 geschlossen und erst 1993 der armenischen Gemeinde zurückgegeben, die früheren Wandgemälde waren für immer zerstört. Im Jahr 2000 wurde die Kirche neu geweiht, seither riecht es wieder nach Weihrauch. Die armenisch-apostolischen Christen St. Petersburgs feiern hier regelmäßig den Gottesdienst nach ihrem eigenen Ritus.

Гранд Отель Европа

Grand Hotel Europe

Wir bleiben noch ein Stück auf der nördlichen Newskij-Seite und gelangen bald zum Grand Hotel Europe. Ohne die „Imperial Suite" beziehen zu wollen, die in der Hochsaison rund 3500 Euro pro Nacht kostet, lohnt sich ein Blick auf den Luxuspalast, dessen Längsseite mit ihren Boutiquen im Erdgeschoss das ganze Michajlowskaja-Sträßchen beansprucht. Gebaut wurde das Hotel 1873–1875 im Barockstil, 1908–1911 wurde das Interieur im Jugendstil modernisiert. Die Kommunisten überließen das Haus, in dem einst Maxim Gorkij mit George Bernhard Shaw dinierte, mehr oder weniger sich selbst, während der „Leningrader Blockade" (→ Geschichte der Stadt) nutzten sie es als Lazarett. Seit seiner 1991 abgeschlossenen, umfassenden Sanierung erstrahlt das „Europe" (als Mitglied der Hotelallianz „Leading Hotels of the World" mit fünf Sternen bewertet) in neuem Glanz und ist die unangefochtene Topadresse der Stadt für Gäste, die bei Kaviar und Champagner nicht auf den Preis schauen müssen.

Bill Clinton, Elton John, Boris Becker und der Dalai Lama ließen sich hier verwöhnen. Ohne ein Zimmer zu beziehen, können auch Sie in die Aura von Luxus eintauchen – zum Beispiel auf halber Etage im „Mezzanine"-Café bei einem kühlen Drink, begleitet von den Harfenklängen einer jungen Künstlerin.

Католическая церковь святой Екатерины

Katharinenkirche

Die römisch-katholische Katharinenkirche, wie alle Kirchen am Newskij-Prospekt etwas zurückversetzt, ist nur ein paar Schritte vom Grand Hotel Europe entfernt. Der Neorenaissance-Bau aus dem 18. Jahrhundert mit Triumphbogen an der Fassade und seiner

Armenische Kirche

auffälligen grünen Kuppel war das Zentrum der Katholiken der Stadt, unterhielt eine eigene Schule und wurde noch bis 1938 für den Gottesdienst genutzt. Dann lösten die Sowjets auch diese Kirche auf und warfen die sakralen Gegenstände mitsamt der Bibliothek in den Hof hinaus. Jahrelang wurde das Gotteshaus als Lagerhalle verwendet, erst für Gemüse, dann für Bücher, später für Motorräder. In der postsowjetischen Ära wurde die Kirche den Katholiken zurückgegeben, die 1992 erst einmal die Wiedereröffnung feierten und sich dann an die Renovierung machten.

Man betritt die Kirche durch einen längeren Flur. Die Seitenaltäre links und rechts werden noch im Zustand ihrer Zerstörung präsentiert, besondere Verehrung gilt dem Altarkreuz, das noch rechtzeitig vor der Verwüstung versteckt wurde und nun wieder seinen alten Platz eingenommen hat.

Täglich wird zweimal die Messe gefeiert, sonntags zusätzlich Gottesdienste in Englisch, Französisch und Polnisch.

Vom Gribojedow-Kanal zur Admiralität

Wir überqueren den Gribojedow-Kanal und sparen uns den Besuch der gewaltigen Kasaner Kathedrale mit ihren „vatikanischen" Kolonnaden auf der anderen Newskij-Seite noch für einen Moment auf. Das siebenstöckige Eckhaus am Kanal heißt heute **Dom Knigi** (Haus der Bücher) und beherbergt auf drei Stockwerken die größte Buchhandlung der Stadt (und ein Café, von dem aus sich das Treiben auf dem Newskij hervorragend beobachten lässt). Wer russische Literatur auf Russisch sucht, wird hier bestimmt fündig. Im Erdgeschoss dominieren Postkarten, Stadtpläne und touristische Bücher über St. Petersburg und Umgebung, und irgendwo findet sich ein kleines Angebot an deutschsprachiger Literatur.

Der reich verzierte Jugendstilbau (1902–1904) wurde von der amerikanischen *Singer Manufacturing Company* in Auftrag gegeben, der Global Player der Nähmaschinenfabrikation schlug hier sein russisches Hauptquartier auf – ganz unbescheiden, wie ein Blick auf die wunderschöne Kuppel (am besten von der anderen Straßenseite aus zu betrachten) zeigt. Heute ist Singer längst Industriegeschichte; den Platz in den oberen Etagen hat *VKontakte* gemietet, das russische Facebook-Pendant, das Russlands meistbesuchte Internetseite betreibt.

Gleich nach dem Dom Knigi fällt am Eingang der Malaja-Konjuschennaja-Straße das überdimensionierte **Standbild Nikolaj Gogols** auf, das 1997 aufgestellt wurde. Nachdenklich blickt der Spötter mit der großen Nase auf das geschäftige Treiben am Newskij hinunter, das er so trefflich beschrieben hat.

Церковь Святых Петра и Павла

Petrikirche (St. Peter und Paul)

Immer noch an der nördlichen Straßenseite entlang gelangt man zur dritten Kirche des Newskij, auch sie etwas von der Straße zurückgesetzt, zur Petrikirche. Sie ist das historische Zentrum der deutschen Lutheraner, die in vorrevolutionärer Zeit in den angrenzenden Gebäuden die *Petrischule* unterhielten, eines der renommiertesten Gymnasien der Stadt. Die 1833 gebaute Kirche mit damals 3000 Sitzplätzen war 1937 die letzte noch übriggebliebene evangelische Bastion der Stadt, als auch sie von der Regierung geschlossen wurde. In den 1950er Jahren wurde sie zum öffentlichen Hallenbad umfunktioniert. Erst 1994 wurde die Petrikirche wieder ihrem ursprünglichen Zweck zugeführt und als Gotteshaus genutzt. Doch der Blick von der Empore in den Kirchensaal lässt auch heute noch eher an eine Sporthalle denken – in die ein Altar gestellt wurde. Die derzeit rund 600 Mitglieder zählende Lutheranergemeinde hat hier locker Platz. Den Zugang zur Empore, die eher ein Balkon ist, findet man hinter dem Eingang links. Nachdem eine kleine Orgel nicht ausreichte, um den Saal akustisch zu füllen, bekam die Kirche 2017 wieder eine große Orgel, mitfinanziert durch das Auswärtige Amt der deutschen Regierung. Seither finden hier öfter Orgelkonzerte statt.

In der Petrikirche ist heute das *Deutsch-Russische Begegnungszentrum* aktiv, das hier die Dauerausstellung „Deutsches Leben in St. Petersburg" zeigt (12–19 Uhr, Fr–So geschlossen). Die Aufseherinnen verstehen vermutlich Ihr Deutsch besser als umgekehrt; die meisten von ihnen kommen aus deutschsprachigen Enklaven Russlands und hüten hier einen Teil ihrer Tradition.

2018 war die Kirche wegen Renovierung geschlossen. Vielleicht sind nach deren Abschluss auch die eindrucksvollen Katakomben zu sehen, die bisher nicht öffentlich gezeigt wurden.

St. Petersburg im Kasten

Deutsche in St. Petersburg

Die Präsenz von Deutschen in St. Petersburg ist so alt wie die Stadt selbst. Für die Gründung der Stadt holte sich *Peter I.* Fachleute aus ganz Europa – deutsche Handwerker, Architekten und Ingenieure waren mit dabei. An der neuen Universität lehrten zahlreiche deutsche Professoren, deutsche Ärzte kurierten in der Stadt, und die Zunft der Pillendreher setzte sich vornehmlich aus Deutschen zusammen. Auch die ersten deutschen Bierbrauer tauchten schon früh auf. In der Gründerzeit handelte es sich teils um Baltendeutsche, teils um Auswanderer aus Nord- und Mitteldeutschland.

Die Zarendynastie selbst war seit *Peter II.* (1727–1730) mit deutschem Blaublut durchsetzt, die Romanows suchten sich ihre Gemahlinnen vornehmlich in deutschen Fürstenhäusern aus. So hieß bereits ein Enkel Peters des Großen Karl Peter Ulrich, bevor er als *Peter III.* den Zarenthron bestieg. Deutschstämmige belegten Kaderposten in Militär und Politik, *Katharina die Große* siedelte deutsche Bauern nicht nur an der Wolga, sondern auch im Petersburger Umland an.

Bereits um 1800 zählt man in der Stadt an der Newa rund 30.000 deutsche Einwohner, um 1900 sind es über 40.000 – die größte Ausländergruppe in der Stadt. In der deutschen Gemeinde herrscht ein reges Vereinsleben, es gibt deutsche Schulen, deutsche Krankenhäuser und deutsche Friedhöfe. Eine besondere Stellung nimmt die lutherische Kirche ein, die zum kulturellen und geistigen Zentrum der Deutschen wird, auch wenn viele „Petersburger Deutsche" sich längst assimiliert haben und inzwischen besser Russisch als Deutsch sprechen.

Schlagartig verändert sich die Situation für die Deutschen in St. Petersburg mit dem Ersten Weltkrieg. Deutschland ist Kriegsgegner, mit der Umbenennung der Stadt in *Petrograd* setzt die Regierung ein Zeichen. Die Presse beginnt gegen alles Deutsche zu hetzen, ein aufgewiegelter Pöbel demoliert deutsche Geschäfte – und schließlich wird die deutsche Sprache verboten. Folge: Viele Deutsche ziehen es vor, auszuwandern. In der Zwischenkriegszeit löst *Stalin*, dem nationale Minderheiten ohnehin suspekt sind, die deutschen Vereine auf und lässt die Kirchen schließen, die Pfarrer werden in der Regel verhaftet. Der Große Terror 1935–1939 spart die Deutschen nicht aus, im Wald der Lewaschowo-Gedenkstätte (→ Kapitel *Ausflüge in die Umgebung*) sind auch deutsche Namen zu lesen. Noch vor der Leningrader Blockade (→ Geschichte der Stadt) werden die meisten Deutschen als potentielle Kollaborateure evakuiert – zu ihrem Glück. Wer deutschen Spuren in der Stadtgeschichte nachgehen will, begibt sich am besten in die Petrikirche mit ihrer Ausstellung und ihrer Bibliothek.

2007 feierte man die 50-jährige Städtepartnerschaft mit Hamburg. In Berlin hat St. Petersburg ein Informationszentrum eröffnet, das bei der Suche nach russischen Wirtschaftspartnern berät. An der Mojka fördert das Goethe-Institut den Kulturaustausch, auf der Wassiljewskij-Insel wurde 2009 mit Unterstützung der Bundesrepublik die „Deutsche Schule St. Petersburg" gegründet. Ein Neuanfang ist gemacht

Казанский собор

Kasaner Kathedrale

Die mächtige Kasaner Kathedrale auf der südlichen Straßenseite will mit ihren im Halbkreis angeordneten Kolonnaden nicht so recht in das gradlinige Konzept des Newskij-Prospekts passen. Zar *Paul I.*, der den Bau in Auftrag gab, hatte die Architekten dazu angehalten, sich die Peterskirche in Rom zum Vorbild zu nehmen. Das Resultat konnte er nicht mehr besichtigen, er wurde 1801 ermordet, da hatten die Bauarbeiten noch nicht einmal richtig begonnen. Der Architekt *Andrej Woronichin* kam dem Auftrag des Zaren zumindest mit den Kolonnaden auf dem Vorplatz entgegen. Doch der Newskij-Prospekt ist nicht der Petersplatz, die Kasaner Kathedrale hat kein architektonisches Gegengewicht, und so bleibt das Pompöse auf halber Strecke liegen.

Im Inneren mit seinen mächtigen Säulen wird – auf der linken Seite der Ikonostase – die berühmte *Ikone der Gottesmutter von Kasan* verehrt. Das Original ging verloren, doch wurden bereits früh mehrere Kopien hergestellt; eine von ihnen fand den Weg in den Vatikan. Papst Johannes Paul II. gab sie 2004 der orthodoxen Kirche als Versöhnungsgeschenk zurück. Nachdem die Kasaner Kathedrale in sowjetischer Zeit zum „Museum des Atheismus" umfunktioniert wurde, wird hier heute wieder täglich die Liturgie gesungen (10 und 18 Uhr). Etwas Museales hat die Kathedrale dennoch bewahrt: An der Rückwand des linken Querschiffs findet sich ein ganz weltliches Grab. Hier wurde Generalfeldmarschall *Michail Kutusow*, der 1812 die „Grande Armée" Napoleons endgültig aus Russland verjagte, zur letzten Ruhe gebettet. Über dem Grab hängen einige napoleonische Standarten, die den Franzosen abgenommen wurden.

Строгановский дворец

Stroganow-Palast

Der barocke Palast (1752–1754), früher in Grün und Weiß, heute in Rosa und Weiß, gehört zweifellos zu den schöns-

Vom Vatikan inspiriert: Kasaner Kathedrale

ten Palästen der Stadt. Eine Fassade zeigt zum Newskij-Prospekt hin, eine andere mit einem hübschen Portikus zur Mojka. *Bartolomeo Rastrelli*, der als Hofarchitekt von Zarin Elisabeth für St. Petersburg auch den Winterpalast und das Smolnyj-Kloster entwarf, hat hier ein weiteres Barockjuwel in die Stadt gesetzt. Die durch Salzhandel steinreich gewordenen Stroganows bewohnten ihren Palast ununterbrochen bis zur Oktoberrevolution. Sie sammelten Antiquitäten aus aller Welt, betätigten sich als Mäzene im Petersburger Kulturleben und gaben nebenbei einem ausgezeichneten Rindsragoût den Namen: „Boeuf Stroganoff".

Heute ist der Palast dem *Russischen Museum* (→ Tour 2) angegliedert, das in der ersten Etage die „Schätze des Hauses Stroganow" zur Besichtigung freigibt, im Souterrain ist ein nicht sehenswertes Schokoladenmuseum eingerichtet. Der Innenhof, früher ein Garten, in dem einst die reichen Stroganows ärmere Mitbürger gratis verköstigten, ist heute grünfrei gepflastert, und der dort eingerichtete „Wok & Sushi"-Pavillon steht in einem unerträglichen Kontrast zum glanzvollen Palast.

Петроская Акватория

Petersburger Aquatorium

Im „Aquatorium" gibt's viel Wasser, auf dem Wasser liegen einzelne Teile der Stadt, und zwar exakt so, wie sie im 18. Jahrhundert ausgesehen haben. Das riesige Modell in der 6. Etage des Shopping Centers Admiral wurde 2014 fertiggestellt und erfreut sich seither bei Jung und Alt großer Beliebtheit. Die Peter-Paul-Festung, die Admiralität, Neu-Holland, Peterhof, Kronstadt ... – alles ist exakt im Maßstab 1:87 zu sehen, Kutschen fahren auf den Straßen, Segelschiffchen ziehen auf der Newa ihre Bahn, Kamine rauchen, auf der Wassilijewskij-Insel dreht sich eine Windmühle, man kann Arbeitern und

Dreimaster – 87 Mal verkleinert

Flaneuren zusehen. Und manchmal wird es kurz dunkel und gleich wieder hell – weiße Nächte.

Tägl. 10–22 Uhr. Eintritt 450 Rbl.

Государственный Музей Политической Истории России

Museum der Politischen Polizei

Offiziell heißt es „Museum der Geschichte der Politischen Polizei in Russland im 19. und 20. Jahrhundert" und ist eine Außenstelle des Museums der politischen Geschichte Russlands (→ Tour 7).

Das Museum ist im passenden Palast untergebracht. Hier gingen seit der Regentschaft von Alexander II. bis in sowjetische Zeiten hinein die staatlichen Sicherheitskräfte ein und aus. In den Gefängniszellen schmachteten Revolutionäre von den Narodniki bis Lenin. Briefe, Porträts, Fotos, Messer, Granaten und andere Waffen dokumentieren die düstere Geschichte der zaristischen *Ochrana*, der bolschewistischen

Newskij-Prospekt → Karte S. 24/25

Tscheka und des nach Stalins Tod gegründeten *KGB*, der in postsowjetischen Zeiten in den *FSB* (heute Putin direkt unterstellt) mündete.

Verurteilungen, Ausbürgerungen oder die Einlieferung von „Staatsfeinden" in die Psychiatrie sind Themen. Eigene Spione wie der berühmte *Richard Sorge* werden gewürdigt. Die Ausstellungsleitung bedauert, dass zahlreiche Dokumente über den KGB noch unter Verschluss sind. Derzeit gibt es nur russischsprachige Legenden, eine Übersetzung ins Englische ist versprochen. Bis es soweit ist, hilft eine gute 20-Seiten-Broschüre („A ‚Top Secret' Museum"), die an der Kasse erwerbbar ist.

Mo–Fr 10–18 Uhr. Eintritt 100 Rbl.

Адмиралтейство

Admiralität

Am Ende der Prachtstraße steht der Flaneur der Admiralität gegenüber, deren goldene Nadel in den Petersburger Himmel sticht. Ein Blick auf den Stadtplan zeigt: Sie ist der Focus, in dem sich der Newskij-Prospekt, die Gorochowaja-Straße und der Wosnessenskij-Prospekt strahlenförmig treffen. Dass nicht der zentrale „Strahl", die Gorochowaja-Straße, zur Hauptader der Stadt wurde, erklärt sich aus der städtebaulichen Entwicklung. Der Newskij-Prospekt war bereits in den Jahren 1712 bis 1718 als Hauptstraße fertiggestellt. Er verband die Admiralität mit dem Alexander-Newskij-Kloster, von dem aus die Landstraße zur alten russischen Stadt Nowgorod ihren Anfang nahm. Das Konzept der drei Strahlen, das die Bedeutung der Admiralität zusätzlich unterstreichen sollte, wurde erst 1737 entwickelt. Nach dem Bau des barocken Winterpalastes von Rastrelli (1754–1762) war dann der nahe Newskij-Prospekt endgültig zur wichtigsten Straße der Stadt geworden.

Zu Zeiten der Stadtgründung hatte Peter I. an der Stelle der heutigen Admiralität eine befestigte Werft bauen lassen. Nachdem er sich im Krieg gegen die Schweden den Zugang zur Ostsee erkämpft hatte, ließ er die Newa vermessen und ortete an der Stelle der heutigen Admiralität eine schiffstaugliche Tiefe. Die riesige Werft wurde zur Wiege seiner zivilen und militärischen Ostseeflotte, für deren Bau Tausende von Handwerkern

Am Ende des Newskij: die Admiralität

Der Löwe der Admiralität

und Arbeitern eingesetzt wurden. Praktische Gründe sprachen dafür, hier auch gleich die Administration der kaiserlichen Marine anzusiedeln. Das Arbeitstempo unter Peter war wie immer enorm, die ersten russischen Schiffe tachen bereits 1706 in See.

Ein Admiralitätsgebäude aus Stein wurde in den Jahren 1732–1738 fertiggestellt. Alexander I ließ dieses 1806 radikal überarbeiten. *Andrejan Sacharow*, der Architekt, integrierte den alten Bau geschickt in den neuen und fügte dem Gebäude zwei Seitenflügel hinzu. Damit allerdings versperrte er dem Zaren die Sicht von seinen Winterpalast-Gemächern auf die Newa-Mündung. Alexander I. protestierte, der Architekt reagierte: Er änderte nicht seinen Plan, sondern zog das ganze Gebäude um 18 Meter von der Newa zurück. So entstand die heutige Admiralität, ein stattlicher Bau mit einer über 400 Meter langen Fassade und einem weithin sichtbaren Turm, den als Wetterfahne ein Segelschiff krönt.

Für Touristen, die am Newskij aus dem Metroschacht steigen und nicht mehr wissen, was links und rechts, was hinten und vorne ist, ist die goldene Turmspitze eine gute Orientierungshilfe: sie steht für das untere Ende des Newskij-Prospekts.

Zu besichtigen ist in der Admiralität nichts. Im Gebäude werden heute Kadetten der Kriegsmarine ausgebildet. Es bietet sich an, im Admiralitätsgarten, der Parkanlage direkt vor der Admiralität, eine Pause einzulegen – ein ruhiger Fleck und zum Glück ausreichend mit Bänken bestückt.

Nächste Metro: Ⓜ Admiraltejskaja

Praktische Infos

→ Karte S. 24/25

Essen und Trinken

Am Newskij-Prospekt reihen sich, ähnlich einem großen Pariser Boulevard, zahlreiche, oft teure Restaurants mit verglasten Terrassen, dazwischen aber auch mehr und mehr Self-Service-Restaurants. Letztere – man muss ja nicht McDonalds oder Kentucky Fried Chicken wählen – servieren preiswerte, leckere Gerichte, die mit unserem Fast Food nicht vergleichbar sind.

Dem Fremden erleichtert in der Regel ein Foto des Gerichts oder eine Übersetzung ins Englische die Qual der Wahl.

Zar **8**, der Name verpflichtet: erlesene russische Küche in fast schon imperialem Interieur. Für den prallen Geldbeutel. Sadowaja ul. 12, ✆ 930-0444.

Terrassa **14**, in luftiger Höhe. Das Dachrestaurant in einem Glasanbau hinter der Kasaner Kathedrale mit seiner Blumenterrasse ist im selben Besitz wie der „Zar". Die Küche ist international, neben russischen auch fernöstliche Gerichte, Pizza und Pasta – der Blick von oben auf die Kathedrale entschädigt für die angehobenen Preise. Ohne Reservierung läuft hier nichts. Kasanskaja ul. 3a, ✆ 937-6837.

Baku **4**, im selben Palast wie der „Zar". die Nummer eins für aserbeidschanische Küche in der Stadt. Im großen Lokal in modernem, orientalischem Dekor werden neben Störfilets vor allem Lammgerichte aller Art serviert, u. a. auch Adana-Kebap (scharf). Sadowaja ul. 12, ✆ 571-9123.

Suliko **16** Kellerlokal mit hervorragender georgischer Küche: Lamm, Rind und Huhn in diversen Zubereitungen und natürlich *Chatschapuri* (überbackenes Käsebrot) und Eintopfgerichte mit Fleisch und meist auch Pilzen. Chinkali, diese wunderbaren georgischen Teigtaschen, kann man hier nicht stückweise bestellen, sondern leider nur im Quintett. Trotz TV relativ ruhig und angenehme Stimmung. Kasanskaja ul. 6, ✆ 314-7373.

MeinTipp **Mamaliga** **13** großes, meist proppenvolles (und damit ziemlich lautes) Restaurant, das der Kaukasusküche verpflichtet ist. Großes Suppen- und Salateangebot, Chatschapuri (überbackenes Käsebrot), Eintopf mit geschmortem Kalbsfleisch und Tomatensauce ... die Speisekarte ist ein halbes Buch. Tschechische, deutsche, belgische und russische Biere, internationale Weine. Kasankaja ul. 2, ✆ 640-1616.

48 Chairs **23**, über Mittag russischer „Business Lunch", abends internationale Küche (mit leicht italienischem Einschlag) und Samstag ab

Newskij-Prospekt: im Fokus der Perspektive die Admiralität

21 Uhr Jazzkonzerte dazu. Ul. Rubinschtejna 5, ✆ 369-2459.

Mein Tipp **Ket Kafe** 25, kleines Lokal mit georgischen Spezialitäten wie Chinkali (gefüllte Teigtaschen), Chatschapuri (überbackenes Käsebrot) und Tschaschuschuli (Eintopf mit Kalbfleisch, mit einer Prise Ingwer). Hauseigenes Fladenbrot. Hervorragende Qualität. Einzig dem georgischen Hauswein konnten wir nichts abgewinnen. Abends Reservierung empfohlen. Ul. Stremjannaja 22, ✆ 571-3377.

Das „Ket" unterhält noch ein zweites Restaurant 12 an der Karawannaja-Str. Dort das gleiche Angebot in hellerem, modernerem Interieur. Karawannaja ul. 24, ✆ 315-3800.

Gosti 5, russische Wohnzimmeratmosphäre auf zwei Etagen. Auf dem Sofa sitzt man bequem, isst aber nicht unbedingt bequem, deshalb empfiehlt sich die Reservierung von Tisch bzw. Stuhl. Die Küche ist russisch und westeuropäisch, hauseigene Bäckerei. Sehr freundliches Personal. Freitag- und Samstagabend geht ohne Reservierung nichts. Malaja Morskaja 13, ✆ 312-5820.

Kazan-Mangal 7, georgisch-usbekische Küche im Kellerlokal. Aus Georgien kommen u. a. Hühnersuppe, Chinkali (Teigtaschen) und ein Lamm an Weißwein mit frischen Kräutern, aus Usbekistan u. a. hausgemachte Lamian (Teigwaren) und ein Taschkentsalat mit Rinderzunge. Georgische und belgische Biere. Malaja Morskaja 13, ✆ 905-4144.

Kafe Literaturnoje 1, im Entree hält ein wächserner Puschkin den Gänsekiel. Zu seinen Zeiten hieß das Lokal noch „Café Wolff", und der Dichter soll hier seinen letzten Kakao getrunken haben, bevor er sich im Duell erschießen ließ. Im legendären Literaten-Kafe diniert man in der ersten Etage nicht besonders gut – zu überteuerten Preisen, über die die Livemusik hinwegtrösten mag. Newskij pr. 18, ✆ 312-6057.

Baraka Cafe (Samadeva) 18, philosophisch, vegetarisch, vegan – soweit die Selbstdefinition des freundlichen Cafés. Das Publikum ist gemischt, die Philosophen findet man

Newskij-Prospekt → Karte S. 24/25

eher im intimen Hinterstübchen. Auch Verkauf von gesunden Lebensmitteln. Kasanskaja u. 10, ✆ 904-7077.

Tscheburetschnaja **24**, der Begriff steht für ein Lokal, das *Tscheburek* (mit Fleisch gefüllte Teigtaschen) anbietet. Diese Art Lokalität (eher eine Schnellimbiss für Laufkundschaft) ist in der Stadt im Aussterben. Hier gibt's noch eine Tscheburetschnaja: Puschkinskaja ul. 1.

meinTipp **Stolle** **2**, Petersburgs berühmtester Hersteller von Piroggen (gefüllte Teigtaschen). Man kann sich die Leckereien an der Theke aussuchen: mit Frischkäse, Pilzen, Huhn, Fisch und anderem mehr. Die beiden stets gut besuchten Räume verströmen die Atmosphäre eines Wiener Kaffeehauses. Für den kleinen Hunger eine hervorragende Adresse. Newskij pr. 11, ✆ 314-7021.

Mezzanine Café **9**, im Grand Hotel Europe. Schick und elegant im hellen, überdachten Innenraum auf halber Etage. Die Adresse für den gehobenen Drink oder das gute Dessert zu Harfenklängen (live). Die Kundschaft reicht von den Hotelgästen in Zweireiher und eleganter Robe bis zu neugierigen Touristen, die einfach am Pförtner vorbei in den Palast spazieren. Der Service lässt nichts zu wünschen übrig, die Preise sind hoch. Michajlowskaja ul. 1, ✆ 329-6640.

Shopping-Galerie Passasch

Sewer **11**, der Tortenspezialist am Newskij. Ein paar wenige Tische zur Straße, geräumiger Saal innen. Riesiges Angebot an hausgemachten Torten und anderen Süßigkeiten. „Sewer" unterhält einige Filialen in der Stadt, aber das Haupthaus am Newskij bietet die reichste Auswahl. Newskij pr. 44, ✆ 571-2589.

Busche **3**, süße Düfte. Eine der renommiertesten Tortenbäckereien der Stadt, Dutzende von Diplomen an den Wänden. Kaffeehausatmosphäre. Neben süßem Gebäck wird auch hausgebackenes Brot verkauft. Malaja Morskaja 7, ✆ 315-5371. Busche unterhält mehrere Filialen in der Stadt, u. a. hinter der Kasaner Kathedrale **10** Dort überzeugt das freundlich-helle Interieur, in dem sich vorzüglich frühstücken lässt, und noch mehr der ruhige Raum im Obergeschoss. Nab. Gribojedowa 18–20, ✆ 454-0257.

Singer **6**, in der 1. Etage des Dom Knigi (Haus der Bücher) Kaffee und Kuchen, vor allem aber ein spektakulärer Blick auf den Newskij und die Kasaner Kathedrale. Newskij pr. 28, ✆ 571-8223.

Unzija **21**, großes Teeangebot, auch Kaffee. Serviert wird im Hinterstübchen, vorne Verkaufsladen. Leicht gehobene Preise, aber ruhige, stimmungsvolle Atmosphäre. Die Teehaus-Kette unterhält fast ein Dutzend Filialen in der Stadt. Newskij pr. 63, ✆ 314-6268.

Einkaufen

Wir ersparen uns, die Nobelboutiquen am Newskij aufzulisten, und empfehlen Shopping-Freunden einen ausgedehnten Spaziergang vom **Wosstanija-Platz** auf der einen Straßenseite hin und auf der anderen zurück.

Kaufhäuser

Gostinyi Dwor, das älteste Kaufhaus der Stadt, mit unzähligen Boutiquen auf zwei Etagen. Mehr dazu s. o. „Von der Fontanka zum Gribojedow-Kanal". Newskij pr. 35.

Passasch, die noblere Variante, besonders an betuchten Damen orientiert bzw. an betuchten Herren, die ihrer Herzensdame den passenden Diamanten schenken wollen. Das Geschäft läuft, 2018 wurde die Passage seitlich ausgebaut. Mehr dazu s. o. „Von der Fontanka zum Gribojedow-Kanal". Newskij pr. 48 bzw. Italjanskaja ul. 19.

Newskij-Prospekt → Karte S. 24/25

Dom Knigi: essen und lesen unter der Nähmaschinenkuppel

Grand Palazce, in unmittelbarer Nähe der Passasch und mit mehreren Etagen größer als diese. Zahlreiche Luxusmarken laden hier zum Shoppen ein. Newskij pr. 44 bzw. Italjanskaja ul. 15.

Stockmann, gigantisches Kaufhaus über sechs Etagen. Der finnische Riese dürfte mit seinem Neubau am Wosstanija-Platz die Nummer Eins in St. Petersburg sein. Newskij pr. 114–116.

Galeria, 2012 eröffnetes zweistöckiges Shopping-Center beim Moskauer Bahnhof, weniger luxuriös als „Grand Palace". Ligowskij pr. 30a.

Brot und Süßes

Boulangerie Garçon, kleines, verspiegeltes Café, das in bester französischer Tradition Brotwaren und Patisserien verkauft: Körnerbrote, Croissants, Eclairs und ungezählte süße Backwaren. Newskij pr. 103.

Das „Garçon" unterhält Filialen hinter der Kasaner Kathedrale, Nab. k. Gribojedowa und an der Bolschaja Konjuschennaja ul. 3.

Busche → „Essen & Trinken"

Bücher

Dom Knigi, das „Haus der Bücher" ist die Topadresse für russische Publikationen. In der Tourismusabteilung auch ausländische Titel, Stadtpläne und Unmengen von Ansichtskarten. In der oberen Etage ist für Bücherfreunde ein Café mit Ausblick auf den Newskij und die Kasaner Kathedrale eingerichtet. Newskij pr. 28.

Anglia British Bookshop ist der Spezialist für englischsprachige Literatur, im Turgenjew-Haus. Nab. Reki Fontanki 38.

Sonstiges

Information

City Tourist Information Bureau. Die im städtischen Informationsbüro ausliegenden Mini-Guides u. ä. findet man auch an der Rezeption jedes besseren Hotels. Ein brauchbarer, praktischer Stadtplan (weil Hemdtaschenformat) sowie zahlreiche Flyer in russischer, chinesischer und japanischer Sprache liegen auf. Mo–Sa 10–19. Sadowaja ul. 14, ✆ 310-2822, info@ispb.info, www.visit-petersburg.ru.

Das Büro unterhält mehrere Zweigstellen, u. a. am Wosstanija-Platz, gegenüber dem Moskauer Bahnhof und im Admiralitätsgarten (vor der Admiralität).

Internet

WiFi-Verbindung stellt mittlerweile fast jedes Café am Newskij und seinen Seitenstraßen zur Verfügung. Wer nicht mit dem Smartphone oder Laptop durch die Stadt läuft: Ein klassisches Internetcafé ist das **Café Max**, Computer mit Kopfhörern, rund um die Uhr geöffnet. Newskij pr. 90, 2. Etage.

Der Museums-Marathon

Tour 2

Die Tour durch das Viertel nördlich des Newskij-Prospekts steuert eine Reihe sehenswerter Museen an, als Höhepunkt das Petersburger Museum schlechthin, die Eremitage. Sie liegt am berühmtesten Platz der Stadt, dem Schlossplatz, und zeigt ihre Schätze in den Sälen des prunkvollen Winterpalasts.

Zwischen Erlöserkirche und Eremitage

Es gibt viele Möglichkeiten, das nicht sehr einheitliche Viertel zwischen Fontanka und Mojka kennenzulernen. Wir schlagen einen Weg mit Umwegen vor, der die größten Sehenswürdigkeiten berücksichtigt: neben den Museen auch den ruhigen Sommergarten, der zu einer Rast einlädt. Sollten Sie alle oder die meisten der erwähnten Museen besuchen wollen und lieber flanieren als rennen, so verteilen Sie den Spaziergang am besten gleich auf zwei Tage, unterbrechen lässt er sich überall problemlos, die nächste Metro ist stets nah.

Ausgangspunkt: Ⓜ Doppelstation Newskij Prospekt/Gostinyi Dwor

Auf dem Weg zum Schlossplatz

Спас на Крови

Erlöserkirche

Vom Newskij-Prospekt führt ein angenehmer Spaziergang am Gribojedow-Kanal entlang zur wohl am häufigsten fotografierten Kirche der Stadt, der Erlöserkirche (auch „Kirche der Auferstehung Christi“ oder „Erlöserkirche auf dem Blut“ genannt).

Der auffällige Bau mit seinen bunten Zwiebeltürmen und farbigen Mosaiken wurde von Zar Alexander III. in Auftrag gegeben. Er steht an der Stelle, wo Alexanders Vorgänger und Vater, der „Reformzar“ Alexander II., am 1. März 1881 einem Anschlag der anarchistischen Gruppe *Narodnaja Wolja* (Volkswille) zum Opfer fiel. Die Erlöserkirche

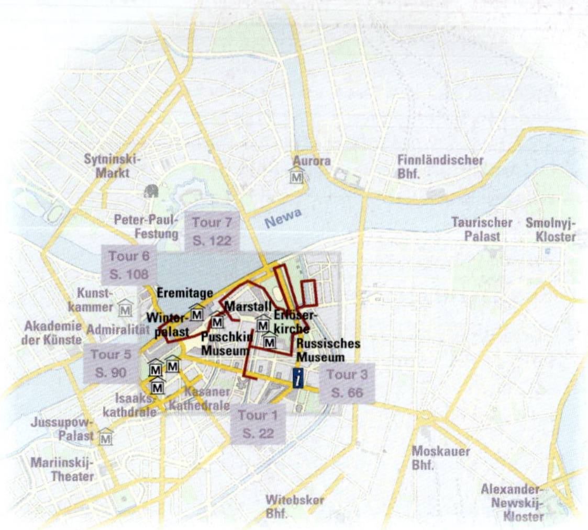

war von Anfang an weniger als Gotteshaus denn als Memorial gedacht. Alexander III. schrieb einen Wettbewerb aus, und nachdem ihn sämtliche Vorschläge nicht befriedigten, einen zweiten. Der Zar wollte einen Bau nach dem Vorbild der Moskauer Kirchen des 17. Jahrhunderts haben – er bekam ihn: Die erst 1907 fertiggestellte Kirche ist mehr oder weniger eine Kopie der berühmten Basilius-Kathedrale auf dem Roten Platz in Moskau, die heute zu den Wahrzeichen der russischen Hauptstadt zählt.

So erhielt mitten in St. Petersburg ein Stück Moskau seinen Platz. Das kommt nicht von ungefähr, sondern hat seinen ideologischen Hintergrund. Peter der Große hatte mit der Stadtgründung ein Fenster zum Westen geöffnet, und auch Katharina II., die sich dem aufgeklärten Absolutismus verschrieb, orientierte sich vornehmlich am Westen. So wurde St. Petersburg eine europäische Stadt, im Gegensatz zu Moskau, das alles Russische verkörperte. Seit Mitte des 19. Jahrhunderts setzte am Zarenhof eine Rückbesinnung auf altrussische Traditionen ein, die in der Erlöserkirche ihren architektonischen Ausdruck fand. Während auf der Straße die soziale Unzufriedenheit sich Luft machte und in intellektuellen Zirkeln revolutionäre europäische Ideen gärten, pflegte man am Hof mehr und mehr das Bild einer heilen, vorpetrinischen Zeit und träumte von Zuständen, wie sie im 17. Jahrhundert geherrscht hatten: der Zar gleichsam als Vertreter Gottes, Hand in Hand mit der Kirche, und mit dem gemeinen Volk durch den orthodoxen Glauben verbunden. Die Quittung für dieses rückwärtsgewandte Denken kam zehn Jahre nach Fertigstellung der Erlöserkirche – in Form der Oktoberrevolution.

Zwanzig Schrifttafeln an der Kirche halten die biographischen Daten und politischen Taten des ermordeten Zaren fest, u. a. die Aufhebung der Leibeigenschaft 1861, die Kaukasuskriege und die Eroberung Mittelasiens.

Das Kircheninnere ist nahezu vollständig, Ikonostase inklusive, mit Mosaiken ausgeschmückt, weshalb der Staat die Kirche als *Mosaikenmuseum* führt. Als Gotteshaus erfüllte die Erlöserkirche ohnehin nie ihren Zweck, es sei denn für gelegentliche Andachten der Zarenfamilie, die sich hier ihr eigenes Denkmal setzte.

10.30–18 Uhr, Mi geschlossen. Eintritt 250 Rbl. Es lohnt sich, den deutschsprachigen Audioguide (200 Rbl) zu nutzen, um sich die wichtigsten Mosaiken im Einzelnen erklären zu lassen.

Östlich der Erlöserkirche gelangt man direkt in den **Michailowskij-Garten**, der durch ein kunstvolles Jugendstilgitter eingezäunt ist. Der Landschaftspark dehnt sich an der Rückseite des Russischen Museums vorbei bis zum

Ingenieursschloss aus. Einheimische und Touristen schätzen die grüne Oase abseits des Straßenlärms, die freundlicherweise mit zahlreichen Bänken bestückt ist.

Русский Музей

Russisches Museum

Derselbe Alexander III., dem die Petersburger die Erlöserkirche verdanken, war auch ein leidenschaftlicher Sammler russischer Kunst. Zumindest auf dem Papier gründete er 1885 das Russische Museum. Gestalt nahm das Vorhaben aber erst an, als sein Sohn Nikolaus II. den Michailowskij-Palast erwarb und damit einen für die Ausstellung von Kunstwerken geeigneten Bau fand. Der klassizistische Palast wurde vom berühmten Architekten *Carlo Rossi* 1825 für Michail Pawlowitsch Romanow, den jüngsten Sohn von Zar Paul I., errichtet. Der Zarenspross, ein Großonkel von Alexander III., war schon ein halbes Jahrhundert tot, als 1898 in seinem früheren Zuhause das Museum der Öffentlichkeit zugänglich gemacht wurde.

Das Russische Museum gilt neben der Moskauer Tretjakow-Galerie als bedeutendste Sammlung russischer Kunst. Doch was die Zahl der Werke betrifft, läuft es mit seinen über 300.000 Gemälden, Skulpturen, Grafiken und Produkten der Volkskunst der Moskauer Konkurrenz den Rang ab.

Der kleine englischsprachige Plan, der an der Kasse aufliegt, hilft bei der Orientierung durch die zwei Stockwerke des Hauptbaus, den sog. Rossi-Flügel und den erst 1914–1920 hinzugefügten sog. Benois-Flügel.

Wer die Kunstwerke chronologisch betrachten will, beginnt in der 1. Etage des Hauptbaus, dort sind die Räume 1 bis 4 altrussischen Ikonen gewidmet, dann folgen Gemälde aus der Zeit Peters des Großen, u. a. ein Porträt des Stadtgründers im Totenbett, gemalt 1725. Zahlreiche Porträts der Romanow-Zaren und -Zarinnen zieren auch die nächsten Säle.

Im Raum 14 überrascht dann *Karl Brjullow* (1799–1852) mit „Der letzte Tag von Pompeji", ein dramatisches Bild, das dem frühen russischen Maler, den die Kunstgeschichte meist der Romantik zurechnet, internationalen Ruhm bescherte: Der ausgebrochene Vesuv ist nicht zu sehen, nur sein ge-

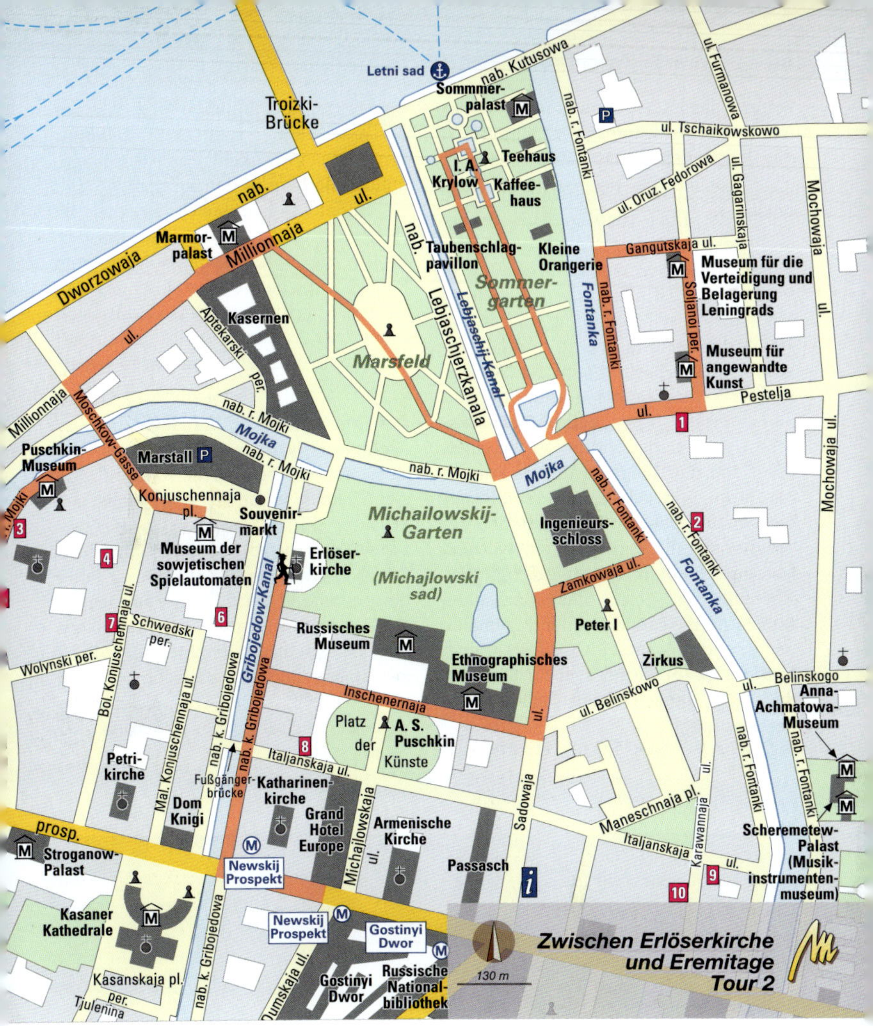

waltiger, feuerroter Schein, vor dem die hilflosen Menschen Zuflucht suchen. An der gegenüberliegenden Wand geht es nicht minder dramatisch zu: Hier versinken Schiffe in den Fluten, Schiffbrüchige suchen Rettung – ein Werk des russischen Marinemalers *Iwan Ajwasowskij* (1817–1900).

Ein ganzer Saal (26) ist *Nikolaj Ge* (1831–1894) gewidmet, einem Vertreter der realistisch malenden sog. „Ambulanten" *(Peredwischniki)*, die sich mit Wanderausstellungen gegen den starren Kunstbetrieb der Petersburger Akademie auflehnten. Eines seiner Bilder zeigt Peter den Großen, wie er seinen Sohn Alexej verhört. Der gestrenge Zar richtet seinen unerbittlichen Blick auf den schuldbewusst zu Boden schauenden Jüngling, für den die Geschichte bekanntlich nicht gut ausgegangen ist: Zum Tode verurteilt und hinterher begnadigt, starb der Zarewitsch im Gefängnis, vermutlich als Folge der

Folter – das ist heute nicht mehr auszumachen. Ein weiteres Werk von Ge ist das Porträt des schreibenden Tolstoj.

Ebenfalls zu den „Ambulanten" wird *Ilja Repin* (1844–1930) gezählt, der bedeutendste Vertreter der russischen Realisten, dessen verspielte Wohnung in Repino (→ Ausflüge in die Umgebung) ein besonderes Museum ist. Er hat hier gleich vier Räume (33–35 und 54) bekommen. Dramatisch sind die „Wolgatreidler", die Repins Ruhm begründeten: eine Gruppe zerlumpter Menschen, die sich abmüht, ein riesiges Schiff auf der Wolga zu ziehen. Für das berühmte Bild begab sich der Meister vor Ort und gewann das Vertrauen der Treidler, die ihn malen ließen, während sie ihrer harten Arbeit nachgingen. Ebenfalls im Besitz des Russischen Museums ist das Monumentalgemälde „Sitzung des Staatsrats 1901 anlässlich seines 100. Jubiläums" (400 x 877 cm), das einen ganzen Raum (54) für sich beansprucht.

Ein dritter „Ambulanter" ist *Wassilij Surikow* (1848–1916); er ist bekannt für seine großflächigen Historiengemälde, die man in den Räumen 36 und 37 findet. Bekanntestes Beispiel ist „Suworow überquert die Alpen im Jahr 1799"; die von Napoleon verfolgten Russen rutschen buchstäblich in den eisigen Abgrund. Rund die Hälfte von Suworows Armee ließ in den Schweizer Bergen ihr Leben, schätzen heutige Historiker.

Der klassizistische Landschaftsmaler *Alexander Iwanow* (1808–1858), der sich auch mythologischen und religiösen Themen widmete, zeigt eine erste Fassung seines Hauptwerks, der „Erscheinung Christi vor dem Volk". Das Ölbild, an dem der Maler zwanzig Jahre lang arbeitete, wurde von Zar Alexander II. 1858 im Winterpalast ausgestellt und steht heute in der Moskauer Tretjakow-Galerie. Das Russische Museum lädt zusätzlich mit Detailzeichnungen zur Aufschlüsselung des Bildes ein.

Moskau in St. Petersburg – die Erlöserkirche

Die wenigen Werke des 20. Jahrhunderts vermögen nicht so recht zu überzeugen, sie wirken eher epigonenhaft, stilbildend ist eindeutig Paris. Der ab den 1930er Jahren von der Kommunistischen Partei propagierte „Sozialistische Realismus" hat im Museum keinen Platz gefunden, was weiter nicht schade ist.

Man nehme sich Zeit für den Besuch des Museums, das gegenüber der weit berühmteren Eremitage zwei Vorteile hat. Es beschränkt sich streng auf russische Kunst und ist schon deshalb überschaubarer – und im Gegensatz zum Museum des Winterpalasts herrscht kein Massenansturm, was der kontemplativen Kunstbetrachtung förderlich ist.

Mo 10–20, Mi & Fr–So 10–18, Do 13–21 Uhr. Die Kasse schließt jeweils eine Stunde vorher. Eintritt 500 Rbl oder Sammelticket (Russisches Museum + Ingenieursschloss + Stroganow-Palast + Marmorpalast – Ticket 3 Tage gültig) 1000 Rbl.

Wenn das Wandern durch die Kunstsäle in die Beine gegangen ist: Der **Platz der Künste**, gegenüber dem Museum und zusammen mit diesem von Architekt Rossi entworfen, bietet sich mit seinen Bänken für eine Rast an. Die Mitte des Platzes nimmt – auf einem mächtigen Sockel stehend – Alexander Puschkin ein, dessen Kopf ein bevorzugter Rastplatz der Tauben ist.

Puschkin auf dem Platz der Künste

Этнографический Музей

Ethnographisches Museum

Der von vornherein als Museum konzipierte Bau wurde erst Anfang des 20. Jahrhunderts dem Russischen Museum als Seitenflügel beigefügt; so ganz in Harmonie aufgehen will die Kombination allerdings nicht.

Der Besucher muss etwas guten Willen mitbringen, weil die Exponate meist nur auf Russisch erklärt werden, das Museum ist dennoch empfehlenswert. Das Konzept stammt teilweise noch aus den Zeiten des intakten sowjetischen Vielvölkerstaats, die Georgier und Aserbaidschaner werden ebenso berücksichtigt wie die Armenier und Kasachen.

Die riesige *Marmorhalle* mit ihren Säulen gegenüber dem Eingang kann man getrost vergessen. Nikolaus II., letzter Zar des Russischen Reichs, wollte mit dieser architektonischen Geste seinem Vater, Alexander III., seine Reverenz erweisen. Der Besucher darf die Halle nicht betreten, sondern nur vom Eingang aus betrachten, was sie noch überflüssiger macht.

Im *Erdgeschoss* wird man linkerhand mit Völkern Nordwestrusslands und des Baltikums, mit Menschen, die im Wald leben, und Rentieren aus der

Wo Dostojewskij studierte – Ingenieursschloss

Tundra konfrontiert, Fotos ergänzen die beeindruckende Szenographie. Das zentralrussische Gebiet wird mit eindrücklichen Modellen vorgestellt: u. a. Hausleben, Theaterspiel, ein ganzes Dorf aus Holzhäusern (einzig die Kirche ist aus Stein). Der klassisch musealen Präsentation der diversen Völker wird im rechten Teil – hier wird ein neues Museumskonzept in die Praxis umgesetzt – die „Parade der Völker" entgegengestellt: Der Besucher spaziert an modernen Vitrinen vorbei und fühlt sich beim Betrachten der verschiedenen Kostüme fast wie auf einem Boutiquen-Bummel. Der Raum 15 dagegen, etwas versteckt dahinter, präsentiert sich als wahres Schmuckkabinett: Bernstein mit darin gefangenen Insekten, raffinierte Elfenbeinschnitzereien, verzierte Dolche, die Darstellung eines Kampfs gegen einen Eisbären ...

Das *Obergeschoss* ist der Wolga- und Uralregion, den kaukasischen Völkern und dem fernen Osten gewidmet. Tataren spielen vor ihren Fellhütten mit Flöhen, in Sibirien überlebt man bekanntlich nur in dicke Felle gehüllt, und ohne Skier oder Schneeschuhe geht gar nichts. Auch hier ergänzen zahlreiche Fotos die lebensecht wirkenden Darstellungen aus dem Alltagsleben.

Eine eigene Abteilung ist den Juden reserviert. Das häusliche Leben und die religiösen Traditionen der sog. Bergjuden aus dem nördlichen Aserbaidschan und Dagestan, die weitgehend isoliert von anderen jüdischen Gemeinden Russlands leben, werden ausführlich gewürdigt. Diese Abteilung wurde neu gestaltet und ist im Gegensatz zu den anderen Bereichen des Museums durchgehend zweisprachig kommentiert – Russisch und Englisch.

Di 10–21, Mi–Sa 10–18, So 11–19 Uhr. Am letzten Freitag des Monats geschlossen. Eintritt 300 Rbl.

Инженерный Замок

Ingenieursschloss

Seinen Namen verdankt der wuchtige Bau mit der roten Fassade zur Fontanka der militärischen Hochschule für Ingenieure, die hier 1823 untergebracht wurde. Zu ihren Schülern gehörte ein paar Jahre lang auch Fjodor Dostojewskij, der hier Bauingenieurwesen studierte, bevor er sich für eine literarische Laufbahn entschied. Zuvor hieß es „Michailowskij-Schloss" (nicht zu verwechseln mit dem Michailowskij-Palast des Russischen Museums), wie es auch heute gelegentlich noch genannt wird. Den Palast ließ sich der beim Volk wie beim Adel unbeliebte Paul I. bauen, der seit seiner Thronbesteigung um sein Leben fürchtete. Damals war das Schloss noch auf allen vier Seiten von Wasser umgeben – eine Art Hochsicherheitstrakt für den Herrscher. Doch nutzte alles nichts. Der ängstliche Paul hatte kaum seinen neuen Wohnsitz bezogen, da wurde er schon erdrosselt. Heute sitzt er, in Bronze gegossen, gefangen im oktogonalen Innenhof seines Schlosses – ein eher amüsantes Denkmal für einen Zaren, den keiner mochte.

Seit 1994 ist das Ingenieursschloss dem Russischen Museum angegliedert, das hier seine Skulpturensammlung untergebracht hat und nebst einer Dokumentation über das Gebäude und seine Bewohner eine Dauerausstellung zeigt: „Die St. Petersburger Gesellschaft in der Romanow-Ära".

Mo, Mi, Fr–So 10–18, Do 13–21 Uhr. Eintritt 400 Rbl oder Sammelticket (Russisches Museum + Ingenieursschloss + Stroganow-Palast + Marmorpalast – Ticket 3 Tage gültig) 1000 Rbl.

Vor dem Schloss, dem Eingang gegenüber, steht ein **Reiterstandbild Peters des Großen**. Es wurde 1747 vom berühmten Barockarchitekten *Rastrelli* gegossen, aber erst von Paul I. hier aufgestellt. „Pradedu – Prawnuk" (dem Urgroßvater – der Urenkel) ließ der Herrscher auf einer Inschrift hinzufügen – eine spöttische Anspielung auf die Widmung, die Katharina II., seine beim Volk beliebte, von ihm gehasste Mutter, auf dem berühmten „Ehernen Reiter" anbringen ließ: „Peter dem Ersten – Katharina die Zweite" (→ Tour 5: Zwischen Sennaja-Platz und Ehernem Reiter).

Gut versteckt: Gabriadzes Bronze-Zeisig

Im Sommergarten

An der Fontanka entlang, am Ingenieursschloss vorbei, schaue man vor der Brücke rechts auf die Quaimauer hinunter. Hier steht auf einem Sockel St. Petersburg kleinste öffentliche Skulptur – ein Vogel, vielmehr ein Vögelchen, ein 11 cm großer **Bronze-Zeisig**. Das unscheinbare Werk stammt vom georgischen Künstler *Rezo Gabriadze*, der vor allem für sein Marionettentheater international bekannt ist, und kam 1994 an diesen versteckten Ort. Der Vogel spielt auf die Studenten der vorrevolutionären Zeit St. Petersburgs an, die mit ihren Käppis einen ähnliche Silhouette abgaben und wodkatrinkend die Fontanka entlangschlenderten. Auf dem Sockel liegen einige Münzen, noch viel mehr auf dem Grund der Fontanka. Versuchen Sie es selbst: Wenn die Münze auf dem Sockel liegen bleibt, geht Ihr Wunsch in Erfüllung.

Gabriadzes Mini-Skulptur erfreute sich bei einigen Petersburgern so großer Beliebtheit, dass sie schon bald entwendet wurde. Einer Kopie widerfuhr dasselbe, ebenso einer zweiten. Die Stadtregierung hat sich offenbar an den Diebstahl gewöhnt und noch einige Kopien auf Lager. Ebenfalls um die Beliebtheit des Vogels weiß der Student, der an der Mauer steht und in seinem Bauchladen Kopien feilhält – zwar nicht aus Bronze, sonst aber originalgetreu.

Музей Прикладного Искусства

Museum für angewandte Kunst

Ein kurzer Abstecher über die Fontanka führt zum **Stieglitz-Palast**, ein beachtlicher Bau aus der zweiten Hälfte des 19. Jahrhunderts, in dem sich mehrere Stile vermischen. Im Entree hat sich die *Sol Art Gallery* eingerichtet und stapelt Ikonen, Stadtbilder, Zirkusbilder, Babuschkas aus Holz – die Galerie mit ihrem freundlichen Durcheinander ist fast schon ein kleines Museum für sich.

Ein Sammelsurium größeren Ausmaßes erwartet dann den Besucher im Museum für angewandte Kunst, dessen Anfänge auf die Sammlung des früheren Palastbewohners zurückgehen, des schwerreichen Bankiers *Baron Alexander Stieglitz*. Zu Gegenständen der angewandten Kunst zählen silberne Buchumschläge, Türklopfer, ein phantastischer Intarsien-Schrank, wunderschön bemalte Kachelöfen, Schränke mit kunstvollen Schnitzarbeiten, Mosaiken, bemalte Keramik zuhauf ... Die meisten Exponate datieren aus dem 18. und 19. Jahrhundert. Leider sind die Legenden nur in Russisch, mit ausländischen Besuchern rechnet man hier nicht. Entsprechend ist der angenehme Spaziergang durch die Räume des Museums zu einem Spottpreis zu haben.

Di–Sa 11–17 Uhr. Eintritt 150 Rbl.

Музей обороны Ленинграда

Museum der Verteidigung und Belagerung Leningrads

Ein erstes Museum über die Blockade Leningrads (→ Geschichte der Stadt) wurde gleich nach dem Zweiten Weltkrieg eröffnet, musste aber schon 1949 seine Pforten wieder schließen. Stalin hatte gerade in der sogenannten „Leningrader Affäre" mittels konstruierter Vorwürfe einen Teil der Leningrader Parteiführung, die den Widerstand in der blockierten Stadt organisierte, aus dem Verkehr gezogen. Er legte wenig Wert darauf, dass die Leningrader ihrer heroischen Zeit gedachten, und seine Nachfolger hielten es offenbar genauso. Das heutige Museum konnte erst 1989 wieder eröffnen.

Die Sammlung setzt sich zusammen aus teils martialischen Militärmemorabilien, Propagandaplakaten, Uniformen, schriftlichen Dokumenten, Postkarten und Fotos, Waffen und einem großen Plan der rettenden Eisstraße, der sogenannten „Straße des Lebens" über den Ladogasee.

Ohne den hervorragenden Audioguide (auch in deutscher Sprache) wäre der Besucher angesichts der kruden Präsentation der mit russischen Legenden versehenen Exponate etwas verloren. So aber geht er den durchnummerierten Sektionen nach, bestimmt dank der Audiotechnik (stop and go) das Tempo der Besichtigung selbst und taucht in die leidvolle Geschichte der Belagerung ein.

2018 wegen Renovierung geschlossen. Ob das Museum 2019 oder erst 2020 wiedereröffnet wird, war unklar. Bisher galt: Mi 13–21 Uhr, Do–Mo 10–17 Uhr, am letzten Do des Monats geschlossen. Eintritt 250 Rbl.

Летний Сад

Sommergarten

Die Gründung des Sommergartens, der sich, links und rechts begrenzt von der Fontanka bzw. dem Lebjaschij-Kanal, bis zur Quaistraße an der Newa hinzieht, gehört zu den zahllosen Initiativen Peters des Großen. In Europa hatte er Residenzen und Gärten gesehen und befand, dass auch seiner neuen Hauptstadt eine Gartenanlage, in der sich Müßiggänger ergehen könnten, gut anstünde. Den ersten Sommergarten, von dem heute nicht mehr viel übrig ist, stammt von 1704 und wurde vom Stadtgründer persönlich entworfen.

Für sich selbst ließ der Zar in der Nordostecke den relativ bescheidenen **Sommerpalast** als Residenz errichten. Peters Sommergarten beinhaltete ein ganzes erzieherisches Programm, das die Begegnung mit Wissenschaft und Künsten ebenso einschloss wie zweifelhafte Volksbelustigungen. Zu letzteren zählte sein Kuriositätenkabinett, das er in den Sommerpalast schaffen ließ: eine Sammlung anatomischer Absonderlichkeiten – zweiköpfige Föten, dreibeinige Hühner und dergleichen mehr –, die heute in der Kunstkammer (→ Tour 6) auf der Wassiljewskij-Insel zu sehen ist. Auch menschliche Missgeburten, die noch lebten, wurden dem

Der Königsbrunnen

Volk vorgeführt (nach ihrem Tod ließ Peter sie ausstopfen).

Zu den ästhetisch gefälligeren Objekten des Gartens gehörten Orangerien, Volièren, zahlreiche Springbrunnen, eine Reihe in Italien eingekaufter Skulpturen, die als Allegorien die Wege säumten, und der berühmte „Gottorper Globus" (heute ebenfalls in der Kunstkammer auf der Wassiljewskij-Insel zu sehen), ein Geschenk des Königs von Dänemark und Norwegen, der dem stets wissensdurstigen Zaren damit eine besondere Freude bereitete.

Nach einer Überschwemmung 1777 wurde der Garten unter Katharina II. komplett neu gestaltet – in etwa so, wie er sich heute präsentiert. Erst später, nach dem großen Hochwasser von 1824, wurden am Fontanka-Ufer das **Kaffeehaus** (1826, heute geschlossen) und das **Teehaus** (1827, heute Souvenirladen und Polizeistation) hinzugefügt. Geblieben aus der Zeit Peters des Großen sind rund 90 von einst über 200 italienischen Statuen, es handelt sich ausnahmslos um Kopien. Und irgendwann begegnet der Flaneur einer auffälligen Bronzeskulptur: Auf einem Sockel aus Fabelwesen liest ein Herr, als gingen ihn all die Spaziergänger nichts an, bedächtig in seinem Buch. Es ist *Iwan Krylow* (1769–1844), jedem russischen Kind als Fabeldichter vertraut. Das Denkmal stammt von *Pjotr Klodt*, dem Schöpfer der „Pferdebändiger" an der Anitschkow-Brücke.

2008 wurde der Sommergarten geschlossen, kranke Bäume wurden gefällt, neue gepflanzt, Hecken eingezäunt, so dass einige Petersburger ihrem alten Garten nachtrauerten. Seit seiner Wiedereröffnung 2012 zeigt der Sommergarten ein neues Gesicht. Im vorderen Teil wirkt er etwas steril, aber im hinteren Teil hat er eindeutig gewonnen. Wunderbare Springbrunnen erfreuen die Spaziergänger, der wunderlichste vielleicht der „Krönungsbrunnen" mit seinen vergoldeten Fratzen. Im **Taubenschlag-Pavillon** ist eine hervorragende Dokumentation zur Parkgeschichte zu sehen, und schließlich wurde auch die **Kleine Orangerie** aus den 1730er Jahren unter Zuhilfenahme historischer Dokumente originalgetreu rekonstruiert. Sie dient heute als Café.

Mai–Sept. 10–22 Uhr, Okt.–März 10–20 Uhr. Im April geschlossen, dann muss der Garten erst die Schneeschmelze verdauen. Eintritt frei.

Марсово Поле

Marsfeld

Es liegt gleich neben dem Sommergarten und hat ungefähr dieselben Ausmaße, zum längeren Verweilen lädt der schattenfreie Riesenplatz aber nicht ein. In seinen Anfängen diente das Marsfeld Festivitäten und Volksvergnügungen; dann entdeckte die kaiserliche Armee es als idealen Exerzier- und Paradenplatz. Dabei wirbelten die Militärstiefel so viel Staub auf, dass der Volksmund den Platz „Petersburger Sahara" taufte. Sein heutiges Aussehen geht auf sowjetische Zeit zurück: ein offener Gedenkplatz mit Grabplatten und ewiger Flamme für die Opfer der Februarrevolution 1917 und des Bürgerkriegs. Seit einiger Zeit werden Stimmen laut, die sich für eine neue Verwendung des Marsfelds stark machen. Man fragt sich, ob die riesige Fläche in so zentraler Lage nicht bürgernäher genutzt werden könnte, zum Beispiel als unterirdischer Parkplatz oder – warum nicht zu den Anfängen zurückkehren? – als Gelände für Jahrmärkte, Volksfeste und sonstige Vergnügungen.

Мраморный Дворец

Marmorpalast

Der klassizistische Palast am Newa-Quai ist ein großzügiges Geschenk, mit dem Katharina II. ihren Liebhaber Grigorij Orlow abspeiste, nachdem sie ihre Gunst von ihm abgezogen und sich Graf Potjomkin zugewandt hatte. Beim ursprünglichen Bau (1768–1785) wurden 32 verschiedene Marmorarten verwendet. Heute sind aus dieser Zeit nur noch der breite Treppenaufgang und der riesige Marmorsaal in der zweiten Etage erhalten.

Im Innenhof des Palasts steht das berühmte **Reiterstandbild Alexanders III.**, vom stets spöttischen Volksmund „Nilpferd auf Kanapee" getauft. Der beleibte Zar auf dem müden Ross ist ein Werk des russischen Bildhauers *Pawel Trubezkoj* (1866–1938). Ob das schwerfällig wirkende Monument einfach ein misslungenes Werk des Künstlers ist oder als feiner ironischer Seitenhieb auf den Zaren interpretiert werden soll, ist umstritten. Als Demonstration der Macht des Zaren wurde das Reiterstandbild 1909 auf dem Wosstanija-Platz aufgestellt; die Bevölkerung empfand es stets als lächerlich, die Februarrevolutionäre nutzten es als Rednertribüne, die Kommunisten versteckten es jahrelang unter einer Holzkonstruktion, bis sie es 1937 endgültig vom Platz entfernten und dem Russischen Museum überantworteten. Schließlich fand man 1992, der Innenhof des Marmorpalastes sei für das Nilpferd auf dem Kanapee ein geeigneter Ort – ein öffentlicher Ort ohne viel Öffentlichkeit.

Der Marmorpalast beherbergte von 1937 bis 1991 ein Lenin-Museum, dann wurde er dem Russischen Museum zugeschlagen, das hier die Sammlung der Petersburger Brüder Jacob und Joseph Rzewskiy unterbrachte – überfrachtet, lieblos ausgestellt und weiter nicht interessant.

Museum Ludwig im Russischen Museum: Eine große Aufwertung des Palasts kam in den 1990er Jahren: Die Aachener Kunstsammler und Mäzene *Irene* und *Peter Ludwig* (Gründer des Museum Ludwig in Köln) schenkten dem Russischen Museum 118 Kunstwerke, die heute in neun Sälen des Marmorpalasts ausgestellt sind. Am Eingang empfängt ein Porträt Peter Ludwigs von *Andy Warhol* den Besucher, in Saal 1 ist *Picasso* mit einem Ölgemälde („Big Heads", 1969) vertreten,

Zwischen Erlöserkirche und Eremitage → Karte S. 46/47

in Saal 2 schmückt *Gerhard Richter* eine ganze Wand mit 30 Fotoporträts von weltbekannten Literaten und Musikern, in Saal 3 zeigt Pop-Artist *Roy Lichtenstein* „Ruins", ein Ruinenstillleben in seinem berühmt gewordenen Stil des gemalten Comic-Drucks, in Saal 5 stößt man auf *Joseph Beuys* und *Anselm Kiefer* ...

Wechselausstellungen zeitgenössischer Künstler sind die passende Ergänzung zur hochkarätigen Sammlung des Museum Ludwig.

Mo, Mi, Fr–So 10–18, Do 13–21 Uhr. Eintritt 400 Rbl oder Sammelticket (Russisches Museum + Ingenieursschloss + Stroganow-Palast + Marmorpalast – Ticket 3 Tage gültig) 1000 Rbl.

Музей советских игровых автоматов

Museum der sowjetischen Spielautomaten

Vom Marmorpalast aus führt die **Millionnaja Uliza** (Millionenstraße) Richtung Winterpalast; ihren Namen verdankt sie reichen Adligen, oft Mitglieder der Zarenfamilie, die sich hier residenznahe Wohnsitze einrichteten. Bald führt links die Moschkow-Gasse über die Mojka; noch ein paar Schritte, und man steht auf dem riesigen Konjuschennaja-Platz, wo seit Jahren viel gebaut wird. In einem Hinterhof findet sich in einem abbruchreifen Haus das private *Museum der sowjetischen Spielautomaten.*

Verkehrserziehung in der Spielhölle

Alte Kicker und Flipperautomaten, Videospielgeräte, in denen man durch den Straßenverkehr rasen oder plötzlich auftauchende Männchen abschießen kann – die Spielautomaten aus der Sowjetzeit verströmen eindeutig Nostalgie. Es kracht und glitzert, aber längst nicht so, wie man es aus westlichen Spielhöllen kennt. Für Erwachsene vielleicht nicht aufregend, für Kinder aber bestimmt. Im Eintrittspreis inbegriffen ist eine Papiertüte mit 15 Münzen, jeweils 15 Kopeken wert, mit denen man die Maschinen füttern kann – dann geht's los wie in Sowjetzeiten. Die Spielanweisungen sind auf Russisch, aber Kinder kümmern sich wenig darum und experimentieren drauflos.

Tägl. 11–20 Uhr. Eintritt 450 Rbl, Kind 350 Rbl.

Музей Пушкина

Puschkin-Museum

Zurück zur Mojka, vor der Brücke ein paar Schritte am Quai entlang, und wir stehen vor dem letzten Wohnsitz von Alexander Puschkin. Für Deutsche sind in der Regel Dostojewskij oder Tolstoj die bedeutendsten russischen Schriftsteller. Für Russen jedoch nimmt der 1799 in Moskau geborene und 1837 in St. Petersburg gestorbene *Alexander Puschkin* den ersten Platz im Olymp der Literaten ein. Jedes russische Kind kennt seine Gedichte, schon deshalb, weil sie zum schulischen Kanon gehören. Für Russen ist Puschkin, was für Deutsche Goethe ist, bzw. Goethe und Schiller in einem, der Nationaldichter schlechthin. Dabei ist er für die Petersburger nicht nur eine nationale, sondern auch eine lokale Größe. Zwar wurde Puschkin in Moskau geboren, seine Ausbildung jedoch bekam er in der Zarenresidenz Zarskoje Selo (die heute ihm zu Ehren Puschkin heißt), und seine letzten Lebensjahre verbrachte er an der Mojka, wo sein Haus heute als Museum dem Besucher offensteht. Der Dichter starb zwei Tage nach einem Duell, zu dem er sich provozieren ließ, an den Folgen eines Bauchschusses.

Für den Museumsbesuch (Eingang über den Keller) sei dringend empfohlen, sich einen Audio-Guide in deutscher Sprache auszuleihen, er versorgt beim Gang durch die Räume in hervorragender Weise mit Informationen zu den ausgestellten Gegenständen und Dokumenten. So erfährt der Besucher viele Einzelheiten zum Verlauf des fatalen Duells, während er vor einem Gemälde der Landschaft steht, in der es sich abspielte. Im gleichen Saal hängt auch ein Bild des „Café Wolf und Béranger" (heute *Kafe Literaturnoje*), wo Puschkin seinen letzten Kakao zu sich nahm. Es folgen das Esszimmer der Puschkins, das Schlafzimmer von Frau Puschkin, das Zimmer ihrer unverheirateten Schwester, ein Kinderzimmer – und dann das Allerheiligste: das Arbeitszimmer Alexander Puschkins. Als einziger Raum blieb er unverändert erhalten. Über 4000 Bände zählt seine Bibliothek, vieles in französischer Sprache.

Für die Lektüre bot sich dem Dichter eine komfortable Couch an, und wenn er seine eigenen Verse zu Papier brachte, saß er auf einem Schreibtischstuhl, der geradezu ergonomische Qualitäten hat. Einzig die Schreibfeder, die ihm der fünfzig Jahre ältere Goethe einst verehrte, ist nicht mehr vorhanden.

Vorbei an der Totenmaske, die nur wenige Stunden nach Puschkins Ableben angefertigt wurde, gelangt man in die *erste Etage des Hauses*. Hier sind weitere Gegenstände aus dem Leben der Puschkins zu sehen, unter anderem die Ballettschuhe seiner Ehefrau, die für ihre außerordentliche Schönheit selbst vom Zaren bewundert wurde und um deren Ehrenrettung willen der große Dichter schließlich sein Leben ließ.

Eine gesonderte Ausstellung *Leben und Werk* (Eingang seitlich der Kasse, zusätzlicher Eintritt) zeigt einige Porträts des Dichters sowie zahlreiche Handschriften von den ersten Gedichten bis zum Spätwerk. Kein Audio-Guide, nur spärliche drei Begleitblätter in englischer Sprache, allenfalls für Puschkinforscher interessant.

Mo–So 10.30–17 Uhr, Di geschlossen, ebenso am letzten Fr des Monats. Kasse schließt eine Stunde früher. Eintritt 340 Rbl, der sehr zu empfehlende Audio-Guide 190 Rbl extra.

Дворцовая Площадь

Schlossplatz

Der riesige Platz vor dem Winterpalast bekam unter Zar Alexander I. von *Carlo Rossi*, einem Architekten italienischer Herkunft, sein heutiges Aussehen. Rossi zeichnet auch verantwortlich für das **Generalstabsgebäude** mit seiner 580 Meter langen, halbrunden Front und dem sechsspännigen Streitwagen über dem Triumphbogen. Das einstige Hauptquartier der russischen Armee macht mit dem Winterpalast zusammen die geschlossene Harmonie des größten Petersburger Platzes aus. Heute ist hier ein Teil des Bestands der Eremitage (Französische Malerei) untergebracht.

Die **Alexandersäule** mitten auf dem Schlossplatz erinnert an den Sieg über Napoleon; der Engel auf 47,5 m Höhe weist angeblich die Gesichtszüge von Alexander I. auf, der 1812 die „Grande Armée" erfolgreich aus Russland vertrieb.

Der Platz, wo 1905 am *Blutigen Sonntag* die zaristischen Militärs auf streikende Arbeiter schossen (→ Geschichte der Stadt) und von dem aus 1917 die Bolschewiki den Winterpalast stürmten, erlebt heute friedlichere Zeiten. Touristen lichten einander vor der phantastischen Kulisse des Palasts ab, Inline-Skater schnüren die Stiefel, und im Sommer gibt es gelegentlich Rock-Konzerte.

Nächste Metro: Ⓜ Admiraltejskaja

Zwischen Erlöserkirche und Eremitage → Karte S. 46/47

Зимнийдворец / Эрмитаж

Winterpalast und Eremitage

Winterpalast und Eremitage – die beiden Begriffe werden oft synonym gesetzt. Wer vom Schlossplatz auf den grün-weißen Prunkbau sieht oder gar vom Schiff von der Newa aus, spricht eher von Winterpalast. Wer einmal die Eintrittskarte für eines der weltgrößten Museen bezahlt hat, befindet sich eher in der Eremitage. Der Begriffsverwirrung ist am besten mit der Baugeschichte und der Nutzung des schmucken Komplexes beizukommen. Heute ist der Winterpalast Teil der Eremitage.

Winterpalast

Der grüne Barockbau mit den weißen Kolonnaden ist das Herzstück eines ganzen Gebäudekomplexes. Zarin Elisabeth (1709–1761) beauftragte ihren Hofarchitekten *Bartolomeo Rastrelli*, an der Stelle des eher bescheidenen Wohnsitzes, den Peter der Große hatte errichten lassen, einen prunkvollen, dem Zarenthron angemessenen Palast zu bauen. Rastrelli leistete ganze Arbeit. Der Winterpalast mit seinen über tausend Räumen (Bauzeit 1754–1762), später im Inneren mehrmals verändert, präsentiert sich heute so, wie ihn der berühmte Barockarchitekt hinstellte. Einzig die Farbe hat er im Lauf seiner Geschichte mehrfach gewechselt: ursprünglich rosa, dann pastellblau, gelb, azurblau, ziegelrot und heute eben grün. Derzeit ist ein neuer Farbwechsel im Gespräch; laut einer Umfrage bei der Bevölkerung überwiegt der Wunsch nach der ursprünglichen Farbe (rosa). Noch mehr ihm Gespräch sind allerdings die fehlenden finanziellen Mittel.

Kleine Eremitage

Das kleinste Gebäude des Komplexes (Bauzeit 1764–1775) ließ Katharina die

Barock für die Zarin: Winterpalast

Große bauen. Sie wollte ein Refugium für sich haben, wo sie sich vom Trubel des Hofs erholen und nebenbei auch ihre ersten Kunsteinkäufe unterbringen konnte. Dem Architekten gelang es, die klassizistische Fassade der Kleinen Eremitage mit der Barockfassade des Winterpalasts in harmonischen Einklang zu bringen.

Katharina war eine eifrige Kunstsammlerin und -käuferin. Ihre sich kontinuierlich vermehrenden Schätze verlangten schon bald nach neuen, größeren Räumen.

Große Eremitage

Die „Eremitage" (auch „Alte Eremitage", Bauzeit 1771–1787), deren Front sich zur Newa hin dem Winterpalast anschließt, war die bauliche Lösung für die gewachsene Kunstsammlung Katharinas II. Und da die kunstsinnige Zarin neben den bildenden auch den darstellenden Künste huldigte, ließ sie von ihrem Lieblingsarchitekten *Giacomo Quarenghi* jenseits des schmalen Winterkanals, der die Mojka mit der Newa verbindet, das **Eremitage-Theater** (Bauzeit 1783–1787) bauen. Dieses erste und zugleich kleinste Theater der Stadt war ausschließlich als Hoftheater zum Amusement der Zarenfamilie gedacht. Heute finden in diesem architektonischen Schmuckstück vor allem Konzerte und Ballette statt, deren hohe Eintrittspreise fast nur Touristen zahlen können.

Der strenge Nikolaus I. (1796–1855) muss wohl an das Mäuse-Bonmot seiner Großmutter gedacht haben, als er dem Wunsch weiter Teile der Bevölkerung nachkam, die Sammlung der Öffentlichkeit zugänglich zu machen. Doch vorher war noch ein weiterer Anbau nötig ...

Neue Eremitage

Die „Neue Eremitage" (Bauzeit 1839–1852), der einzige Teil, der nicht an der Newa liegt, ist der letzte Trakt des Gebäude-Ensembles. Als Baumeister beauftragte Nikolaus I. den Deutschen *Leo von Klenze*, den Architekten, dem die Bayern die Walhalla bei Regensburg verdanken.

1852 wurde die von Katharina der Großen initiierte Sammlung dem breiten Publikum zugänglich gemacht – sofern dieses in korrekter Kleidung, wozu auch Uniformen zählten, erschien.

Der letzte Zar, Nikolaus II., zog für sich und seine Familie den Alexanderpalast von Zarskoje Selo (heute: Puschkin) als Wohnsitz vor. Den riesigen Winterpalast nutzte er nur noch für offizielle Anlässe – und auch dies nur sehr selten. Nach seiner Abdankung 1917 bezog die Provisorische Regierung (→ Geschichte der Stadt), die noch im selben Jahr von den Bolschewiki weggeputscht wurde, den Palast. Lenin schlug seinen Regierungssitz im vergleichsweise bescheidenen Smolnyj-Institut auf, und 1922 erklärte die sowjetische Regierung die Eremitage zum staatlichen Kunstmuseum, dem sie den Winterpalast mitsamt seinem kostbaren Mobiliar und den immensen Bibliotheken eingliederte.

Die Sammlung der Eremitage

Die Eremitage zählt heute zu den größten und bedeutendsten Museen der Welt. Einen gewaltigen Grundstock hatte bereits Katharina die Große mit ihrer Sammel- und Kauftätigkeit gelegt. Ihre Nachfolger kauften weiter in der ganzen Welt ein, wenn auch etwas weniger eifrig. Später kamen die Sammlungen des Petersburger Adels hinzu, der Jussupows, der Stroganows, der Scheremetjews und anderer mehr. Heute besitzt die Eremitage fast drei Millionen Kunstwerke, von denen nur rund zwei Prozent ausgestellt werden – das sind aber immer noch 60.000 (im Vergleich dazu: Louvre ca. 35.000 ausgestellte Werke). Die Rechnung ist einfach: Wenn Sie alle in der Eremitage

Zwischen Erlöserkirche und Eremitage → Karte S. 46/47

Erdgeschoss

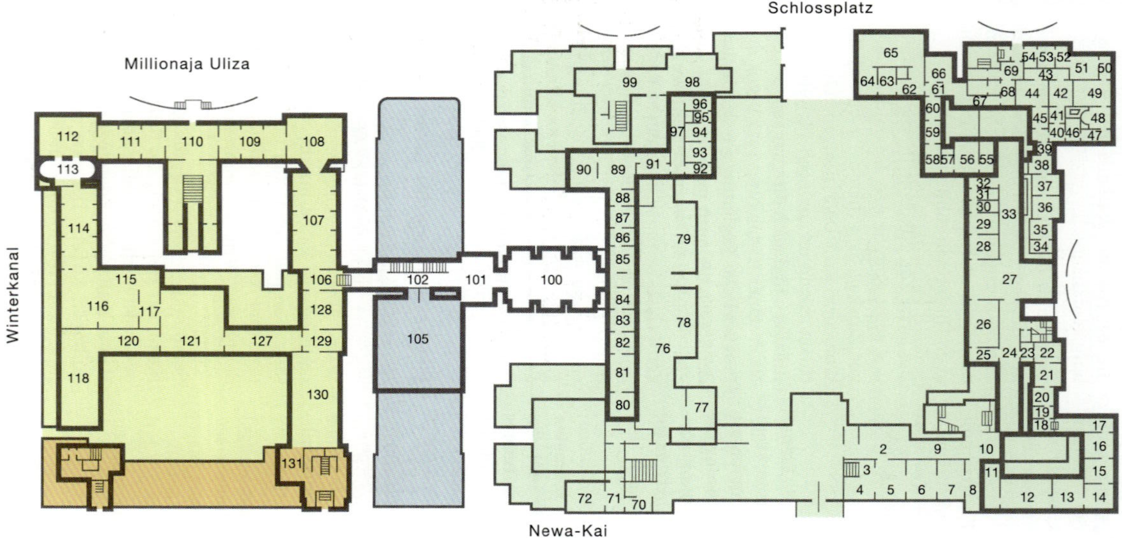

1. Stock

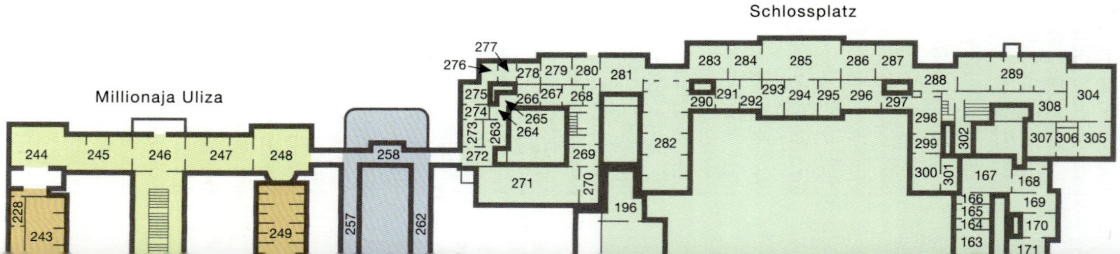

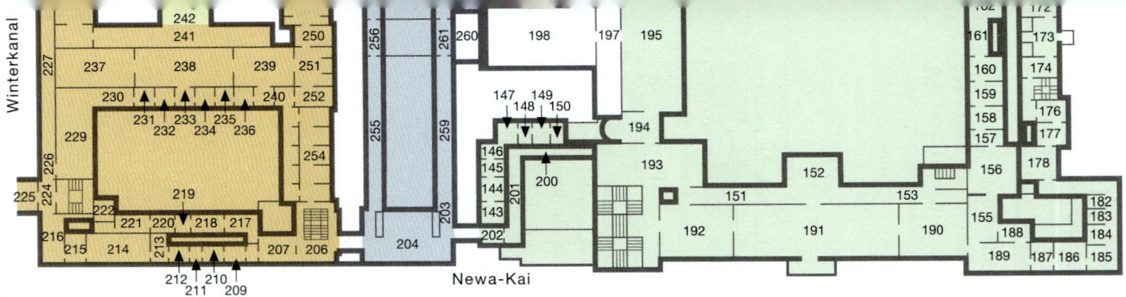
Winterkanal
Newa-Kai

2. Stock

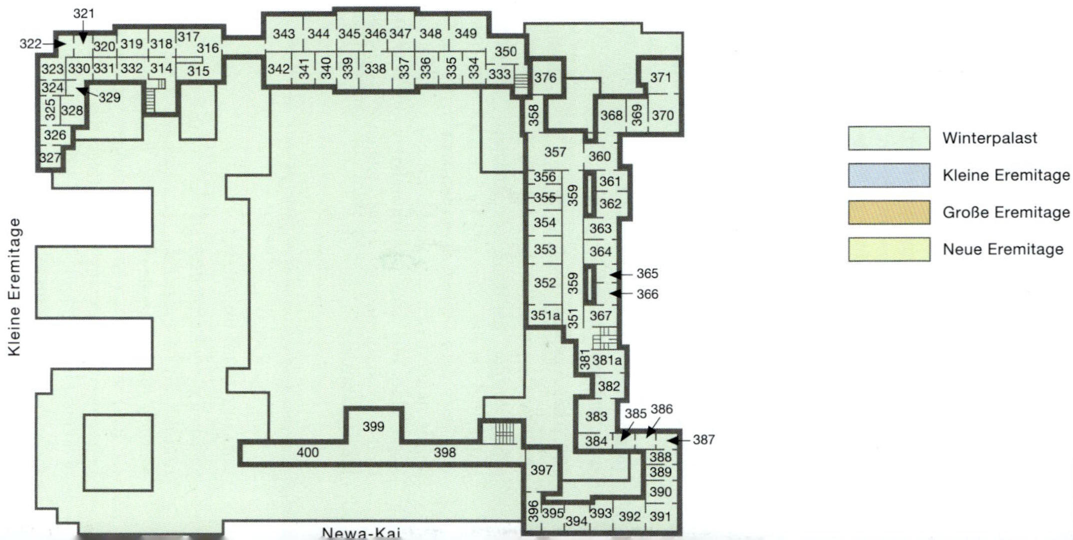
Schlossplatz
Kleine Eremitage
Newa-Kai
Winterpalast
Kleine Eremitage
Große Eremitage
Neue Eremitage

gezeigten Werke sehen wollen und vor jedem einzelnen auch nur eine Sekunde verweilen, so dauert Ihr Besuch knapp 17 Stunden – das Museum hält seine Pforten allerdings nur sechseinhalb Stunden pro Tag geöffnet. Es ist also geboten, sich einzuschränken, bereits vorher zu überlegen, welche Abteilungen man besuchen will, welche man links liegen lassen will und sich dann mit dem Museumsplan (gratis) auf den Spaziergang zu machen. Nachstehend eine grobe Übersicht über die Säle der Eremitage und einige Perlen aus der Sammlung:

Erdgeschoss

11–33: Prähistorische Kulturen. Funde aus dem Paläolithikum, Neolithikum, aus Bronze- und Eisenzeit. Weitgehend Stücke, die aus der Sammlung Peters des Großen stammen.

38–69: Kunst und Kulturen aus Zentralasien und dem Kaukasus.

100: Altes Ägypten.

101–131: Kunst und Kultur der klassischen Antike. Berühmtestes Ausstellungsstück ist die *Taurische Venus*, die von Peter dem Großen erworben wurde; es handelt sich um eine römische Kopie einer aus dem 3. Jahrhundert v. Chr. stammenden griechischen Marmorstatue.

1. Etage

151–187: Russische Kunst und Kultur. Die Räume 175–187 wurden gelegentlich noch von der letzten Zarenfamilie bewohnt. Saal 191 war der große Ballsaal, in dem bis zu 500 Personen Platz hatten, Saal 198 der große Thronsaal.

207–238: Italienische Kunst, 13.–18. Jh. Dieser Teil der Sammlung trägt wesentlich zum Weltruhm der Eremitage bei. Sienesische und florentinische Malerei machen mit *Simone Martini* und *Filippino Lippi* den Anfang. Publikumsmagnet ist unbestritten *Leonardo da Vinci* mit seiner „Benois Madonna" und der „Madonna Litta", von *Michelangelo* wurden zwei kauernde Marmorknaben erworben. *Giorgione* und *Raffael*, *Tizian* und *Tintoretto* sind ebenso vertreten wie *Veronese* und *Tiepolo*, auch der berühmte „Lautenspieler" von *Caravaggio*, dem Klassiker des „Chiaroscuro", hat den Weg hierher gefunden. Schließlich findet sich auch eine Bronzebüste von Peter I., ein Werk von *Bartolomeo Rastrelli*, dem Architekten des Winterpalastes. Eine Besonderheit ist der Saal **227**: Die „Raffael-Loggia" ist eine getreue Kopie des berühmten Vorbilds im Vatikan – ein persönlicher Wunsch Katharinas II.

239–240: Spanische Malerei, 16.–18. Jh., u. a. *Goya*, *Velazquez* und *El Greco*.

St. Petersburg im Kasten

Katz und Maus im Palast

„Und all diese Herrlichkeiten nur für mich und die Mäuse des Palasts", soll Katharina die Große angesichts ihrer riesigen Kunstsammlung kokettiert haben. Vermutlich aber wollte sie die Schätze doch lieber allein genießen. Jedenfalls soll sie ein Heer von Katzen eingesetzt haben, um die Mäuse auszuschalten. Angeblich haben die Nachfahren dieser Katzen bis zur Leningrader Blockade (1941–1944) den Palast bevölkert, die Blockade überlebten sie nicht.

Nach dem Zweiten Weltkrieg wurde auf das bewährte samtpfotige „Wachpersonal" zurückgegriffen; heute sollen es wieder über fünfzig Katzen sein, die in der Eremitage ihren festen Wohnsitz haben – und gefüttert werden. Der deutsche Regisseur Jan Hinrik Drevs verewigte sie 2005 in einem Dokumentarfilm.

Im Inneren des Kunsttempels

245–262: Flämische, holländische und deutsche Malerei, 15.–18. Jh. Dieser Teil ist nach der italienischen Kunst der zweite ruhmreiche und gleichzeitig älteste Teil der Gemäldesammlung. Einige der Werke wurden bereits von Peter dem Großen auf seinen Europareisen erworben. *Salomon van Ruysdael*, der Maler meist düsterer Landschaften, ist ebenso vertreten wie *Rubens*, *van Dyck* (mit einem weiblichen Doppelporträt), *Jordaens* (mit einem üppig-barocken „Fest des Bohnenkönigs") und *Frans Hals*. Herzstück der Abteilung aber sind 26 Bilder von *Rembrandt*, die quer durch sein Schaffen führen. Von *Lucas Cranach d. Ä.* ist Venus mit Cupido zu sehen, von *Dürer* eine Allegorie auf die Justiz in Tusche.

271: Familienkirche der Zaren, in der Nikolaus II. 1894 die deutsche Prinzessin Alexandra von Hessen-Darmstadt ehelichte. Heute ist hier zentralasiatische Kunst untergebracht.

272–297: Französische Kunst, 15.–18. Jh. Vom Schlachtenmaler und Napoleon-Verehrer *Jacques-Louis David* stammt, in kräftigen Farben gemalt, „Sappho und Phao", wobei der Maler entgegen der Überlieferung – Amor mit seinem Köcher voller Pfeile sei Dank – einen glücklichen Ausgang der Liebesgeschichte vorzieht. Es ist eine Auftragsarbeit für den schwerreichen Prinzen Jussupow, das Sujet war dem Künstler überlassen. *Houdon* zeigt einen marmornen Voltaire im Lehnstuhl. Der Philosoph, bereits 84-jährig, bot sich ihm als Modell an. Ebenfalls aus Marmor gemeißelt ist die sitzende „Flora", ein Werk von *Falconet*, dem St. Petersburg den berühmten „Ehernen Reiter" auf dem Senatsplatz (bis 2008 Dekabristenplatz) verdankt.

298–300: Englische Malerei, 16.–19. Jh. Beachtenswert ist hier die „Lady in Blue" des Porträtmalers *Thomas Gainsborough*. Über die Identität der sinnlichen Dame mit ihrer hochtoupierten Frisur rätseln die Kunsthistoriker noch heute.

2. Etage

351–376: Ferner Osten und zentralasiatische Kulturen.

Zwischen Erlöserkirche und Eremitage → Karte S. 46/47

Von der Mojka in die Newa: Winterkanal

381–382: Byzantinische Kunst.

383–384: Islamische Kunst aus dem Nahen Osten.

398–400: Numismatische Sammlung. Sie zeigt einen kleinen, kostbaren Teil der Eremitage sind.

Seit 2014 ausgelagert in das Generalstabsgebäude (auf der anderen Seite des Schlossplatzes, im oberen Stockwerk): Französische Malerei des 19. und 20. Jahrhunderts.

Von *Delacroix* stammt die „Jagd auf einen Löwen in Marokko", vor allem aber sind die Impressionisten gut vertreten: *Degas*, *Cézanne*, *Monet*, *Renoir*. Dann wird in die Moderne übergeleitet: *Rodin* hat die Geburt der Poesie in eine Marmorkomposition gebannt („Der Dichter und die Muse"), *Gauguin* erfreut mit farbenfrohen Tahiti-Mädchen, *Matisse* ist mit einem Tanzreigen in kräftigem Rot, Blau und Grün vertreten. *Courbet*, *Van Gogh*, *Kandinsky*, *Picasso* ...

Die Auslagerung der französischen Maler hat den schönen Nebeneffekt, dass der Besucher auch die Innenarchitektur des Generalstabsgebäudes mit seinen ineinander übergehenden Innenhöfen zu sehen bekommt. Obendrein gibt es hier im Eingangsbereich eine angenehme *Cafeteria*.

Eintrittskarten: Jährlich verzeichnet die Eremitage 3 bis 4 Millionen Besucher. Die endlose Warteschlange ist dank Internet und Ticketautomaten Vergangenheit. Reisegruppen mit Reiseleiter werden ohnehin über einen Sondereingang in den Palast geschleust. Einzelreisende können die Eintrittskarte im Internet buchen: www.hermitagemuseum.org. Besucher mit Internetticket haben einen eigenen Eingang. Wer das Ticket nicht im Internet besorgen will, findet im Innenhof des Winterpalasts mehrere Automaten – auch hier geht es schnell. Di–So 10.30–18, Mi und Fr bis 21 Uhr. Eintritt 700 Rbl.

Praktische Infos

→ Karte S. 46/47

Essen und Trinken

Bellevue **5**, im Nobel-Hotel Kempinski. Sich im geräuschlosen Lift in die 8. Etage hochfahren lassen, dann zu Fuß auf die 9. Etage steigen. Das Dachrestaurant bietet eine traumhafte Aussicht über die Dächer der Stadt. Für rund 2000 Rubel wird ein hervorragendes, mehrgängiges Menu serviert, Kaviar inklusive. Europäische Küche mit französischen Ideen für den betuchten Gast. Mojki Reki nab. 22, ✆ 335-9111.

Jat **3**, unauffälliges Kellerlokal in touristischer Toplage. Traditionelle russische Küche von Blinis bis Pelmeni, vom Olivier-Salat bis zum Boeuf Stroganoff. Leser zeigten sich von Angebot und Qualität überzeugt und schätzten den freundlichen Service. Mojki Reki nab. 16, ✆ 957-0023.

mein Tipp Golizyn Loft **2**, wo einst Fürst Golizyn in einem stattlichen Haus residierte, entstand 2016 ein buntes Zentrum von Bars, Restaurants, Kunsthandwerkläden, Tatoo- und Nailstudios, auch ein Figaro geht seinem Handwerk nach. Zentrum des Lofts ist der mit einem Holzboden ausgelegte Innenhof mit einer Bar in der Mitte. Im Erdgeschoss sind weitere Bars eingerichtet, ein Restaurant mit russischer, ein anderes mit indischer Küche. In den oberen, teils etwas ruinösen Etagen haben sich neben gastronomischen Einrichtungen diverse Handwerksstudios angesiedelt. Ein wunderbar anarchistischer Ort, für einen Longdrink ebenso geeignet wie für ein gemütliches Essen. Gute Stimmung bis in die Nacht hinein, die nicht selten durchtanzt wird. Viel jugendliches Publikum, das nicht selten mit dem Fahrrad oder auf dem Skateboard einfährt. Nab. Fontanka 20.

Podwal Brodjatschej Sobaki **8**, Harlekin grüßt am Eingang, auch die Bedienung trägt das Rhombenmuster. Streunende Hunde zuhauf, aus Stoff und Stiefeln hergestellt, zieren das Interieur. Bis zur Russischen Revolution war der „Streunende Hund" Piters berühmtester Künstlertreff, futuristische Dichter und Maler diskutierten und becherten hier bis in den Morgen. Heute wird russische Küche zu gehobenen Preisen serviert. Pl. Iskusstw 5, ✆ 312-8047.

mein Tipp Kawkas Bar **9**, kaukasische und georgische Küche: georgische Suppen, große Auswahl an Chatschapuri (überbackenes Käsebrot mit diversen Zutaten), kaukasische Rinderzunge (mit knoblauchhaltiger Sauce), aserbeidschanisches Lamm, zum Nachtisch Baklawa. Großes Tee-Angebot. Einzig die Weine werden zu unerschwinglichen Preisen angeboten. Auch Außenbetischung. Über Mittag gern von Geschäftsleuten aufgesucht. Karawannaja ul. 18, ✆ 312-1665.

Botanika **1**, vegetarisches Restaurant mit entsprechend vegetativem Interieur. Russische Blini, indisches Currygemüse, italienische oder japanische Pasta und hervorragende Salate. Ein paar Tische zur Straße. Preiswert. Ul. Pestelja 7, ✆ 272-7091.

Mama Roma **10**, ein halbes Dutzend Ableger hat die Pizza + Pasta-Kette in der Stadt. Das Restaurant in der Nähe des kleinen „Platzes der italienischen Architekten" war das erste von ihnen und ist das beste geblieben. Neben Pizza und Pasta auch Bistecca, Saltimbocca und andere Kitzel der italienischen Küche – im gepflegten Inneren oder draußen auf der ziemlich ruhigen Straße. Professioneller, freundlicher Service. Karawannaja ul. 3, ✆ 314-0347.

Spy Kafe **7**, kleine russische Gerichte, über Mittag Business-Lunch mit Mors (Preiselbeersaft). Das Dekor wird dem Namen gerecht: Spione und ihre Accessoires füllen den Raum, da darf man sich nicht wundern, wenn auf der Toilette das Papier in einem Lautsprecher versteckt ist. Englischsprachige Karte. Abends gelegentlich Livemusik. Bolschaja Konjuschennaja ul. 17, ✆ 570-0637.

Café St. Petersburg **6**, mit Innenhof. Kleine Auswahl an Gerichten (Hühnerfleisch oder Boeuf Stroganoff). Wegen der nahen Erlöserkirche von Touristen aufgesucht und erstaunlicherweise nicht einmal sehr teuer. Gribojedow Kanala nab. 5, ✆ 314-4947.

Kafe Arkada **4**, bescheidene, freundliche, preiswerte Business-Lunch-Adresse. Der Gast hat die Wahl zwischen zwei Salaten, zwei Suppen, vier Hauptspeisen und vier Beilagen – dazu eine Schale kalter Tee. Kein Alkoholausschank, nur 11–19 Uhr geöffnet. Bolschaja Konjuschennaja 11 (im ersten Innenhof).

Der Thronsaal in der Eremitage

Den Poeten auf der Spur

Tour 3

Ein Spaziergang durch einen vom organisierten Tourismus nicht beachteten Stadtteil St. Petersburgs. Nur am Ziel, wo das vom Barockarchitekten Rastrelli entworfene Smolnyj-Kloster in Pastellblau und Weiß seine Türme in den Himmel streckt, laden Reisebusse gelegentlich ihre Fracht für kurze Zeit aus.

Auf dem Weg zum Smolnyj

Der Weg in den wenig bekannten Stadtteil beginnt am Newskij-Prospekt, den man bald rechterhand über den fast so breiten Litejnyj-Prospekt verlässt. Dort kommt man an alten städtischen Wohnhäusern vorbei, in denen teils noch heute *Kommunalkas* (siehe unten: „Wo Nobelpreisträger Brodsky aufwuchs“) eingerichtet sind. Dann geht es in die Kirotschnaja-Straße, wo es um die Metrostation *Tschernyschewskaja* herum recht geschäftig zugeht, und schließlich in eine von Touristen wenig beachtete grüne Lunge der Stadt, in den Taurischen Garten. Dass in diesem Teil der Stadt in der ersten Hälfte des 20. Jahrhunderts auch intellektuelle und literarische Zirkel zuhause waren, ist eine vergessene Episode der Geschichte, an die neben ein paar leicht zu übersehenden Gedenktafeln einzig das bescheidene, aber sehenswerte Achmatowa-Museum erinnert.

Ausgangspunkt: Ⓜ Doppelstation Majakowskaja/Ploschtschad Wosstanja

Spaziergang

Музей Анны Ахматовой

Anna-Achmatowa-Museum

Das sogenannte „Fontänenhaus“, Sitz des Museums, ist eigentlich nicht mehr als ein Seitenflügel des Scheremetew-Palasts an der Fontanka (→ Tour 1: Newskij-Prospekt), aber nur vom Liteinyj-Prospekt (Haus Nr. 53) aus zu erreichen. Anna Achmatowa (1889–1966), die Grande Dame der russischen Poesie des 20. Jahrhunderts, wohnte fast die ganze Zeit von 1924 bis zu ihrer Evakuierung während der Leningrader

Blockade 1941 in der zweiten Etage des Hauses – in einer beengenden „Ménage à quatre“ zusammen mit ihrem dritten Ehemann Nikolaj Punin, dessen Ex-Frau und deren gemeinsamen Tochter.

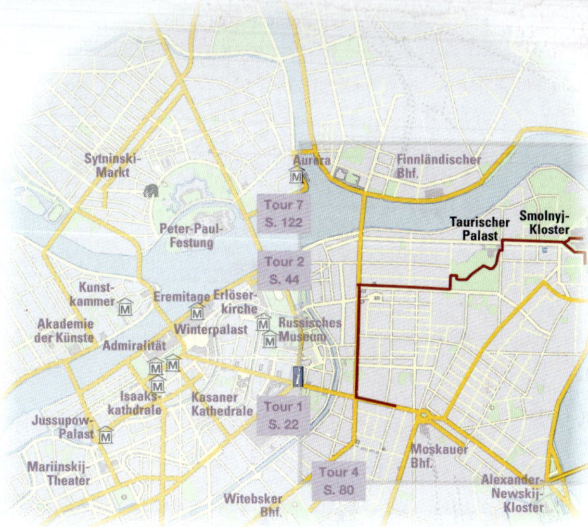

Man betritt das sorgfältig gestaltete Museum durch den Korridor, wo nebst einem alten Reisekoffer Dokumente und Fotos ausgestellt sind. Der Spiegel an der Wand ist schon so beschlagen, dass er kaum mehr für einen letzten Kontrollblick vor dem Verlassen der Wohnung taugt. Durch die spartanische Küche gelangt man ins Esszimmer und weiter ins Arbeitszimmer der Dichterin, das, ausgestattet mit dem Allernötigsten – Sekretär, Bett, Truhe und Stuhl –, die Wiege der Poesie in dieser engen Wohnung war. Englischsprachige Informationsblätter helfen, sich in die damalige Zeit zu hineinzudenken und erzählen aus der Biographie Achmatowas.

Im *Erdgeschoss* wird der Besucher nach South Hadley (Massachusetts) versetzt, der Blick durch das Fenster – raffinierte Ausstellungstechnik – zeigt nicht die nahe Fontanka, sondern das ferne Amerika. Hier wird der Arbeitsraum des 1940 in Leningrad geborenen und 1972 ausgebürgerten Nobelpreisträgers *Joseph Brodsky* rekonstruiert, der in der nahen Pestel-Straße wohnte (siehe unten). Anna Achmatowa gilt als seine frühe Mentorin. Der ziemlich nüchtern gehaltene Ausstellungsraum ist als Präludium eines künftigen Joseph-Brodsky-Museums gedacht.

In einem anderen Trakt des Fontänenhauses wird der 55-Minuten-Film „Stalin und die Muse“ (auf Wunsch in englischer Sprache) gezeigt: zeitgeschichtliche und biographische Dokumente, Gespräche über Begegnungen mit Anna Achmatowa – produziert vom New York Center of Visual History.

Als Pause vor dem Film oder zum Abschluss des Museumsbesuchs bietet sich ein Spaziergang im stimmungsvollen, kleinen Park an. Dort erinnert neben einem Monument an die Dichterin ein weiteres an ihren ebenso berühmten Kollegen Ossip Mandelstam, der 1938 im Gulag starb.

Di und Do–So 10.30–18.30, Mi 12–20 Uhr. Eintritt 120 Rbl, Audioguide (auch auf Deutsch) 200 Rbl.

Wo Nobelpreisträger Brodsky aufwuchs

Wenn *Joseph Brodsky* (1940–1996), der 1987 mit dem Nobelpreis für Literatur ausgezeichnet wurde, sein eigenes Museum bekommen wird – die nötigen Gelder sind mittlerweile dank amerikanischer Sponsoren beisammen – so wird dieses ganz in der Nähe seiner früheren Mentorin Anna Achmatowa liegen. Er bewohnte als Einzelkind mit seinen Eltern eine Kommunalwohnung

Essen & Trinken (S. 78)
2 Uno Due Tre
3 Café Mango
4 Piwnaja Karta
5 IQ Laboratory of Coffee
6 Tolstij Fraer
Nachtleben (S. 219)
1 JFC Jazz Club
Sonstiges (S. 78)
7 Pig Snout
Newa
Finnländischer Bahnhof
Pl. Lenina
Kresty Gefängnis
Progowskaja
nab. Arsenalnaja
nab. Swerdlowskaja
Botkinskaja
Finski per.
Klinitscheskaja ul.
ul. Akademika Lebedewa
ul. Komsomola
Michailowa
Arsenal'naja ul.
Liteiny-Brücke
Liteiny pr
prosp.
nab. Kutusowa
nab. Robespjera
Schpalernaja ul.
Sacharewskaja ul.
ul. Tschaikowskowo
Furschtatskaja ul.
Kirotschnaja
Mochowaja
Preobraschenskaja
pl.
Manezny per.
Tschernyschewskowo prosp.
Tschernyschewskaja
Haus der Offiziere
Annenkirche
Schweizer Konsulat
Deutsches Konsulat
Österreichisches Konsulat
Potjomkinskaja ul.
Taurischer Garten
Taurischer Palast
Wodoprowodny per.
Tawritscheskaja ul.
Statue Dserschinskij
Turm-Haus
Twerskaja ul.
Kaluschski per.
Kavalergardskaja
Mariinski
Tawrit
Kikin-Palast
Stavropolskaya ul.
Orlowskaja ul.
Lafonskaja ul.
Odesskaja ul.
Otschakowskaja
per.
Smolnaja nab.
ul. Smolnowo
Smolnyj-Kloster
pl. Rastrelli
per. Kwarengi
F. Engels
Al. Smolnowo
Karl Marx
W. I. Lenin
Smolny-Institut
Smolny pr.
Smolny prosp.
Suworowski prosp.
Tulskaja ul.

Auf dem Weg zum Smolnyj
Tour 3
130 m
Brodsky's Wohnung
Verklärungskathedrale
Anna-Achmatowa-Museum
Scheremetew-Palast (Musikinstrumentenmuseum)
Crystal Palace
Belosselskij-Beloserskij-Palast
Wladimirkirche
Wladimirskij-Passasch
Kusnetschnyj-Markt
Dostojewskij-Museum
Museum der Arktis und der Antarktis
Moskauer Bahnhof
Wosstanija-Platz (Pl. Wosstanija)
Pl. Wosstanija
Majakowskaja
Dostojewskaja
Wladimirskaja
Newskij prosp.
Liteiny prosp.
Wladimirski prosp.
Ligowski prosp.
Suworowski prosp.
Sinopskaja nab.
nab. r. Fontanki
Ul. Pestelja
Mochowaja ul.
ul. Belinskogo
ul. Rylejewa
Artilleriskaja ul.
ul. Korolenko
Grodnenski per.
Saperny per.
Wilenski per.
Baskow per.
Nekrasowa ul.
ul. Tschechowa
Kowenski
Ozernoy per.
ul. Schukowskowo
ul. Majakowskowo
ul. Wosstanija
ul. Radischtewa
per. U. Gromowoi
Fontannaja ul.
Paradnaja
Gretscheski prosp.
1. Sowetskaja ul.
2. Sowetskaja
3. Sowetskaja
4. Sowetskaja
5. Sowetskaja
6. Sowetskaja
7. Sowetskaja
8. Sowetskaja
9. Sowetskaja
10. Sowetskaja
Moisejenko
Orlowski
Degtjarnaja
Mytninskaja
Kirillowskaja
Nowgorodskaja ul.
Starorusskaja ul.
Jewgenewskaja
Bakunina prosp.
Chersonskaja
Chersonski pr.
Konnaja ul.
Poltawskaya ul.
Charkowskaja ul.
Gontscharnaja ul.
Puschkinskaja ul.
ul. Marata
Stremjannaja
Dmitrowski per.
Powarskoi per.
Kolokolnaja
Kuznetschny per.
Tawritscheskaja ul.
ul. Kirotschnaja
Jaroslawskaja
Degtjarnyi per.
ul. Krasnowo Tekstilschtschika

Anna Achmatowa (1889–1966)

Die Biographie der großen Dame der russischen Literatur spiegelt ihre Zeit. Ihre Jugendjahre verbringt Anna Achmatowa in Zarskoje Selo (heute: Puschkin), der Sommerresidenz der Zaren, ihre schulische Ausbildung genießt sie im dortigen Lyzeum, dessen berühmtester Schüler *Alexander Puschkin* war. 1910 heiratet sie den Dichter *Nikolaj Gumiljow*, mit dem sie mehrere Reisen unternimmt, unter anderem nach Paris, wo sie Amadeo Modigliani kennenlernt, der sie mehrfach porträtiert. 1912 kommt ihr einziger Sohn Lew zur Welt.

Mit der Machtübernahme der Bolschewiki verändert sich das Leben der bereits berühmten Dichterin schlagartig. 1921 wird Nikolaj Gumiljow, von dem sie mittlerweile geschieden ist, als angeblicher Konterrevolutionär erschossen, ihr Sohn Lew wird 1935 zum ersten Mal verhaftet und kommt bald wieder frei, 1938 wird er zu fünf Jahren Zwangsarbeit verurteilt, 1949 zu zehn Jahren. Nach einer nicht sehr glücklichen zweiten Ehe heiratet Achmatowa erneut. Ihr dritter Mann, der Kunsthistoriker Nikolaj Punin, wird in den 1930er Jahren zweimal verhaftet und 1949 – auch von ihm ist die Dichterin inzwischen geschieden – wegen „antisowjetischer Propaganda" in einen Gulag gesteckt, wo er 1953 stirbt.

Anna Achmatowa, die seit 1922 praktisch mit einem Publikationsverbot belegt ist, hält diese düsteren Zeiten in ihrer Lyrik fest. Darin gibt sie nicht nur ihrer Trauer Ausdruck, sie verleiht auch den Unterdrückten eine Stimme. Am bekanntesten werden später ihr „Requiem" und das „Poem ohne Held". Eine Biographin, die in den schlimmsten Zeiten der Repression die Dichterin regelmäßig im „Fontänenhaus" besuchte, berichtet, wie Anna Achmatowa in ihrem eigenen Haus Gedichte nur flüsternd vortrug, oft ein lautes „Mögen Sie eine Tasse Tee?" dazwischenrufend – die Wände waren dünn. Als sie 1940 nach langem Hin und Her zum ersten Mal wieder einen Gedichtband publizieren darf, kommt es in den Buchläden der Stadt zu Prügeleien um die wenigen Exemplare. Während der Leningrader Blockade wird Achmatowa nach Moskau ausgeflogen, wo sie vorübergehend weiter publizieren kann. Erst nach dem Zweiten Weltkrieg, als Stalins Chefideologe Andrej Schdanow sich anschickt, die Kunst endgültig der Politik dienstbar zu machen und die Dichterin als „Hure und Nonne" beschimpft, verstummt Anna Achmatowa wieder.

Nach Stalins Tod wird Russlands große Dichterin nach und nach rehabilitiert. Sie stirbt 1966 in der Nähe von Moskau. In deutscher Sprache sind heute mehrere Bücher von Anna Achmatowa erhältlich.

(kommunalka) an der **Ecke Litejnyj-Prospekt/Pestel-Straße**. Das Gebäude aus dem Jahr 1903 wurde wegen seiner arabesken architektonischen Einsprengsel das „maurische Haus“ genannt. Brodsky gibt in seinem Buch „Erinnerungen an St. Petersburg“ auch einen guten Einblick darüber, was man sich unter einer *Kommunalka* vorzustellen hat: „Nach der Revolution, gemäß der Politik des 'Dichtmachens' wurde der Komplex in Stücke aufgeteilt, pro Zimmer eine Familie. Wände wurden zwischen den Zimmern eingezogen, zunächst aus Sperrholz, später, im Lauf der Jahre, haben Bretter, Backsteine und Stuck diese Trennwände in den Status architektonischer Norm erhoben. (...) Minimum einer Unterkunft in der UdSSR sind neun Quadratmeter pro Person. (...) Uns mitgerechnet, waren wir nur elf Personen. Bei Gemeinschaftswohnungen kann es leicht bis zu hundert Bewohnern kommen. Der Durchschnitt aber liegt irgendwo zwischen fünfundzwanzig und fünfzig. (...) Selbstverständlich hatten wir eine gemeinsame Toilette, ein gemeinsames Badezimmer und eine gemeinsame Küche. Aber die Küche war ziemlich geräumig, die Toilette recht anständig und gemütlich. Und das Badezimmer: die russischen Hygienegewohnheiten sind so, dass elf Leute sich selten, sei es beim Baden oder beim Wäschewaschen, in die Quere kommen. Die Wäsche hing in den beiden Korridoren, die die Zimmer mit der Küche verbanden, und man kannte die Unterwäsche seiner Nachbarn auswendig.“

Brodsky spricht vom Litejnyj-Prospekt als „einem der berühmtesten Boulevards der russischen Literatur“ – und dachte dabei nicht unbedingt an sich selbst. Im selben Gebäudekomplex, in dem die Brodskys wohnten, unterhielt Anfang des 20. Jahrhunderts der Schriftsteller *Dmitrij Mereschkowskij* einen vielbesuchten literarischen Salon, in dem u. a. auch *Alexander Blok* (1880–1921) verkehrte, der große Dichter des russischen Symbolismus. Blok selber verbrachte seine frühesten Kindheitsjahre an der Pestel-Straße 4 und hatte später zeitweise eine Wohnung am Litejnyj-Prospekt. 1924 bezog die berühmte Anna Achmatowa das „Fontänenhaus“, in dem sie mit Unterbrechungen bis 1941 blieb (siehe oben).

Gegenüber, am Litejnyj-Prospekt 52, wohnte fast ein Jahrhundert vorher, 1837–1852, *Iwan Gontscharow*, der mit seinem „Oblomow“ das Nichtstun als höchste Lebensmaxime literaturfähig machte.

Der heutige Spaziergänger übersieht das „maurische Haus“, das als Sitz

An der Fontanka

eines Brodsky-Museums vorgesehen ist, leicht. Das war nicht immer so, zumindest nicht Anfang des 20. Jahrhunderts, als es noch nicht in Kommunalwohnungen aufgestückelt war. „Es galt als die architektonische Sensation in dem St. Petersburg jener Zeit", vermerkt Brodsky in seinen Erinnerungen, „und die Achmatowa hat mir einmal erzählt, dass ihre Eltern sie in eine Kutsche gepackt haben, um dieses Wunderwerk zu betrachten."

Was Joseph Brodsky sah, wenn er aus seinem Fenster im amerikanischen South Hadley (Massachusetts) blickte, erfährt man im Achmatowa-Museum (siehe oben). Was er sah, wenn er auf dem Balkon an der Petersburger Pestel-Straße stand, beschreibt er in seinen

St. Petersburg im Kasten

Joseph Brodsky (1940–1996)

Als Joseph Brodsky 1987 mit dem Nobelpreisträger für Literatur geehrt wurde, war er im Westen außerhalb literarischer Kreise wenig bekannt, und dies, obwohl er längst in den USA wohnte. Selbst nach der Ehrung wurde er nicht, wie es anderen Preisträgern erging, übermäßig beachtet. Wir wollen dem ein bisschen entgegensteuern.

Geboren als Sohn jüdischer Eltern wächst der junge Brodsky in den beengten Verhältnissen einer *Kommunalka* auf (siehe oben). Die Schule verlässt er nach sieben Jahren und schlägt sich als Gelegenheitsarbeiter durch, unter anderem als Fräser in einer Fabrik, als Laborarbeiter und als Angestellter in einem Krankenhaus, wo er Leichen aufschneidet und wieder zunäht. Autodidaktisch eignet er sich die englische und die polnische Sprache an und beginnt gegen Ende der 1950er Jahre erste Gedichte zu schreiben. Das entspricht weder dem Wunsch seiner Eltern noch der staatlichen Vorstellung eines sozialistischen Lebenswandels. Seine Eltern sind tolerant und lassen ihn gewähren („weil ich ihr Kind war"), nicht aber der Staat. Wegen „Parasitentums" – so nannte man das zu Breschnews Zeiten – wird Brodsky zu fünf Jahren Zwangsarbeit verurteilt, die er in der nordrussischen Hafenstadt Archangelsk antritt, um nach 18 Monaten wieder entlassen zu werden. Da er sich in den sozialistischen Augen des Staates auch nachher nicht bessert, wird er 1972 ausgebürgert. Über Wien gelangt er in den USA, nimmt dort 1977 die Staatsbürgerschaft an. Zehn Jahre später zählen die Amerikaner einen weiteren Nobelpreisträger, den eigentlich die Russen hätten haben können. „Heimat, daran denke ich überhaupt nicht mehr", sinnierte Brodsky einmal in einem Interview, „ich habe einmal meine Heimat verlassen und bin seitdem ein Nomade: Ich bin ein schlechter Jude, ein schlechter Russe, ein schlechter Amerikaner."

1996 stirbt Joseph Brodsky in New York an einem Herzinfarkt. Sein Grab liegt in Venedig, auf der berühmten Friedhofsinsel San Michele.

Literaturtipp: Joseph Brodsky, Erinnerungen an St. Petersburg. Carl Hanser Verlag, München/Wien 2003; ein vorzügliches Buch, in dem sich Brodsky, behutsam reflektierend, an seine Kindheit, seine Eltern und seine Geburtsstadt erinnert.

Erinnerungen: „Von diesem Balkon aus konnten wir die ganze Länge der Straße überblicken, deren typisch petersburgische , einwandfreie Perspektive, die mit der Silhouette der Kuppel der Pantelejmonskirche abschloss, oder – schaute man nach rechts, mit dem großen Platz, in dessen Mitte die Verklärungskathedrale des Preobraschenskij-Regiments Seiner Kaiserlichen Majestät steht."

Seit einiger Zeit wird in St. Petersburg über ein Brodsky-Museum spekuliert, auch von einem Brodsky-Denkmal war schon die Rede. Vorläufig muss sich der Besucher der Stadt mit einer leicht zu übersehenden Gedenktafel am „maurischen Haus" begnügen.

Преображенский Собор

Verklärungskathedrale

Dem Blick des Dichters folgend, führt unser Spaziergang zur nahen Verklärungskathedrale, auch Preobraschenskij-Kathedrale genannt. Eine erste Kirche ließ hier Zarin Elisabeth für das Preobraschenskij-Regiment bauen. Dieses von Peter dem Großen ins Leben gerufene Regiment war die Leibgarde der Zaren, verhalf in der Geschichte der Romanows einigen Zaren und Zarinnen zum Thron, anderen wiederum zum Tod. Die Kirche, später zur Kathedrale erhoben, brannte 1825 ab. Darauf wurde sie durch das heutige, klassizistische Gebäude ersetzt, das 1829 als Christi-Verklärungs-Kathedrale eingeweiht wurde. Der Feiertag der Verklärung Christi (nach dem römisch-katholischen wie dem orthodoxen Kalender am 6. August) war stets auch der Festtag des Preobraschenskij-Regiments.

Die kleine Parkanlage zeigt vier goldene Doppeladler am Eingangstor; rund um die Kathedrale wachen Kanonen, die untereinander mit schweren gusseisernen Ketten verbunden sind. Die Artillerie wurde dem Feind im Russisch-Türkischen Krieg 1828/29 abgenommen

Verklärungskathedrale – Kanonen statt goldene Kuppeln

– ein Krieg, der ein so großes Loch in die Staatskasse riss, dass die Kuppeln der Kathedrale unvergoldet blieben. Im prächtig ausgestatteten Inneren hingegen mangelt es ihr nicht an Gold.

Die Verklärungskathedrale gehört bei den Gläubigen zu den heute am meisten besuchten Gotteshäusern der Stadt und verfügt obendrein über einen exzellenten Chor, der täglich während der Liturgie zu hören ist.

Zum Taurischen Garten

Zurück zum Litejnyj-Prospekt, dann rechts in die belebte Kirotschnaja-Straße einbiegen. Dort finden wir auf der linken Straßenseite die einst evangelisch-lutherische **Annenkirche** mit Säulen in der Apsis, die im Turm wieder aufgenommen werden. Die Kirche aus dem 18. Jahrhundert wurde bis 1934 für den Gottesdienst genutzt und dann von den Sowjets zum „Kino Spartak" umgebaut, das noch bis 2001 eine Adresse für Cineasten war. In der Folge nistete sich ein Nachtclub ein, der nach einem Jahr das Räumungsurteil erhielt. Aus ungeklärten Gründen brannte das Gebäude 2002 völlig aus. Im mittlerweile renovierten 1. Stock finden wieder Gottesdienste statt, allerdings nicht mehr für evangelische, sondern für katholische Christen. Aufregender ist das ausgebrannte Kirchenschiff im Erdgeschoss

– es eignet sich hervorragend für Ausstellungen. 2016 wurde hier eine fulminante Ton-Licht-Schau über die Fresken von Michelangelo gezeigt, die sich über vom Feuer gezeichnete Wände, Decke und Säulen erstreckte.

Die vor allem um die Metro-Station *Tschernyschewskaja* sehr belebte Kirotschnaja-Straße führt schnurgerade zum **Taurischen Garten**, einer der schönsten Grünoasen der Stadt, die man von der Potjomkin-Straße aus betritt. Die Gartenanlage wurde von Katharina II. in Auftrag gegeben, die damit das Herz ihres Liebhabers Graf Potjomkin erfreuen wollte. Hügel wurden aufgeschüttet und Kanäle angelegt, über die Brückchen mit gusseisernen Geländern führen. Ein künstlicher See rundet das Bild ab. Nicht nur kontemplative Spaziergänger schätzen den Ort, sondern auch Kinder, die hier einen Spielplatz mitsamt Karussell vorfinden. Am See bräunen sich im Sommer die Petersburger und Petersburgerinnen für den kommenden Urlaub vor, im Winter gefriert das Wasser zur Eisbahn für Schlittschuhläufer.

St. Petersburg im Kasten

Der Turm der Intelligenzija

Nur eine kleine Tafel am Eckhaus Nr. 35 der Tawritscheskaja-Straße, die den Taurischen Garten östlich begrenzt, erinnert noch an die damals berühmten Versammlungen der Petersburger Intelligenzija, die sich in den Jahren 1905–1907 und dann wieder 1910–1912 ganz oben im halbrunden Turmzimmer in der sechsten Etage traf. Hausherr und Spiritus rector der vielbeachteten Treffen, die wöchentlich vom späten Mittwochabend bis in den frühen Donnerstagmorgen stattfanden, war der Altphilologe Wjatscheslaw Iwanow, der sich für weit mehr als nur für tote Sprachen interessierte. Er beschäftigte sich ebenso mit Fragen der Zeitgeschichte, der Philosophie und der Ästhetik. Und da ein gutes Haus auch eine gute Seele braucht, die dafür sorgt, dass die Gäste sich wohlfühlen, hatte Iwanows ebenso extravagante wie temperamentvolle Frau Lidija Sinowjewa-Annibal alle Hände voll zu tun – was sie nicht hinderte, die Debatten mit eigenen Beiträgen zu würzen.

In den spannungsgeladenen vorrevolutionären Jahren kamen im „Iwanow'schen Turm" Schriftsteller, Maler, Komponisten und Wissenschaftler zusammen, um über die neuesten künstlerischen Strömungen zu debattieren oder ganz einfach über zuvor festgelegte Themen wie „Persönlichkeit und Sozialismus" oder noch einfacher – und deshalb kompliziert: „Was ist Glück?" Das „kulturelle Laboratorium", wie ein Teilnehmer die Treffen im Turm nannte, fällt mitten in das „Silberne Zeitalter", wie die russische Literaturgeschichte ihre Belle Epoque nennt. Der Symbolismus stand hoch im Kurs, man experimentierte mit neuen Kunstformen, pflegte Illusionen und utopische Gärten.

Mit dem Tod der lebenslustigen Lidija 1907 erlosch das Leben im Turm vorerst, erst nach 1910 organisierte Iwanow eine Neuauflage der Mittwochabende. In dieser Zeit tauchte auch die damals noch junge Anna Achmatowa auf und las aus ihren Gedichten. Ihr vielbeachteter Auftritt verhalf einer neuen Strömung der modernen russischen Literatur zum Durchbruch, dem sog. Akmeismus, der noch immer mit ihrem Namen verbunden ist.

Der Wegzug von Wjatscheslaw Iwanow nach Moskau 1912 besiegelte dann endgültig das Schicksal des erlesenen Diskussionszirkels, der die bolschewistische Revolution vermutlich ohnehin nicht überlebt hätte.

Literaturhinweis: Markus Ackeret, Wjatscheslaw Iwanows „Turm": Ort der Intelligenzija – Experimentierfeld der Zukunft, in: Schlögel K., Schenk, F., Ackeret M. (Hg.), Sankt Petersburg. Schauplätze einer Stadtgeschichte, Campus, Frankfurt 2007.

Im Taurischen Garten

Таврический дворец

Taurischer Palast

Der Taurische Garten war jedoch nur die Zugabe zum Geschenk, mit dem die Zarin ihren Günstling Potjomkin bedachte. Das eigentliche Geschenk war der Taurische Palast am Nordende des Gartens. Der streng klassizistische Bau – Portikus mit sechs dorischen Säulen – erinnert an Bauten von Andrea Palladio.

Berühmt war der im Innern prachtvoll ausgestattete Taurische Palast für seinen Wintergarten, in dem zu Katharinas Zeit rauschende Feste gefeiert wurden. Paul I., der Sohn und Nachfolger der großen Zarin, dessen Politik vor allem darin bestand, alles anders als seine Mutter zu machen, ließ das Gebäude zur Kaserne für seine Kavallerie umbauen. Pauls Sohn und Nachfolger wiederum, Alexander I., der Großmutter Katharinas Zeit wieder aufleben lassen wollte, drehte das Rad der Palastgeschichte dann nochmals zurück.

Heute ist der Taurische Palast Sitz des wenig einflussreichen Parlaments der GUS (Gemeinschaft Unabhängiger Staaten), zu der sich einige Länder der ehemaligen Sowjetunion zusammengeschlossen haben; er ist der Öffentlichkeit nicht zugänglich.

Vom Taurischen Palast führt die vielbefahrene Schpalernaja-Straße schnurstracks zum Smolnyj-Kloster. Unterwegs steht linkerhand die einsame **Statue von Felix Dserschinskij**. Der „Eiserne Felix", wie er im Volksmund hieß, gründete 1917 im Auftrag der Bolschewiki die „Tscheka", die berüchtigte Geheimpolizei, die hauptsächlich zur Bekämpfung der Opposition eingesetzt wurde. Sie ging später in der GPU (*Glawnoje Polititscheskoje Uprawlenije* – Politische Hauptverwaltung) auf – bis zu seinem Tod 1926 ebenfalls von Dserschinskij dirigiert – die zu Stalins mächtigster Waffe bei der Liquidierung der innerparteilichen Opposition wurde. In den 1950er Jahren übernahm als Nachfolger der KGB (*Komitet Gossudarstwennoj Besopasnosti* – Komitee für Staatssicherheit), der 1991 aufgelöst wurde, die geheimpolizeilichen Funktionen. Nach der Auflösung der Sowjetunion wurden in ganz Russland zahlreiche Dserschinskij-Statuen entfernt, der Mann war in Ungnade gefallen. In St. Petersburg ließ man ihn stehen, aus welchen Gründen auch immer.

Кикины палаты

Kikin-Palast

Wer vom „Eisernen Felix" ein Stück in Richtung Smolnyj-Kloster geht und dann links in die Stawropolskaja-Straße einbiegt, steht bald vor einem der ältesten Gebäude der Stadt, dem zweistöckigen, weiß-gelben Kikin-Palast, Baujahr 1714. Sein erster Besitzer war Fürst *Alexander Kikin*, ein Jugendfreund, Zechkumpan und Streitgefährte Peters des Großen. Lange konnte er den herrschaftlichen Wohnsitz allerdings nicht genießen, seine Freundschaft mit dem Zaren fand ein jähes Ende. Zusammen mit dem Zarewitsch wegen Hochverrats angeklagt, wurde Kikin 1718 hingerichtet. Peter I. nahm den Palast seines Ex-Freundes darauf persönlich in Beschlag, um hier sein berühmtes Kuriositätenkabinett (heute in der Kunstkammer zu sehen) unterzubringen, für das sein Palast im Sommergarten zu klein geworden war. Nach einer Restaurierung in den 1950er Jahren zeigt sich der Kikin-Palast heute wieder wie zu Peters Zeiten.

Peter der Große lud damals die Öffentlichkeit gern in den Palast ein, um ihr seine monströse Sammlung von Föten zu präsentieren. Dem Zeitgenossen ist der Zugang in den Palast verwehrt, heute ist hier eine Musikschule für Kinder zugange.

Smolnyj-Kathedrale

Смольный Монастырь

Smolnyj-Kloster

Die in Pastellblau und Weiß gehaltene Klosteranlage ist ein Juwel des russischen Barock und ein Meisterwerk von *Bartolomeo Rastrelli*, ihren religiösen Zweck erfüllte sie jedoch kaum je.

Die Absicht von Zarin Elisabeth war zweifellos eine fromme. In der Newa-Schlaufe wollte sie, gleichsam als Pendant zum Alexander-Newskij-Kloster und wie dieses mit Grünflächen zum Fluss hin, der Stadt ein Frauenkloster schenken. Auch überlegte die Zarin, dereinst selbst darin ihre alten Tage zu verbringen. Der Auftrag ging an ihren Lieblingsarchitekten Rastrelli, der, als Elisabeth 1761 starb, der Kathedrale und den umliegenden Gebäuden bereits ihr barockes Äußeres verpasst hatte; zwei Jahre später wurde er von Katharina der Großen, die den Klassizismus dem Barock vorzog, entlassen.

Als Kloster fand die Anlage nur sehr kurze Zeit Verwendung; die bildungsbeflissene Katharina nutzte die Gebäu-

Das beste Panorama hat man von den Türmen der Smolnyj-Kathedrale

de bald für erzieherische Zwecke: ein Institut für die adligen jungen Mädchen wurde eingerichtet, ein anderes für die bürgerlichen Mädchen. Die blaublütige Fraktion zog später in das 1806–1808 von *Quarenghi* im klassizistischen Stil gebaute Smolnyj-Institut (siehe unten) um.

In sowjetischer Zeit wurde die barocke Kathedrale als Lagerhaus für Getreide und Lebensmittel zweckentfremdet, später für sperrige Bühnenbilder. 1971 bekam sie den Status eines Museums, ein Konzertsaal wurde geschaffen, in dem regelmäßig Symphonie- und Kammerorchester auftraten. 2016 wurde die Kathedrale der Russisch-Orthodoxen Kirche übergeben – ein nicht unumstrittener Entscheid. Sind die Ansprüche der Kirche auf „Rückgabe" von Gotteshäusern, die keine oder keine wesentliche kirchliche Rolle spielten, gerechtfertigt? Im Falle der Isaakskathedrale wurde die beabsichtigte Übergabe 2017 auf Grund der protestierenden Bevölkerung zurückgenommen. – vorerst.

Der eine der beiden Türme kann bestiegen werden. Wer die 280 Stufen geschafft hat, wird mit einem phantastischen Rundblick belohnt. Links und rechts zieht sich die Newa hin, der Blick reicht hinüber zur Alexander-Newskij-Kathedrale, zur goldenen Kuppel der Isaakskathedrale und zur kühnen Spitze der Peter-Paul-Kathedrale. Über die Schlote von Heizkraftwerken und Baustellen hinweg zeigt sich die Metropole in ihrer ganzen Ausdehnung. Und schließlich erblickt man zu Füßen die blau-weißen Gebäude und Türme der Klosteranlage selbst. Die Aussicht über die Stadt ist hier eindeutig besser als von der Kuppel der Isaakskathedrale aus, die bei den meisten Reiseveranstaltern zum Besuchsprogramm gehört.

Tägl. außer Mi 7–20 Uhr. Seit die Kathedrale der Russisch-Orthodoxen Kirche gehört, wird auf das frühere Eintrittsgeld von 150 Rbl verzichtet. Stattdessen wird man unmissverständlich aufgefordert, eine „Spende" von 150 Rbl zu entrichten.

Südlich der Klosteranlage stößt man auf das im streng klassizistischen Stil gebaute **Smolnyj-Institut**, einst Bildungsanstalt für höhere Töchter. Von hier aus planten die bolschewistischen

Revolutionäre 1917 den Umsturz, während das Parlament der Provisorischen Regierung im nahen Taurischen Palast tagte (→ Geschichte der Stadt). Nach dem Sturm auf den Winterpalast machten die Kommunisten das Smolnyj-Institut zum ersten Regierungssitz der „Russischen Sowjetrepublik"; im Verlauf des darauffolgenden Bürgerkriegs zogen Lenin und die Volkskommissare aus Sicherheitsgründen nach Moskau um, das seither wieder Hauptstadt ist – ein Prestigeverlust für die Stadt an der Newa, den viele Petersburger noch immer nicht verdaut haben.

Heute residiert im Smolnyj-Institut die Petersburger Stadtregierung. Hammer und Sichel im Giebel wurden durch den doppelköpfigen goldenen Adler ersetzt, und anstelle der früheren roten Fahne weht heute die weiß-blau-rote. Einzig eine Leninstatue sowie die Büsten der kommunistischen Urväter Marx und Engels im Vorgarten erinnern an die rote Vergangenheit.

Nächste Metro: Ⓜ Tschernyschewskaja – oder vom Smolny-Kloster mit Bus Nr. 46 oder 54 zurück zum Ausgangspunkt

Praktische Infos

→ Karte S. 68/69

Galerie

„Pig Snout" **7**, die Künstlergruppe Kolhui zeigt ihre ebenso frechen wie amüsanten Werke in der „Schweineschnauze"-Galerie, zu finden in einem Hinterhof an der Fontanka, dort im 6. Stock. Geöffnet Sa/So 13–20 Uhr und meist brechend voll. Nab. Fontanki 5.

Essen und Trinken

meinTipp Uno Due Tre **2**, m gastronomisch ziemlich öden Smolnyj-Viertel, sticht der Italiener angenehm heraus. Kleines freundliches, modern eingerichtetes Lokal, optisch mittels einer Spiegelwand vergrößert. Ravioli, Spaghetti neri (mit Tintenfisch gefärbt) und Spaghetti carbonara sind hausgemacht, eine Spezialität ist der Cacciucco (Fischsuppe), aber auch Klassiker wie Ossobuco kommen auf den Tisch, und die Caprese schmeckt so hervorragend wie auf Capri. Speisekarte in russischer, englischer und italienischer Sprache. Sonntag geschlossen. Ul. Twerskaja 20, ✆ 710-0861.

Tolstij Fraer **6** aus einer Brauerei entstandene populäre Kette mit acht Lokalen in der Stadt; der Name bedeutet so viel wie „Dicker Fatzke". Keine Außenbetischung, aber sehr angenehmes, nicht gestyltes Inneres, dunkle Holztische und Bänke. Russische Küche, nach dem Amuse-Bouche ein Oliwje-Salat, hausgemachte Würstchen, Sparribs (hervorragend!), Fisch, mariniertes Schweinefleisch ... – dazu ein „Dicker-Fatzke-Bier". Preis- und empfehlenswert. Ul. Belinskogo 13, ✆ 272-7943.

Café Mango **3**, von den Cafés im Diplomatenviertel eines der schönsten, ideal für eine kurze Pause. Angenehmes Ambiente, kinderfreundlich obendrein (Farbstifte auf dem Tisch). Kleine Gerichte, vor allem aber exzellenter Kaffee, Espresso und Ristretto. Die Klientel ist gemischt: Schüler und Studenten machen den größeren Teil aus. Furschtatskaja ul. 50, ✆ 272-5329.

Piwnaja Karta **4**, von außen unscheinbar, innen findet man ein kleines Bierparadies. Über 400 Sorten aus aller Welt zur Auswahl, 15 verschiedene Biere vom Fass. Verlangen Sie aber kein „Baltika" – dem einheimischen Bier kann der kompetente Wirt, der nebenbei auch Englisch spricht, nämlich nichts abgewinnen. Leute aus dem Viertel kommen hierher, um ihre rare Lieblingsmarke einzukaufen oder sich einfach ein paar große Petflaschen (die das Lokal zur Verfügung stellt) abzapfen zu lassen. Wosstanija ul. 55, ✆ 273-9378.

IQ Laboratory of Coffee **5**, ein winziger Kaffee-Schalter. Verschiedene Kaffees und Kakaos werden dem Passanten durchs Fenster gereicht. Dahinter laboriert der freundliche Betreiber an der Maschine; das dauert alles etwas, aber der Kaffee ist hervorragend. Das Kaffee-Labor unterhält insgesamt sechs Ausschänke in der Stadt, aber dieser hier ist der witzigste. Ul. Pestelja 13-15.

Anna Achmatowa im Garten des „Fontänenhauses“

Rund um den „Heumarkt"

Tour 4

Das Stadtviertel um den Sennaja-Platz, den alten Heumarkt, der einst als „Bauch" von St. Petersburg galt, wird oft mit der Romanwelt Dostojewskijs in Verbindung gebracht. Mittlerweile laufen Touristen den in „Verbrechen und Strafe" beschriebenen Weg des Mörders Raskolnikow ab.

In Dostojewskijs Revier

Im Lauf seines Lebens hat Dostojewskij mehrere Wohnungen in der Nähe des Sennaja-Platzes bezogen, und oft saß er in den umliegenden Restaurants, um sich die Geschichten sozial deklassierter Individuen anzuhören. Auch wenn man heute nicht mehr dem Menschengewusel seiner Romane begegnet, ist das Viertel lebendig geblieben.

Ausgangspunkt: Ⓜ Doppelstation Majakowskaja/Ploschtschad Wosstanja

Spaziergang

Музей Арктики и Антарктики

Museum der Arktis und der Antarktis

Wenn man den Newskij-Prospekt über die Marat-Straße verlässt, steht man nach knapp 500 m vor dem bereits 1930 gegründeten Museum, das den kältesten Regionen des Erdballs gewidmet ist. Es residiert in der ehemaligen Nikolaikirche, deren klassizistische Fassade 2009 renoviert wurde. Sie war einst ein Zentrum der Altgläubigen (sog. *Raskolniki*, eine frühe Abspaltung in der russischen orthodoxen Kirche). Die Kirche fordert heute das Gebäude vom Staat zurück, bislang ohne Erfolg.

Das *Erdgeschoss* der Kirche und die beiden Seitenschiffe sind der Arktis gewidmet: ausgestopfte Eisbären, Vögel, Fische und Walrosse sind zu sehen. Eisbrecher, Gemälde und Fotos zeugen von den zahlreichen russischen Expeditionen in dieses unwirtliche Gebiet. Eine Dokumentation über die Nordpol-Expedition von 2007 steht immer noch aus; sie gab Präsident Putin die Gelegenheit, die russischen Ansprüche auf die Arktis zu unterstreichen – er ließ die russische Flagge auf dem Meeresgrund verankern.

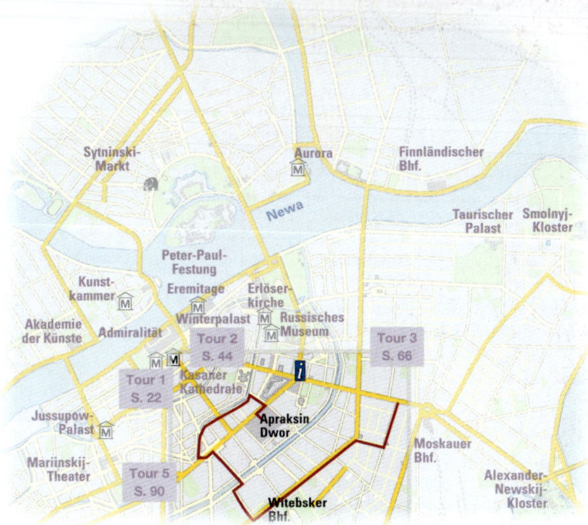

In der *1. Etage* – hoch oben unter der Kuppel – steht die Antarktis im Mittelpunkt: Fotos, Skier, Fellmützen, Gemälde, ausgestopfte Pinguine. Im antarktischen Eis wurde die russische bzw. sowjetische Flagge schon 1959 gehisst.

Nur spärliche englische Übersetzung der Legenden, der Museumsbesuch ist eher etwas für Liebhaber und Spezialisten.

Di–So 10–18 Uhr. Am letzten Freitag im Monat geschlossen. Eintritt 300 Rbl.

Музей Достоевского

Dostojewskij-Museum

Ein paar Schritte vom Arktis-Antarktis-Museum entfernt befindet sich an der Ecke Kusnetschnyj-Gasse/Dostojewskij-Straße die letzte Wohnstatt des unruhigen Dichters, heute als Dostojewskij-Museum der breiten Öffentlichkeit zugänglich gemacht.

In der *ersten Etage* zeigt ein Modell im Querschnitt, wie solche Mietshäuser zu Dostojewskijs Zeiten aufgeteilt waren (und teilweise heute noch sind).

Die 5-Zimmer-Wohnung der Dostojewskijs lag in der *zweiten Etage*. Bei der Rekonstruktion des Arbeitszimmers orientierten sich die Konservatoren an einer Zeichnung der Nichte des Dichters. Ganz im Gegensatz zum Raum, in dem große Romane geschrieben wurden, präsentiert sich das Zimmer seiner Frau, es ist das nüchterne Büro einer Geschäftsfrau. *Anna Grigorjewna* hatte sich von ihm als Stenographin anheuern lassen – der verschuldete Dichter war arg in Zeitdruck, der Verleger forderte die Abgabe des versprochenen Manuskripts. In weniger als einem Monat entstand so „Der Spieler", ein Roman mit stark autobiographischen Zügen. Fünf Monate später bedankte sich Dostojewskij bei seiner tüchtigen Stenographin mit einem Heiratsantrag.

Nach Dostojewskijs Tod beschäftigte sich Anna nicht nur mit der zeitraubenden Entzifferung seiner Hinterlassenschaft, sie kümmerte sich auch um den Vertrieb seiner Bücher. „Viele russischen Schriftsteller hätten sich besser gefühlt, wenn sie eine Frau wie Dostojewskij gehabt hätten", notierte Dichterkollege Tolstoj später.

Im Kinderzimmer erwartet den Besucher ein hübsches Schaukelpferd. Das Informationsblatt berichtet, dass Fjodor junior sich erst mit Pferdezucht beschäftigte, die er dann aufgab, um sich ebenfalls dem Archiv seines berühmten Vaters zu widmen. Dessen Sohn, ein Enkel Dostojewskijs, trug später mit seiner Privatsammlung wesentlich zur Gründung des heutigen Museums bei.

Gute Informationsblätter in englischer und französischer Sprache.

Di, Do, Fr, Sa, So 11–18, Mi 13–20 Uhr. 250 Rbl.

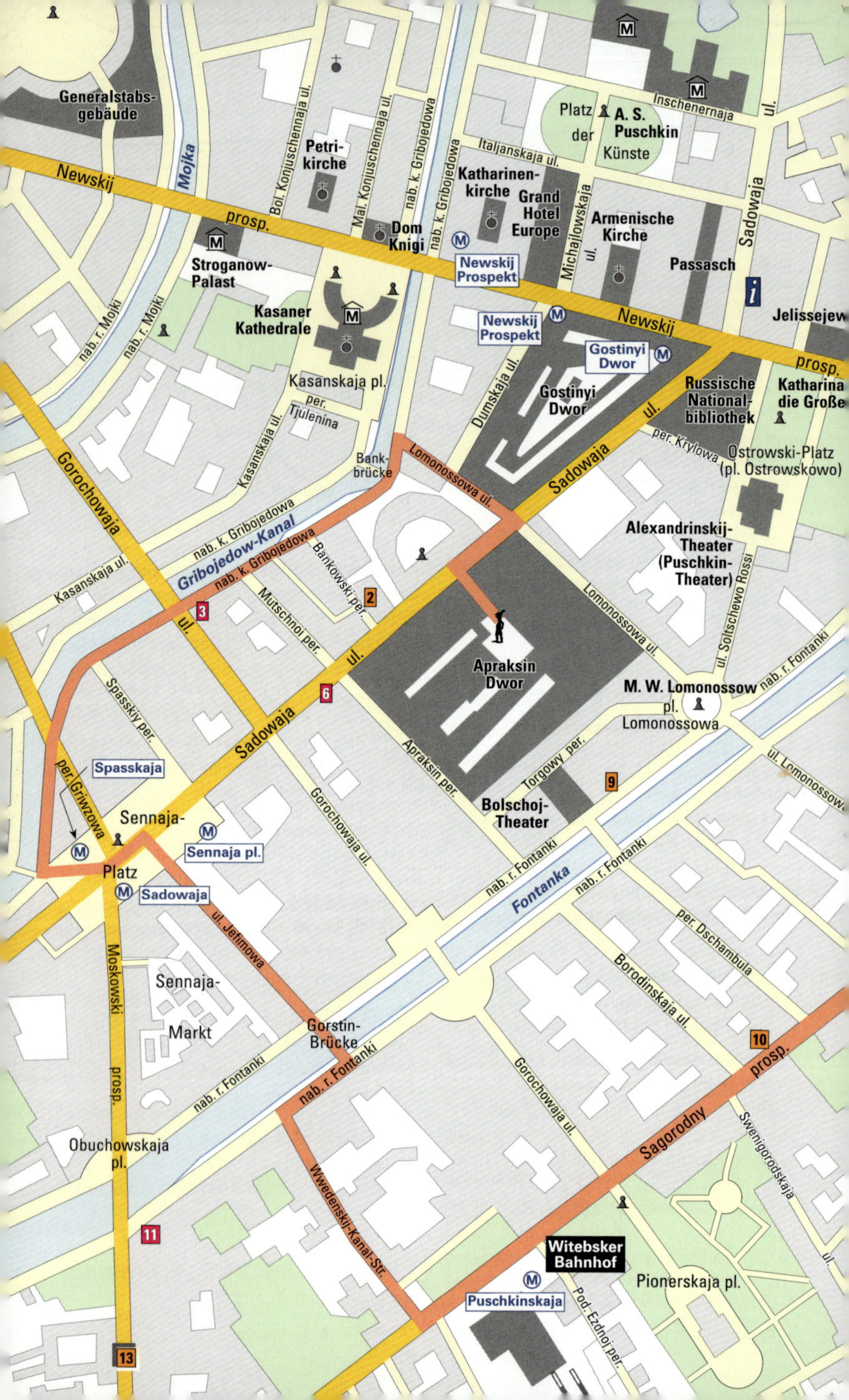
Generalstabs-gebäude
Mojka
Newskij prosp.
Bol. Konjuschennaja ul.
Petri-kirche
Mal. Konjuschennaja ul.
nab. k. Gribojedowa
Dom Knigi
Stroganow-Palast
Kasaner Kathedrale
Kasanskaja pl.
per. Tjulenina
Italjanskaja ul.
Platz der Künste
A. S. Puschkin
Inschenernaja
Katharinen-kirche
Grand Hotel Europe
Michailowskaja ul.
Armenische Kirche
Passasch
Sadowaja ul.
Newskij Prospekt
Gostinyi Dwor
Jelissejew
Russische National-bibliothek
Katharina die Große
per. Krylowa
Ostrowski-Platz (pl. Ostrowskowo)
Dumskaja ul.
nab. r. Mojki
Gorochowaja ul.
Kasanskaja ul.
Bank-brücke
Lomonossowa ul.
Gribojedow-Kanal
Bankowski per.
Mutschnoi per.
Alexandrinskij-Theater (Puschkin-Theater)
ul. Soltschewo Rossi
Apraksin Dwor
M. W. Lomonossow
pl. Lomonossowa
nab. r. Fontanki
ul. Lomonossowa
Spasskiy per.
Spasskaja
per. Griwzowa
Sennaja-Platz
Sennaja pl.
Sadowaja
Apraksin per.
Torgowy per.
Bolschoj-Theater
Fontanka
ul. Jefimowa
per. Dschambula
Borodinskaja ul.
Moskowski prosp.
Sennaja-Markt
Gorstin-Brücke
Obuchowskaja pl.
Wwedenskij-Kanal-Str.
Sagorodny prosp.
Swenigorodskaja ul.
Witebsker Bahnhof
Puschkinskaja
Pod. Ezdnoj per.
Pionerskaja pl.
2
3
6
9
10
11
13

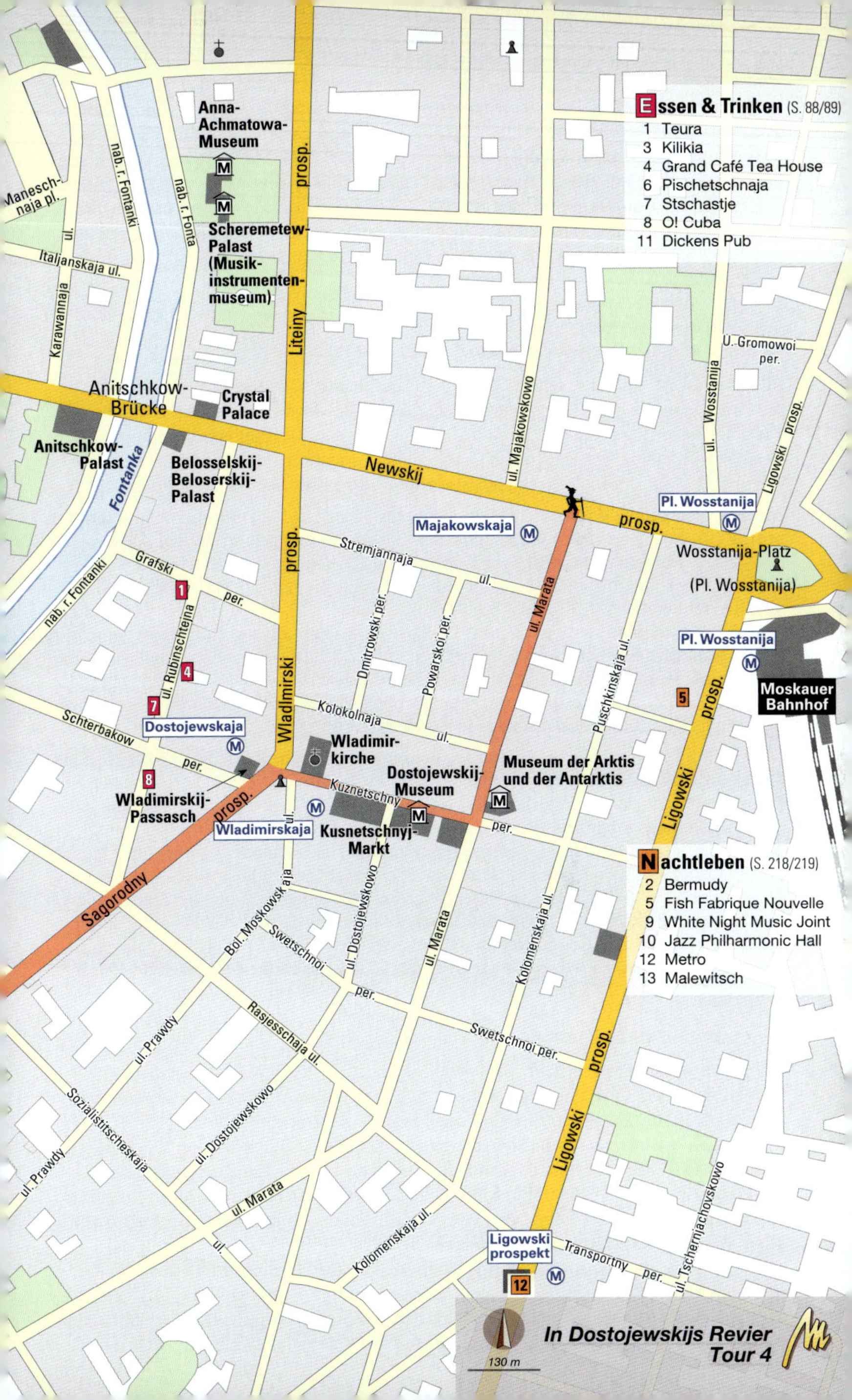
Essen & Trinken (S. 88/89)
1 Teura
3 Kilikia
4 Grand Café Tea House
6 Pischetschnaja
7 Stschastje
8 O! Cuba
11 Dickens Pub
Nachtleben (S. 218/219)
2 Bermudy
5 Fish Fabrique Nouvelle
9 White Night Music Joint
10 Jazz Philharmonic Hall
12 Metro
13 Malewitsch
Anna-Achmatowa-Museum
Scheremetew-Palast (Musik-instrumenten-museum)
Anitschkow-Brücke
Crystal Palace
Anitschkow-Palast
Belosselskij-Beloserskij-Palast
Fontanka
Newskij prosp.
Liteiny prosp.
Wladimirski prosp.
Majakowskaja
Pl. Wosstanija
Wosstanija-Platz (Pl. Wosstanija)
Moskauer Bahnhof
Dostojewskaja
Wladimirskaja
Wladimirskij-Passasch
Wladimir-kirche
Dostojewskij-Museum
Museum der Arktis und der Antarktis
Kusnetschnyj-Markt
Ligowski prospekt
Sagorodny prosp.
Ligowski prosp.
ul. Marata
In Dostojewskijs Revier
Tour 4
130 m

Kusnetschnyj-Markt: Der überdachte Markt unweit des Dostojewskij-Museums gilt als der beste und sauberste Lebensmittelmarkt der Stadt. Hier finden die russische Hausfrau und der russische Hausmann alles, was in die gute russische Küche gehört: Kohl und Kartoffeln, Rüben und rote Bete, Knoblauch und Zwiebeln ... Und für die Blumen auf dem Mittagstisch sorgen die Babuschkas, die hier, wie vor jedem russischen Markt, stumm auf der Straße stehen und ihr Sträußchen feilbieten.

St. Petersburg im Kasten

Fjodor Michailowitsch Dostojewskij (1821–1881)

Im Ausland ist der Autor von „Verbrechen und Strafe" (lange Zeit etwas moralisierend mit „Schuld und Sühne" übersetzt), „Der Idiot" und „Die Brüder Karamasow" wohl der bekannteste russische Schriftsteller. Zwar in Moskau geboren, verbrachte Dostojewskij die meiste Zeit seines Lebens in St. Petersburg, wo er auf dem Tichwiner Friedhof des Alexander-Newskij-Klosters, dem „Künstlerfriedhof", begraben liegt.

Auf Wunsch seines Vaters absolviert der junge Fjodor die Petersburger Ingenieursschule (im heutigen Ingenieursschloss) und nimmt nach erfolgreichem Abschluss 1843 einen Posten als technischer Zeichner im Kriegsministerium an. Doch schon im folgenden Jahr kündigt er den Job und beschließt, sich als freier Schriftsteller durchzuschlagen. Sein Erstlingswerk „Arme Leute" (1845), in dem er die städtische Armut thematisiert, wird zum durchschlagenden Erfolg. Der junge Schriftsteller bewegt sich in literarischen Kreisen – und auch in politischen, was ihm zum Verhängnis werden soll. 1847 tritt er den *Petraschewzen* bei (benannt nach Michail Petraschewskij, dem Spiritus rector der Gruppe), einem nicht sehr homogenen Zirkel, in dem allerhand revolutionäre Ideen diskutiert werden.

In ganz Europa gärt es – 1848 veröffentlichen Karl Marx und Friedrich Engels „Das Kommunistische Manifest" – in Russland, wo man noch die Leibeigenschaft kennt, versucht der strenge Zar Nikolaus I. mittels Zensur und Geheimpolizei zu verhindern, dass aufrührerisches Gedankengut sich im Volk breit macht. Im April 1849 fliegt der revolutionäre Diskussionszirkel der Petraschewzen aufgrund einer Denunziation auf, Dostojewskij wird mit 33 weiteren Personen verhaftet und in das berüchtigte Gefängnis der Peter-Paul-Festung gesteckt. Im Dezember 1849 werden 21 der Verhafteten (darunter auch Dostojewskij) in die Nähe des Witebsker Bahnhofs geführt, wo ihnen das Todesurteil eröffnet wird. Das Erschießungspeloton hat schon die Gewehre im Anschlag, als in letzter Sekunde die Übung abgeblasen wird – Nikolaus I. hat sich das makabre Vergnügen einer Scheinhinrichtung erlaubt. Die „Todeskandidaten" werden zu Zwangsarbeit in Sibirien verurteilt, im Fall von Dostojewskij sind es vier Jahre.

1859 kehrt Dostojewskij nach St. Petersburg zurück, wo er die sibirischen Erfahrungen in seinen „Aufzeichnungen aus einem Totenhaus" (1860) verarbeitet und publiziert. In der Folge führt er ein unstetes Leben, unternimmt Reisen quer durch Europa, wo er sich mit Vorliebe in Spielcasinos aufhält. Reich wird er dabei nicht, im Gegenteil, seine Spielsucht treibt ihn dem finanziellen Ruin entgegen. Zu alledem verstrickt er sich in eine unglückliche Liebschaft zur zwanzig Jahre jüngeren *Polina Suslowa*. Ruhe findet Dostojewskij erst wieder in den 1870er Jahren – vor allem dank der Unterstützung seiner zweiten Frau *Anna Grigorjewna*, mit der von 1878 bis zu seinem Tod 1881 in der Wohnung an der Kusnetschnyj-Gasse 5, dem heutigen Dostojewskij-Museum, lebt. Hier entsteht sein letztes Werk, „Die Brüder Karamasow", in dem er noch einmal seine Meisterschaft unter Beweis stellt, die psychischen Abgründe seiner Figuren bis ins letzte Detail auszuleuchten.

Владимирская Церковь

Wladimirkirche

Wenn Dostojewskij zum Fenster hinaussah, blickte er auf ihre Türme. Die in Gelb und Weiß gehaltene Wladimirkirche (Kirche der Muttergottes-Ikone von Wladimir) ist der letzte große Barockbau der Stadt – er stammt aus den Jahren 1761–1769, da war Barockzarin Elisabeth gerade gestorben.

Der dem Klassizismus verpflichtete *Quarenghi*, Hofarchitekt Katharina der Großen, fügte dem Ensemble 1783 einen frei stehenden Glockenturm hinzu. Der Vorbau mit dem Portikus stammt aus dem 19. Jahrhundert. In der doppelstöckigen Kirche (Ober- und Unterkirche) wird heute wieder die Liturgie gefeiert – täglich um 10 und 17 Uhr.

Von hier führt unser Spaziergang auf dem stets verkehrsreichen Sagorodnyi-Prospekt zum Witebsker Bahnhof. Wer sich den Straßenlärm ersparen will, kann die 1,5 km auch mit der Metro zurücklegen; für die Strecke zwischen den Stationen *Wladimirskaja* und *Puschinskaja* braucht sie nur zwei Minuten.

Витебский вокзал

Witebsker Bahnhof

Er nicht nur der älteste Bahnhof der Stadt, sondern ganz Russlands. Dabei war die erste russische Bahnstrecke nicht etwa die zwischen den beiden Metropolen St. Petersburg und Moskau. Das Volk kann warten. Vorrang hatten die Bedürfnisse der Zarenfamilie, und die wollte möglichst bequem und schnell in ihre Sommerresidenz Zarskoje Selo (heute: Puschkin) gelangen – die Fahrt dauerte damals 35 Minuten. Der erste Bahnhof der Stadt hieß noch „Zarskoje-Selo-Bahnhof", seinen neuen Namen bekam er erst Anfang des 20. Jahrhunderts, als weitere Strecken gebaut wurden, u. a. bis ins weißrussische Witebsk.

Russlands ältester Bahnhof gehört auch zu den schönsten Bahnhofsarchitekturen des Landes. An Stelle des früheren Baus aus der Mitte des 19. Jahrhunderts, der seinerseits den ursprünglichen Holzbau von 1837 ersetzte, steht heute ein prachtvoller Palast in reinstem Jugendstil. Das Gebäude aus den Jahren 1900–1904 mit zentraler Kuppel und dem Uhrenturm daneben hat zwei Weltkriege praktisch unbeschadet überstanden und wurde zum 300-jährigen Geburtstag Petersburgs (2003) umfassend renoviert. Seither ist der Jugendstil des Gebäudes außen und innen wieder im alten Glanz zu bewundern: Kuppel und Glasfenster, innen von der breiten Marmortreppe bis zum schmucken Wartesaal und dem ebenfalls reich dekorierten Restaurant.

Vom Witebsker Bahnhof aus gelangt man über die Wwedenskij-Kanal-Straße zur Fontanka, dort über die Gorstkin-Brücke (Fußgängerbrücke) in die Jefimow-Straße, die direkt zum Sennaja-Platz führt.

Wenn Dostojewskij aus dem Fenster sah, blickte er auf die Wladimirkirche

Die Bankbrücke hinter der Kasaner Kathedrale

Noch bevor man die Fontanka überquert, sieht man links, gut einen Kilometer entfernt, die blauen Kuppeln der **Troizkij-Kathedrale**, die 2006 lichterloh brannte und nun wieder aufgebaut ist. Ihr Besuch ist nur bedingt zu empfehlen; von außen ist sie beeindruckender als von innen, und der Weg zu ihr birgt nichts Aufregendes.

Площадь Сенная

Sennaja-Platz

Auf dem riesigen Platz, dem früheren Heumarkt, geht es recht turbulent zu. Aus der Metrostation strömen die Massen, an den zahlreichen Schnellimbissen bilden sich Schlangen, fliegende Händler versuchen ihr Glück, und ab und an torkelt eine verwahrloste Gestalt über den Platz, die direkt aus einem Dostojewskij-Roman entsprungen scheint.

Der „Bauch von St. Petersburg", wie der Sennaja-Platz in Anspielung an den „Bauch von Paris" (die längst abgerissenen Markthallen im Quartier des Halles) genannt wird, hat eine lange Geschichte. Nach der Stadtgründung entwickelte sich hier ein Umschlagplatz für landwirtschaftliche Produkte, die aus dem Umland in der Hauptstadt eintrafen. Unter Katharina der Großen wurde dann das Marktgeschehen auf mehrere Plätze ausgelagert und der Platz ausschließlich für den Heuverkauf bestimmt. Die Architektur des Platzes wurde früher von der Mitte des 18. Jahrhunderts gebauten barocken Gottesmutter-Himmelfahrts-Kirche dominiert. Dostojewskij, der sich 1857 in ihr trauen ließ, schildert den Heumarkt, wie er zu seiner Zeit war: ein Platz der „kleinen Leute", der Deklassierten, der Armut.

Eine radikale Veränderung erfuhr der Sennaja-Platz im Jahr 1961. Der geplanten neuen Metrostation stand die alte Gottesmutter-Himmelfahrts-Kirche im Weg. Diese wurde kurzerhand in die Luft gejagt, wobei der Sprengmeister die Ladung wohl falsch kalkulierte; jedenfalls stürzten gleich ein paar Nachbargebäude mit ein. Doch auch die damalige Neugestaltung des Platzes erweist sich heute als vorläufig. Mit dem postsowjetischen Zeitalter ist das Business eingezogen, Geschäfte prosperieren und brauchen Platz, die Bewohner der *Kommunalkas* (Kommunalwohnungen) ziehen in anonyme Neubauten am Stadtrand. Architektonische Harmonie verströmt der lebendige Sennaja-Platz nach all den Umbauten trotz seiner neuen Pavillons und Sitzbänke nicht. Der ins Gespräch gebrachte Wiederaufbau der gesprengten Kirche dürfte wohl auch nicht die Lösung sein.

Vom Sennaja-Platz zum Newskij-Prospekt

Die Westecke des Sennaja-Platzes liegt direkt am Gribojedow-Kanal, dem wir in Richtung Newskij-Prospekt folgen: eine relativ ruhige Gegend, keine Prachtpaläste, sondern einfache Bürgerhäuser, kleine Geschäfte und viele kleine Brücken. Unter letzteren gebührt der **Bankbrücke** die Palme: Vier gusseiserne Greife mit vergoldeten Flügeln halten mit ihren Mäulern die Ketten fest, an denen die Brücke hängt.

Апраксин Двор

Apraksin Dwor

Knapp nach der Bankbrücke führt die Lomonossow-Straße zurück auf die Sadowaja-Straße, diese geht man noch einmal ein paar Meter zurück in Richtung Sennaja-Platz, und man steht vor dem Gelände des einst größten Marktes der Stadt, des Apraksin Dwor. Bereits unter Katharina der Großen wurde hier gefeilscht, damals noch in ärmlichen Holzbaracken. Nach einer verheerenden Feuersbrunst 1862 wurde der Markt neu aufgebaut, diesmal mit Stein als Baumaterial.

Blick auf die Lomonossow-Brücke

Bis 2008 noch wurde in den meist schrottreifen Buden alles angeboten, oft von Händlern aus dem Kaukasus und zu Spottpreisen: Billigware aus China, Lederjacken aus der Türkei, falsche Rolex-Uhren aus dem fernen Osten, Stoffe, Kleider, Schuhe, Ramsch. Die Marktgassen waren eng, die Käufer drängten sich – ein Menschengewusel und ein Paradies für Taschendiebe.

2008 wurde der Apraksin Dwor offiziell geschlossen. „Der am meisten heruntergekommene Platz der Stadt, zugleich in bester Lage im Zentrum" (Ex-Gouverneurin Valentina Matwijenko), soll komplett neu gestaltet werden. Von Wohnungen, Geschäften und Hotels geht die Rede. Vieles wurde inzwischen abgerissen, einige Buden sind wiederauferstanden. Dann kündigte die Stadt 2013 den Investitionsvertrag mit dem Bauherrn. Der alte Charme ist dahin, ohne dass bisher etwas aufregend Neues an seine Stelle getreten wäre.

Nächste Metro: Ⓜ Doppelstation Newskij Prospekt/Gostinyi Dwor oder Ⓜ Triple-Station Sennaja Ploschtschad/Sadowaja/Spasskaja

Praktische Infos

→ Karte S. 82/83

Essen und Trinken

O! Cuba **8**, das zusammengezimmerte Interieur gibt im vorderen Teil den Blick auf die Straße frei und erinnert tatsächlich an eine Veranda in Havanna. An den Wänden verkünden Fidel und Che „Venceremos", im hinteren Teil steht ein alter Buick mitten im Raum, der auch als Tisch reserviert werden kann – Diner am Steuer. Das Cocktailangebot der Kubaner ist groß (z. B. „Cuba si, Yankee no" oder „With Fidel"), auch die Vorspeisenpalette ist beachtlich. Die Namen der Speisen stehen auf Spanisch auf der Karte, weitere Erklärungen auf Russisch, das Personal spricht aber auch ein bisschen Englisch. Schwarze Bohnensuppe, Tachos mit Chili con carne, Fisch, Lammkoteletts. Die Qualität stimmt, die Preise sind räsonabel. Ul. Rubinschtejna 36, ✆ 312-8892.

meinTipp Teura **1**, farbig, fröhlich, kulinarisch vielfältig. Im locker-gemütlichen „Chillout Space" kann man sich auch nur zu einem Bier treffen. Dies wäre aber schade, der kubanische Chefkoch sorgt nämlich für eine außergewöhnliche, ideenreiche Küche. Ul. Rubinschtejna 9, ✆ 713-1480.

Dickens Pub **11**, nicht an der Themse, aber an der Fontanka, und von dieser nur durch die Straße getrennt. Very british styled. Im Inneren kann man von 8 bis 17 Uhr English Breakfast bestellen. Neben Fish & Chips auch Baked Potatoes, daneben klassisch russische Gerichte.

Beliebt aber ist vor allem der sehr lebendige Biergarten. Neununddreißig Biere (englisch, schottisch, walisisch, belgisch, deutsch, russisch, tschechisch) stehen auf der Karte, auch das berühmte Bamberger „Schlenkerla“ (Rauchbier) ist dabei; das hochprozentigste ist das belgische Delirium Nocturnum (8,5 %), vielleicht sollte man hinterher mit einem Kwas (0 %) ausgleichen. Nab. Reki Fontanki 108, ✆ 380-7888.

meinTipp **Kilikia** **3**, großes Kellerlokal mit vier locker betischten Räumen (einer mit TV, einer mit Piano, zwei ruhig). Vorwiegend armenische Küche, einige Gerichte georgischer und internationaler Herkunft. Eine spezielle Vorspeise sind die „Armenian pickles“ (eine Art Okraschoten). Zartes Lamm und zartes Rind, stets mit Gemüse serviert, stehen auf der Karte. Auch Fisch kommt auf den Tisch, und die armenische Käseplatte ist nicht zu verachten. Wer den armenischen Rotwein (leicht und süffig) nicht mag, bestellt die chilenische Alternative. Dass das hervorragende Lokal auch noch Pasta und Pizza im Angebot hat, beachtet man besser nicht. Gorochowaja ul. 26, ✆ 327-2208.

Stschastje **7**, kein großes Angebot, aber über Mittag eine brauchbare Adresse für den kleinen Hunger. Russische Gerichte, Pasta und Fisch zu leicht gehobenen Preisen. Ansehnliche Weinkarte und viele Cocktails. Ul. Rubinschtejna 15-17, ✆ 572-2675.

Grand Café „Tea House“ **4**, leicht indischer Stil, im Inneren leicht parfümierter Tabakgeruch – das Lokal bietet Wasserpfeifen an. Großes Sortiment an Kaffees und Tees, ebenso an Tabaken für die Nargile. Betischung auch zur Straße. Ul. Rubinschtejna 24, ✆ 571-2784.

Pischetschnaja **6**, so heißen die im Aussterben begriffenen Lokale, eine Art Stehcafés, die man nur besucht, um eine *Pischka* zu essen, eine Art Krapfen. Traditionell wird Kaffee dazu getrunken. Man trifft dort fast ausschließlich Einheimische, die um Mittag bis auf die Straße Schlange stehen. Sadowaja ul. 12.

Einkaufen

Kusnetschnyj-Markt, gepflegter Lebensmittelmarkt auf dem Kusnetschnyj per (siehe oben).

Wladimirskij-Passasch, mehrstöckiges modernes Shoppingcenter mit zahlreichen Boutiquen in einem Innenhof gegenüber der Wladimirkirche.

Sennaja-Markt, neben dem gleichnamigen Platz, ein bisschen wie der frühere Apraksin Dwor, allerdings sehr klein. Billige Kleider und Schuhe im vorderen Teil, Gemüse im hinteren.

More Tschaja, großes Teeangebot (kann auch probiert werden), Teegeschirr und anderes einschlägiges Zubehör. Nab. Fontanka 91.

Alcopone, großes Angebot an Alkoholika. Wirkt nicht wie ein Schnapsladen, eher wie eine schicke Boutique, und führt alles, was Al Capone gehamstert haben könnte: Whiskeys, Cognacs, Wodkas ohnehin, Schnäpse aller Länder, gute Weine, aber auch Biere. Nab. k. Gribojedowa 42.

Der Kusnetschnyj-Markt ist die beste Adresse für frisches Obst

In Dostojewskijs Revier → Karte S. 82/83

An Kanälen entlang

Tour 5

Gribojedow-Kanal, Krjukow-Kanal, Mojka – der folgende Spaziergang ist schon deshalb angenehm, weil er über weite Strecken an den Quais entlangführt. Obendrein lässt er sich mit dem Besuch einiger Sehenswürdigkeiten verbinden, allen voran die gewaltige Isaakskathedrale, Pflichtstation des organisierten Sightseeings.

Vom Sennaja-Platz zum Ehernen Reiter

In diesem Teil der Stadt leben die meisten der heute noch rund 60.000 *Kommunalka*-Bewohner Petersburgs (→ Wissenswertes von A bis Z). Da diese Gemeinschaftswohnungen in den oft verzweigten Hinterhöfen der Gebäude liegen, bekommt man als Spaziergänger aber kaum etwas davon mit.

Die Tour beginnt am quirligen Sennaja-Platz, den man an der westlichen Ecke verlässt. Von hier führ der schmale Gribojedow-Kanal zur Nikolauskathedrale. Kurz davor erreicht man die **Löwenbrücke**, die in ihrer Komposition stark an die Bankbrücke mit ihren vier Greifen am selben Kanal (→ Tour 4, In Dostojewskijs Revier) erinnert. Kein Zufall: Beide datieren aus demselben Jahr (1825), stammen vom selben Ingenieur, und für beide entwarf derselbe Bildhauer die Brückenfiguren. Die vier Löwen, die in ihren Mäulern die Trageseile festhalten, gehören zu Petersburgs beliebtesten Fotomotiven. Berlinern mag die Brücke bekannt vorkommen; sie bekamen 1838 eine Kopie ab, die noch heute im südwestlichen Teil des Tiergartens zu sehen ist.

Ausgangspunkt: Ⓜ Triple-Station Sennaja Ploschtschad/Sadowaja/Spasskaja

Spaziergang

Никольский Собор

Nikolauskathedrale

In einem kleinen, auf zwei Seiten von Kanälen begrenzten Park gelegen, gibt die pastellblaue Nikolauskathedrale (1753–1762) mit ihren weißen Kolonnaden und goldenenKuppeln ein majestätisches Bild ab. Ihre Entstehung führt in die Regierungszeit von Zarin Elisabeth zurück, die hier einen weiteren prächtigen Barocktupfer ins Stadtbild setzen ließ. Zum Ensemble gehört der freistehende Glockenturm, bei Hochzeitsfotografen ein beliebtes Hintergrundmotiv.

Im Inneren ist der Bau, wie bei Kathedralen häufig der Fall, in Ober- und Unterkirche unterteilt. Auch hier herrscht barocke Pracht: riesige Lüster und viel Gold. Die weitaus hellere Oberkirche ist allein wegen ihrer kostbaren geschnitzten Ikonostase aus der Entstehungszeit der Kathedrale einen Besuch wert.

Die Nikolauskathedrale gehört zu den wenigen Petersburger Gotteshäusern, die unter den sowjetischen Regierungen nicht geschlossen oder in ein Kino, Schwimmbad oder ein Museum umgebaut oder einfach als Lagerhalle säkularisiert wurden; 1967 fand hier die Totenfeier für die berühmte Petersburger Dichterin Anna Achmatowa (→ Tour 3) statt.

Nikolaus ist gemeinhin der Schutzpatron der Seeleute, eine Berufsgattung, die in St. Petersburg immer eine besondere Rolle spielte; schließlich verdankt die Stadt dem Zugang zum Meer ihre Existenz. Die Nikolauskathedrale wurde als Kirche für die Angestellten der Admiralität gebaut, weshalb sie auch „Nikolaus-Marine-Kathedrale" genannt wird. An diese ursprüngliche Bestimmung erinnern einige Gedenktafeln in der Unterkirche, ebenso die Basisreliefs der Statue mit Adler und Kreuz, die inmitten der kleinen Parkanlage steht. Ebenfalls in diese Tradition der Kathedrale passte die hier abgehaltene Gedenkfeier für die 118 toten Seeleute, die im Jahr 2000 ums Leben kamen, als das atombetriebene U-Boot „Kursk" nach einer Explosion in den Fluten der Barentssee versank.

Liturgie tägl. um 10 und 18 Uhr.

Мариинский Театр

Mariinskij-Theater

Das etwas pompös wirkende grün-weiße „Mariinskij" aus dem Jahr 1860 geht auf Zar Alexander II. zurück, der seine kunstsinnige Gattin Maria Alexandrowna mit einem Theaterbau ehren wollte. Heute beherbergt es das *Mariijnskij Ballett- und Operntheater*, das für seine Gastspiele internationales Renommee genießt. Für die Qualität des Ensembles sorgt Dirigent *Walerij Gergijew*, der 1976 als 23-Jähriger den Berliner Herbert-von-Karajan-Dirigentenwettbewerb gewann und 1988 die künstlerische Leitung der Mariinskij-Oper (bzw. Kirow-Oper, wie sie damals hieß) übernahm. Seit 1996 waltet Gergijew auch als Intendant des Mariinskij-Theaters und beweist neben großem künstlerischem Gespür auch eine glückliche Hand im Auftreiben von Sponsorengeldern.

Der Saal des alten Mariinskij-Theaters zeigt reichen Stuck, viel Hellblau und Gold und bietet fast 2000 Zuschauern Platz.

Nach jahrelangen Bauarbeiten wurde 2013 unter Anwesenheit Präsident Putins auf der anderen Seite des Krjukow-Kanals eine zweite Bühne eröffnet, das *Mariinskij-2*. Eine Passerelle über den Kanal verbindet das alte mit dem neuen Theater. Den für das Mariinskij-2 ausgeschriebenen Wettbewerb gewann der französische Architekt *Dominique Perrault*, dem die Pariser ihre Nationalbibliothek verdanken.

Dessen Pläne – unter anderem wollte er dem Neubau eine goldene Kuppel verpassen – erwiesen sich allerdings bald als zu kostspielig, so dass die Verantwortlichen das kanadische Büro *Diamond & Schmitt Architects* mit einer abgespeckten Version beauftragten. Nach der Eröffnung 2013 zerrissen sich die Petersburger die Mäuler über die Architektur, der Beton-Glas-Koloss sehe eher wie ein Shopping-Tempel aus und passe überhaupt nicht in den alten Stadtteil. Was jedoch die Qualität von Bühnentechnik und Akustik im Inneren anbelangt, so verstummten auch die kritischsten Geister. Das Mariinskij-2, da sind sich alle einig, ist auf dem neuesten Stand der Entwicklung. Und Direktor Walerij Gergijew freut sich, dass er allabendlich zusätzliche 2000 Zuschauer empfangen darf.

Wer eine Vorstellung im alten oder neuen Mariinskij besuchen will – die Kleidervorschriften sind locker. Sie brauchen nicht im Frack zu kommen, auch in Jeans wird Ihnen Zutritt zu den hochkarätigen Aufführungen gewährt; Besucher in Shorts oder T-Shirts allerdings werden abgewiesen.

Aktuelles Programm unter www.mariinsky.ru (auch englischsprachig). Es empfiehlt sich, die Eintrittskarten bereits vorab im Internet zu kaufen. Preis je nach Vorstellung und Platz zwischen 400 und 8.000 Rbl.

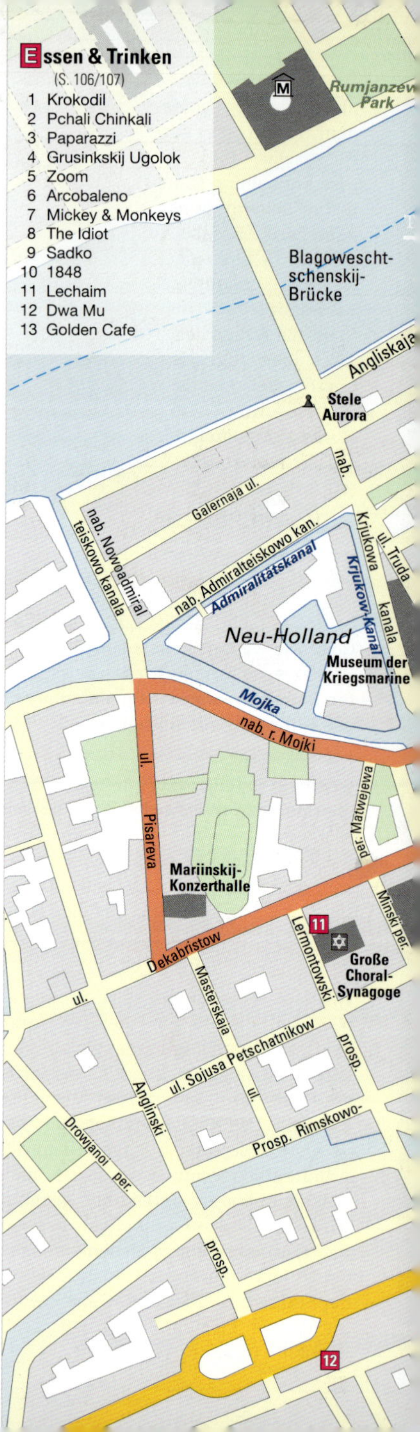

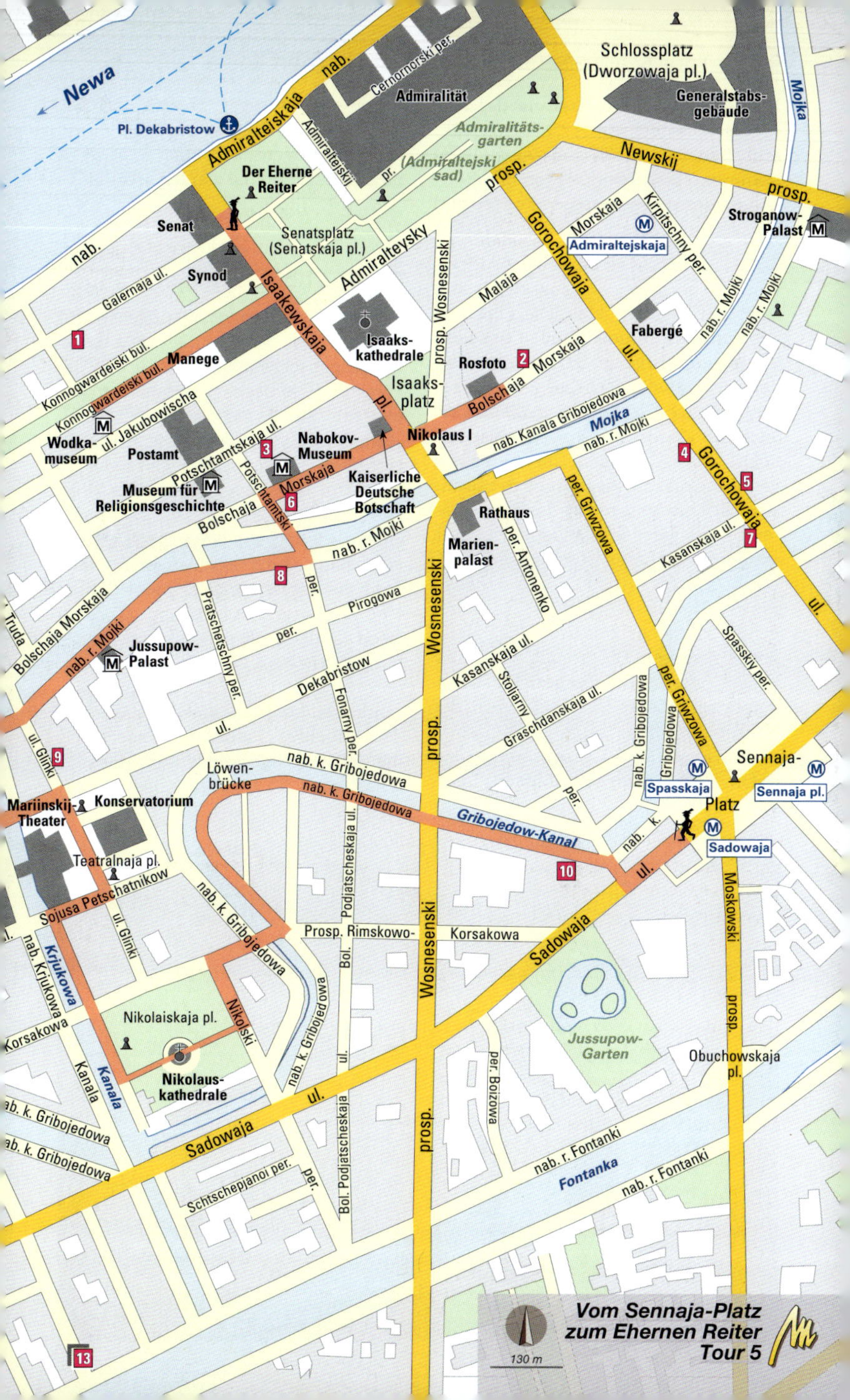
Vom Sennaja-Platz
zum Ehernen Reiter
Tour 5
130 m
Newa
Pl. Dekabristow
Admiralteiskaja nab.
Cernornorski per.
Admiralität
Schlossplatz
(Dworzowaja pl.)
Generalstabs-
gebäude
Mojka
Admiralitäts-
garten
(Admiraltejski
sad)
Admiraltejski pr.
Newskij prosp.
Der Eherne
Reiter
Senat
Senatsplatz
(Senatskaja pl.)
Synod
Galernaja ul.
nab.
Admiralteysky
prosp. Wosnesenski
Gorochowaja ul.
Morskaja
Admiraltejskaja
Kirpitschny per.
Stroganow-
Palast
Malaja
Isaakewskaja pl.
Isaaks-
kathedrale
Isaaks-
platz
Rosfoto
Bolschaja Morskaja
Fabergé
nab. r. Mojki
1
2
3
4
5
6
7
8
9
10
13
Konnogwardeiski bul.
Manege
ul. Jakubowischa
Wodka-
museum
Postamt
Potschtamtskaja ul.
Nabokov-
Museum
Nikolaus I
Kaiserliche
Deutsche
Botschaft
nab. Kanala Gribojedowa
Museum für
Religionsgeschichte
Bolschaja Morskaja
Potschtamtski per.
Rathaus
Marien-
palast
per. Antonenko
per. Griwzowa
Kasanskaja ul.
Pirogowa per.
Pratschetschny per.
Truda
Jussupow-
Palast
Dekabristow ul.
Fonarny per.
Wosnesenski prosp.
Kasanskaja ul.
Stoljarny
Graschdanskaja ul.
Spasskiy per.
nab. k. Gribojedowa
Sennaja-
Platz
Spasskaja
Sennaja pl.
Sadowaja
ul. Glinki
Löwen-
brücke
Gribojedow-Kanal
Mariinskij-
Theater
Konservatorium
Teatralnaja pl.
Sojusa Petschatnikow
Prosp. Rimskowo-Korsakowa
Bol. Podjatscheskaja ul.
Sadowaja ul.
Moskowski prosp.
Krjukowa
nab. Krjukowa
Korsakowa
Nikolaiskaja pl.
Nikolski
Nikolaus-
kathedrale
Kanala
Jussupow-
Garten
per. Boizowa
Obuchowskaja
pl.
Schtschepjanoi per.
nab. r. Fontanki
Fontanka

Im Rahmen der Erweiterung des Mariinskij-Theaters wurde auch gleich beschlossen, an Stelle der 2003 abgebrannten Theaterwerkstätten und Bühnenbilddepots einen neuen Konzertsaal zu bauen (*Mariinskij-Konzerthalle*, siehe unten).

Gegenüber dem Mariinskij-Theater steht der massive klassizistische Bau des **Konservatoriums**. Zu den Schülern des ersten Jahrgangs der 1862 gegründeten Musikhochschule gehörte *Tschajkowskij*, 1904 bis 1914 drückte auch der Komponist *Prokofjew* hier die Schulbank. Aber nicht diesen beiden gebührt die Ehre, als Statuen die Grünstreifen links und rechts des Konservatoriums zu veredeln, sondern den heute weniger bekannten Komponisten *Michail Glinka* (links) und *Nikolaj Rimskij-Korsakow* (rechts). Letzterer genoss zu seiner Zeit in St. Petersburg hohes Ansehen. Ob er auch als Lehrer beliebt war, sei dahingestellt. Überliefert ist, wie er Schulanfängern des Konservatoriums seine Unterrichtsmethode erklärte: „Erst werde ich reden, und Sie werden zuhören. Dann werde ich weniger reden, und Sie werden zu arbeiten beginnen. Und schließlich werde ich überhaupt nicht mehr reden, und Sie werden arbeiten."

Большая хоральная синагога

Große Choral-Synagoge

Der prächtige Bau im maurischen Stil stammt aus den Jahren 1880–1893, Hauptsponsor war Baron *Horace Günzburg*, ein jüdischer Geschäftsmann, weshalb die Synagoge damals auch „Günzburg-Synagoge" genannt wurde. Nachdem Reformzar Alexander II., wohl um den kosmopolitischen Charakter der Hauptstadt zu unterstreichen, den Bau einer Synagoge genehmigt hatte, fand er die ersten Pläne dann doch etwas zu groß und verlangte eine Variante in kleinerem Format. Noch immer groß genug – die Petersburger Synagoge ist nach der Budapester die zweitgrößte Europas. Ein repräsentativer Bau lag damals ganz im Sinn der betuchten jüdischen Oberschicht, die sich dem Reformjudentum zuwandte, während die große Mehrheit der Pe-

Die Klagemauer neben der Synagoge (Monumentalgelände)

tersburger Juden sich zum orthodoxen Judentum zählte, das überall in der Stadt seine Betstuben unterhielt.

Die Vorhalle fasziniert mit einer raffinierten Akustik: Das Flüstern in einer Ecke kann in der gegenüberliegenden gehört werden. Der große, schmucke Gebetssaal dient heute noch dem täglichen Gottesdienst. Er bietet 1200 Personen Platz, die Galerien für die Frauen nicht mitgerechnet.

Heute leben schätzungsweise noch rund 90.000 Juden in St. Petersburg. In den Jahren 2002–2003 wurde die Synagoge, die auch in sowjetischer Zeit nie geschlossen wurde, einer kompletten Renovierung unterzogen. Die Gelder dazu hatte der 1999 in Monaco ermordete Privatbankier Edmond J. Safra zur Verfügung gestellt, was der einstigen Günzburg-Synagoge zu einem neuen Namen verhalf: Offiziell heißt sie jetzt „Edmond-J.-Safra-Synagoge".

Ein Seiteneingang führt ins Restaurant „Lechaim" (→ Essen und Trinken), wo in sehr gepflegtem Ambiente koschere Küche serviert wird. In den Nebengebäuden der Synagoge sind ein koscherer Lebensmittelladen, ein jüdischer Kindergarten sowie eine Schule eingerichtet. Links der Synagoge fällt an der Mauer ein monumentales Gemälde auf, das nachts beleuchtet wird: die Jerusalemer Klagemauer.

Synagoge tägl. 10–18 Uhr. Eintritt frei.

Мариинский Концертный зал

Mariinskij-Konzerthalle

2006 war es soweit: Nach einer Bauzeit von nur 16 Monaten gab das Mariinskij-Orchester unter seinem Dirigenten *Walerij Gergijew* in der neuen Konzerthalle das Eröffnungskonzert, und selbst Politiker nehmen sich mitunter etwas Zeit für Kultur. Zumindest, so vermerkte die Neue Zürcher Zeitung, „war für einige Minuten auch Wladimir Putin erschienen".

Die alte neugotische Fassade wurde originalgetreu wiederhergestellt, dahinter erstreckt sich die hypermoderne Architektur der neuen Halle, deren Form die Süddeutsche Zeitung zu einem Vergleich hinriss, der dem architektonischen Wurf angemessen ist: „Wie eine Stradivari!"

Dass eine Stradivari im Inneren des Hauses ihren Klang optimal entfalten kann, dafür sorgte der weltberühmte japanische Akustiker *Yasuhisa Toyota*, der auch die Verantwortung für den guten Ton in der Walt Disney Concert Hall in Los Angeles übernahm; in Hamburg projektierte er die Innenarchitektur für die 2017 eröffnete Elbphilharmonie. In St. Petersburg hat Toyota die Konzerthalle mit unterschiedlich perforierten Holzpaneelen ausgekleidet, das Parkett steigt steil an, das Podium für die Musiker kann je nach Bedarf verändert werden. Violinisten, Cellisten und Flötisten werden dabei von Toyota auf eine harte Probe gestellt: Seine Akustik offenbart, wie die Neue Zürcher Zeitung schrieb, „jeden kleinsten Fehler, jede Unstimmigkeit bei den Streichern, jedes Forcieren der Stimme, jede Ansatz-Unsicherheit bei den Bläsern."

Wie im Mariinskij-Theater gilt auch hier: Man darf in Jeans erscheinen, nicht aber in Shorts oder T-Shirts.

Новая Голландия

Neu-Holland

Ein kleine Insel in der Form eines gleichseitigen Dreiecks, gebildet vom Admiralitätskanal, dem Krjukow-Kanal und der Mojka, mitten auf der Insel ein Teich, vielmehr ein Wasserdepot, das über einen kurzen Kanal mit dem Krjukow-Kanal und einen weiteren kurzen Kanal mit der Mojka verbunden ist. Über letztere führt ein romantischer „Triumphbogen", der nahezu identisch ist mit dem der Katharinenkirche am Newskij-Prospekt und vom selben Architekten stammt.

Vom Sennaja-Platz zum Ehernen Reiter → Karte S. 92/93

Der Name Neu-Holland führt auf Peter den Großen zurück, dessen Vision einer Hafenstadt bei seinem Besuch in Holland hier konkrete Konturen annahm. Die geziegelten Hallen stammen aus den Jahren 1765–1780 und ersetzten frühere Holzbauten. In ihnen wurden Baustämme gelagert, die in der Admiralitätswerft für den Schiffsbau gebraucht wurden; auf der Insel schien das riesige Holzdepot vor Bränden sicherer. In sowjetischer Zeit war Neu-Holland Militärareal, im Wasserdepot wurden angeblich Kriegsschiffe in Modellform auf ihre Tauglichkeit getestet, und am anderen Ufer des Krjukow-Kanals lagen Kasernen.

Eine neue Nutzung des Areals war seit der Jahrtausendwende Gegenstand politischer Debatten. Ein erster Auftrag ging an den englischen Stararchitekten *Norman Foster*, in Deutschland bekannt für die begehbare Glaskuppel des Reichstags in Berlin. Sein Plan sah einen Umbau zum multifunktionalen Business- und Kulturzentrum vor, der 2010 abgeschlossen sein sollte. Doch Peter der Große ließ grüßen: Die Ingenieure hatten den sumpfigen Boden unterschätzt, und die Behörden befanden, Fosters Konzept sei doch zu kostspielig, und entzogen ihm den Auftrag. Einen daraufhin ausgeschriebenen Wettbewerb gewann die New Yorker *Work Architecture Company*, deren vom Oligarchen Roman Abramowitsch finanziertes Konzept 2018 weitgehend realisiert war: Flanierzone, Grünfläche (mit Liegestühlen) am zentralen „Teich“, sommerliche Open-air-Konzerte, Bars, Kinderspielplatz, Pétanque-Bahn, Open Library ... Der kreisrunde, dreistöckige Bau, einst Gefängnis für delinquente Seeleute, findet eine vielfältige Verwendung: im Erdgeschoss internationale Gastronomie von israelischem Streetfood bis zu ostasiatischen Köstlichkeiten, in der ersten Etage Boutiquen und Bücher, in der zweiten Einrichtungen für Fitness und Beauty. Das Konzept hat sich bewährt, Neu-Holland erfreut sich bei den Petersburgern großer Beliebtheit.

„Triumphbogen“ in Neu-Holland (18. Jh.)

Einzig der östliche Teil des Geländes ist noch nicht zugänglich. Dort sind immer noch Kräne und Bagger zugange. „Ende der Bauarbeiten 31. 12. 2025“ verkündet ein Schild. Das ist vielleicht realistisch.

Mo–Do 9–22 Uhr, Fr–So 9–23 Uhr.

Военно-Морской Музей

Museum der Kriegsmarine

Das früher in der Börse an der Spitze der Wassilijewskij-Insel untergebrachte Marinemuseum hat in den Räumen der riesigen Krjukow-Kaserne eine neue Bleibe gefunden. Von den 800.000 Objekten im Besitz des Museums konnten in der Börse nur 2 % gezeigt werden. Im Ziegelsteinbau am Krjukow-Kanal haben immerhin 8 % Platz gefunden.

Das Museum dokumentiert mit zahlreichen Schiffsmodellen, U-Booten und Militärmaschinerie, mit Flaggen, Gemälden und Fotos die Geschichte der Marine seit ihrer Gründung, über die Sowjetzeit hinaus bis in die Gegenwart. Eine besondere Abteilung ist dem Russisch-Japanischen Krieg 1904–05 gewidmet, auch wenn aus den Seeschlachten bekanntlich die Japaner als Sieger hervorgingen. Star der Sammlung aber bleibt ein kleines Holzboot, mit dem der Stadtgründer seine ersten Navigationsversuche unternahm.

Wer Zweifel an der Schlagkraft der russischen Marine hat, kann sich im Videoraum überzeugen lassen. Dort demonstriert ein 20-minütiger, ziemlich martialischer Film das zerstörerische Potential von Kriegschiffen, U-Booten und Flugzeugträgern. Auch Putin taucht kurz auf und kontrolliert, ob alles in Ordnung ist.

Mi–So 11–18 Uhr. Eintritt 600 Rbl.

Юсуповский Дворец

Jussupow-Palast

Die Jussupows zählten seit Generationen zu den schwerreichen Adligen; ihr Vermögen verdankten sie ihrem ausgedehnten Landbesitz, später vermehrten sie es mit dem Einstieg in die Industrie, sie besaßen Bergwerke und am Kaspischen Meer erdölreiches Terrain.

Der Palast aus den 1830er Jahren in bester Lage am Mojka-Quai hatte einen Vorgänger aus den 1760er Jahren, von dem beim Umbau der schmucke Portikus mit seinen sechs Säulen übernommen wurde. Die Jussupows, die nicht nur sich selbst, sondern auch ihre immense Gemälde- und Skulpturensammlung unterbringen wollten, ließen sich nicht lumpen. Ihr Palast ist nach dem Winterpalast der luxuriöseste der Stadt. Nachdem er mitsamt der Gemäldesammlung verstaatlicht wurde, fanden zahlreiche Kunstwerke in der Eremitage eine neue Bleibe. Aber auch ohne Gemäldesammlung: Allein der prunkvollen Säle und der makabren Installation im Keller wegen ist er eine erstrangige Touristenattraktion.

Erst betritt man die repräsentativen Räume der *ersten Etage*, zu denen auch ein großer Speisesaal mit einer kunstvoll geschnitzten Eichendecke gehört. Prunkstück aber ist der hauseigene Theatersaal, ein einzigartiges Juwel, in dem heute gelegentlich Konzerte stattfinden, für die man besser frühzeitig reserviert.

Die privaten Säle der Jussupows lagen im *Erdgeschoss*: ein kleines Musikzimmer, ein im Renaissance-Stil eingerichteter, nach Heinrich II. benannter Saal, das Kabinett des Fürsten, dessen Bibliothek 55.000 Bände zählte, ein orientalischer Saal mit Billardtisch und türkischem Diwan, ein noch orientalischerer Saal, im maurischen Stil vergoldet und mit mehrfarbigem Marmorboden ausgelegt, ein Schlafzimmer, dessen schmucke Decke mit bemaltem Gips wie aus Holz scheint – an Geld mangelte es den Jussupows wahrlich nicht.

Der berüchtigte *Keller*, in dem der Wunderheiler Rasputin ein jämmerliches Ende fand, ist nur mit Führung (Sondereintritt) zu besichtigen. Eine Wachsfigureninstallation zeigt den bärtigen Rasputin an der reich gedeckten Tafel sitzend, derweil sein Mörder Fürst Felix Jussupow etwas nervös daneben steht und die Wirkung der vergifteten Speisen abwartet – ein perfektes Bühnenbild für eine schauerliche Märchenstunde. Die Führung erzählt in russischer Sprache die makabren Einzelheiten des Geschehens, den Besuchern läuft ein leiser Schauer über den Rücken, und Rasputin will und will nicht sterben.

Tägl. 11–18 Uhr. Eintritt 700 Rbl inkl. eines hervorragenden Audio-Guides mit Sprachwahl (Kaution 1000 Rbl). Führung (in russischer Sprache) in den „Rasputin-Keller" zu den angeschlagenen Zeiten (450 Rbl extra).

Vom Sennaja-Platz zum Ehernen Reiter → Karte S. 92/93

Rasputin diniert bei Jussupow

Religiöse Ekstase war ihm so wenig fremd wie sexuelle und alkoholische Exzesse – Wanderprediger, Wunderheiler und Wüstling, alles in einem. Grigorij Rasputin, 1869 im westlichen Sibirien geboren, ist eine schillernde Figur seiner Zeit. Der entscheidende gesellschaftliche Aufstieg gelingt ihm aber erst in St. Petersburg, wo er 1903 zum ersten Mal auftaucht. 1905 lernt er auf einer Gesellschaft Zar Nikolaus II. und Zarin Alexandra kennen, bei denen der religiöse Mann einen tiefen Eindruck hinterlässt. Zwei Jahre später lässt die Zarin den bärtigen Mönch mit dem stechenden Blick (dem die Frauen angeblich reihenweise verfallen) ans Bett ihres dreijährigen Sohnes kommen. Zarewitsch Alexej ist Bluter, hat sich beim Spielen verletzt, und alle ärztliche Kunst hat versagt. Rasputin betritt das Zimmer, murmelt ein paar Gebete, redet dem Kranken gut zu – der am folgenden Morgen wieder gesund ist. Fortan genießt Rasputin das Vertrauen der Zarin, geht im Palast aus und ein, wenn auch durch die Hinterpforte, damit der makellose Ruf der Herrscherin keinen Schaden nimmt.

Der unheimliche Mann, dem die Zarin zunehmend hörig wird, beschäftigt bald das eben erst eingeführte Parlament. Nachforschungen werden angestellt, die Gerüchteküche brodelt. Von verführten Damen des Zarenhofs ist ebenso die Rede wie von häufigen Besuchen des Gottesmanns bei Prostituierten. In der Folge verschwindet Rasputin 1908 aus der Stadt, um 1910 erneut aufzutauchen. Schließlich führt der Druck der Presse und auch des Ministerpräsidenten dazu, dass der Zar nachgibt: Er verbietet Rasputin den Aufenthalt in St. Petersburg. Dieser fährt darauf in seine westsibirische Heimat zurück.

Vielleicht wäre Rasputin dort geblieben, wäre dem an Hämophilie leidenden Zarewitsch im Oktober 1912 nicht erneut Unheil zugestoßen.

Der mittlerweile zehnjährige Alexej stürzt bei einem Familienausflug. Die Geschichte wiederholt sich, die Ärzte versagen, der Zarewitsch hat bereits die Sterbesakramente bekommen, als die Zarin Rasputin ein Telegramm schickt: „Ärzte hoffnungslos, unsere einzige Hoffnung sind Ihre Gebete!" Rasputin fällt in seiner sibirischen Heimat vor einer Ikone in Trance und telegrafiert hinterher zurück: „Dein Sohn wird leben. Die Ärzte sollen ihn nicht weiterquälen." Die Ferntherapie zeitigt unmittelbaren Erfolg, und im selben Jahr noch wird der rätselhafte Mann von der Zarin erneut in St. Petersburg empfangen.

Europa steuert derweil auf den Ersten Weltkrieg zu. Nikolaus II. geht lieber mit seiner Familie spazieren, als sich um Politik zu kümmern. Sind politische Entscheidungen gefragt, so wendet sich der Zar oft an die Zarin, und diese wiederum sucht bei Rasputin Rat. Für das Parlament und weite Teile der Oberschicht wird der heilige Mann untragbar. Mehrere Mordversuche misslingen. Einmal wird er immerhin so stark verletzt, dass er seinen sexuellen Eskapaden fortan alkoholische Exzesse hinzufügt, um die Schmerzen zu ertränken.

Am Zarenhof wiederholen sich die Verletzungen des Zarewitschs und die Heilungen durch Rasputin. Dessen Macht und Einfluss führen schließlich so weit, dass im Parlament das Thema Rasputin alle anderen Staatsgeschäfte verdrängt. Genug ist genug, beschließt eine Handvoll Verschwörer und plant einen Mordanschlag im Jussupow-Palast.

Felix Jussupow, letzter Fürst seines Namens, legt es nicht darauf an, sein riesiges Vermögen weiter zu vermehren, lieber gibt er es mit vollen Händen aus. Er ist ein Dandy, verheiratet mit der schönen Irina Alexandrowna, die via mütterliche Linie eine Nichte von Nikolaus II. ist und via väterliche Linie eine Urenkelin von Nikolaus I. – mithin eine hervorragende Partie.

Es ist wohl einem Rest von patriotischer Gesinnung zuzuschreiben, dass der junge Jussupow beim Komplott mit von der Partie ist. Die Fäden zieht vermutlich Wladimir Purischkewitsch, ein monarchistischer Abgeordneter mit stramm rechter Ausrichtung.

Wie auch immer: Jussupow lädt Rasputin in seinen fürstlichen Palast ein, wo im Keller ein mit Zyankali vergiftetes Festessen auf den Gast wartet. Zumindest wird dies so kolportiert. Offensichtlich kommt Rasputin ohne allen Argwohn, aber nicht einmal das ist sicher. Vielleicht hat der Gottesmann geahnt, was auf ihn zukommt, kann aber – Irina Alexandrowna ist wirklich eine schöne Frau – dem Versprechen auf ein erotisches Abenteuer nicht widerstehen. Als Rasputin auf das Zyankali keine Reaktion zeigt, wird der Gastgeber nervös, greift schließlich zur Pistole und schießt. Rasputin, ein kräftiger Mann von 1,82 Meter Größe, zuckt ein bisschen zusammen und stürzt sich auf den Angreifer. Jetzt erst kommen aus dem Nebenzimmer die weiteren Verschwörer, Purischkewitsch gibt die tödlichen Schüsse auf den immer noch kämpfenden Wunderheiler ab. Rasputin wird in ein Bärenfell gerollt und in der eisigen Newa versenkt. So jedenfalls könnte es gewesen sein.

Zwei Tage später findet man die Leiche. Die Obduktion ergibt, dass Rasputin Wasser in der Lunge hat, also noch lebend in die Newa geworfen wurde. Die Ärzte finden keine Spuren von Zyankali, aber zahlreiche Indizien dafür, dass das Opfer einer grausamen Folter unterzogen wurde.

Wie sich die Ermordung Rasputins im Keller des Jussupow-Palasts im Einzelnen abgespielt hat, wird wohl nie mehr zu ermitteln sein. Im Dunkel der Geschichte blühen die Legenden. Eine davon erzählt die Führung am Tatort. Eine andere hat der 1967 in Paris verstorbene Jussupow höchstpersönlich in die Welt gesetzt, nachzulesen in: Fürst Felix Jussupow, Rasputins Ende (Insel, Frankfurt 1990).

Jussupow-Palast

Музей В. В. Набокова

Nabokov-Museum

Längst nicht so luxuriös wie der Jussupow-Palast, aber immer noch eine gute Adresse – zumal, wenn man über das gesamte Haus für sich und seine Familie samt Bediensteten verfügen kann – ist das Gebäude Nr. 47 in der Bolschaja-Morskaja-Straße. Im Haus, das sein Großvater hatte erbauen lassen, wuchs der russisch-amerikanische Erzähler *Vladimir Nabokov* (1899–1977) auf, der nach Jahren des Exils in London, Berlin, Paris und den USA 1961 in die Schweiz übersiedelte, wo er sich mit den Tantiemen seines Bestsellers „Lolita" einen angenehmen Lebensabend an den Gestaden des Genfersees leisten konnte.

Nabokovs Großvater war Justizminister unter den Zaren Alexander II. und Alexander III., sein Vater bekleidete nach der Februarrevolution 1917 einen wichtigen Posten in der Kerenskij-Regierung. Die Nabokovs gehörten zu jener begüterten kosmopolitischen Petersburger Oberschicht, die sich nach der Russischen Revolution in den Westen absetzte. Vladimir Nabokov war damals gerade 18 Jahre alt, seine Heimatstadt sah er nie wieder, aber los ließ sie ihn zeitlebens nicht, wie in seiner Autobiographie „Erinnerung, sprich" nachzulesen ist.

Die Nabokovs belegten einst das ganze Haus mit seinen fünf Badezimmern, das 1998 eröffnete Nabokov-Museum muss sich mit einem Teil des Erdgeschosses begnügen. Das reicht allerdings auch, denn groß ist die Erinnerungs-Sammlung nicht. Im einstigen Speisesaal mit der schweren Eichendecke sowie im Flur sind einige persönliche Utensilien, Erstausgaben, Samisdat-Schriften (Literatur, die nur im Untergrund zirkulierte) und eine gute Fotodokumentation über Nabokovs Leben zu sehen.

Das Nebenzimmer ist dann gänzlich der anderen Leidenschaft des Romanciers gewidmet, der Lepidopterologie, wie die Wissenschaft rund um den Schmetterling genannt wird. Seinen ersten lepidopterologischen Aufsatz publizierte Nabokov mit 21 Jahren.

Die Schmetterlinge muss man natürlich erst finden und dann auch noch fangen, bevor man die Jagdtrophäen vorsichtig auf ein Blatt Papier spießen kann. Nabokov hat dieser Tätigkeit zeitlebens ausgiebig gefrönt – mit Erfolg: Er entdeckte über ein Dutzend neue Arten, die in ihrem lateinischen Namen nun den Zusatz des berühmten Schriftstellers mitführen, z. B. den *Carterocephalus canopunctatus Nabokov*. Privat brach der passionierte Lepidopterologe manchmal aber mit der wissenschaftlichen Tradition und dachte lieber an seine Frau Vera. In seinen äußerst akkuraten Schmetterlingszeichnungen liest man liebevolle Phantasienamen wie *Adorata adorata* oder *Vérina*.

Zum Abschluss des Besuchs wird ein Video gezeigt, im kurzen ersten Teil über Nabokov als Schmetterlingsjäger, im langen zweiten Teil ein Interview mit dem Autor, beide Teile in englischer Sprache. Ein Informationsblatt auf Englisch liegt auf, die Exponate sind mit zweisprachigen Legenden versehen.

Di–Fr 11–18, Sa/So 12–17 Uhr. Eintritt frei.

Музей Истории Религии

Museum für Religionsgeschichte

An die Zeiten der diversen Atheismus-Museen in der Stadt erinnert noch eine Fotodokumentation im Entree. Heute verzichtet man auf den ideologischen Blickwinkel, das Museum für Religionsgeschichte lässt die Exponate für sich sprechen. An einigen Göttinnen aus der Zeit vorchristlicher Religionen vorbei taucht der Besucher in die Geschichte des Christentums ein. Neben farbenfroher sakraler Kunst aus dem 18. Jahrhundert und Ikonen, die nicht weiter kommentiert werden, sind einige Bilder thematischen Blöcken zugeordnet: Inquisition (ein Häretiker wird in ein düsteres Verlies versenkt), Protestantismus, Französische Revolution (antireligiöser Karneval). Wer kein Russisch versteht, erfreut sich vielleicht an den spöttischen deutschsprachigen Zeilen eines alten Totentanzes; auch der Papst entrinnt dem Sensenmann nicht: „Komm, alter Vater, komm, es muss geschieden sein / Kreuch aus dem Vatikan in diesen Sarg hinein / Hier trägt der Scheitel nicht das Gold von dreyen Kronen / Der Hut ist viel zu hoch, du musst itzt enger wohnen."

Ziemlich willkürlich scheint dann das Nebeneinander von Hexen, Bildern aus Nepal und Indien und christlichen Heiligendarstellungen. Gegen Schluss des Rundgangs bekommt auch der Islam eine Abteilung, sie bleibt allerdings eher ein dekorativer Farbtupfer.

Fazit: Wenn man es aufgegeben hat, ein Museumskonzept zu suchen, durchaus sehenswert, für manche vielleicht eine Fundgrube.

10–18 Uhr, Mi geschlossen. Eintritt 400 Rbl.

Исаакиевская Площадь

Isaaksplatz

Bevor man sich in die *Isaakskathedrale* begibt, zumal, wenn sich an der Kasse eine längere Warteschlange gebildet hat, bleibe man kurz auf dem Isaaksplatz stehen. Den großen **Marienpalast** gegenüber der Kathedrale, der den Platz südlich abschließt, ließ Zar Nikolaus I. für seine älteste Tochter Maria bauen, er ist heute Sitz des Stadtparlaments.

Links der Kathedrale sticht ein wuchtiger Bau mit 14 Halbsäulen ins Auge. Es ist die ehemalige **Kaiserliche Deutsche Botschaft**, heute arbeiten hier Beamte des Innenministeriums. Architekt war der renommierte deutsche Architekt und Designer *Peter Behrens*, Gründungsmitglied des Deutschen Werkbunds. Seine russischen Berufskollegen vermochten Behrens' Werk nichts abzugewinnen, sie fanden es einfach zu „teutonisch".

Den Platz selbst, der wie der Schlossplatz in der ersten Hälfte des 19. Jahrhunderts sein heutiges Aussehen bekam, beherrscht die gewaltige, bronzene **Reiterstatue Nikolaus I.**, ein Werk von *Auguste de Montferrand*, dem Architekten der Isaakskathedrale, und *Pjotr Klodt*, der schon mit den „Rossbändigern" an der Anitschkow-Brücke (→ Tour 1) sein Talent in der Gestaltung unbändiger Pferde unter Beweis gestellt hatte. Eine besondere Dynamik verströmt die Reiterstatue dadurch, dass nur die Hinterhufe des Pferdes mit dem Sockel verbunden sind. Die vier weiblichen Figuren – angeblich mit den Zügen der Gattin und der Töchter des Zaren ausgestattet – sind Allegorien auf Glauben und Gerechtigkeit, Weisheit und Stärke. Zumindest letztere ist dem grausamen Herrscher nicht abzusprechen.

Am besten ließen sich die Details der einzelnen Darstellungen mit dem Fernglas studieren – oder man begibt sich ins Russische Museum (→ Tour 2), wo ein Modell der Statue zu sehen ist.

Vom Sennaja-Platz zum Ehernen Reiter → Karte S. 92/93

Ganz in der Nähe des Platzes, in der 3. Etage der Bolschaja-Morskaja-Str. 35, zeigt das **Staatliche Zentrum für Fotografie (Rosfoto)** monatlich wechselnde Ausstellungen nationaler und internationaler Fotokunst: 2008 war der Stuttgarter People- und Fashionfotograf *Ruediger Schestag* zu sehen, 2010 hatte der Franzose ungarischer Herkunft *Brassaï* die Ehre, 2016 der ungarische Fotograf *Imre Kinszki*, der sein Leben vermutlich auf einem „Todesmarsch" der Nazis beendete.

Mo, Mi, Sa, So 11–19 Uhr, Di, Do, Fr 12–21 Uhr. Eintritt 150 Rbl pro Ausstellung, meistens sind zwei Ausstellungen zu sehen.

Auf der anderen Straßenseite, in Richtung Newskij Prospekt, ist im Haus Nr. 24 das Mitte des 19. Jahrhunderts gegründete, weltweit bekannte Juweliergeschäft von **Fabergé** zuhause, das seine Familientradition nach der Russischen Revolution in Westeuropa fortsetzte und erst 2004 wieder an seinen Petersburger Stammplatz zurückkehrte. Berühmt wurde die Firma vor allem durch die goldenen Eier (Fabergé-Eier), Geschenke, mit denen Zaren ihre Gattinnen an Ostern zu erfreuen pflegten – Juwelierarbeiten vom Feinsten mit Überraschungen in ihrem Innern. Mehr darüber im 2014 eröffneten Fabergé-Museum (→ Tour 1, Wo das Herz von St. Petersburg schlägt).

Исаакиевский Собор

Isaakskathedrale

Die Isaakskathedrale mit ihren vier mächtigen Portiken und einer weithin sichtbaren goldenen Kuppel ist der größte Kirchenbau der Stadt. Gewidmet ist sie Isaak von Dalmatien (auch Isaak von Konstantinopel genannt), einem syrischen Mönch aus dem 4. Jahrhundert, den mit St. Petersburg einzig die Tatsache verbindet, dass der orthodoxe Kirchenkalender ihn am 30. Mai feiert, dem Geburtstag des Stadtgründers. Bereits 1710 ließ Peter der Große zu Ehren des Mönchs und seiner selbst ungefähr an der Stelle der heutigen Kathedrale eine erste (hölzerne) Isaakskirche errichten, es folgten weitere drei Vorgängerbauten, bis die heutige Kathedrale stand.

Der monumentale Bau aus den Jahren 1818–1858 wurde von *Auguste de*

Isaakskathedrale: 100 kg pures Gold in der Kuppel

Montferrand entworfen, einem französischen Architekten, der 1816 in St. Petersburg ankam. Nachdem bei einem ersten Preisausschreiben 1815 keiner der Bewerber den Zaren zu überzeugen vermochte, wurde der Newcomer mit dem Bau beauftragt – sehr zum Ärger der einheimischen Architekten.

Mit ihren 111 Metern Länge, 97 Metern Breite und 101,5 Metern Höhe ist die Kathedrale ein Schwergewicht: sie wiegt angeblich rund 300.000 Tonnen. Um dem Koloss ein solides Fundament zu geben, wurden 11.000 Baumstämme in den Petersburger Sumpf gerammt (andere Quellen sprechen von 24.000 Baumstämmen, nachzählen lässt sich das nicht mehr). Für die Aufrichtung der granitenen Säulen, jede 114 Tonnen schwer, wurde ein spezielles Gerüst konstruiert, dessen Plan man heute im Kircheninneren studieren kann. Für die Kuppel wurden 100 kg pures Gold verwendet (beim derzeitigen Goldpreis fast 4 Millionen Euro wert). Das Gold wurde mit Quecksilber vermischt und dann auf Kupferplatten aufgetragen, die erhitzt wurden. Das Quecksilber verdampfte dabei, das Gold blieb auf dem Kupfer haften – bis heute: Eine Neuvergoldung war seither nie nötig.

In der Kathedrale wurden bis 1929 Gottesdienste abgehalten, 1931 transformierte die sowjetische Regierung den Bau in ein staatliches „Antireligiöses Museum" und ließ bei dieser Gelegenheit ein Foucault'sches Pendel von der Kuppel hängen, um einem staunenden 7000-köpfigen Publikum die Erdrotation zu demonstrieren. Heute ist die Isaakskathedrale in erster Linie ein Museum in eigener Sache, die Liturgie wird nur noch an besonderen Feiertagen gesungen.

Eingeweiht wurde die Kathedrale am 30. Mai 1858, am Tag des heiligen Isaak. Montferrand, der Architekt, der nur vierzig Tage später starb und die Bauarbeiten bis zuletzt persönlich beaufsichtigt hatte, wäre gerne hier bestattet worden, doch dies versagte ihm die Orthodoxe Kirche, da er Katholik war. Immerhin hat er in der Kathedrale als mehrfarbige Büste einen Platz bekommen. Sie wurde von seinem Schüler *Antonio Foletti* gefertigt, der dabei sämtliche Marmor- und andere Gesteinsarten verwendete, die sich im Bau der Kathedrale finden, u. a. weißer Carrara-Marmor, grüner Malachit und blauer Lapislazuli. Im Inneren der Kathedrale ist eine gute Dokumentation mit erklärenden Stichen über die Baugeschichte zu sehen.

Auffallend sind neben den reich verzierten Wänden großformatige Mosaike aus dem 19. und den Anfängen des 20. Jahrhunderts. Weitere Mosaike zieren die riesige, 25 mal 25 Meter messende Ikonostase, hinter der im Glasfenster ein rot gewandeter Christus auf den Besucher schaut. Wer direkt unter der Kuppel steht, entdeckt in der fernen Höhe von hundert Metern die silberne Taube des Heiligen Geistes.

Heute ist die Isaakskathedrale in erster Linie ein Museum in eigener Sache, die Liturgie wird nur noch an besonderen Feiertagen gesungen. Gerne würde die Russisch-Orthodoxe Kirche das Rad der Zeit zurückdrehen und die Kathedrale unter ihre Obhut stellen. Dem wollte 2017 der Gouverneur von St. Petersburg nachkommen, stieß aber auf großen Widerstand der Bevölkerung, die Kirche stellte keinen offiziellen Antrag auf Rückgabe. Vorerst bleibt die Kathedrale, was sie ist: ein Museum und eine der einträglichsten Touristenattraktionen der Stadt.

Bei schönem Wetter sei empfohlen, zum Säulenumgang unter der Kuppel hochzusteigen und das Panorama zu genießen.

Kathedrale: 10.30–18 Uhr, Mi geschlossen. Eintritt 350 Rbl.

Aufstieg zum Säulenumgang: 10.30–18 Uhr, letzter Mi im Monat geschlossen. Eintritt 200 Rbl.

Vom Sennaja-Platz zum Ehernen Reiter → Karte S. 92/93

Senatsplatz mit dem Ehernen Reiter

Gleich am Weg zum Senatsplatz (bis 2008 „Dekabristenplatz") steht linkerhand ein weißes, klassizistisches Gebäude, vor dessen Portikus mit acht Säulen links und rechts je ein marmorner Pferdebändiger steht. Der von Architekt *Quarenghi* geplante Bau ist die **Manege** (1804–1807), die ehemalige Reithalle der kaiserlichen Garde-Kavallerie. Heute ist das Gebäude, in dem früher Pferde auf Trab gebracht wurden, eine Filiale des Russischen Museums und wird für zeitgenössische Kunstausstellungen, aber auch für Performances, Dichterlesungen und Konzerte genutzt. Programm unter www.manege.spb.ru.

Музей Русской Водки

Wodkamuseum

Hinter der Manege führt ein Spaziergang auf dem Konnogwardeiskij-Boulevard zum Wodkamuseum, das in den Räumlichkeiten des Restaurants „Russian Wodka Room No 1" untergebracht ist. Am besten besorgt man sich den Audioguide (gratis) und lässt sich durch die Geschichte des russischen Nationalgetränks führen, von frühen Wodkastuben über Peter den Großen, der auch im Trinken groß war, bis in die heutige Zeit. Eine Sammlung von Flaschen, Gläsern und kunstvoll gearbeiteten Verschlüssen füllt den Raum, das Wachspuppenmodell eines Destillateurs bei der Arbeit und lustige Dokumente wie Karikaturen über die Folgen des Wodkakonsums: Kopfweh, Kotzen, Schlägerei. Und natürlich fehlen auch Fotos der politischen Prominenz nicht: Präsident Jelzin (großer Trinker), Präsident Gorbatschow trinkt eindeutig etwas anderes, Präsident Putin (trinkt er nun Wodka oder nicht?). Im Nebenraum mit gut sortiertem Shop wird dann zur Degustation geladen (sofern man das entsprechende Ticket gewählt hat): drei Gläschen verschiedene Wodkas auf dem Tablett, daneben die klassischen Begleiter: Hering, Zwiebel und Gurke.

Tägl. 12–19 Uhr. Eintritt 200 Rbl, mit Wodka-Degustation (empfohlen!) 450 Rbl.

Сенатская площадь

Senatsplatz

Der große Platz hinter der Isaakskathedrale, östlich begrenzt von der Admiralität, nördlich von der Newa und westlich von Zwillingsgebäuden des Senats und des Synods, wurde 1923 zum Gedenken an den Dekabristenaufstand von 1825 (→ Geschichte der Stadt) in *Dekabristenplatz* umbenannt. 2008 bekam er seinen alten Namen wieder zurück: Senatsplatz.

Kaum hatten Montferrands Pläne für die Isaakskathedrale die Zustimmung von Nikolaus I. gefunden, schrieb dieser erneut einen Wettbewerb aus: Das Senatsgebäude sollte so umgebaut werden, dass es mit dem großen Platz davor eine harmonische Einheit bilde. Gewinner des Ausschreibens war der klassizistische Architekt *Carlo Rossi*, der sein Können bereits mit der Gestaltung des Schlossplatzes bewiesen hatte.

Rossi bot dem Zaren gleich zwei Lösungen an. Die eine beschränkte sich auf den Auftrag, das Senatsgebäude umzugestalten, die andere ging weiter und wurde schließlich akzeptiert: Das Gebäude für den Senat, in dem sich der Hochadel traf, sollte ein Pendant bekommen, in dem der *Synod* (die oberste Geistlichkeit Russlands) untergebracht werden konnte. So entstanden die Zwillingsgebäude von Senat (rechts) und Synod (links), die den Platz westlich abschließen. Die beiden Prachtbauten sind mit einem imposanten Torbogen, der die Galernaja-Straße überspannt, untereinander verbunden.

Heute ist in den Zwillingsgebäuden das Zentrale Historische Archiv zuhause.

Медный Всадник

Der Eherne Reiter

Er ist das berühmteste Denkmal von St. Petersburg. Wer es fotografiert, hat in der Regel andere Fotografen mit auf dem Bild – oder ein posierendes Hochzeitspaar. Mit dem Reiterdenkmal Peters des Großen hat Katharina die Große dem Stadtgründer ihre Reverenz erwiesen und ganz beiläufig auch sich selbst geehrt: „Peter dem Ersten, Katharina die Zweite, 1782", lautet die lapidare, in den Felsblock gemeißelte Inschrift. Peter I. sitzt auf einem sich aufbäumenden Pferd, das mit dem rechten Hinterhuf eine Schlange zertritt; letztere symbolisiert das besiegte Schwedenreich. Mit der Rechten weist der Stadtgründer auf die Sümpfe im Norden, sein Blick gleitet über die Newa hinweg aufs offene Meer. Die Bronzeskulptur, nach Puschkins berühmtem Poem der „Eherne Reiter" genannt, stammt vom französischen Bildhauer *Etienne-Maurice Falconet*, den Diderot und Voltaire der Zarin empfohlen hatten.

In seinem 1922 erschienen Klassiker „Die Seele Petersburgs" fasst der Kulturhistoriker Nikolai Anziferow die Bedeutung des Denkmals kurz und bündig zusammen: „Der Eherne Reiter ist der Genius loci von Petersburg." Peter der Große steht für Heroismus, aber auch für Grausamkeit. Wer sich ihm in den Weg stellt, wird wie eine Schlange zertreten. Mit seiner Stadtgründung

Wie droht er durch die Nacht rings her!
Welch Wissen presst die Stirn ihm schwer!
Welch Kraftstrom liegt in ihm verborgen!
Und in dem Hengste, wieviel Glut!
Sag, wohin sprengst du, Ross voll Mut
Wo senkst du deine Hufe morgen?
O, Herrscher über Los und Raum!
Hast du aus Abgrunds Finsternissen
Nicht einst auch Russland hochgerissen
Mit deinem schweren Eisenzaum?

aus: Alexander Puschkin, Der Eherne Reiter, übersetzt von J. v. Guenther

Vom Sennaja-Platz zum Ehernen Reiter → Karte S. 92/93

fordert er die Natur heraus, aber wird sich diese nicht rächen? Diese Ambivalenz zeichnete schon Puschkins berühmtes Gedicht aus, das heute jedes Petersburger Kind auswendig kennt und das auf die große Überschwemmung des Jahres 1824 anspielt. Puschkins Held, ein kleiner Verwaltungsbeamter, hat bei der Überschwemmung seine Braut verloren und verflucht den hochmütigen Stadtgründer, der keine Dämme gebaut hatte. Der eherne Reiter wird lebendig, setzt dem armen Mann zu Pferde nach und treibt ihn in den Wahnsinn.

Der gewaltige Felsblock, auf dem das Denkmal steht, wiegt über 1600 Tonnen und stellte damals ein immenses Transportproblem dar. Schließlich wurde eine Lösung gefunden: Ein eigens für den Koloss erbauter Riesenschlitten mit Metallkugeln wurde auf Holzschienen Meter für Meter über Land gezogen. Der Transport über die 22 km lange Strecke dauerte über zehn Monate.

Nächste Metro: Ⓜ Doppelstation Newskij Prospekt/Gostinyi Dwor oder Ⓜ Admiraltejskaja

Praktische Infos

→ Karte S. 92/93

Essen und Trinken

The Idiot 8, der Name des vegetarischen Restaurants spielt nicht auf den Gast an, sondern auf einen berühmten Roman Dostojewskijs. Das Interieur atmet durch und durch Dostojewskijs Epoche: Bücher, Zeitschriften, Schachbretter. Gute russische Küche, leider zu überdurchschnittlichen Preisen. Man kann aber auch nur auf ein Bier herkommen; dass auch dieses teurer als üblich ist, verschmerzt sich leichter. Nab. reki Mojki 82, ✆ 946-5173.

Sadko 9, der Name ist eine Anspielung auf eine Oper von Nikolaj Rimskij-Korsakow, der am nahen Konservatorium lehrte. Klassische russische Küche in modern gestyltem Interieur zu leicht erhöhten Preisen. Englischsprachige Speisekarte. Ul. Glinki 2, ✆ 903-2373.

Arcobaleno 6, modernes, farbenfrohes Design bestimmt das Intérieur. „Italian Fusion" steht am Eingang, das war einmal. Mittlerweile ist das Lokal wieder zur russischen Küche zurückgekehrt: hausgemachte Pelemeni, Kaninchen, Gänsebrust, auch Vegetarisches. Die Preise liegen über dem Durchschnitt, die Kundschaft residiert teilweise im luxuriösen „Domina"-Hotel, das sich nach hinten im selben farbenfrohen Stil anschließt. Bolschaja Morskaja ul. 54, ✆ 385-1292.

meinTipp **Mickey & Monkeys 7**, großes, beliebtes Lokal in der ersten Etage. Preiswerte 2- oder 3-gängige Mittagsmenus (Salate, Suppe und Hauptgang zur Auswahl), die allerdings nur in Russisch auf der Karte stehen. Sonst à la carte (in English). Viel jugendliches Publikum, flinker, jugendlicher Service. Mit der etwas zu lauten Musik muss man sich abfinden. Gorochowaja ul. 27, ✆ 920-2386.

Dwa Mu 12, der Gast fühlt sich wie in einer großen russischen Wohnstube: wenig moderne Tapete, Bilder, Fotos und ein Cheminée. Die Küche ist durch und durch russisch, die Preise sind moderat. Versuchen Sie als Vorspeise Seljodka pod Schuboj („Hering unter dem Pelzmantel"), eine in Russland beliebte Spezialität, die man in Restaurants nur noch selten findet. Hier sind es sechs verschiedene Lagen (rote Beete ist stets eine), unter denen sich der Hering versteckt. Pl. Turgenewa, Ul. Sadowaja 94, ✆ 714-5084.

meinTipp **Pchali Chinkali 2**, russische und georgische Küche mit zwei getrennten Karten. Der Gast darf natürlich auch die Vorspeise aus der russischen Karte und das Hauptgericht aus der georgischen wählen. Beliebt ist das Lokal wegen den namengebenden Chinkali (georgische Teigtaschen mit Stiel), die mit Lamm-, Rind, Käse- oder Spinatfüllung direkt an der Theke produziert werden; frischer geht's nicht. Chinkali werden mit der Hand gegessen. Den etwas dickteigigen Stiel legt man auf den Teller zurück, so dass der Kellner weiß, wie viele man konsumiert hat. Wer nicht warten will, bis ein Tisch frei wird, reserviert. Bolschaja Morskaja 27, ✆ 950-0535.

meinTipp **Zoom 5**, draußen viel Grün auf dem Gehsteig, drinnen meist proppenvoll. Die Speisekarte ist vergleichsweise klein, die Küche russisch: diverse Suppen, Hering an Vinaigrette, Hühnchen, Fischklößchen und mehr. Was hier zählt, ist die Atmosphäre: Schachspieler und Laptop-Arbeiter, viele Bücher im Regal. Wenn Sie zu lange warten müssen: Auf dem Tisch stehen Farbstifte, mit denen Sie die Papierserviette bemalen können. Ist Ihr Werk gefällig, so hat es Chance, in den Anhang der Menukarte aufgenommen zu werden. Der ausnahmslos weibliche Service ist überaus freundlich. Reservierung empfohlen (oder warten, bis ein Tisch frei wird). Gorochowaja ul. 22, ✆ 612-1329.

Krokodil **1**, russische und europäische Küche. Fisch, Fleisch und vor allem sehr leckere Salate. Auch das riesige Whisk(e)y-Angebot (über 20 Marken) verdient eine Erwähnung. Klein und gemütlich, man sitzt in bequemen Korbsesseln. Das Publikum setzt sich aus Einheimischen und Touristen gleichermaßen zusammen. Englischsprachige Speisekarte. Galernaja ul. 18, ✆ 314-9437.

Paparazzi **3**, empfehlenswertes Kellerlokal mit Oberlicht, unprätentiöses, klares Design – und der Name verpflichtet: viele Fotos an den Wänden. Überflüssig ist einzig der Flat-TV. Serviert werden klassische russische Gerichte, wie Hering und Kalbszunge. Meist jüngeres russisches Publikum. Potschtamtskaja ul. 10, ✆ 312-8130.

1848 **10**, angenehme Stube mit alten Stichen an der Wand, dazu meist russische Volksmusik. Einheimische kommen hier gern zum billigen Business-Lunch vorbei. Die Auswahl ist allerdings klein: zwei Salate, zwei Suppen, zwei Tagesgerichte, drei Biere (neben zwei russischen das französische „1664"). Ohne Russisch-Kenntnisse wird man etwas Mühe haben. Nab. kan. Gribojedowa 68, ✆ 571-496.

Grusinskij Ugolok **4**, ganz und gar unprätentiöses Lokal mit georgischer Hausmannskost. *Chatschapuri* (überbackenes Käsebrot mit diversen Zutaten), Kraut und Gemüse, Rinderhirn, dazu ein leichter Hauswein ... und zum Schluss vielleicht ein georgischer Cognac. Die Speisekarte ist teilweise auf Englisch, das Personal spricht kein Englisch und bringt vielleicht alles miteinander auf den Tisch. Doch die Küche ist preiswert und gut. Gorochowaja ul. 17, ✆ 315-4542.

Lechaim **11**, in der Synagoge. Niedriger Gewölberaum, blendendweiße Tischtücher, blitzblanke Gläser, fast geräuschloser Service. Koschere Küche zu etwas gehobenen Preisen in sehr gepflegtem Ambiente. Lermontowskij Prosp. 2, ✆ 572-5616.

Golden Cafe **13**, georgische Küche, die sich von ihresgleichen vor allem dadurch unterscheidet, dass sie vom Rabbiner St. Petersburgs als koscher zertifiziert ist. Das noch junge Lokal wird von Juden und Nichtjuden gleichermaßen besucht, die Bedienung ist äußerst freundlich, die Preise sind moderat. 10–19 Uhr; Fr nach 19 Uhr, Sa und an jüdischen Feiertagen ganztags geschlossen. Lermontowskij Prosp. 27, ✆ 714-4591.

An der Mojka

Vom Sennaja-Platz zum Ehernen Reiter → Karte S. 92/93

Auf Linien zum Quai

Tour 6

Die Wassiljewski-Insel ist in erster Linie für die Strelka, ihre östliche Spitze, bekannt. Von dort hat man einen wunderbaren Blick auf die Paläste am linken Newa-Ufer und die Peter-Paul-Festung.

Васильевский Остров

Wassiljewskij-Insel

Die Insel im Newa-Delta ist durch den südlichen Arm der Großen Newa (Bolschaja Newa) und die Kleine Newa (Malaja Newa) vom Festland getrennt. Ursprünglich hatte Peter I. die Idee, die Wassiljewskij-Insel zum Zentrum seiner neuen Hauptstadt zu machen. Eine schnurgerade Hauptstraße und ein Kanal sollten von der Ostspitze, der Strelka, zum Finnischen Meerbusen führen, von diesem Prospekt aus dann Kanäle zu den beiden Newa-Armen abzweigen.

An diesen ersten Plan erinnern heute noch das schachbrettförmige Straßenmuster der Insel und die „Linien" genannten Straßen, die dem einstigen Kanalplan entsprechen. Doch wurden die Kanäle, aus welchen Gründen auch immer, zu wenig breit ausgehoben. „Hol es der Teufel, alles ist verdorben", kommentierte Peter die Panne, aber vermutlich hatte er zu diesem Zeitpunkt bereits die Meinung geändert und das Festland als den idealeren Ort für das Zentrum seiner Hauptstadt ausgemacht.

Mit dem Ausbau der Admiralität auf der anderen Seite der Newa zu einem Gebäudekomplex, der als Werft, Festung und Verwaltungsgebäude der Marine zugleich dienen sollte, war die Entscheidung dann zementiert. Ganz vergessen hat Peter die Wassiljewskij-Insel dennoch nicht. Er machte sie zu einem Zentrum der Wissenschaft und gründete hier mit der 1724 eröffneten *Kunstkamera* das erste Museum Russlands und noch im selben Jahr die Akademie der Wissenschaften. Letztere erhielt 1785 einen von Architekt Quarenghi entworfenen eigenen Bau – gleich neben der Kunstkammer.

Eigentlicher Herr der Wassiljewskij-Insel war aber bis kurz nach Peters Tod

(1825) dessen Vertrauter Alexander Menschikow, dem der Zar in einer großmütigen Geste praktisch die ganze Insel geschenkt hatte. Menschikow, anders als Freund Peter dem persönlichen Luxus nicht abgeneigt, ließ sich in bester Lage an der Newa einen Wohnpalast errichten, der bis heute zu den imposantesten Gebäuden der Insel gehört.

Ausgangspunkt:
Ⓜ Wassileostrowskaja

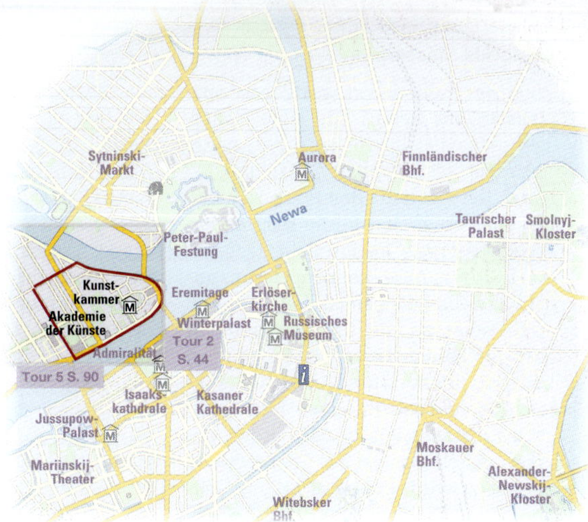

Inselspaziergang

Auf der 6. und 7. Linie zur Newa

Von den Linien auf der Wassiljewskij-Insel, die jeweils paarweise eine Straße bilden, ist die Straße der 6. und 7. Linie die lebendigste. In ihrem zentralen Teil ist sie Fußgängerzone und damit die Flaniermeile der Insel – für Fast-Food-Lokale ein idealer Standort.

Bevor man auf den Bolschoj-Prospekt trifft, steht links (6. Linie Nr. 13, heute ein Street-Food-Lokal) das **Trojekurow-Haus**; es stammt aus den 1720er Jahren und zeigt trotz späterer Umbauten noch immer seine einfache, ursprüngliche Architektur aus der Zeit Peters des Großen. Gleich danach folgt die **Drei-Heiligen-Kirche**, die etwas im Schatten der Nachbarin steht, der größeren, barocken **Andreaskathedrale**, die den Besucher mit einer wunderschönen, holzgeschnitzten Ikonostase aus dem 18. Jahrhundert erwartet. Beide Kirchen dienen heute wieder dem orthodoxen Gottesdienst.

Auf der anderen Seite des Bolschoj-Prospekts findet man leicht den **Andreasmarkt**, wo zu Zeiten Katharinas der Großen noch Gemüse abgewogen wurde – er ist der älteste Markt der Insel. Die Gemüsehändler haben sich, nachdem das Gebäude restauriert wurde und Boutiquen Einzug hielten, im angrenzenden **Wassileostrowskij-Markt** eingerichtet. Im Innenhof dieses kleinen, recht lebendigen Markts werden die nicht mehr gebrauchten Gemüsekisten unter dem Schaschlik-Grill verheizt.

Das **Haus Nr. 16–17** an der 7. Linie, ein stattlicher Backsteinbau, wurde renoviert, der alte Schrift aufgefrischt: *Pharmacie Prof. Dr. de Poehl & Fils*. Es ist nicht nur die schönste Apotheke von ganz St. Petersburg, sondern auch die geschichtsträchtigste. Die Apotheker-Dynastie deutschen Ursprungs war

St. Petersburg im Kasten

Leblonds Masterplan

Einer der zahlreichen westlichen Spezialisten, die Peter I. für seine Hauptstadtpläne gewinnen konnte, war der Architekt *Jean-Baptiste Alexandre Leblond*. Der Zar hatte den Franzosen, der nebenbei auch ein Meister der Gartenarchitektur war, im Frühjahr 1716 auf einer Europareise kennengelernt; angeblich sollen die beiden drei Tage und drei Nächte lang die Köpfe zusammengesteckt haben. Fazit der Begegnung: Leblond bricht seine Zelte in Frankreich ab und taucht schon im August 1716 in St. Petersburg auf, wo er von Peter gleich als neuer Chefarchitekt eingesetzt wird. In einem Brief an seinen Freund Alexander Menschikow schreibt der Zar: „Dieser Mann hat außergewöhnliche Qualitäten und ein großes Talent. (...) Deshalb sollen alle Architekten der Stadt darüber in Kenntnis gesetzt werden, dass künftig kein Bau mehr in Angriff genommen werden darf, ohne dass die Pläne seine Unterschrift tragen; das betrifft auch bereits begonnene Bauten, sofern diese noch korrigiert werden können."

Im Januar 1717 entwirft Leblond einen Stadtplan mit der Wassiljewskij-Insel als Zentrum, unter Berücksichtigung der bereits existierenden Gebäude der Peter-Paul-Festung und der Admiralität. Innerhalb einer starken Stadtmauer, die mit ihren Bastionen das Zentrum wie einen ovalen Dornenkranz umschließen sollte, plante er eine stattliche Zarenresidenz inmitten einer quadratischen Parkanlage, an deren vier Ecken sich jeweils eine Kathedrale erheben sollte.

Der Leblond'sche Stadtplan wurde nie umgesetzt – sei es, dass Peter I. mittlerweile die Schweden für nicht mehr so gefährlich erachtete und eine derartige Einmauerung der Hauptstadt für nicht mehr nötig hielt, sei es, dass sein Freund Menschikow Einspruch einlegte. Dessen Prunkpalast an der Newa – die Bauarbeiten waren bereits im fortgeschrittenen Stadium – war nämlich im Leblond'schen Vorschlag nicht vorgesehen. Ein neuer Plan (Architekt unbekannt) sah als Stadtzentrum weiterhin die Insel vor, die nun mit zahlreichen Kanälen durchzogen werden sollte. Auch dieses Projekt wurde schließlich verworfen, und Peter entschied sich für ein Zentrum auf der sogenannten „Großen Seite".

1 Peters Palast. Die Diagonalen, die von ihm ausgehen, münden jeweils in einen Platz mit Kathedrale **2** Marktplätze **3** Häfen und Lagerhäuser **4** Peter-Paul-Festung **5** Admiralität

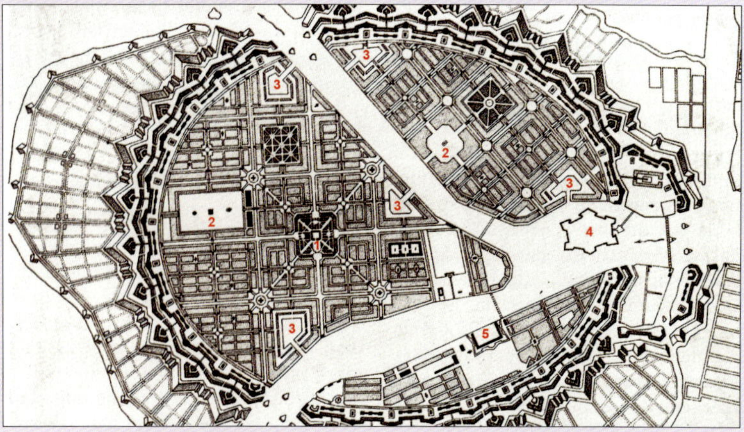

seit der ersten Hälfte des 19. Jahrhunderts Pillenlieferant für den Zarenhof. Zum pharmazeutischen Betrieb gehörte neben einer umfangreichen einschlägigen Bibliothek auch ein medizinisches Forschungsinstitut mit dem Spezialgebiet Organotherapie. Die Poehls wirkten noch bis 1927 im Haus. Die Denkmalschutzbehörde führt das Haus in ihrer „Roten Liste" und will verhindern, dass seine Geschichte der Vergessenheit anheimfällt. Zeitweilig war hier ein kleines Museum eingerichtet, das vielleicht dereinst wieder eröffnet wird. Bald hat man den Quai der Newa erreicht und genießt den großartigen Blick auf die andere Seite mit dem Winterpalast, der Admiralität und der Isaakskathedrale. Auf der Höhe der Blagoweschtschenskij-Brücke, vor dem „Trezzini Palace Hotel", steht seit 2013 der in Bronze gegossene *Domenico Trezzini* eine Papierrolle in der rechten Hand, einen großen Zirkel in der linken. Trezzini war der Hofarchitekt Peters des Großen bei der Gründung der Stadt und wohnte in einem bescheidenen Haus, exakt an der Stelle des heutigen Luxushotels. Die beiden Prachtexemplare von **Sphingen**, denen man bald darauf am Quai begegnet, wurden 1820 im ägyptischen Theben ausgegraben. Nikolaus I. erwarb sie 1832 und ließ sie in die Hauptstadt verschiffen, wo sie seither etwas antikes Flair verbreiten. Die Entzifferung der Hieroglyphen überlassen wir den Ägyptologen.

Gegenüber den Sphingen steht das monumentale Gebäude der **Akademie der Künste**, zu deren Schülern einst auch *Ilja Repin* (→ Ausflüge in die Umgebung/Repino) zählte. Der berühmte Maler schloss sich später den sog. „Ambulanten" *(Peredwischniki)* an, die mit Wanderausstellungen gegen den starren akademischen Betrieb der Akademie protestierten. Dass letztere lange nach seinem Tod in „Repin-Kunstakademie" umbenannt wurde, ist ein ironisches Augenzwinkern der Geschichte.

Import aus Ägypten am Ufer der Newa

Einer Büste Repins begegnet der Flaneur gleich darauf vor dem kleinen **Rumjanzew-Park**. Feldmarschall Pjotr Rumjanzew kämpfte für Katharina II. gegen die Türken und ganz nebenbei auch um ihr Herz. Der von einem vergoldeten Adler gekrönte Obelisk in der Mitte des Parks erinnert an seine militärischen Siege, seine amourösen Kämpfe ehrte die Nachwelt nicht.

Дворец Меншикова

Menschikow-Palast

Während Peter der Große im Sommergarten 1710–1714 einen relativen bescheidenen Palast bauen ließ, dachte sein Busenfreund *Alexander Menschikow* (→ Kastentext „Aufstieg und Fall des Alexander Menschikow") in größeren Maßstäben. Sein monumentaler ockergelber Palast an der Newa (Bauzeit 1710–1720) ist weitaus prachtvoller. Platz hatte er schließlich genug, der Zar hatte ihm in einer großmütigen Geste praktisch die ganze Insel geschenkt.

Für den Besuch des Palasts stehen Begleitblätter in Englisch, Französisch und dürftig auch in Deutsch zur Verfügung.

Eine Alternative ist der Audio-Guide, falls man Englisch oder Französisch versteht.

Nach der geräumigen Küche wird der Besucher in die Drechselwerkstatt geführt, wo ihn ein Ungetüm von Maschine aus dem Jahr 1713 erwartet. Peter der Große übte das Drechslerhandwerk höchstselbst aus und schenkte gelegentlich die Produkte seinem Freund Menschikow.

Das Vestibül ist im italienischen Barock gestaltet; in den Nischen stehen Originalplastiken aus der Antike, denen eine vom Barockarchitekten Rastrelli geschaffene Bronzebüste Menschikows Gesellschaft leistet.

In der *ersten Etage* überraschen drei Räume, deren Wände und Decken komplett mit handbemalten, meist holländischen Fliesen gekachelt sind. Das anschließende „Nussbaumkabinett" ist ein Panoramazimmer mit Aussicht auf drei Seiten; von hier konnte Menschikow sowohl die Peter-Paul-Festung wie auch die Admiralitätswerft sehen oder ganz einfach den vorbeifahrenden Schiffen auf der Newa hinterherträumen.

Zu den Repräsentationsräumen gehören u. a. der schmucke Festsaal mit einer kostbaren englischen Standuhr sowie der Saal der Hausherrin, der komplett mit handbemalter chinesischer Seide ausgekleidet ist.

Der Besuch führt insgesamt durch mehr als ein Dutzend Räume, die meisten ganz und gar herrschaftlich eingerichtet; nüchtern ist einzig das „Zimmer der Kadetten", wo eine Ausstellung daran erinnert, dass nach Menschikows Sturz der ganze Palast an das Petersburger Kadettencorps fiel.

Di, Do, Sa, So 10.30–18 Uhr, Mi und Fr 10.30–21 Uhr. Eintritt 400 Rbl, Audio-Guide 100 Rbl.

Здание Двенадцати Коллегий

Die zwölf Kollegien

Die fast 400 Meter lange Gebäudeflucht mit zwölf Eingängen geht auf Peter den

Großen zurück, der hier seine Kollegien (Ministerien) nahe beieinander versammeln wollte. Der von Peters Hofarchitekt, dem Tessiner *Domenico Trezzini* entworfene Bau wurde nach etlichen administrativen Querelen 1722–1740 errichtet. Einen Bau längs der Newa soll Alexander Menschikow in Abwesenheit des Zaren verhindert haben, er hätte sonst Teile seines angrenzenden Grundstücks abtreten müssen. Peter ließ es angeblich bei einer kräftigen Ohrfeige für den Freund bewenden und lenkte ein. 1819 wurden

die Ministerien ausgelagert und das Gebäude der benachbarten Akademie der Wissenschaften angegliedert. Heute sind hier neben einer großen Bibliothek das Rektorat, die Biologische und die Geographische Fakultät der Universität St. Petersburg untergebracht.

Vor der Akademie steht am flussnahen Ende der Mendelejew-Linie die Statue von *Michail Lomonossow* (1711–1765), dem Universalgelehrten und Vater der russischen Wissenschaft. Auch *Dmitrij Mendelejew* (1834–1907), der hier studierte, hat sein Denkmal bekommen: Ein Relief am Haupteingang an der Ostseite des Gebäudes erinnert an den Gelehrten, dessen Periodensystem heute noch Schüler im Chemieunterricht plagt. Dass derselbe Mendelejew sich auch für eine Verbesserung der Wodka-Qualität einsetzte, sei hier nur am Rande vermerkt.

Ein weiterer Student war der Verhaltensforscher *Iwan Pawlow* (1849–1936, Nobelpreis 1904), der an seinen Hunden den später nach ihm benannten Reflex entdeckte. Den Tieren lief das Wasser im Maul zusammen, wenn

Pawlow eine Glocke anschlug. Sie hatten kapiert, dass darauf das Futter folgt, ohne dieses zu sehen oder zu riechen. Der Pawlowsche Reflex wird häufig auch bei Menschen diagnostiziert, z. B. in der Politik, wenn eine Partei einen Vorschlag allein deshalb ablehnt, weil er von der falschen Seite kommt – ein klassisches Phänomen der Konditionierung.

Nicht zu den Schülern der Akademie gehörte der Kernphysiker und Menschenrechtler *Andrej Sacharow* (1921–1989, Nobelpreis 1975), der erst unter Gorbatschow aus der Verbannung zurückkehren durfte. Sein Denkmal steht direkt hinter dem Bau der zwölf Kollegien.

Und schließlich findet der Spaziergänger, der unter den Arkaden der Westseite den Weg in Richtung Newa zurückgeht, (fast am Ende des langen Baus) auch noch ein eigenartiges kleines Denkmal: Es besteht aus fünf Paar

St. Petersburg im Kasten

Aufstieg und Fall des Alexander Menschikow

Als Alexander und der gleichaltrige Peter sich anfreunden, sind sie beide im Flegelalter, verkehren in denselben Moskauer Kreisen und durchzechen zusammen manche Nacht – Petersburg gibt es noch nicht. Ihre Freundschaft wird durch dick und dünn bis zum Tod Peters halten. Alexander Menschikow begleitet Peter den Großen auf seinen Reisen durch Europa, zieht für ihn in den Krieg gegen die Schweden, in dem unter anderen eine hübsche, litauische Bauerntochter namens Martha Skavronska in russische Gefangenschaft gerät. Angeblich soll der reiche Menschikow sie dem stadtbekannten Scheremetjew abgekauft haben. Auch Peter findet Gefallen an der schönen Frau, und sein edler Freund zögert nicht, sie ihm abzutreten. Sie wird später Peters zweite Frau und als Zarin Katharina I. in die russische Geschichte eingehen.

Der Mentor und Freund Peters des Großen wird vom Zaren mit Ländereien reichlich beschenkt. Da ihm dies offenbar nicht genügt, hält er sich nicht selten an der Staatskasse schadlos. „Wer den Staat auch nur um eine Summe bestiehlt, die so viel wert ist wie ein Strick oder mehr, sei an eben diesem Strick aufgehängt", ließ Peter angesichts der damals schon allumfassenden Korruption verlauten. Über die Veruntreuungen seines alten Freundes sieht er aber großzügig hinweg. Beim Tod Peters des Großen sorgt Menschikow dafür, dass Katharina ihre Ansprüche gegenüber Peter II., einem Enkel aus Peters erster Ehe, durchsetzen kann. So ganz uneigennützig ist sein Engagement natürlich nicht. Katharina I. – zeitlebens Analphabetin – ist in politischen Dingen gänzlich unerfahren. Als ihr Vertrauter übernimmt Alexander Menschikow faktisch die Macht im Staat. Um diese auch über den Tod der Zarin hinaus abzusichern, fädelt er die Hochzeit seiner eigenen Tochter mit Thronfolger Peter II ein. Katharina I. stirbt nach zwei Jahren Regentschaft, dann besteigt der noch nicht 13-jährige Peter II. den Thron.

Doch Menschikows Kalkül geht nicht auf. Der Verlobungszeremonie folgt keine Heiratszeremonie. Stattdessen fällt der junge Zar unter den Einfluss der Menschikow-Gegner. Der Freund Peters des Großen wird 1727 des Hochverrats angeklagt, aber unschuldig gesprochen – und trotzdem nach Sibirien verbannt. Seine immensen Reichtümer, u. a. Ländereien in Polen, der Ukraine und im Baltikum, rund 100.000 Leibeigene inbegriffen, werden von der Krone ebenso konfisziert wie seine Paläste in Moskau und in St. Petersburg. Alexander Menschikow stirbt zwei Jahre später in der Verbannung.

Füßen und gedenkt der „Studenten der Universität, die der politischen Repression zum Opfer fielen". Welche Repression gemeint ist, darf sich der Betrachter ausdenken …

Кунсткамера

Kunstkammer

Die *Kunstkamera*, wie die Kunstkammer auf Russisch heißt, hat nichts mit der Kamera zu tun, die Sie um den Hals hängen haben. Immerhin erinnert der russische Begriff daran, dass Kamera und Kammer den gleichen etymologischen Ursprung haben – da passiert etwas im Dunkeln. Tatsächlich wird in der Kunstkammer, diesem Kuriositätenkabinett Peters I., manchem etwas mulmig zumute. Der Ruf des Gruseligen ist auch dafür verantwortlich, dass sich vor dem Museum täglich Schlangen bilden.

Die von Peter dem Großen ins Leben gerufene Kunstkammer ist das älteste Museum ganz Russlands. Neben der berühmt-berüchtigten Kuriositätensammlung, die Peter erst in seinem Palast im Sommergarten, dann im Kikin-Palast der ängstlich staunenden Öffentlichkeit präsentierte, beherbergt der grün-weiße Bau aber auch noch andere Abteilungen.

An der Kasse und an zwei mythologischen Götterfiguren vorbei gelangt man in die **ethnographische Abteilung**, die sich in der *ersten Etage* fortsetzt. Sie ist gleichsam die internationale Erweiterung des Nationalen Ethnographischen Museums (→ Tour 2). Nordamerika ist mit der indianischen Kultur vertreten, Japan mit kunstvollen Fächern und Masken des No-Theaters sowie furchterregenden Samurai-Kriegern, Afrika mit allerlei Musikinstrumenten und magischen Objekten, die Mongolei mit einer kleinen Jurte, Korea mit einem wunderschön geschnitzten Stuhl, Indochina mit einem Buddha im Lotus-Sitz, und aus Indonesien kommen die drei berühmten Affen, die nichts hören, nichts sehen, nichts sagen.

Sammlungen von in Alkohol konservierten Missgeburten und anderen anatomischen Abnormitäten gibt es einige auf der Welt, doch die **Kunstkamera** Peters des Großen ist vermutlich die älteste und vielleicht auch die umfangreichste: missgebildete Kinderköpfe, siamesische Zwillinge, Kinder mit zuviel Zehen, ein zweiköpfiges Schaf, das nebenbei auch über zwei Rückgrate verfügt, ein Fötus mit nur einem Auge und so weiter. Peter der Große war eben an allem interessiert – an Schiffsbau und Städteplanung wie auch an Zahnheilkunst und anatomischen Abnormitäten. Große Teile des Kuriositätenkabinetts kaufte er auf seinen Reisen quer durch Europa zusammen, zusätzlich erließ er einen Aufruf an seine Landsleute, die er für interessante Missgeburten, die sein Kabinett bereichern könnten, in bar zu bezahlen versprach.

Und wer will das alles sehen? Heute stehen russische und ausländische Touristen Schlange und bezahlen an der Kasse. Peter, der seinem Volk den Aberglauben aus- und die Wissenschaft eintreiben wollte, hielt es anders. Er legte darauf Wert, dass den Besuchern die Exponate erklärt wurden, und gerne führte er höchstpersönlich durch seine Sammlung. Wer den Mut aufbrachte, sein Museum zu besuchen, zahlte keinen Eintritt, sondern wurde mit einem Glas Wodka belohnt – Frauen mit einer Tasse Tee plus Zuckerbrot. Dass bei seiner Sammeltätigkeit nicht nur wissenschaftliche Motive den großen Zaren bewegten, beweist der eingelegte Kopf von Willem Mons. Der Mann war der Bruder von Peters Mätresse, stellte aber seinerseits der Zarin nach (ob mit Erfolg, ist umstritten). Peter ließ ihn vierteilen und integrierte den Kopf kurzerhand in seine berühmte Kollektion.

Wassiljewskij-Insel → Karte S. 112/113

Die *zweite Etage* ist gänzlich *Michail Lomonossow*, dem Vater der russischen Wissenschaft, sowie der Wissenschaftsakademie des 18. Jahrhunderts gewidmet – allenfalls für Spezialisten interessant. Von hier aus führt eine Treppe ins zentrale Turmgebäude, wo auf der *dritten Etage* an das einstige astronomische Observatorium erinnert wird, und weiter zur *obersten Etage*, wo das Schmuckstück von Peters Sammlung untergebracht ist, der weltberühmte „Gottorper Globus". Dieser kann nur mit Führung besichtigt werden (die zu bekommen sich als gar nicht so einfach erweist).

Der **Gottorper Globus**, eine gewaltige Erdkugel mit einem Durchmesser von 3,10 Metern und einem Gewicht von 3,5 Tonnen hat's buchstäblich in sich. Der Einstieg ins Innere der Kugel befindet sich mitten im Indischen Ozean. Eine Sitzbank bietet 10 bis 12 Personen Platz, die von hier aus den Sternenhimmel über sich bewundern können. Die Erde dreht sich bekanntlich um sich selbst, so auch der Gottorper Globus, und die Zuschauer im Inneren verfolgen den Lauf der Gestirne.

Gebaut wurde dieses einzigartige technische Wunderwerk im 17. Jahrhundert im Auftrag Friedrich III., seines Zeichens Herzog von Gottorp (bei Schleswig), der allerdings noch vor der Fertigstellung (1664) starb. Peter der Große, wissenschaftlichen Experimenten stets zugetan, hatte seine helle Freude, als er 1713 im Verlauf der Nordischen Krieges bei einem Treffen mit dem dänischen König Friedrich IV. zu einem Besuch in den Globus eingeladen wurde. Ob Friedrich dem Zaren den Globus aus Gründen der Staatsraison schenkte oder der Zar das Werk einfach als Kriegsbeute betrachtete, ist umstritten – jedenfalls traf der Gottorper Globus 1717 in St. Petersburg ein, und Peter der Große soll sich fortan täglich einmal ins Innere der Kugel begeben haben, um sich an diesem Wunderwerk zu erfreuen.

Ironie der Geschichte: Die Gottorper bekamen in gewisser Weise ihren Globus

Museum für anatomische Abnormitäten: die Kunstkamera

wieder zurück. Zar Peter III., der 1761 bis 1762 regierte und dann von seiner Gemahlin Katharina der Großen weggeputscht wurde (→ Geschichte der Stadt), ist ein Spross aus dem Haus Holstein-Gottorp. Er begründete die Holstein-Gottorp-Linie der Romanows, die fortan den russischen Zarenthron besetzte.

Nun die Schattenseite: Der berühmte Globus ist altersschwach geworden. Schon oft in seinem Leben musste er sich Reparaturen unterziehen. Die letzte umfassende Restauration wurde 2003 abgeschlossen. Seither darf sein Inneres nicht mehr betreten werden. Der gesammelte Atem der Besucher ist der wunderbaren Weltkugel nicht bekommen. Von außen hingegen ist der Globus wieder zu bestaunen – allerdings nur nach Voranmeldung.

Di–So 11–18 Uhr. Am letzten Di des Monats geschlossen. Bevor geöffnet wird, wartet bereits eine beachtliche Schlange. Sinnvoll ist es, mindestens eine halbe bis ganze Stunde vor Kassenöffnung vor Ort zu sein. Eintritt 300 Rbl. Ein Besuch des Gottorper Globus muss vorangemeldet werden (beim Eingang zur ethnographischen Abteilung) und kostet zusätzlich.

Зоологический Музей

Zoologisches Museum

Im einstigen Lagerhaus der Börse wird heute das versammelte Brehm'sche Tierleben in uralten Vitrinen präsentiert – diese angenehm unzeitgemäße Präsentation allein lohnt schon den Besuch, ganz zu schweigen von der schier unendlichen Fülle an ausgestopften Exponaten. Das 1832 gegründete Zoologische Museum ist weltweit eines der größten seiner Art.

Gleich in der *Eingangshalle* hängt das Skelett eines riesigen Blauwals, umgeben von seinen Verwandten, dem Narwal, dem Killerwal, dem Delphin und anderen. Robben, Seelöwen und See-Elefanten sind ebenso vertreten wie alle Hunderassen, Raubkatzen, Bären, Krokodile, Fische, Schlangen, Gefieder, Affen und Giraffen.

Einzigartig ist die *Sammlung von Mammuts*, schließlich ist dem Museum das nationale Institut für Mammutforschung angegliedert. Das im sibirischen Permafrostboden eingebrochene Beresowka-Mammut wurde 1901 entdeckt, teils mit von Pferden gezogenen Schlitten hierher transportiert und präpariert. Auch das vor rund 35.000 Jahren im Sumpf steckengebliebene Mammut-Baby Dima, das 1977 entdeckt wurde, 2006 auf Tournee ging und auch in Deutschland zu sehen war, ist hier zuhause – mit nur 90 cm Schulterhöhe und einem Gewicht von 115 kg.

Der Umlauf in der *ersten Etage* ist gänzlich Käfern, Insekten und aufgespießten Schmetterlingen gewidmet. Eine kleine Abteilung (Extra-Eintritt 70 Rbl) zeigt dann lebende Exemplare: Skorpione, Grillen, Käfer. Die Präparate sind alle mit ihrem wissenschaftlichen lateinischen Namen und auf Russisch beschriftet, nur selten in englischer Sprache. Doch daran stören die Besucher sich nicht, schon gar nicht die Kinder.

11–18 Uhr, Di geschlossen. Eintritt 250 Rbl.

Биржа

Börse

An der Spitze der Wassiljewskij-Insel ließ Peter der Große 1703 eine der ersten Börsen Europas bauen; das heutige Gebäude im Stil eines griechischen Tempels mit Neptun im Giebel stammt aus dem beginnenden 19. Jahrhundert. Im Jahr 1940 – die Sowjets konnten mit einem Geldhändlerinstitut ohnehin nicht viel anfangen – wurde hier das Museum der Kriegsmarine eröffnet. Peter der Große, der sich zeitlebens für den Schiffsbau begeisterte, der den Grundstein zur russischen Kriegsflotte legte und 1709 ein erstes Marine-Museum gründete, kam hier in bester Lage nochmals zu Ehren.

Wassiljewskij-Insel → Karte S. 112/113

Seit 2013 ist das Museum der Kriegsmarine in die riesigen Krjukow-Kaserne zu besichtigen (→ Tour 5, Zwischen Sennaja-Platz, Mariinskij und dem Ehernen Reiter). Die Börse wurde der Eremitage zugeschlagen, die hier vermutlich dereinst Sonderausstellungen durchführen wird.

Стрелка

Die Strelka

Der russische Begriff bedeutet „Pfeil", in der St. Petersburger Geographie ist damit die Ostspitze der Wassiljewskij-Insel gemeint. Der klassizistischen Börse vorgelagert ist ein von zwei rostroten Säulen flankierter, kleiner, halbrunder Park. Nicht etwa, weil sie rostrot sind, werden die beiden Säulen **Rostrasäulen** genannt, sondern wegen der grünen Schiffsschnäbel (lat. *rostra*), die aus ihnen ragen. Sie führen auf eine Tradition aus der Antike zurück: Die Römer pflegten nach einem Seesieg die erbeuteten Schiffsschnäbel im Forum zur Schau zu stellen. So sind die beiden 32 Meter hohen Säulen als Symbole für die Herrschaft über das Meer zu verstehen. Sie stammen vom selben Architekten wie die Börse und markierten einst als Leuchttürme die Hafeneinfahrt. Zu ihren Füßen symbolisieren je zwei große Skulpturen die Flüsse Wolga, Newa, Dnjepr und Wolchow.

Die Strelka mit Börse, Lagerhäusern und Hafeneinfahrt war seit Peters Zeiten das Zentrum des Handels. Im Jahr 1703 lief hier das erste Schiff aus Holland ein. Der Kapitän wurde mit Golddukaten überschüttet, sein Schiff in „St. Petersburg" umbenannt – eine PR-Aktion, die Europa auf Peters Lebenswerk aufmerksam machen sollte. Bald ging die Kunde vom neuen Hafen bei den Seeleuten von Mund zu Mund, und gegen Ende des 18. Jahrhunderts suchten jährlich an die 1000 Handelsschiffe die Stadt auf.

Bereits im 18. Jahrhundert war das Fahrwasser der Newa dem Tiefgang der immer größeren Schiffe nicht mehr ge-

Tempel des Mammons: die frühere Börse

wachsen. Die Strelka wurde bald durch einen in Kronstadt gebauten Hafen entlastet, der später durch größere Anlagen im Stadtgebiet ersetzt wurde.

Das magische Bild – Börse mit Rostrasäulen zur einen Seite und Winterpalast zur anderen – das die einfahrenden Seeleute einst verzauberte, kann man auch heute noch genießen, am besten auf der Rückfahrt mit dem Schiff nach einem Besuch in Peterhof (→ Ausflüge in die Umgebung/Peterhof). Die Feuer auf den beiden Säulen sind allerdings nur noch bei großen Feierlichkeiten zu sehen. Für die entgangene Zutat entschädigen mag der phantastische Springbrunnen in der Newa, der öfter in Gang gesetzt und nachts effektvoll angestrahlt wird.

Von der Strelka aus führt der Spaziergang entlang der Newa zurück. Nach der Birschewoj-Brücke steht links das **Puschkin-Haus** (auch „Museum der russischen Literatur" genannt). Im ehemaligen Hafenzollamt werden zahlreiche Handschriften und literarische Nachlässe, u. a. auch der von Puschkin, verwahrt – nur für Fachleute von Interesse.

Nach knapp 700 m führt links der Srednij-Prospekt zurück zum Ausgangspunkt, zur Metrostation *Wassileostrowskaja*.

Nächste Metro:
Ⓜ Wassileostrowskaja

Westlicher Teil der Insel

Die meisten Touristen beschränken sich auf den östlichen Teil der Wassiljewskij-Insel. Nach Westen schließt sich der riesige **Smolenskij-Friedhof** an. Er hat seine eigene Kirche, in der wieder die Liturgie gesungen wird. Die Gräber rundum sind nicht spektakulär, aber einige zeigen eine sehr menschliche Seite: vor dem Grab steht ein Tisch, und auch eine Bank fehlt nicht. So können die Angehörigen sich

Rostrasäule vor der Börse

hinsetzen, Zeit nehmen, vielleicht sogar auch einen Schluck auf das jenseitige Wohl der Verstorbenen trinken.

Konfessionelle Trennung gilt auch für Friedhöfe: Der Wasserlauf der Smolenka trennt den russisch-orthodoxen Smolenskij-Friedhof von zwei weiteren Gottesäckern. Der eine von ihnen ist für die Christen der armenischen Kirche reserviert, der andere für jene des lutheranischen Bekenntnisses.

Im westlichsten Teil der Insel, hinter der Metrostation *Primorskaja*, schießen Hochhäuser aus dem Boden. In rund sechzig Metern Tiefe sind sie im festen Boden verankert, das Gelände wurde erst Mitte der 1970er Jahre dem Meer abgetrotzt. Ein Ende der Besiedlung ist nicht abzusehen, die Stadt wächst weiter in den Finnischen Meerbusen hinein. Ein neuer Hafen ist in Betrieb.

Anbieter von Kreuzfahrten haben St. Petersburg als Destination entdeckt und schlagen in ihrem Programm einen Stadtbesuch vor.

Эрарта

Erarta

Weitab von den touristischen Highlights St. Petersburgs eröffnete 2010 *Erarta*, das weltweit größte Privatmuseum für russische Gegenwartskunst. Gründerin und Kuratorin ist *Marina Varvarina*, die Witwe eines 2000 von gedungenen Killern erschossenen Oligarchen. Erarta unterhält heute Galerien in New York, London und Zürich.

Todschickes Entree mit Museums-Shop, automatisierte Ticketkontrolle, gläserne Lifte und jugendliches, auskunftsfreudiges Personal statt wie andernorts reglos in einer Saalecke sitzende stumme Babuschkas – Erarta entspricht ganz und gar westlichen Museumsstandards. Die Sammlung von derzeit über 2300 Werken der russischen Gegenwartskunst (1950 bis heute) zieht sich über fünf Etagen. Vier der fünf Seitenflügel des Baus werden als Galerien für Wechselausstellungen genutzt. Die dort gezeigten Werke können auch gekauft werden. Ein durch und durch empfehlenswertes Museum für alle, die sich für die facettenreiche, lebendige Kunstszene Russlands interessieren.

10–22 Uhr, Di geschlossen. Eintritt 550 Rbl. Ⓜ Wassileostrowskaja, dann mit Marschrutka-Minibus K 30, K 44, K 62, K 120 K 154 oder K 690 am Srednij-Prospekt entlang bis zur 28./29. Linie. Alternativen: Bus Nr. 1, 6 oder 128, Straßenbahn Nr. 6.

Praktische Infos

→ Karte S. 112/113

Essen und Trinken

meinTipp Sakartwelo **5** – so nennen die Georgier ihr Land. Das sehr beliebte Restaurant serviert preiswerte georgische Hausmannskost. In angenehmer, ruhiger Umgebung kann man hier Schaschlik, Lobio (scharfes Gericht aus roten Bohnen) und Chatschapuri (überbackenes Käsebrot) probieren. Der trockene georgische Wein ist ein guter Begleiter. Reservierung empfohlen. 12. Linie 13, ✆ 947-7878.

meinTipp Lew **1**, kleines, unauffälliges Restaurant mit angenehm ruhiger Atmosphäre, das abends schnell voll werden kann. Der Chef hat eine einfache und einleuchtende Devise: „Wir essen hier selber, was wir kochen, und wir wollen gut essen." Neben klassischer russischer Landküche auch Fisch sowie ein georgisches und ein vegetarisches Gericht – alles preiswert. Die Soljanka verdient ein besonderes Lob. Auch englischsprachige Karte. 7. Linie 54, ✆ 323-1372.

Grad Petrow **3**, zwei historische Wachsfiguren begrüßen den Gast am Eingang, das Lokal liegt in bester Lage am Quai, das lässt auf touristische Kundschaft schließen. Die käme vielleicht, wäre eine englischsprachige Speisekarte vorhanden und das Personal etwas weniger reserviert. Die russische Küche, Fisch und Fleisch, ist eher durchschnittlich, das hauseigene Bier hingegen hervorragend. Gäste kommen oft nur auf ein Bier oder zwei vorbei, Raucher wissen die Betischung im Freien zu schätzen. Universitetskaja nab. 5, ✆ 326-0137.

Tan Shen **4**, bei den Inselbewohnern sehr beliebtes chinesisches Lokal. Preiswert und hervorragend. Ohne Reservierung hat man hier kaum Chancen. Bolschoj-Prospekt 19, ✆ 325-6109.

Tscheburetschnaja **2**, „tscheburek" ist eine Fleischpastete, also handelt es sich um eine „Pasteterei". Sehr preiswertes, bei den Einheimischen beliebtes Lokal ohne jegliche Ansprüche ans Ambiente, aber mit ausgezeichneter Hausmannskost. Selfservice, ohne Russischkenntnisse wird man Mühe haben. Touristen findet man hier höchstselten. 6. Linie 19, ✆ 323-8028.

Domenico Trezzini, Architekt der Stadtgründung 1703

Hinter der Peter-Paul-Festung

Tour 7

Die Petrograder Insel, auch „Petrograder Seite" genannt, wird vom nördlichen Arm der Großen Newa und der Kleinen Newa begrenzt. Sie gehört mit Ausnahme der ihr vorgelagerten Peter-Paul-Festung nur selten ins Besuchsprogramm einer 3-Tage-Sightseeing-Tour.

Peter-Paul-Kathedrale
S. 126

Trubezkoj-Bastion
S. 127

Kreuzer Aurora
S. 133

Schaljapin-Museum
S. 136

Петроградский Остров

Petrograder Insel

Den Besucher erwarten keine großen Paläste, aber entlang dem Kamennoostrowskij-Prospekt und dem Bolschoj-Prospekt, den beiden lebendigen Hauptadern des Stadtteils, bekommt man immerhin einige stattliche Wohnhäuser zu sehen. Die meisten davon stammen aus dem Ende des 19. Jahrhunderts, bei dem einen oder anderen schimmert eine Idee von Jugendstil durch. Und natürlich gibt's auch hier eine ganze Reihe von Museen, von denen wir die wichtigsten vorstellen.

Ausgangspunkt unserer Tour ist die Metro-Station *Gorkowskaja*. Sie befindet sich im **Alexandergarten**, der sich, vom Kronwerkskij-Prospekt eingefasst, halbkreisförmig um das Kronwerk (→ Die Peter-Paul-Festung) erstreckt. Die Grünanlage entstand Mitte des 19. Jahrhunderts und war das Herzstück der Petrograder Insel, hinter dem später aus dem einstigen Randbezirk ein richtiger Stadtteil wuchs. Seit dem Bau der Troizkij-Brücke zu Beginn des 20. Jahrhunderts wird der Alexandergarten in seinem östlichen Teil vom Kamennoostrowskij-Prospekt durchschnitten und hat dadurch einiges von seinem ursprünglichen Flair eingebüßt. Aber mit seinen Spielplätzen, den vielen Ruhebänken und nicht zuletzt dem Zoologischen Garten ist er bei den Sonntagsspaziergängern immer noch sehr beliebt. Der Bolschoj-Prospekt wiederum lockt mit seinen zahlreichen Geschäften zum Shopping.

Wer sich für die Geschichte der bolschewistischen Revolution und ihre Folgen interessiert, verteilt die Tour besser auf zwei Tage. Wir beginnen mit einer Besichtigung der Peter-Paul-Festung, die der Petrograder Seite vorgelagert ist. Hinterher unternehmen wir von der Metrostation Gorkowskaja aus einen längeren Inselspaziergang.

Ausgangspunkt:
Ⓜ Gorkowskaja

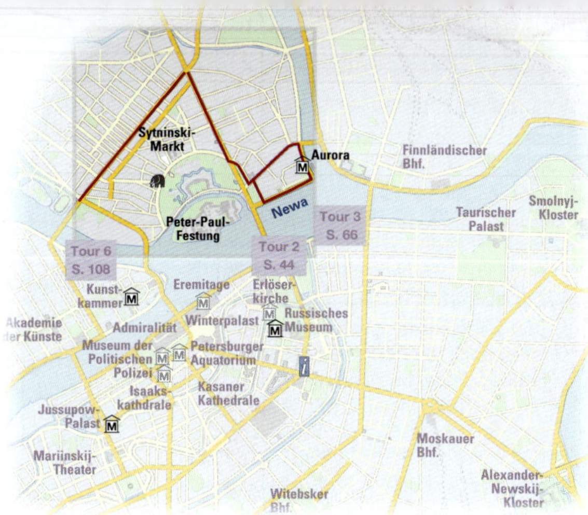

Петропавловская Крепость

Peter-Paul-Festung

Am besten sieht sie aus der Vogelperspektive aus. Aber dieser Blickwinkel ist dem Besucher der Peter-Paul-Festung nur am Postkartenstand vergönnt. Wie ein langgezogenes Sechseck breitet sich die Zitadellenmauer auf der kleinen „Haseninsel" aus, jedes Eck eine Bastion und in der Mitte die Kathedrale. Den besten Blick auf diese hat, wer mit dem Schiff auf der Newa an der Festung vorbeifährt. Aus den relativ niedrigen Mauern ragt der Turm der Kathedrale heraus, der mit einer vergoldeten Spitze in den Petersburger Himmel sticht. Auf 122,5 m Höhe wird er von einem fliegenden Engel gekrönt, der sich nur flüchtig am Kathedralenkreuz festzuhalten scheint. Er ist bereits der vierte Schutzengel, der in einsamer Höhe über die Stadt wacht, und vielleicht hat er seinerseits einen Schutzengel nötig: Seine drei Vorgänger fielen einer Feuersbrunst beziehungsweise einem Orkan zum Opfer.

Der Bau der Peter-Paul-Festung war die Geburtsstunde von St. Petersburg. Im Mai 1703 wurden die Arbeiten in Angriff genommen. Peter I. trieb zur Eile an – schließlich befand man sich mitten im Krieg gegen Schweden – und im Herbst desselben Jahres war an der strategisch günstigen Stelle der Newa-Mündung eine respektable Festung aus Lehm und Holz gezimmert, die der noch zu bauenden Stadt den Weg zur Ostsee freihalten sollte. Bereits ab 1706

St. Petersburg im Kasten

Ohrenbetäubend

Sekundengenau um zwölf Uhr mittags wird jeden Tag von der Naryschkin-Bastion ein Kanonenschuss abgefeuert. Der ohrenbetäubende Brauch führt ins frühe 18. Jahrhundert zurück und diente einst den Petersburgern dazu, ihre Uhren exakt zu stellen. Heute ist die martialische Methode längst überflüssig – zumal 2003 die Schweizer Regierung der Stadt als Präsent zum 300. Geburtstag 100 Bahnhofsuhren überreichte, die in den Straßen aufgestellt wurden. Schweizer Uhren sind berühmt für ihre Präzision, aber eben geräuschlos – und ihren täglichen Donnerschlag möchten die Petersburger nicht missen.

wurde das Holzwerk komplett durch eine stabilere, steinerne Festung ersetzt, für die sich Peter etwas mehr Zeit ließ. Er engagierte hierfür seinen Hofarchitekten und Festungsmeister, den Tessiner *Domenico Trezzini*, der das heutige Bild der Peter-Paul-Festung bestimmte.

Die Bauarbeiten zogen sich bis 1740 hin. Zehn Jahre später wurde das Bollwerk noch verstärkt: Am gegenüberliegenden Ufer im Norden wurden weitere Festungsmauern und Wälle errichtet, das sogenannte **Kronwerk**, das seinerseits im Norden durch einen Kanal geschützt wurde. Die Probe aufs Exempel blieb der sorgfältig durchdachten Verteidigungsanlage erspart; in ihrer ganzen Geschichte unternahm nie eine feindliche Macht den Versuch, sie zu stürmen.

Der Haupteingang zur Peter-Paul-Festung liegt im Osten der Insel, unweit der Metrostation *Gorkowskaja*. Über die Ioannowskij-Brücke gelangt man durch ein Vorwerk zum **Peterstor**, das von Trezzini in der Form eines Triumphbogens konzipiert wurde. Links und rechts stehen Bellona und Minerva in den Nischen, die Göttinnen des Krieges und der Weisheit, und über dem Toreingang wacht der in Blei gegossene doppelköpfige Reichsadler.

Auf dem Weg zur Kathedrale, der Hauptattraktion der Festung, begegnet man linkerhand einer sitzenden **Bronzeskulptur Peters des Großen**, die durch ihre groteske Darstellung überrascht: eine unüblich riesige Schuhgröße, lange Spinnenfinger und ein überraschend kleiner Glatzkopf mit starrem Blick nach vorn – der Mann wirkt eindeutig lächerlich in seiner Steifheit. Das Werk stammt von *Michail Schemjakin*, einem Künstler, der in den 1970er Jahren das Exil einer psychiatrischen Zwangsbehandlung vorzog und heute in den USA lebt. So bar aller heldenhaften Züge nötigt Peter der Große den Touristen nicht den geringsten Respekt ab. Sie setzen sich unbekümmert auf seinen Schoß und lassen sich ablichten.

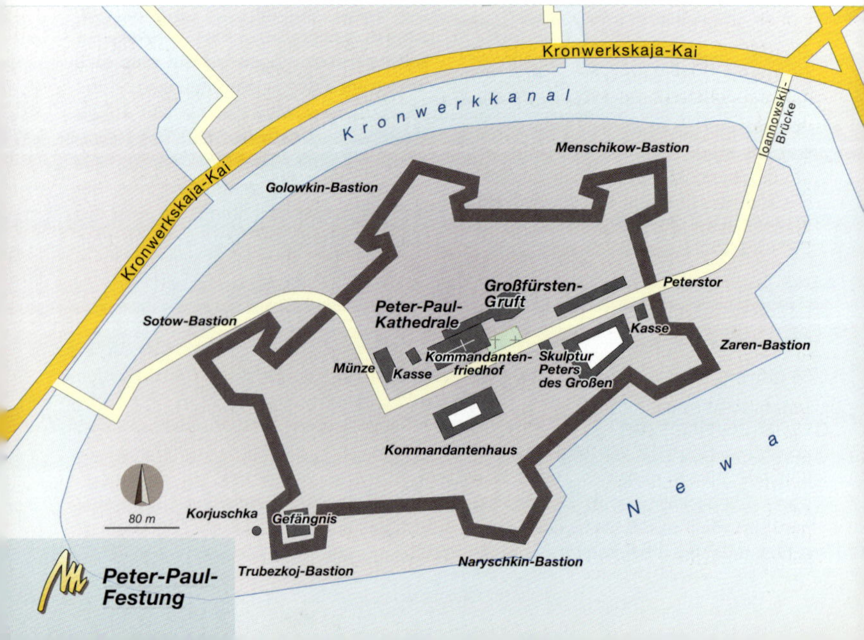

Die Beichte des Anarchisten

Im Jahr 1926 publizierte der deutsche Historiker Kurt Kersten ein Buch mit dem ausladenden Titel: „Michael Bakunins Beichte aus der Peter-Pauls-Festung an Zar Nikolaus I, Gefunden im Geheimschrank des Chefs der III. Abteilung der Kanzlei der früheren Zaren zu Leningrad". Das für Historiker heiße Dokument stöberten die Bolschewiki nach der Machtübernahme bei der Durchsuchung der zaristischen Archive auf.

Mitte des 19. Jahrhunderts ist der anarchistische Theoretiker und Revolutionär *Michail Bakunin* ein gleichzeitig von mehreren Regierungen gesuchter Mann. Wo es in Europa revolutionär gärt, mischt Bakunin nach Kräften mit. Schließlich gelangt er nach dem gescheiterten Dresdner Aufstand 1849 in sächsische Gefangenschaft und wird zum Tode verurteilt. Zwar wird das Urteil in lebenslange Haft umgeschrieben, doch bereits 1850 wird der berühmte Revolutionär an die Österreicher ausgeliefert, die ihn wegen seiner Beteiligung am Prager Aufstand haben wollen. Sie sind nicht besser als die Sachsen, auch sie verurteilen Bakunin zum Tod. Vielleicht wäre das Urteil diesmal vollstreckt worden, hätte nicht der gefürchtete Zar *Nikolaus I.* Druck auf die Österreicher gemacht und seinerseits die Auslieferung des Anarchisten verlangt. Im Mai 1851 wird der gefährliche Häftling in die Peter-Paul-Festung eingeliefert.

Der für seine Grausamkeit bekannte Zar wendet bei Bakunin ein besonderes Verfahren an. Keine Folter, nichts dergleichen, er lässt den Anarchisten erst einmal zwei Monate lang schmoren. Dann öffnet sich die Kerkertür und *Graf Orlow*, Chef der berüchtigten III. Abteilung, der von Nikolaus I. ins Leben gerufenen Geheimpolizei, macht dem Häftling einen Vorschlag: Er möge an den Zaren „wie ein geistlicher Sohn an seinen geistlichen Vater schreiben". Solche Wortwahl war damals durchaus üblich, schließlich war der Zar nicht nur weltliches, sondern auch geistliches Oberhaupt. Bakunin kommt nach einer Bedenkzeit von einem Monat dem Verlangen nach und legt seine „Beichte" ab – wie er später einem Vertrauten und Mitstreiter verrät, eine wohldosierte Mischung aus Dichtung und Wahrheit.

Die mit demütigen Worten eingeleitete Beichte an den Zaren irritiert Historiker noch heute. War der berühmte Anarchist zum Opportunisten und Verräter der Revolution geworden, oder hatte er seine Ideale doch nicht verworfen und war einfach besonders schlau? Eines zumindest ist klar in diesem ungleichen Zweikampf zwischen dem Anarchisten und dem Zaren: Bakunin wollte unbedingt seine Freiheit, Nikolaus I. seinerseits wollte möglichst viel über die revolutionären Umtriebe in Russland und Polen in Erfahrung bringen – am liebsten Namen und Adressen. Ihr Ziel erreichten beide nicht. Bakunin gab nichts preis, was nicht schon bekannt gewesen wäre, und schließlich entschied Nikolaus I. nach der Lektüre der „Beichte" lapidar: „Er mag fortfahren zu sitzen, wo er ist."

Nach dem Tod des Zaren 1855 schöpft Bakunin zum ersten Mal wieder Hoffnung, aber vergeblich. Tatsächlich amnestiert Nachfolger *Alexander II.* zahlreiche politische Gefangene, nicht aber den Anarchisten, den er höchstpersönlich von der Liste derer streicht, die in die Freiheit entlassen werden. Immerhin wird Bakunins lebenslange Haftstrafe 1857 in Verbannung nach Sibirien umgewandelt. Über Omsk und Tomsk wird er nach Irkutsk weitergereicht, von wo ihm 1861 die Flucht gelingt. Über Japan und Amerika gelangt der Anarchist schließlich nach Europa zurück, wo er seine revolutionäre Tätigkeit unverdrossen wieder aufnimmt.

Петропавловский Собор

Peter-Paul-Kathedrale

Die dreischiffige Kirche ist ebenfalls ein Werk des Architekten Domenico Trezzini. Die meisten Besucher kommen nicht wegen der barocken Innenausstattung mit der holzgeschnitzten, vergoldeten Kanzel und ihrer prächtigen Ikonostase. In erster Linie ist die Kathedrale die Gruft der Romanow-Zaren seit Peter dem Großen, praktisch wurde sie überhaupt nur für Totenfeiern der Zarenfamilie genutzt. Im rechten Schiff liegen, in zwei Dreierreihen angeordnet, unter Grabsteinen aus blendendweißem Carrara-Marmor die ersten Petersburger Zaren und Zarinnen: *Peter der Große*, neben ihm seine Frau *Katharina I.*, daneben seine Tochter *Elisabeth*, in der hinteren Reihe von rechts nach links *Anna Iwanowna*, *Peter III.* und schließlich seine Frau *Katharina die Große*, die ihn vom Thron geputscht hatte. Ihr Sohn *Paul I.*, der seine Mutter zeitlebens nicht ausstehen konnte, darf auch hier auf Abstand gehen. Man findet ihn im linken Schiff, wo die Zaren und Zarinnen des 19. Jahrhunderts liegen. Eine Besonderheit hier sind die Gräber des Reformzaren *Alexander II.* und seiner Gattin, die nicht wie die anderen aus Carrara-Marmor sind. Er liegt unter einem Grabstein aus grünem Jaspis, sie unter einem aus rosarotem Rhodonit. Auch der letzte Zar, der 1918 von den Bolschewiki erschossene *Nikolaus II.*, ruht seit 1998 in der Kathedrale. Zusammen mit seiner Familie und seiner Dienerschaft, die 1918 ebenfalls erschossen wurden, hat er in der Katharinenkapelle, rechts des Eingangs, die letzte Ruhe gefunden. Am Trauergottesdienst anlässlich der Überführung der Gebeine in die Kathedrale nahm neben 52 noch lebenden Romanows auch der damalige russische Präsident Boris Jelzin teil.

Wer noch mehr adlige Gräber besuchen will, findet nach dem Eingang links den Weg durch eine Galerie in die Begräbniskirche der **Großfürstengruft**, wo weitere Angehörige der Zarenfamilie ruhen. Hier ist auch das Grab von *Wladimir Romanow*, einem Urenkel von Zar Alexander II. (und ganz nebenbei auch der englischen Königin Victoria). Der Mann, der 1991 von einigen russischen Nostalgikern zum Zaren proklamiert wurde, hätte nichts dagegen gehabt, den jahrzehntelang verwaisten Thron zu besteigen. Doch sowohl Präsident Gorbatschow wie auch sein Nachfolger Jelzin konnten der Idee nichts abgewinnen. Wladimir starb 1992 ungekrönt im Alter von 75 Jahren in Miami/USA.

Die letzte Bestattung in der Gruft galt Großfürstin Leonida Romanowa; sie

Peter-Paul-Kathedrale, Gruft für die Romanows

entschlief 2010 in Madrid im betagten Alter von 95 Jahren.

Mo–Fr 10–19, Sa 10–17.45, So 11–19 Uhr. Eintritt 450 Rbl oder Sammelticket Kathedrale + Trubezkoj-Bastion + Kommandantenhaus + 2 weitere Museen innerhalb der Festung: 600 Rbl.

An die Südostseite der Kathedrale schließt sich der **Kommandantenfriedhof** an, der älteste Friedhof der Stadt. Zwischen 1720 und 1914 wurden 19 Kommandanten der Peter-Paul-Festung hier zur letzten Ruhe gebettet.

Комендантский дом

Kommandantenhaus

Das Kommandantenhaus diente nicht nur als feudale Wohnung für den Festungskommandanten, es war auch der Sitz des Gerichts. Hier wurden politische Gefangene verhört, bevor ihnen das Verbannungs- oder Todesurteil verlesen wurde. Heute ist im Gebäude eine Dauerausstellung über die Geschichte der Stadt von 1703 bis 1918 zu sehen.

Di 11–18 Uhr, Do–Mo 11–19 Uhr. Eintritt 200 Rbl oder Sammelticket Kathedrale + Trubezkoj-Bastion + Kommandantenhaus + 2 weitere Museen innerhalb der Festung: 600 Rbl. Gratis sind die gelegentlich im Innenhof gezeigten Wechselausstellungen.

Тюрьма Трубецкого бастиона

Trubezkoj-Bastion

Zu einer richtigen Festung gehört auch ein düsteres Gefängnis. Dieses befand sich in der Trubezkoj-Bastion. Der früheste Häftling der Peter-Paul-Festung war Alexej, der Sohn Peters des Großen. Der Zarewitsch, der die Politik seines Vaters rundum ablehnte und möglicherweise auch zusammen mit konservativen Kräften gegen ihn konspirierte, wurde vom Zaren persönlich verhört. Ob der grausame Peter auch bei den Folterungen seines Sohnes mit Hand anlegte, ist umstritten. Alexej wurde zum Tod verurteilt und unsicheren Quellen zufolge hinterher begnadigt. Jedenfalls kam es nicht zur Vollstreckung des Urteils, der junge Mann starb im dunklen Verlies der Festung, vermutlich an den Folgen der Folter.

Zum effizienten, „modernen" Gefängnis ausgebaut wurde die Trubezkoj-Bastion erst 1870. Innerhalb der Mauern wurde ein fünfeckiger, zweistöckiger Bau mit 69 Einzelzellen und einem Waschbrunnen im Innenhof errichtet. Der schwerbewachte Hochsicherheitstrakt, aus dem in seiner Geschichte

Die friedliche Seite der Peter-Paul-Festung

keinem einzigen Gefangenen die Flucht gelang, wurde 1924 zum Museum erklärt. Zu den zahlreichen Insassen des berüchtigten Gefängnisses gehörten im Lauf seiner tristen Geschichte der Romancier Fjodor Dostojewskij, der Anarchist Michail Bakunin, Lenins älterer Bruder Alexander Uljanow (der schließlich auf Schlüsselburg hingerichtet wurde, siehe „Schlüsselburg"), der sozialistische Schriftsteller Maxim Gorkij und der Revolutionär Leo Trotzkij. Die Bolschewiki setzten nach ihrer Machtübernahme die Tradition fort und warfen Mitglieder der besiegten

Kerenskij-Regierung in die Verliese, später die rebellierenden Kronstädter Matrosen. Als sie das Trubezkoj-Gefängnis 1924 auflösten, hatten sie für ihre politischen Gegner bereits ihre eigenen, noch fürchterlicheren Gefängnisse gebaut.

Die Besichtigung der Trubezkoj-Bastion ist ein informativer Parcours durch die Geschichte des Widerstands, sei es gegen zaristische oder gegen bolschewistische Willkür. Vor jeder Zelle ist das Foto eines Häftlings mit Kurzbiografie auf Russisch und Englisch angebracht. Und schließlich kann der Besucher auch das Klopfalphabet lernen, mittels dessen sich die isolierten Insassen untereinander verständigten.

10–18 Uhr, Mi geschlossen. Eintritt 200 Rbl oder Sammelticket Kathedrale + Trubezkoj-Bastion + Kommandantenhaus + 2 weitere Museen innerhalb der Festung: 600 Rbl.

Wer das große Sammelticket erworben hat, beschließt den Besuch der Peter-Paul-Festung mit einem **Panorama-Spaziergang** auf dem Wall über der Newa.

Essen & Trinken **Korjuschka**, die Lage ist einmalig: direkt an der Festung, zur Newa hin ein Strand, von der schmalen Terrasse Aussicht auf die Eremitage und die Strelka ... und kein Autolärm. Das Karte führt quer durch die russische und georgische Küche, Fisch – im April/Mai vielleicht auch „Korjuschka", wie der kleine Fisch aus dem Finnischen Meerbusen heißt, auf Deutsch „Stint" – oder Fleisch. Auch Austern sind zu haben, allerdings sündhaft teuer (ca. 400 Rbl pro Stück). Großes Teeangebot. Preislich etwas über dem Durchschnitt, aber die Qualität ist hervorragend und die Lage unschlagbar. ✆ 640-1616.

Auf dem Weg zur Peter-Paul-Festung

Inselspaziergang

Зоопарк

Zoologischer Garten

Der im westlichen Teil des Alexandergartens gelegene Zoo ist bei den Petersburgern ein beliebtes Ziel für Familienausflüge. Nirgendwo in der Stadt sind so viele Kinder zu sehen. Wie in anderen Zoos auf der Welt auch sind Raubkatzen, Affen, Kamele, Fische und Vögel zu sehen – und etwas mehr Eisbären, die Arktis liegt schließlich nah. Ein schöner Spaziergang: viel Grün, Restaurants, Snackbuden, Eisstände, ein großer Kinderspielplatz ... und viele Sitzbänke für ermüdete Besucher.

Tägl. 10–20 Uhr. Eintritt 500 Rbl, 7–18 J. 200 Rbl.

Мечеть

Moschee

St. Petersburgs einzige Moschee datiert aus den Jahren 1910–1914 und sollte damals den kosmopolitischen Anspruch der Stadt unterstreichen. Mit der länglichen, blauen Hauptkuppel und den ebenfalls blau überkuppelten Minaretten haben sich die Architekten vom Mausoleum des Mongolenfürsten Tamerlan (1336–1405) im usbekischen Samarkand inspirieren lassen. Die Mauern der Moschee zeigen teilweise schmuckes Kacheldekor, gänzlich gekachelt ist der meist geschlossene Haupteingang. Das Innere wirkt, vom marmorverkleideten Mihrab und ein paar dekorierten Säulen abgesehen, ziemlich kahl.

Sollte die Moschee wider Erwarten offen sein: Vor dem Betreten Schuhe ausziehen, für Frauen gilt Kopftuchpflicht.

Музей Политической Истории России

Museum der politischen Geschichte Russlands

Das schmucke Jugendstilhaus an der Ecke Kronwerksij-Prospekt/Kujbyschew-Straße atmet Geschichte. Die Besitzerin der Villa, *Matilda Kschessinskaja*, war eine berühmte Primaballerina am Mariinskij-Theater. „Berühmt nicht so sehr durch ihre Kunst als durch ihre Beziehungen zu den männlichen Vertretern der Romanow-Dynastie", höhnt Trotzkij in seiner „Geschichte der Russischen Revolution". Tatsächlich hatte die schöne Matilda einen One-night-stand mit Nikolaus II. (noch vor dessen Heirat) und lebte zeitweise mit zwei Romanows zusammen, von denen sie einen dann im Pariser Exil ehelichte. Trotzkijs Spott kommt nicht von ungefähr, der Revolutionär rechtfertigt in seiner Geschichtsschreibung die Enteignung der Villa durch die Petrograder Bolschewiki. Die

Samarkand in St. Petersburg: Moschee

brauchten Platz für ihre Versammlungen, und so besetzten sie das stattliche Haus kurzerhand. Zudem war der Balkon der Villa ein hervorragender Ort für flammende Reden an die Massen auf der Straße; der frisch aus dem Zürcher Exil zurückgekehrte Lenin gab dafür den besten Beweis. Kurzum: Die Villa der Ballerina war am Vorabend der Revolution zum Hauptquartier der Bolschewiki geworden. Die rausgeschmissene Matilda versuchte noch, die dreisten Hausbesetzer per Gerichtsbeschluss zu vertreiben – vergeblich. Nach der Revolution emigrierte sie nach Paris, leitete dort eine Ballettschule und starb 1971 als Romanow-Witwe im betagten Alter von 99 Jahren.

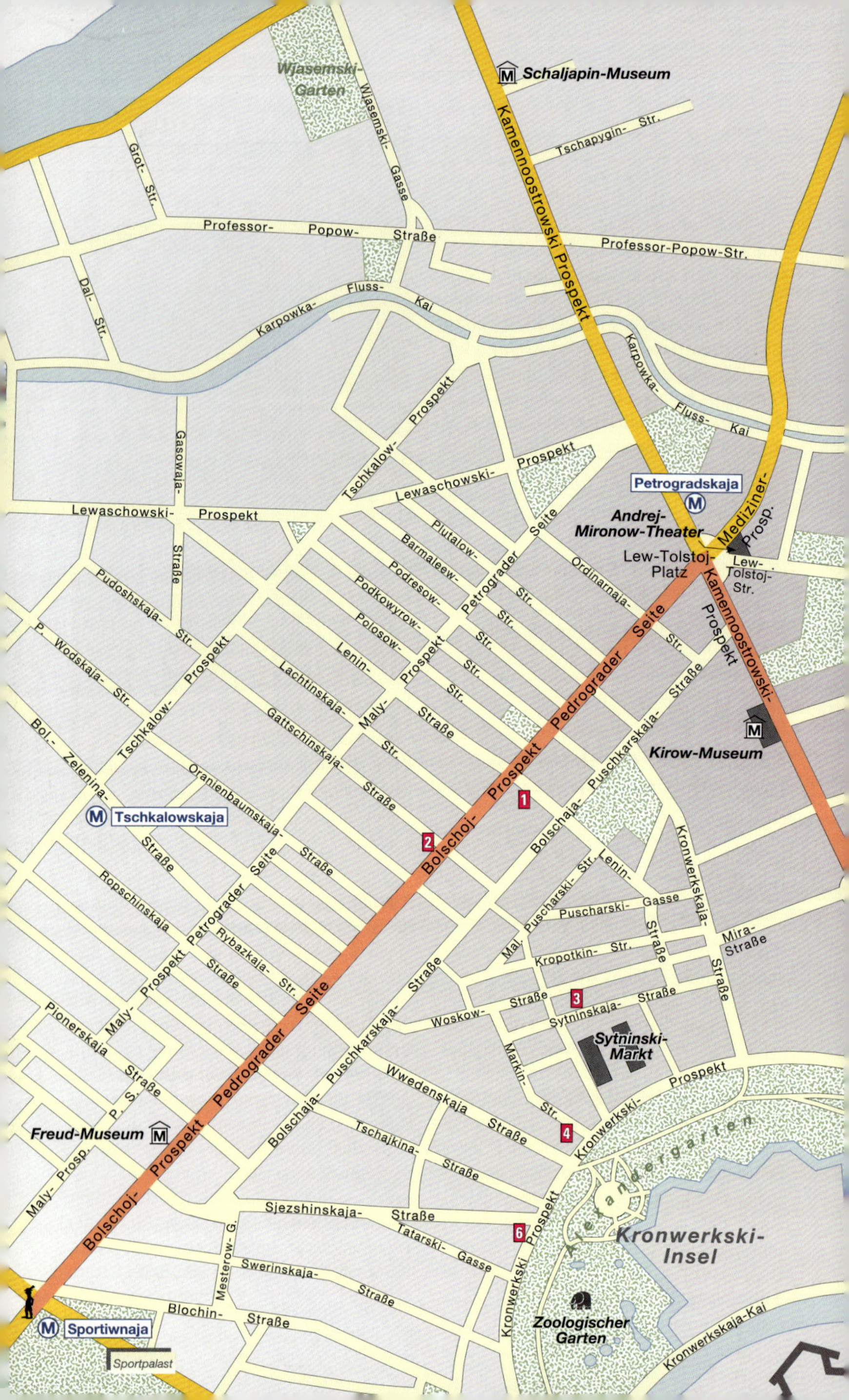
Wjasemski-Garten
Wjasemski-Gasse
Schaljapin-Museum
Tschapygin-Str.
Kamennoostrowski Prospekt
Grot-Str.
Professor-Popow-Straße
Professor-Popow-Str.
Dal-Str.
Karpowka-Fluss-Kai
Gasowaja-Straße
Tschkalow-Prospekt
Lewaschowski-Prospekt
Petrogradskaja
Andrej-Mironow-Theater
Medizinen-Prosp.
Lew-Tolstoj-Platz
Lew-Tolstoj-Str.
Kamennoostrowski-Prospekt
Pudoshskaja-Str.
P. Wodskaja-Str.
Plutalow-Str.
Barmaleew-Str.
Podresow-Str.
Podkowyrow-Str.
Polosow-Str.
Lenin-Straße
Ordinarnaja-Str.
Petrograder Seite
Maly-Prospekt
Lachtinskaja-Str.
Gattschinskaja-Straße
Bol.-Zelenina-Straße
Tschkalowskaja
Oranienbaumskaja-Straße
Bolschoj-Prospekt Pedrograder Seite
Puschkarskaja-Straße
Bolschaja-Puschkarskaja-Straße
Kirow-Museum
Kronwerkskaja-Straße
Lenin-Str.
Mal. Puscharski-Str.
Puscharski-Gasse
Kropotkin-Str.
Mira-Straße
Ropschinskaja
Rybazkaja-Str.
Petrograder Seite
Maly-Prospekt
Pionerskaja-Straße
P. S.
Woskow-Straße
Sytninskaja-Straße
Sytninski-Markt
Markin-Str.
Wwedenskaja Straße
Kronwerkski-Prospekt
Alexandergarten
Kronwerkski-Insel
Freud-Museum
Maly-Prosp.
Tschajkina-Straße
Sjezshinskaja-Straße
Tatarski-Gasse
Mesterow-G.
Swerinskaja-Straße
Blochin-Straße
Zoologischer Garten
Kronwerkskaja-Kai
Sportiwnaja
Sportpalast
1
2
3
4
6

Essen & Trinken (S. 138/139)
1 Mari Vanna
2 Jean-Jacques Rousseau
3 Tbiliso
4 Otmennaja Pelmennaja
5 Bolsche Kofe
6 Kafe Kommunalka
Bolschaja Newka
Wyborgskaja-Kai
Aptekarski-Prospekt
Instrumentalnaja-Str.
Professor-Popow-Straße
Aptekarskaja-Kai
Botanischer Garten
Karpowka-Fluss-Kai
Selenkow-Gasse
Bolschoi-Samsoniewski-Prospekt
Grenaderskaja-Str.
Grenaderski-Brücke
Fokin-Str.
Tschapajew-Str.
Röntgen-Straße
Lew-Tolstoj-Str.
Röntgen-Straße
Pirogowskaja-Kai
Petrogradskaja-Kai
Eupatorijski-Gasse
Bolschaja-Monetnaja-Straße
Kotowski-Str.
Tschapajew-Str.
Mira-Straße
Malaja-Monetnaja-Str.
Pewtscheski-Gasse
Mira-Straße
Diwenskaja-Str.
Sacharny-Gasse
Lenfilm
Bolschaja-Posadskaja-Straße
Tschapajew-Str.
Mal. Posadskaja-Str.
Mal. Posadskaja-Str.
Sampsoniewski-Brücke
Finland-Prospekt
Pirogowskaja-Kai
Gorkowskaja
Moschee
Kamennoostrowski-Prospekt
Mitschurin-Straße
Kujbyschew-Straße
Petrogradskaja-Kai
Penkowaja-Str.
Aurora
Museum der politischen Geschichte Russlands
Peters Häuschen
Petrowskaja-Kai
Newa
Peter-Paul-Festung
120 m
Petrograder Insel
Tour 7

Nachdem Lenin Moskau zur Hauptstadt erklärt hatte, wurde 1919 im benachbarten Haus (seit 1957 mit der Villa architektonisch verbunden) ein Geschichtsmuseum zur Revolution eröffnet. Heute ist hier eine Ausstellung über die russische Geschichte von 1917 bis zu Putins Machtantritt im Jahr 2000 zu sehen. Nach einem Umbau 2014 präsentiert sich das Museum zumindest im neuen Teil besucherfreundlich. Beeindruckend ist die gut dokumentierte Stalinzeit, ein Labyrinth des Terrors mit Geräuschkulisse. Zur Einstimmung stülpt man sich einen Kopfhörer über und lauscht – auch wenn man kein Russisch versteht – der ruhigen Stimme der berühmten Anna Achmatowa, die aus ihrem „Requiem" rezitiert. In einem anderen Raum, „Time to change" betitelt, verkündet Gorbatschow Glasnost (Transparenz) und Perestrojka (Umbau). Ein paar Schritte weiter stehen nebeneinander zwei Bildschirme. Auf dem einen hält Jelzin seine Abschieds-, auf dem anderen Putin seine Antrittsrede, beide am 31. 12. 1999 (Englisch untertitelt).

In den oberen Räumen präsentiert sich das Museum dann im alten Stil, den man von Museen aus der Sowjetzeit kennt: ein Wust an Dokumenten, oft in einer Unübersichtlichkeit ausgestellt, gegen die auch die englischsprachigen Begleitblätter vergeblich ankämpfen – trotzdem hochinteressant und materialgesättigt. Dokumente aus den ersten Revolutionstagen führen nahtlos über zu Stalin und seinem Personenkult. Die Rede des Diktators am 8. Parteikongress (1936) kann der Besucher per Knopfdruck hören. Von Stalins Nachfolger Chruschtschow sind Hut und Hosen ausgestellt. Auch der erste sowjetische Kosmonaut, *Jurij Gagarin*, ist mit persönlichen Gegenständen vertreten. *Breschnew* hat es zum Porträt auf einer großen Vase gebracht, die Ära Gorbatschow schließlich wird mit zahlreichen Zeitungsartikeln und Fotos dokumentiert.

Vom Museum gelangt man direkt in die Räume der Kschessinskaja-Villa. Hier kommen dann – vielleicht späte Wiedergutmachung und Hommage an die einstige Hausbesitzerin zugleich –

Aurora – Panzerkreuzer der russischen Revolutionäre 1917

Kunst und Kultur zu Ehren. Allerdings ist diese Abteilung des Museums eher belanglos und wenig überzeugend.

10–18 Uhr (Mi und Fr bis 20 Uhr), Di sowie am letzten Montag des Monats geschlossen. Eintritt 250 Rbl.

Домик Петра

Peters Häuschen

Die Russen sprechen vom *domik* (kleines Haus), in französischen Reiseführern steht *maisonnette* (Häuschen) oder *cabane* (Hütte), in englischen *cabin* (Hütte) oder *hut* (Hütte) oder *small house* (kleines Haus), in deutschen meistens *Haus Peters des Großen*. Wir entscheiden uns für *Häuschen*, denn das ist es – vor allem, wenn man Peters großen Palast in Peterhof vor Augen hat. Das umzäunte Häuschen am Petrowskaja-Quai mit Mini-Park und einem vergoldeten Tor zu seiner Rückseite ist das älteste Gebäude der Stadt (1703), ein Holzhäuschen mit zwei Räumen, das später, um die historische Reliquie zu schützen, in Backstein eingekleidet wurde. Zur Newa hin blickt eine Bronzebüste des einstigen Bewohners: Von diesem kleinen Haus aus überwachte der große Peter den Fortgang der Arbeiten während der Stadtgründung, hier war seine Kommandozentrale, hier brütete er über großen Plänen. Peters Häuschen ist das über 300 Jahre alte Kerngebäude der heutigen Fünf-Millionen-Metropole. Der kontemplative Zeitgenosse erfasst, wie verwegen, wie einzigartig das Unternehmen Peters des Großen war.

Im Inneren des Häuschens werden einige persönliche Gegenstände des Stadtgründers verwahrt: ein Kompass, ein Mantel und anderes mehr. Auch die kleine Dokumentation über den langwierigen Krieg gegen die Schweden lohnt den Besuch des Mini-Museums kaum.

Mo, Mi und Fr–So 10–18, Do 13–21 Uhr. Di sowie am letzten Montag des Monats geschlossen. Eintritt 300 Rbl.

Крейсер Аврора

Kreuzer Aurora

Die Aurora, die seit 1948 unbewegt an ihrem Ehrenplatz verharrt, behauptet als legendäres Symbol der Oktoberrevolution von 1917 ihren Platz auch in der postsowjetischen Ära.

Gebaut wurde der ruhmreiche Kreuzer 1900, seinen ersten großen Einsatz erlebte er im Russisch-Japanischen Krieg 1904/1905, aus dem er im Gegensatz zu anderen russischen Kriegsschiffen unversehrt zurückkam. Im Ersten Weltkrieg kreuzte das waffenstarrende Schiff dann in der Ostsee, um die russische Infanterie zu unterstützen. 1916 lief es in St. Petersburg ein, wo umfassende Reparaturarbeiten anstanden. Währenddessen verstärkten die Bolschewiki ihre Agitation bei den Matrosen der Aurora – mit Erfolg. Als die bedrängte Provisorische Regierung anordnete, den Kreuzer aus St. Petersburg zu entfernen, hörte die Besatzung schon längst nicht mehr auf ihre Befehle. So

Petrograder Insel → Karte S. 130/131

konnte dann auf Weisung des Zentralkomitees der bolschewistischen Partei in der Nacht auf den 25. Oktober 1917 von der Bugkanone jener legendäre Platzpatronenschuss abgegeben werden, der das Signal zum Sturm auf den Winterpalast war, der letzten Bastion der Provisorischen Regierung. Allerdings war diese faktisch bereits entmachtet, so dass die Rede vom Sturm auf den Palast eher revolutionär-pathetische Geschichtsschreibung ist, die der Legendenbildung dient.

Im Verlauf des Zweiten Weltkriegs wurde der Kreuzer von der deutschen Luftwaffe getroffen und versank in den Fluten des Finnischen Meerbusens, oder er wurde von den Sowjets selbst versenkt, um ihn vor der deutschen Luftwaffe zu retten – die Meinungen darüber gehen auseinander. Jedenfalls wurde die Aurora bereits im Juli 1944 vom Grund gehoben, repariert und erhielt 1948 ihren heutigen Liegeplatz – seither ist sie ihr eigenes Museum: Man kann über das mit Kanonen bestückte Deck spazieren und im Schiffsbauch Dokumente über die Geschichte des berühmten Kreuzers und seine heldenhaften Besatzungen studieren. Leider nur in russischer Sprache.

Mi–So 11–18 Uhr. Eintritt 700 Rbl.

Vom Petrogradskaja-Quai, an dem die Aurora liegt, führt die Kujbyschew-Straße zurück zu Hauptader, dem geschäftigen Kamennoostrowskij-Prospekt. Im Haus Nr. 10 befindet sich **Lenfilm**, Russland ältestes Filmstudio. Das Unternehmen durfte 2008 sein 100-jähriges Jubiläum feiern. In sowjetischer Zeit – der strategisch denkende Lenin hatte den Film als hervorragendes Mittel für die politische Propaganda erkannt – wurde Lenfilm zum Zentrum einer riesigen Filmindustrie. Der berühmteste der hier arbeitenden Regisseure war *Sergej Eisenstein* („Panzerkreuzer Potemkin"). Heute fließen die staatlichen Gelder magerer. Eine mögliche Privatisierung der geschichtsträchtigen Studios schloss Ministerpräsident Putin 2008 mit einer persönlichen Intervention aus, Lenfilm bleibt vorerst weiterhin in staatlicher Hand.

Кировский Музей

Kirow-Museum

Die am Kamennoostrowskij-Prospekt Nr. 26/28 in der vierten Etage eines stattlichen Hauses gelegene Wohnung *Sergej Kirows* macht den Besucher mit einer umstrittenen Person der frühen stalinistischen Ära bekannt. Als Erster Sekretär der Leningrader Kommunisten regierte Kirow die Stadt von 1926 bis 1934. Er fungierte als Stalins Mann vor Ort und war nicht gerade zimperlich. Andererseits erfreute er sich durchaus einer gewissen Beliebtheit. 1934 wurde Kirow in einem Korridor des Smolnyj-Instituts auf dem Weg zum Arbeitsplatz erschossen, angeblich war er der Leibwache etwas vorausgegangen und um eine Ecke gebogen. Der Mörder wurde gleich am Tatort gefasst und einen Monat später hingerichtet, doch die Hintergründe der Tat sind noch heute im Dunkeln. Möglicherweise sah Stalin, dem die Leningrader Genossen ohnehin nie ganz geheuer waren, im weit beliebteren Kirow einen potentiellen Konkurrenten. Erwiesen ist, dass er am Sarg Kirows pflichtbewusst eine Träne verdrückte und den Mord zum willkommenen Anlass nahm, den „Großen Terror" (→ Geschichte der Stadt) einzuleiten.

Im Arbeitszimmer mit seiner beeindruckend großen Bibliothek starrt Stalins Porträt auf den Besucher, etwas weniger penetrant grüßt Lenin. Von den vier Telefonen auf dem Schreibtisch war angeblich eines hundertprozentig abhörsicher und für Gespräche mit Stalin reserviert. Am Boden liegt das Fell eines riesigen Eisbären, dem das eines Braunbären entgegenfaucht, beide Geschenke an den passionierten

Verspieltes Gebäude für Schauspiele – Andrej-Mironow-Theater

Jäger. Bescheidener sind die tierischen Teppiche im Schlafzimmer, wo Füchse als Bettvorleger dienen; selbstverständlich steht auch am Bett ein Telefon. Über die Werkstatt und das Dienstmädchenzimmer mit einer Ausstellung über die Lebensmittelrationierung in den 1920er Jahren gelangt man in die Küche, wo keine Rationierung herrscht: Ein Hühnchen schmort in der Bratpfanne, daneben warten Spiegeleier, Knoblauch und Gebäck auf den Gast.

Nach einer weiteren Dokumentation (Kirows Wirken in Leningrad) steht man schließlich in Kirows Regierungsbüro im Smolnyj-Institut. Es wurde hier komplett wiederaufgebaut. Fünf Telefonapparate standen dem Bürgermeister zur Verfügung, um die Stadt zu regieren. Von drei Wänden überwachten ihn Karl Marx (ganz groß), Lenin (etwas weniger groß) und Stalin (noch etwas weniger groß), an der vierten Wand konnte sich Kirow am Gemälde einer Exekution ergötzen. Zum vorläufigen Abschluss wird der Besucher zu einer Vitrine geleitet, in der Mütze, Jacke und Stiefel aufbewahrt werden, die Sergej Kirow bei seiner Ermordung trug. Begleitblätter in Englisch, Französisch und Italienisch (in Englisch ausführlicher) – und liebenswerte, betagte Damen, die versuchen, dem Besucher mit einigen Englischbrocken beizustehen.

In der *fünften Etage* des Hauses wird eine Videodokumentation über Kirow und seine Zeit gezeigt. Leider nur in russischer Sprache, aber die Bilder sprechen für sich: glückliche Gesichter am Fließband in den Fabriken, Kirchen werden zertrümmert (eine Glocke kracht auf die Straße herunter), Kirow feuert die Massen an und zeigt dabei ein beträchtliches oratorisches Potential.

11–18 Uhr, Mi geschlossen. Eintritt 160 Rbl, Kasse in der 5. Etage.

Auf dem weiteren Spaziergang am Kamennoostrowskij-Prospekt entlang fällt am Tolstoj-Platz ein Gebäude mit zwei hexagonalen Türmen auf, die hier dem Jugendstil eine ferne Erinnerung an mittelalterliche Gotik beimischen. Das stattliche Wohnhaus mit seinen schmucken Balkonen, Erkern und verzierten Fensterfassungen wurde 1914–1917 gebaut, unter sozialistischen Regierungen war es mit derlei verspielten

Architekturen dann zu Ende. Im Erdgeschoss ist heute das private, sehr beliebte **Andrej-Mironow-Theater** zuhause, benannt nach einem in ganz Russland bekannten, 1987 gestorbenen Theater- und Filmschauspieler.

Unser Spaziergang führt weiter nach Norden über die *Karpowka*, den Fluss, der die Petrograder Seite in zwei Inseln trennt: südlich der Karpowka die Petrograder Insel (der Begriff wird meist für die gesamte „Petrograder Seite" verwendet), nördlich des Flusses die *Apotheker-Insel*. Auf ihr stößt man an der Graftio-Straße (Nebenstraße des Kamennoostrowskij-Prospekts) im Haus Nr. 2 auf das Schaljapin-Museum.

Музей Шаляпина

Schaljapin-Museum

Die luxuriöse Wohnung des großen russischen Opernsängers *Fjodor Schaljapin* (1973–1938) ist ein Juwel unter den Petersburger Wohnhaus-Museen. Hier lebte der weltberühmte Künstler in den Jahren 1914 bis 1921. Dann kehrte er von einer Tournee, die ihn nach New York führte, angesichts der politischen Entwicklung nicht mehr nach Russland zurück.

Zahlreiche Dokumente legen Zeugnis von Schaljapins glanzvoller Karriere ab. Zu den Höhepunkten zählt der Auftritt als Boris Godunow in der gleichnamigen Mussorgskij-Oper im Moskauer Bolschoi-Theater. In derselben Rolle trat er unter Meyerholds Regie auch im Mariinskij auf, das Kostüm wird in einer Vitrine wie ein sakraler Gegenstand gehütet. Beeindruckender als die Kostüme sind jedoch die Fotos und Zeichnungen, die das mimische Potential des Schaljapin'schen Gesichts zeigen. Der Sänger war auch Maler, und bevor er sich an den Schminktisch setzte, pflegte er Bilder von den Charakteren anzufertigen, deren Darstellung auf der Bühne er dann zur Perfektion brachte. Ein weiterer Raum ist von einem Großgemälde dominiert, das Schaljapin auf dem winterlichen Markt von Nischnij-Nowgorod zeigt, das Werk stammt vom Repin-Schüler Boris Kustodiew. Im Speisesaal mit orientalischem Diwan (der passende Krummsäbel daneben) konnte Schaljapin bis zu dreißig Gäste empfangen. Einer, der hier gern und oft zu Tisch saß, war *Maxim Gorkij*, der beste Freund des Sängers.

Das würdige Finale des Museumsbesuchs findet in einem als Privatbühne Schaljapins hergerichteten Raum statt. Roter Teppich, rote Samtsessel und ein roter Bühnenvorhang, vor dem ein Flügel steht. Dann erschallt der weltberühmte Bass und trägt Stücke aus fünf Opern vor – traumhaft, vor allem, wenn man der einzige Besucher ist. Empfehlenswerter Audio-Guide (nur in Englisch).

Mi 13–21, Do–So 11–19 Uhr. Am letzten Freitag des Monats geschlossen. Eintritt 100 Rbl, Audio-Guide 100 Rbl.

Ботанический сад

Botanischer Garten

Vom Schaljapin-Museum ein Stück auf dem Kamennoostrowskij-Prospekt zurückgehen, dann links in die Professor-Popow-Straße einbiegen, und man steht nach ein paar Minuten vor den Toren des Botanischen Gartens. Vorab: Mit bis ins Detail gepflegten botanischen Gärten, wie man sie aus Deutschland oder der Schweiz kennt, sollte man das Petersburger Pendant besser nicht vergleichen. Zwar sind auch hier zahlreiche Bäume und Sträucher mit Legenden versehen, doch bleibt der Garten eher eine freundliche Parkanlage (mit Bänken) und wirkt teilweise etwas verwahrlost. Aufregender sind das Palmenhaus und die Orangerie: ein Hauch Karibik in der nördlichsten Metropole der Welt.

Wie so vieles in St. Petersburg führen auch die Anfänge des Botanischen Gartens auf Peter den Großen zurück. Die

Palmenhaus des Botanischen Gartens

Apotheker, unter ihnen zahlreiche Deutsche, die sich in diesem Stadtteil angesiedelt und der Insel schließlich ihren Namen gegeben hatten, waren für ihre Rezepte auf Kräuter angewiesen. Peter ließ 1711 einen Kräutergarten anlegen, und da er lieber im großen als im kleinen Format dachte, wurde daraus ein regelrechter Kräuterpark – der Vorläufer des 1823 an derselben Stelle gegründeten Kaiserlichen Botanischen Gartens. Der Laie begnügt sich mit einem ausgedehnten Spaziergang und schnuppert links und rechts frische Luft und fremde Düfte.

Das **Museum** im Park (Eintritt 100 Rbl) gibt eine allgemeine Einführung in die Botanik und nebenbei auch in die Geologie, in der oberen Etage werden exotische Früchte aus aller Herren Länder fein säuberlich in Behältern konserviert.

Mit seinen mehr als vier Millionen Pflanzen gehört der Botanische Garten von St. Petersburg zu den größten der Welt, die Sammlung der Bibliothek ist mittlerweile auf über eine halbe Million in- und ausländische Titel angewachsen. Letztere ist einzig für Wissenschaftler interessant und nur nach telefonischer Voranmeldung zugänglich.

Das **Palmenhaus** hält, was sein Name verspricht: Palmen zuhauf in allen Größen und allen Arten. Interessanter jedoch ist die **Orangerie**, in deren Hallen verschiedene Landschaften „inszeniert" werden. Exotische Pflanzen verströmen ihre Düfte, und der Besucher, der danach ins Freie tritt und die kühle Petersburger Luft einatmet, behält eine Erinnerung an wärmere Gegenden dieser Welt.

Di–So 10–17 Uhr. Eintritt für Palmenhaus und Orangerie nur mit Führung (Russisch) 300 Rbl. Der Spaziergang im Park kostet 100 Rbl.

Für den Rückweg wählen wir den *Aptekarskij-Prospekt*, der den Botanischen Garten westlich begrenzt, an der *Karpowka* rechts, dann links über die Brücke zum Tolstoj-Platz. Auf der anderen Seite des Platzes beginnt der *Bolschoi-Prospekt*, die zweite Geschäftsader der Petrograder Insel, die schnurgerade zur Kleinen Newa führt.

Музей Зигмунда Фрейда

Sigmund-Freud-Museum

Exakt zum 100. Geburtstag von Sigmund Freuds „Traumdeutung", seinem Hauptwerk, wurde in St. Petersburg dieses kleine Museum eröffnet. Es befindet sich an passender Stelle, im Institut für Psychoanalyse am Bolschoi-Prospekt 18 A, das – vielleicht nur vorübergehend – 2017 aus unerfindlichen Gründen geschlossen wurde. Das Museum ist nicht wie seine Pendants in Wien oder London an eine Wohnung des berühmten Seelendoktors gebunden, sondern einfach seiner Ideenwelt verpflichtet, weshalb es auch oft „Museum der Träume“ genannt wird.

Über den kleinen Vorraum mit seiner Mini-Dokumentation – u. a. auch ein Foto der berühmtesten Couch der Welt – gelangt man in den kaum größeren Hauptraum der Ausstellung, die sehr ambitioniert inszeniert ist, aber den Besucher ziemlich ratlos lässt. Im Halbdunkel stehen acht Kopien von Skulpturen aus der Freud'schen Privatsammlung, die zu Dokumenten im Hintergrund in Bezug gesetzt werden. Die moderne, mit Glas und Licht arbeitende Ausstellungstechnik ist durchaus beeindruckend, inhaltlich wird einer beliebigen Interpretation Tür und Tor geöffnet; so soll z. B. die Skulptur eines chinesischen Denkers an die Absicht der Psychoanalyse erinnern, die narzisstischen Illusionen des Menschen zu zerstören. Das Kernstück der Ausstellung ist dann eine leere Wand, auf die der Besucher seine eigenen Bilder bzw. Träume projizieren kann.

Di, Sa, So 12–17 Uhr. Eintritt 200 Rbl.

Vom kleinen Freud-Museum ist es nicht mehr weit zum **Jubilejnyj-Sportpalast** an der Kleinen Newa, der 2003 zum 300-jährigen Geburtstag der Stadt eröffnet wurde. Hier finden nicht nur Sportveranstaltungen statt, sondern auch vielbeachtete Rockkonzerte.

Metro: → Sportiwnaja, gleich vor dem Sportpalast

Praktische Infos

→ Karte S. 130/131

Essen und Trinken

Mari Vanna 1, man fühlt sich in eine riesige russische Stube versetzt: Holzboden, Holzdecke, unterschiedliche Holzstühle und ganz hinten im Raum versinkt man im Polstersessel. Unzählige kleine, gerahmte Fotos zieren die Wände, selbst der TV ist in einen Bilderrahmen

eingefasst. Ein altes Radio, ein Bakelit-Telefon an der Wand, Kommoden und Vitrinen aus den 1950er Jahren ergänzen das Mobiliar. Durch und durch russisch ist auch die Küche: Borschtsch, hausgemachte Pelmeni, Schweinefleischspezialitäten. Die Preise sind nur leicht überdurchschnittlich, teuer sind die französischen und italienischen Weine. Als Alternative sind vier russische Biersorten im Angebot. Ein exklusiver Aperitif ist der Meerrettich-Wodka, den man zum Abschied auch käuflich erwerben kann.

Das Nostalgie-Konzept hat offensichtlich Erfolg. Nachdem bereits Moskau, London, New York und Washington über ein „Mari Vanna" verfügen, ist ein weiterer Ableger in Los Angeles geplant. Das Stammlokal aber bleibt das in St. Petersburg. Am Wochenende Reservierung geboten. Ul. Lenina 18, ✆ 230-5359.

Tbiliso 3, gute und preiswerte georgische Küche in freundlichem Interieur. Schaschlik, Lamm und Lobio, das traditionelle, scharfe Bohnengericht. Selbstverständlich fehlt auch Chatschapuri nicht, das typisch georgische Schnell- oder Zwischengericht, ein überbackenes Käsebrot. Mittags gibt's einen preiswerten Business-Lunch. Abends gelegentlich georgische Live-Musik. Sytninskaja ul. 10, ✆ 232-9391.

MeinTipp **Jean-Jacques Rousseau 2**, freundliches Bistro – innen im französischen Stil verspiegelte Wände, außen kleine Betischung zur Straße –, das französische Küche, aber auch Snacks (inklusive Croque-Monsieur und Croque-Madame) auf den Tisch bringt. Auch für den preiswerten Business-Lunch geeignet. Gutes Drink-Angebot, freundliche Atmosphäre. Falls Sie zu lange auf den Service warten müssen (was selten vorkommt), können Sie sich mit dem bereitgelegten Bleistift auf dem papiernen Tischtuch betätigen. Fr/Sa geschlossen. Gatschinskaja ul. 2, ✆ 232-9981.

Otmennaja Pelmennaja 4, kleine, alteingesessene Pelmeni-Stube. Viel mehr als Pelmeni (gefüllte Teigtaschen) gibt es hier nicht, aber die schmecken hier besser als anderswo. Wer ein größeres Angebot an verschiedenen Teigtaschen sucht, wird in der nüchternen „Pelmenija" ums Eck (Kronwerkski-Prospekt 55) fündig, das kleine Lokal hat aber eindeutig mehr Charme. Ul. Markina 6, ✆ 961-9007.

Kafe Kommunalka 6, im Fenster hängen zwei Breschnew-Porträts, die den Gast auf das sowjetisch angehauchte Ambiente vorbereiten. Im hinteren Teil hält das Lokal, was der Name verspricht: Wohnzimmer-Charme einer Kommunalka, von leicht muffeligem Geruch authentifiziert. Kleine russische Gerichte, doch die meisten Gäste kommen einfach zu einem Tee oder Bier vorbei. Kinderfreundlich – der Zoo liegt gleich gegenüber und verspricht Familienkundschaft. Kronwerski pr. 65, ✆ 232-7689.

MeinTipp **Bolsche Kofe, 5**, pfiffiges Mini-Café in einer Grotte unter einem künstlichen Mini-Hügel im Alexanderpark. Der Kaffee ist spottbillig und ziemlich bitter, am besten nimmt man ein Gebäck dazu und setzt sich an den Mini-Teich daneben. Ein fröhliches „Hang Loose" ... Alexanderpark 3g.

Petrograder Insel → Karte S. 130/131

Weitere Ziele

Außerhalb des Stadtkerns

Die drei ruhigen Inseln im Nordwesten der Stadt, eine monumentale Gedenkstätte und die Kaiserliche Porzellanmanufaktur sind mögliche Ziele abseits des touristischen Hauptprogramms.

Krewstowskij, Jelagin und Kamennyj

Die Inseln im Nordwesten der Stadt

Die drei Inseln im Nordwesten, alle untereinander mit Brücken verbunden, können eine willkommene Abwechslung zum lärmend lauten Leben der Stadt sein. Auf Touristen trifft man hier praktisch nicht, allenfalls auf einheimische Sonntagsspaziergänger oder Jogger, die hier einsam ihre Runden drehen.

Man wählt am besten einen Weg von der Metrostation *Nowokrestowskaja* (Krestowskij-Insel) zur Metrostation *Tschernaja Retschka* (Wyborger Seite) oder umgekehrt. Wer den langen Spaziergang unterbrechen oder zweiteilen will: Unterwegs liegt die Metrostation *Krestowskij Ostrow*.

Крестовский

Krestowskij-Insel

Der unbebaute westliche Teil der Insel ist heute ein riesiges Freizeitgelände für ruhebedürftige Städter, die bei schönem Wetter das Gartenrestaurant „Karl und Friedrich" füllen (siehe unten). Ganz an der Westspitze findet man das noch rechtzeitig zur Fußballweltmeisterschaft 2018 fertiggestellte hypermoderne *Sankt-Petersburg-Stadion* mit 68.000 Plätzen. Es ersetzt das noch unter Stalin gebaute, 2006 abgerissene *Kirow-Stadion*. Letzteres sollte mit einem Konzert der Rolling Stones verabschiedet werden, ein rockendes Requiem sozusagen. Doch das Mega-Event musste abgesagt werden, nachdem Gitarrist Keith Richards auf den Fidschii-Inseln von einer Palme gestürzt war. Die Stones rollten dafür im Folgejahr auf dem Schlossplatz.

Das neue Stadion musste auch verkehrstechnisch besser erschlossen wer-

den. Eine Schnellstraße führt nun im Norden über einen Flussarm der Newka auf die Wyborger Seite und im Süden über die Kleine Newa auf die Wassiljewskij-Insel, das Metro-Netz wurde erweitert, eine Station findet sich direkt beim Stadion.

Auch im östlichen Teil der Krestowskij-Insel wird derzeit kräftig gebaut: Neue Wohnblöcke werden hochgezogen, immerhin lässt der städtische Bebauungsplan hier eine große Grünfläche frei.

Essen & Trinken *mein Tipp* Karl und Friedrich **1** → Karte S. 142/143, riesiges Gartenrestaurant mit mehreren Terrassen. Auf einem Stein ist der Wunsch Peters des Großen verzeichnet, der hier angeblich ein deutsches Restaurant haben wollte. Das erklärt vielleicht die bayerische Bierflagge, die über der restaurierten Windmühle weht. Breit gefächertes Angebot an russischer Küche. Spezialität sind Fische. Doch das Personal, teils in Krachledernen und Dirndl, trägt auch Enten und Sauerkraut durch den Biergarten. Die Preise sind teils happig, die Stimmung ist gut. Die Bierkarte führt neben Holsten auch das hausgebraute „Karl und Friedrich", auf dessen Etikett Marx mit Kochmütze und Engels mit Jägerhut prangen (darunter steht 1724, da waren die beiden noch nicht einmal geboren). Kinder freuen sich am kleinen Tiergarten daneben, wo Lamas, Rentiere, Esel, Strauße, Hasen und Hühner die Herzen höher schlagen lassen. Juschnaja Doroga 15, ✆ 320-7978.

Rechtzeitig zur Fußball-WM 2018 fertiggestellt: das neue Stadion

Елагин

Jelagin-Insel

Die bewaldete Insel mit ihren vielen Teichen ist an schönen Wochenenden eines der beliebtesten Ausflugsziele der Städter.

Keine Abgase, auch kein Gebell – der wunderbare Inselpark, der amtlich den steifen Namen **„Zentraler Park für Kultur und Erholung"** trägt, ist für Autos und Hunde verboten. Spaziergänger, Jogger, Radfahrer und Inline-Skater kommen sich nicht in die Quere, es ist Platz genug.

Bereits die Zaren hatten die Insel als Naherholungsgebiet entdeckt. Katharina die Große schenkte sie Hofmarschall Jelagin, einem ihrer zahlreichen Günstlinge. Dieser ließ sich auf der Nordostseite einen stattlichen Palast hinstellen, den später Zar Alexander I. kaufte, um seine verwitwete Mutter standesgerecht unterzubringen.

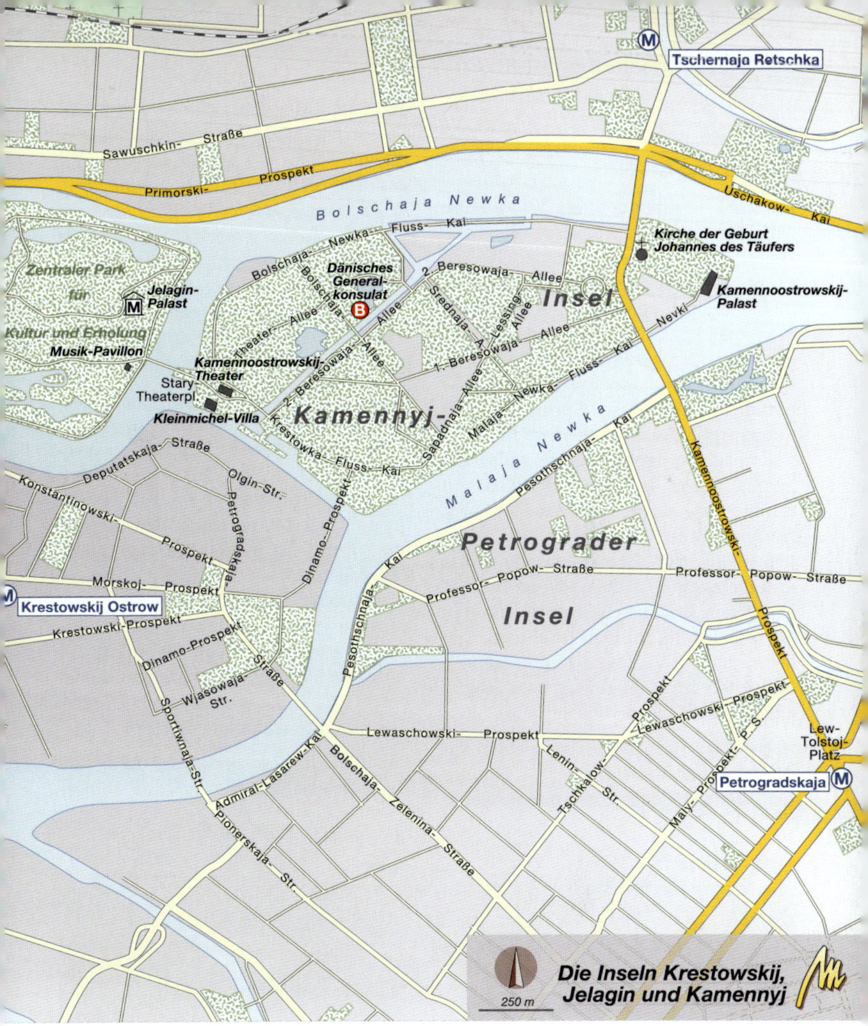

Zur erworbenen Immobilie gehörte selbstverständlich auch das Grundstück – die gesamte Insel. Der neue Besitzer wollte dem Palast seinen eigenen Stempel aufdrücken und beauftragte seinen Hofarchitekten *Carlo Rossi* mit dem Umbau. Rossi leistete ganze Arbeit und verpasste dem **Jelagin-Palast** ein klassizistisches Gesicht mit halbrundem Portikus. Im Palastinneren sind rund ein halbes Dutzend Prunkräume zu besichtigen, offiziell als „Museum für dekorativ angewandte Kunst" bezeichnet. Aufregend ist der Besuch nicht.

Di–So 10–18.30 Uhr. Eintritt 200 Rbl.

Etwas südlich des Jelagin-Palasts, der mit Orangerie und Stallgebäude ein Ensemble bildet, steht am Ufer ein kleiner, offener Bau. Es ist der Musikpavillon der Residenz, ebenfalls ein Werk Carlo Rossis.

An den Brücken zur Jelagin-Insel stehen Kassenhäuschen. An Wochenenden kostet der Zutritt bescheidene 100 Rbl, werktags ist er gratis.

Каменный

Kamennyj-Insel

Die Insel – heute vor allem bei Kanuten beliebt – war zu Zarenzeiten ein bevorzugter Ort des russischen Adels. Ein Haus oder eine luxuriöse Holzdatscha hier sein eigen zu nennen, verriet standesgemäße Lebensführung. Auch einige, denen das blaue Blut fehlte, die es aber unter den Zaren zu etwas gebracht hatten, schafften den Sprung auf die Kamennyj-Insel, so etwa der Schweizer Vollenweider, der als Hofschneider den letzten Zaren korrekt einkleidete. In seiner Villa, einem Landhaus aus den Anfängen des 20. Jahrhunderts, ist heute das **Dänische Generalkonsulat** untergebracht – weit ab vom Schuss. Die Dänen sind die einzigen Ausländer, die sich auf der ruhigen Insel niedergelassen haben. Vielleicht fühlen sie sich hier – nah am Meer auf flachem Land – einfach ein bisschen wie zuhause.

In der sowjetischen Epoche wurden auf der Insel erst die Hausbesitzer enteignet, dann Obdachlose untergebracht und Sanatorien eingerichtet. Der heutige Spaziergänger begegnet einigen Holzdatschen, die wieder im alten luxuriösen Glanz erstrahlen. In einer Zeit, in der eine Datscha im Umkreis von 50 km kaum mehr erschwinglich ist, ist den Petersburgern ein Wochenendsitz auf der Kamennyj-Insel, was den Berlinern ein Haus auf Schwanenwerder ist – mit dem Unterschied, dass die wenigen Bewohner der bewaldeten Insel ausreichend Platz haben.

Im Westen der Insel fällt der streng klassizistische Bau des **Kamennoostrowskij-Theaters** auf, der sich mit seinem Portikus aus acht ionischen Säulen wie ein griechischer Tempel präsentiert. Gegenüber steht die neugotisch verspielte **Kleinmichel-Villa**. Angeblich heftete die lebensfrohe Gräfin Kleinmichel, als 1917 die Bolschewisten die Macht ergriffen, einen Zettel an die Villa, das Anwesen sei vom Petrograder Sowjet beschlagnahmt, die Besitzerin verhaftet – und suchte schnell das Weite.

Bevor man von der Insel über die Uschakowskij-Brücke auf die Wybor-

Jelagin-Palast

Paddeln vor dem dänischen Konsulat

ger Seite wechselt, sieht man rechts ein auffälliges, ziegelrotes Gotteshaus im neugotischen Stil. Es ist die **Kirche der Geburt Johannes des Täufers** (Bauzeit 1776–1778), das älteste Gebäude der Insel.

Weiter östlich an der Spitze der Insel steht der **Kamennoostrowskij-Palast**, den Katharina die Große für ihren Sohn Paul erbauen ließ. Später hielt sich Zar Alexander I. gerne hier auf. In jüngster Zeit fand der Palast als Militärhospital Verwendung und war der Öffentlichkeit nicht mehr zugänglich. Eine umfassende Renovierung war 2015 abgeschlossen, der Palast sollte fortan dem Gouverneur von St. Petersburg für seine repräsentativen Pflichten zur Verfügung gestellt werden. Daraus wurde allerdings vorerst nichts – Zukunft ungewiss.

Wyborger Seite

Die Festlandseite am rechten Newa-Ufer ist wenig spektakulär. Meist kommt man hierher, um am Finnländischen Bahnhof den Zug nach Helsinki zu nehmen (äußerst komfortables, ruhiges Gleiten durch die karelischen Wälder); auch die *Elektritschkas* zu den Ausflugsorten am Finnischen Meerbusen starten hier.

Финляндский вокзал

Finnländischer Bahnhof

Der Bahnhof hat vor allem geschichtlichen Symbolwert: Hier entstieg nachts am 3. April 1917 Revolutionsführer Lenin nach zehnjährigem Exil in der Schweiz dem berühmten plombierten Waggon, in dem er mit Unterstützung der kaiserlich-deutschen Regierung durch halb Europa gefahren war. Am Platz vor dem Bahnhof kletterte er am nächsten Tag auf einen Panzerwagen und verkündete den Massen sein revolutionäres Programm.

Noch einmal ins Zentrum des Geschehens rückte der Finnländische Bahnhof 1941 bis 1944 während der Blockade Leningrads durch die Deutsche Wehrmacht: Der Bahnhof war für die eingeschlossenen Bürger das letzte Ausfallstor. Trotz deutscher Bombardements fuhren von hier aus Züge ans westliche

Ufer des Ladogasees, von dort ging die Reise dann auf der höchst gefährlichen „Straße des Lebens" weiter (→ Geschichte der Stadt/Die Stadt in der Blockade, → Schlüsselburg). Nach dem Zweiten Weltkrieg wurde der von den Deutschen zerstörte Bahnhof wieder aufgebaut.

Bei dieser Gelegenheit wurde auch der **Lenin-Platz** davor gestaltet. Das Ensemble zeigt sich im Stil sozialistischer Architektur der damaligen Zeit, so dass das große **Lenin-Standbild**, das schon in den 1920er Jahren eingeweiht wurde, ganz gut dazu passt.

Ⓜ Ploschtschad Lenina

Кресты

Kresty-Gefängnis

Knapp 500 Meter vom Lenin-Platz flussaufwärts befindet sich am Arsenalnaja-Quai ein düsterer historischer Ort: das unter Alexander III. in den 1880er Jahren gebaute, berüchtigte Kresty-Gefängnis. Der Name verweist auf die Architektur: *Kresty* bedeutet „Kreuze", der Gefängniskomplex besteht aus zwei miteinander verbundenen kreuzförmigen Trakten mit insgesamt 960 Einzelzellen. Zu den Insassen zählten von Anfang an sowohl Kriminelle als auch politische Gegner. Trotzkij und andere revolutionäre Agitatoren waren zeitweise hier eingesperrt. Im Revolutionsjahr 1917 wurde das Gefängnis gestürmt und die Insassen befreit. Nach der Revolution führten die Sowjets die zaristische Tradition weiter und schickten nun ihrerseits die Opposition ins Kresty. Der spätere Nobelpreisträger *Joseph Brodsky* arbeitete zeitweise im benachbarten Krankenhaus, wo er „Leichen aufschnitt und zunähte" und den Häftlingen beim Hofgang zusah. Als er später anfing, Gedichte zu schreiben, lernte er das Kresty auch von innen kennen („Die Kreuze öffneten mir ihre Zellentüren ...").

Die Stadt wuchs, die Kriminalität wuchs, nur nicht das Gefängnis, und so war dieses bald ständig überbelegt. In sowjetischer Zeit waren sechs Häftlinge pro Einzelzelle zur Norm geworden, viel besser wurde die Lage auch

Kleinmichel-Villa, Kamennyj-Insel

nachher nicht. 2017 wurde das Kresty schließlich aufgegeben, die Insassen wurden in den neu gebauten, riesigen Gefängniskomplex im südlichen Stadtteil Kolpino verlegt. Die angeblich humanere Einrichtung hat mit ihrer berüchtigten Vorgängerin die kreuzförmige Architektur gemein und wird deshalb inoffiziell „Kresty-2“ genannt.

Was mit dem alten Kresty passiert, ist noch nicht entschieden. Derzeit ist von einem kreativen Zentrum mit Werkstätten und Ausstellungssälen die Rede. Einem radikalen Umbau stehen die Denkmalschutzbehörden im Weg.

Ⓜ Ploschtschad Lenina

Пискарёвское мемориальное кладбище

Piskarjowskoje-Gedenkfriedhof

Rund 800.000 Menschen verloren ihr Leben durch die fast 900-tägige Blockade der Stadt durch die deutsche Wehrmacht, die von September 1941 bis zum Januar 1944 dauerte (→ Stadtgeschichte). Knapp eine halbe Million von ihnen sind hier begraben. Die Blockade gilt als eines der größten Kriegsverbrechen Deutschlands im Zweiten Weltkrieg. Die Petersburger verlangten gleich nach Kriegsende eine Gedenkstätte für die Opfer. Doch erst nachdem Stalin, dem die „Heldenstadt Leningrad“ stets ein Dorn im Auge war, gestorben war, konnte der Friedhof realisiert werden. Die letzten Überlebenden der Blockade werden weniger und geben ihre Erinnerung an die Nachkommen weiter. Die Petersburger lassen sich ihre Geschichte nicht wegnehmen, der Gedenkfriedhof wird auch heute noch gerne besucht.

Die Architektur des Friedhofs ist schlicht und gerade deshalb eindrucksvoll. Am ewigen Feuer vorbei geht man eine Treppe hinunter und schreitet auf der zentralen Allee neben Rosenbeeten an unzähligen Grabplatten vorbei, die

Piskarjowskoje-Gedenkfriedhof

sich nur durch die Jahreszahl 1942 bzw. 1943 unterscheiden. Die dezente Musik, die einen begleitet, ist die berühmte 7. Sinfonie von Dmitri Schostakowitsch, die er während der Belagerung komponierte und die für den Widerstand der Leningrader geradezu symbolhaften Charakter bekam. Am Ende der rund 400 Meter langen Allee steht ein Denkmal der „Mutter Heimat", die eine Trauergirlande aus Eichenlaub in den Händen trägt. Auf der Mauer dahinter ist ein Gedicht zu lesen, das mit den Zeilen endet: „Nicht alle können wir hier nennen. / So viele sind es unter dem ewigen Schutz von Granit. / Aber wisse, der du diese Steine betrachtest / Niemand ist vergessen und nichts ist vergessen." Das Gedicht stammt von Olga Bergholz (1910–1975), eine der Überlebenden der Blockade.

Weitere Gräber finden sich im Wäldchen links der Allee sowie rechts der Eingangstreppe, manche von ihnen mit einem roten Stern oder mit Hammer und Sichel versehen. Den Besuch beendet man am besten im Pavillon, der eine Fotodokumentation über die belagerte Stadt zeigt (rechts des Eingangs).

Tägl. 10–18 Uhr. Ⓜ Ploschtschad Muschestwa, dann mit Bus 80 oder 123 bzw. mit Marschrutka K 50 oder K 123 auf dem Nepokorennych-Prospekt Richtung Osten bis zur Haltestelle, die den Namen der Gedenkstätte trägt.

Лахта Центр

Gazprom Tower

Weit im Westen der Wyborger Seite befindet sich der Stadtteil Lachta. Dort ragt seit 2018 der Gazprom Tower in den Petersburger Himmel. Sein offizieller Name „Lachta Zentr" (Lachta-Zentrum) hat sich bislang nicht durchsetzen können. Der 462 Meter hohe Wolkenkratzer – Europas höchster Büroturm – steckt 85 Meter tief im Petersburger Sumpf. Erst wollte der Erdgaskonzern sein protziges Wahrzeichen, seiner Form wegen vom schnellen Volksmund „Maiskolben" getauft, am Ufer der Newa gegenüber dem Alexander-Newskij-Kloster bauen. Das untersagten die Stadtbehörden. Der Turm ist nun vom historischen Zentrum weit genug entfernt, aber immer noch gut zu sehen.

Unmittelbar beim Turm soll ein großes Mehrzweckgelände für Kunst, Kommerz und Freizeit entstehen – 2018 noch eine riesige Baustelle. Freizeit genießt man vorerst besser im etwas weiter östlich gelegenen, gepflegten *Park 300-Letija*, der direkt an den finnischen Meerbusen grenzt, wo man auch baden kann.

Ⓜ Begowaja

Essen & Trinken **Puberty**, am Ufer der großen Newa und am besten von der Metrostation Wyborgskaja zu erreichen. Riesig großes, modern eingerichtetes Restaurant mit hauseigener Brauerei, die nach tschechischen Rezepten 6 verschiedene Biere herstellt. Wenn Sie nicht wissen, welches Sie wollen, bringt Ihnen die Bedienung ein Tablett mit 6 Degustationsgläschen. Weitgehend russische Küche, aber auch Sushi und spezielle Kindermenüs. Die Preise sind über dem Durchschnitt. Do–Sa abends jeweils Livemusik, zu der getanzt wird (kostet Eintritt). Tagsüber kann man problemlos auch einfach nur für ein Bier vorbeischauen. Wyborgskaja nab. 47, ✆ 333-2020.

Im Süden der Stadt

Монумент Героическим

Защитникам Ленинграда

Gedenkstätte der heldenhaften Verteidiger Leningrads

Der Besucher, der am **Moskauer Platz** aus dem Metroschacht ans Tageslicht kommt, befindet sich unversehens im Zentrum einer Großstadt, die mit dem alten St. Petersburg am Newskij-Prospekt nichts gemein hat. Der Moskauer Prospekt, der vom Sennaja-Platz

Gedenkhalle für die Opfer der Blockade

schnurgerade Richtung Süden führt, war in den 1930er Jahren als Magistrale eines neuen Stadtzentrums gedacht, sozusagen als sozialistisches Pendant zum Newskij-Prospekt der Zarenzeit. Das riesige, im Stil des „sozialistischen Klassizismus" gebaute „Haus der Sowjets" am Moskauer Platz wurde als Sitz der Leningrader Stadtregierung geplant, heute ist es das Rathaus eines der zwanzig Stadtteile St. Petersburgs, des „Moskowskij Rajon". Die Idee, das Zentrum der Metropole nach Süden zu verlagern, wurde nach dem Zweiten Weltkrieg aufgegeben. Eine eindeutige Verschönerung erfuhr der nüchterne Moskauer Platz anlässlich des G8-Gipfels in Petersburg 2006 – eine große Anlage mit Springbrunnen versöhnt seither den Besucher mit der grauen Monumentalarchitektur der Stalinzeit.

Rund 200 m südlich des Moskauer Platzes stößt man auf den **Platz des Sieges** *(Ploschtschad Pobedy)*, wo 1975 ein großes Memorial für die Verteidiger Leningrads während der Blockade (→ Geschichte der Stadt) eingeweiht wurde. Die Gedenkstätte ist eine Komposition auf drei Ebenen.

Ein 48 m hoher Obelisk aus rotem Granit vermerkt die Jahreszahlen 1941 und 1945, Anfang und Ende des Kriegs gegen die Deutschen bzw. des „Großen Vaterländischen Kriegs", wie er in der offiziellen Sprachregelung hieß. Überlebensgroße Skulpturengruppen (Scharfschützen, Metallgießer, Arbeiter an den Verteidigungsanlagen) sind um den Obelisken aufgestellt.

Von hier steigt man hinunter in die kreisförmige, halb offene Vorhalle, die mit ihrer Architektur die Blockade symbolisiert. Leise Musik und ein ewiges Feuer sorgen für andächtige Stimmung. Eine Skulpturenkomposition stellt die Belagerten dar, einheimische Besucher legen hier gern frische Blumen auf den Sockel.

Die dritte Ebene schließlich, die unterirdische Gedenkhalle, wird nur schwach von 900 elektrischen Kerzen, von denen jede einen Belagerungstag symbolisiert, erleuchtet. In den Schaukästen sind Dokumente aus der Blockadezeit zu sehen, u. a. auch die Violine des berühmten Komponisten *Dmitrij Schostakowitsch*, dessen 7. Symphonie im August 1942 in der eingeschlossenen Stadt aufgeführt und über Radio in alle Haushalte übertragen wurde, um den Durchhaltewillen der Belagerten zu stärken. Fahnen, großflächige Wandgemälde, eine Marmortafel mit rund 650 eingemeißelten Namen von Helden und schließlich ein 10-minütiger Dokumentarfilm erinnern daran, dass die Blockade durch die deutsche Wehrmacht rund 800.000 Menschen das Leben kostete.

Mo und Do–So 11–18, Di 11–17 Uhr. Eintritt 250 Rbl. Ⓜ Moskowskaja.

Императорский Фарфоровый Завод

Kaiserliche Porzellanmanufaktur

Das riesige Gebäude an der Newa hat Tradition: Seit 1744 wird hier ununterbrochen kostbares Porzellan hergestellt. Die Fabrikräume sind nicht zu besichtigen, aber die Kaiserliche Manufaktur hat ein kleines Museum eingerichtet, in dem sie anhand der unterschiedlichsten Exponate ihre eigene Geschichte erzählt: Vasen aus Malachit mit der Darstellung des Thronsaals im Winterpalast, Statuetten, Geschirr-Service und mehr. Besonderes Augenmerk verdient eine über 60-köpfige Figurengruppe aus den Jahren 1907 bis 1917, in der alle Völker des Reiches repräsentiert sind: Usbeken, Kurden, Kirgisen, Krimtataren ... In der Sowjetzeit wurde Propagandaporzellan hergestellt: Marx-Büsten, ein Lenin-Konterfei auf dem Teller, in Porzellan gebrannter sozialistischer Realismus. Seit Mitte des 20. Jahrhunderts sind Porzellanhündchen und -katzen beliebt, der sowjetische Wohnzimmerschrank bekommt die gleiche Zier wie der westliche. Eine Palette der derzeitigen Produktion – auch Kitsch darunter – ist im großen Museumsshop ausgestellt, wo die sorgfältig gearbeiteten Stücke mit dem Stempel „Kaiserliche Porzellanmanufaktur" verkauft werden.

Di, Do, Sa, So 10.30–18, Mi, Fr 10.30–21 Uhr. Eintritt 300 Rbl. Ⓜ Lomonossowskaja.

Museum der Porzellanmanufaktur: Produkte aus drei Jahrhunderten

Der „Maiskolben“ von Gazprom,
Symbol wirtschaftlicher Macht

Ausflüge in die Umgebung

Zum Besuchsprogramm klassischer Reiseveranstalter zählen die Zarenresidenzen Peterhof und Puschkin (Zarskoje Selo), weniger bekannt sind die Residenzen von Pawlowsk und Gatschina. Den Schrecken der Stalinzeit dokumentiert der vor den Toren der Stadt gelegene Gedenkfriedhof Lewaschowo. Am finnischen Meerbusen steht die extravagante Villa von Ilja Repin, dem berühmtesten Maler des russischen Realismus.

Петергоф

Peterhof

Nach dem ersten bescheidenen Häuschen auf der Petrograder Seite und dem ebenfalls bescheidenen Palast im Sommergarten zog Peter der Große hier alle Register der Architektur, der Gartenbaukunst und der Hydraulik. Peterhof, seine Sommerresidenz an der Südseite des Finnischen Meerbusens, ist gleichsam die russische Antwort auf Versailles, und zumindest, was seine Wasserspiele anbetrifft, stellt es die französische Konkurrenz in den Schatten.

Der Küstenstreifen war dem umtriebigen Zaren bei seinen Fahrten nach Kronstadt, wo er regelmäßig den Fortschritt der Bauarbeiten inspizierte, aufgefallen. Er ließ den Boden untersuchen und stieß im Hinterland auf Quellwasser, das er über Holzkanäle zu der Terrasse über dem Meer leiten ließ, auf der er seinen Palast errichten ließ. Wie immer hatte es Peter mit dem Bau eilig. Tausende von Arbeitern, Leibeigenen und Soldaten begannen 1714 unter der Leitung von Architekten, Wasseringenieuren und Gartenspezialisten, den Traum des Herrschers zu verwirklichen. Das Schloss wurde 1721 fertiggestellt, die Gartenanlagen brauchten etwas mehr Zeit, so dass die Einweihung der Residenz erst 1723 erfolgte. Später vergrößerte Zarin Elisabeths Hofarchitekt Rastrelli den Palast, tastete jedoch den petrinischen Barock nicht an, zumindest nicht, was die Außenansicht betraf. Im Inneren ließ er dann seinen eigenen, üppigeren Barockphantasien freien Lauf. Auch in den Gärten wurde im Lauf des 18. Jahrhunderts noch vieles verändert, neue phantastische Wasserspiele kamen hinzu, Kaskaden und Scherzfontänen – ganz im Sinne Peters des Großen, der zwei Jahre nach der Eröffnung seines russischen Versailles starb. Im Zweiten Weltkrieg

wurde Peterhof von den Deutschen bombardiert und fast komplett zerstört. Der Wiederaufbau nahm viel Zeit in Anspruch. Die Restaurierungsarbeiten an den Springbrunnen waren noch rechtzeitig zum 300. Geburtstag der Stadt abgeschlossen.

Zur Residenz von Peterhof gehören – auf der Höhe des Palasts – ein **Oberer Garten**, dessen fünf Wasserbecken über einen Kanal gespeist werden, sowie ein **Unterer Garten**, in den das Wasser aus 16 Metern Höhe hinunterstürzt und nach dem Prinzip der kommunizierenden Röhren unzählige Springbrunnen zum Leben bringt. Zwischen den beiden Gärten erstreckt sich mit einer über 300 Meter breiten Fassade zur Meerseite hin der **Große Palast**. Interessanter als die Prunkräume des Palasts (zu deren Besichtigung man in der Regel lange Schlange stehen muss), ist der untere Garten. Hier steht auch **Monplaisir**, ein Lustschlösschen direkt am Meer, in dem Peter der Große sich lieber aufhielt als im Palast. Hauptsächliches Pläsier des Zaren war es, hier in guter russischer Tradition mit seinen Gästen ausgiebig zu bechern.

Der Besuch des unteren Gartens – sofern man nicht mit dem Schiff nach Peterhof kommt – beginnt an der Balustrade des großen Palasts. Über die sog. Große Kaskade hinweg blickt man auf den Meereskanal, der den Garten in eine westliche und eine östlich Hälfte trennt. Peter hatte den Kanal höchstpersönlich geplant, um vom Meer aus direkt zur Residenz gelangen zu können.

Große Kaskade: Sie ist eine architektonisch und hydraulisch exakt durchkomponierte Symphonie aus Weiß (Marmor), Gold (Figuren) und Silber (Wasser), deren Beschreibung im Detail Seiten füllen würde. Alles fügt sich zu einem Gesamtkunstwerk zusammen: die Strahlenbildung jeder einzelnen Fontäne, die beiden von vergoldeten Figuren gesäumten breiten, siebenstufigen Kaskadentreppen, die Reliefs in den Treppenstufen, die die sog. Korbfontäne einfassen, die ihr Wasser über drei Stufen an das zentrale untere Becken weitergibt. In diesem reißt ein muskelbepackter Samson dem Löwen das Maul auf und lässt einen 20 Meter hohen Wasserstrahl in die Luft schießen. Die Figur symbolisiert in alttestamentarischer Anspielung den Sieg über die Schweden, deren Wappentier der Löwe ist. Vom unteren Becken fließt

Die Sonnenfontäne

Blick auf die Große Kaskade

das Wasser dann ruhig in den Meereskanal, der seinerseits in seinem ersten Teil beidseitig von Fontänen gesäumt ist, und schließlich in den Finnischen Meerbusen.

Große Kaskade vor großem Palast ▲

Löwenkaskade ▼

Schachbrettkaskade ▼▼

Einige Kaskaden, Fontänen und Gebäude im westlichen Teil

Favoriten-Fontäne: Bei kleinen Kindern beliebter Springbrunnen mit Tierchen, die im Kreis schwimmen. Ihr konkaver Rücken ist das Ziel von Münzenwerfern (geht meistens daneben).

Nymphen-Fontäne: Etwas versteckt gelegener Brunnen mit vergoldeter Nymphe, ein wunderschönes Werk des russischen Architekten Stakenschneider (Mitte 19. Jh.). Ihr Pendant findet sie im östlichen Teil des Gartens in der *Danae-Fontäne*.

Eva-Fontäne: Sie steht an einer großen Wegkreuzung und stammt noch aus der Zeit Peters des Großen. Der Sündenfall ist bereits passiert, Eva hält in der einen Hand die verbotene Frucht und bedeckt mit einem Feigenblatt in der anderen Hand ihre Scham. In axialsymmetrischer Position steht auf der östlichen Seite des Gartens Adam.

Löwenkaskade: Offener, U-förmiger Bau aus vierzehn Säulen, im oberen Teil aus Carrara-Marmor. In der Mitte des Beckens thront eine bronzene Nymphe. Die Komposition stammt wie die Nymphen-Fontäne von Stakenschneider, der damit die frühere Eremitage-Kaskade ersetzte. Die beiden Löwen, die den Eingang bewachen, wurden von einer Vorgängerkaskade übernommen.

Kaskade des Goldenen Hügels: Treppenkaskade. Oben steht Neptun mit dem Dreizack, links von ihm sein Sohn Triton, rechts Bacchus, der Gott der Trinker.

Marli-Palast: Schmucker, zweistöckiger Bau am halbrunden Kopfende eines künstlichen Teichs. Palast ist etwas übertrieben. Im Sommer wird nördlich des Palasts gebadet – mit Blick auf St. Petersburg.

Eremitage-Palast: Wie der Marli-Palast eher ein großer Pavillon, rundum von Wasser umgeben und nur über eine Brücke zugänglich.

Einige Kaskaden, Fontänen und Gebäude im östlichen Teil, wo es scherzhafter zugeht

Adam-Fontäne: Das Pendant zu Eva im westlichen Teil und vom selben Bildhauer geschaffen.

Schachbrettkaskade: Drei farbig bemalte Drachen spucken ihr Wasser eine Treppenkaskade mit schachbrettartigem Muster hinunter.

Römische Fontänen: Sie heißen so, weil sie die Fontänen auf dem Petersplatz in Rom als Vorbild haben: zwei identische, massive Springbrunnen mit goldenem Dekor und Masken.

Scherz-Fontänen: Davon gibt es gleich mehrere. Ein *Christbaum* spritzt aus seinen Zweigen, eine *Eiche* ist von spritzenden Tulpen umgeben, und eine *Regenschirm-Fontäne* breitet ihren nassen Schirm schützend über die Besucher aus. Im Sommer sind diese Scherzfontänen eine angenehme Möglichkeit, sich zu erfrischen. Die *Marmorbänke* vor dem Lustschlösschen Monplaisir sind gefahrlos, weil meist außer Betrieb. Andernfalls holen Sie sich einen nassen Hintern …

Sonnenfontäne: Diese äußerst grazile Konstruktion dreht sich in ihrem Becken, getrieben von einer lautlosen Mechanik. Die Volière dahinter passt hervorragend ins Bild.

Garbenfontäne: Wie im Himmel, so auf Erden – was man von Feuerwerken am nächtlichen Himmel kennt, schafft

diese Fontäne direkt vor Peters Lieblingsschlösschen.

Monplaisir-Palast: Vielleicht versteht man nach dem Besuch des unteren Gartens besser, weshalb Peter der Große an der ganzen Anlage diesen Pavillon am meisten schätzte: Hier konnte er nach einem Spaziergang zwischen den Fontänen von der Balustrade des Pavillons über das Meer auf das von ihm gegründete St. Petersburg schauen und mit Freunden einen Wodka trinken ... *son plaisir*.

Öffnungszeiten/Eintritt Mai bis Mitte Okt. 9–19 Uhr (Palast 10.30–18 Uhr, Mo und letzter Di im Monat geschlossen), von 11 bis 17 Uhr sprudeln die Wasser garantiert. Der Palast und die Pavillons sind bereits in der Vorsaison sowie in der Nachsaison zugänglich, doch ohne die Fontänen ist das Vergnügen sehr reduziert. Eintritt Park 800 Rbl, Eintritt Palast 1000 Rbl. Der Eintritt in die Pavillons kostet zusätzlich.

Anfahrt Peterhof ist rund 30 km von St. Petersburg entfernt. Die Anfahrt ist sowohl übers Meer wie auch über Land möglich. Wir empfehlen eine Variante für die Hinfahrt, die andere für die Rückfahrt. Vom Schiff aus: großartige Sicht auf den Winterpalast!

Übers Meer: Abfahrt der Schnellboote am Newa-Quai vor dem Winterpalast oder vor der Admiralität. Preis hin 850 Rbl, hin/zurück 1500 Rbl. Am besten informiert man sich bei der Ankunft in Peterhof über die Rückfahrtzeiten. Bei schlechtem Wetter kann es passieren, dass gar keine Rückfahrtkarten verkauft werden – man riskiert in diesem Fall eine Marschrutkafahrt über Land (Leserhinweis).

Über Land: Ab Baltischer Bahnhof (Metrostation Baltijskaja) mit der Elektritschka bis

Nowyj Peterhof, von da noch 30 Min. zu Fuß bis zur Residenz.

Alternative 1: ab Baltischer Bahnhof (Metrostation Baltijskaja) direkt nach Peterhof mit **Marschrutka** Nr. 404. Alternative 2: ab Metrostation Awtowo mit Bus Nr. 200, 210 oder **Marschrutka** Nr. 224, 300, 424 direkt zur Residenz.

Пушкин/Царское Село

Puschkin/ Zarskoje Selo

Heute ist Puschkin (Zarskoje Selo) eine der großen Attraktionen für Touristen aus aller Welt, zu Zeiten Peters des Großen war hier nicht mehr als ein Stück fruchtbares Land mit einem Bauerngehöft darauf. Peter vermachte das Gebiet erst seinem Busenfreund Alexander Menschikow, nahm es ihm aber wieder weg, um es seiner Frau Katharina zu offerieren. Die Beschenkte, die nach dem Tod Peters des Großen für kurze Zeit als Zarin Katharina I. Russland regierte (bzw. regieren ließ), ließ sich einen hübschen Palast bauen, und schon bald hieß der Ort Zarskoje Selo (Zarendorf).

Von diesem ersten Palast ist so gut wie nichts mehr übrig. Nachdem Elisabeth, die lebenslustige Tochter Peters des Großen und Katharinas I., sich nach jahrelangem Gerangel um die Krone mit Hilfe des Preobraschenskij-Regiments an die Macht geputscht hatte, beauftragte sie einen Architekten mit der Vergrößerung des Palasts. Nicht zufrieden mit dem Resultat, ließ sie den berühmten Rastrelli kommen, der hier 1752–1756 in Pastellblau und Weiß ein Pendant zum städtischen Winterpalast schuf, an dem er zur gleichen Zeit arbeitete. Elisabeth nannte den prunkvollen Sommersitz ihrer Mutter zu Ehren „Katharinenpalast", und so heißt er bis heute.

Mit seinem üppigen Stuckwerk, den schmucken Fenstern, Atlanten, Säulen und Balkonen ist der über 300 Meter lange **Katharinenpalast** ein Meisterwerk des russischen Barocks. Von den zahlreichen Prunksälen im Inneren ist das weltberühmte *Bernsteinzimmer* (→ Kastentext „Das Bernsteinzimmer"), ein Publikumsmagnet ersten Ranges.

Die Bolschewiki präsentierten nach ihrer Machtübernahme den Palast als Museum, in dem sie – selbstverständlich in propagandistischer Absicht – der staunenden Öffentlichkeit den unermesslichen Reichtum der von ihnen liquidierten Zarenfamilie zur Schau stellten.

Katharinenpalast

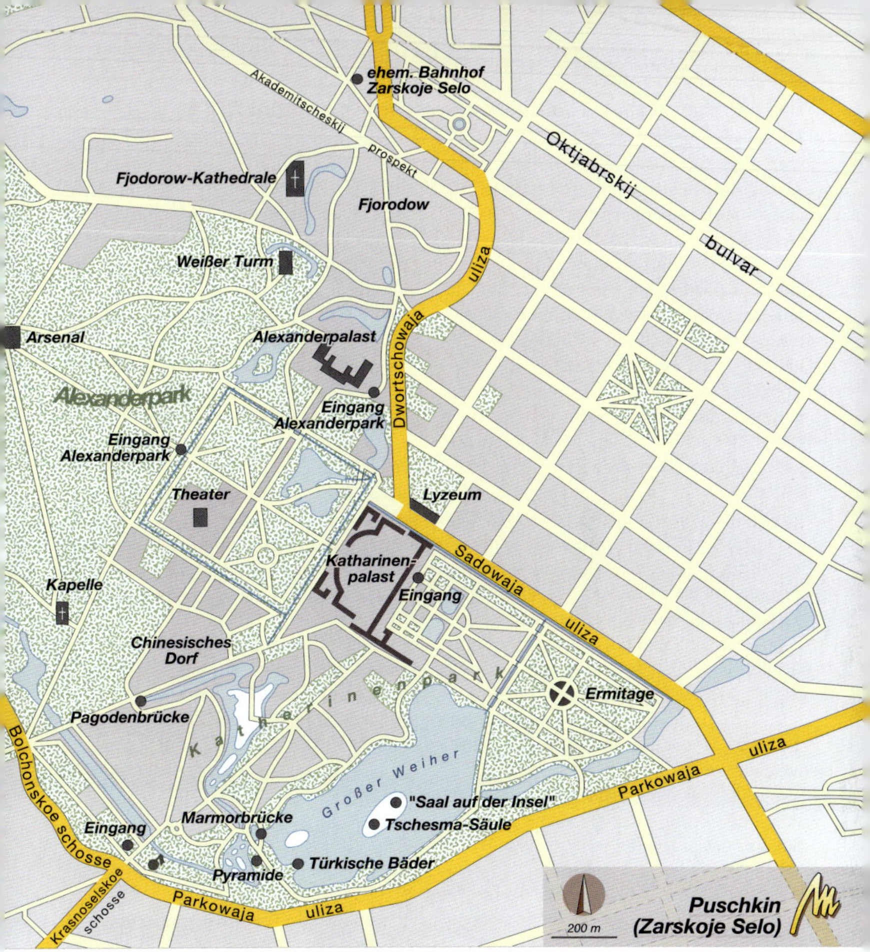

Im Zweiten Weltkrieg besetzte Hitlers Armee „Puschkin", wie das Zarendorf seit seiner Umbenennung 1937 anlässlich des 100. Todestags des großen russischen Dichters hieß, und machten den Palast zu ihrem Hauptquartier. Als die Deutschen abzogen, hinterließen sie nicht nur einen weitgehend zerstörten Palast und ein vermintes Gelände, sie hatten auch systematisch die Kunstschätze außer Landes geschafft, darunter das legendäre Bernsteinzimmer.

Zum Katharinenpalast gehört auch das **Lyzeum**, das in einem später angebauten Flügel 1811 von Zar Alexander I. gegründet wurde. Die Lehranstalt war zunächst als Eliteschule des Reiches geplant, zog jedoch schon 1843 von Zarskoje Selo nach St. Petersburg um. In der kurzen Zeit ihres Bestehens hatte sie immerhin einen berühmten Schüler: *Alexander Puschkin* ließ sich hier von 1811 bis 1817 unterrichten und machte als 16-Jähriger mit einem sehr patriotischen Gedicht auf sich aufmerksam, dessen Titel eher an einen alten Memoirenschreiber als an einen Gymnasiasten erinnert: „Erinnerungen an Zarskoje Selo". Später hat der Dichter die Jahre im kaiserlichen Lyzeum

Das Bernsteinzimmer – eine deutsch-russische Geschichte

Nach seinem Sieg über die Schweden war Peter der Große in Europa eine gefürchtete Person, mit dem man es sich schon aus Gründen der Staatsräson besser nicht verdarb. So kam der Zar, der kein Blatt vor den Mund nahm, wenn es darum ging, seine Wünsche zu äußern, 1713 in Dänemark zum berühmten Gottorper Globus (→ Kapitel Wassiljewskij-Insel/Kunstkammer) und in Preußen zum noch berühmteren Bernsteinzimmer. Dieses hatte er 1716 bei einem Besuch im Berliner Schloss gesehen. Seinem Gastgeber König *Friedrich Wilhelm I.*, der mehr Freude an Soldaten als an Werken der Kunst hatte, fiel es vermutlich nicht sonderlich schwer, sich vom preziösen Getäfel zu trennen, zumal der Zar ihm ein Gegenpräsent versprach. Sein Versprechen löste er im Folgejahr ein: Peter wusste um Friedrich Wilhelms Vorliebe für die „langen Kerls", wie die Lieblingsgarde des Preußen genannt wurde. Als Mindestgröße galt 1,88 Meter, was zur damaligen Zeit weit seltener vorkam als heute. So fanden 55 hochgewachsene Russen den Weg nach Berlin, und der König und der Zar waren's zufrieden.

In Berlin sollte das kostbare Bernstein-Getäfel ursprünglich ein Zimmer im Schloss Charlottenburg schmücken. Doch dazu kam es nicht, und als es einige Jahre später im Stadtschloss einen Raum auskleiden sollte, erwies sich dieser als zu klein, und man hatte etliche Tafeln zuviel, die man vorsorglich als Reserve lagerte. Nachdem 1717 das preußische Geschenk in St. Petersburg angekommen war, ließ Peter der Große es erst einmal einlagern. So blieb es gut verwahrt, bis Elisabeth an die Macht kam und sich entschied, die Täfelung in den Katharinenpalast einzubauen. Da hier der auszukleidende Raum wesentlich größer war als das Berliner Pendant, behalf sich Rastrelli erst mit dem Einbau von Spiegeln. Auch das reichte nicht, weitere Bernsteintafeln mussten angefertigt werden, und schließlich schickten die Deutschen auch noch ihre Reserve nach. Der Einbau des legendären Zimmers nahm ganze acht Jahre in Anspruch.

Kaum hatten die Nazi-Truppen im September 1941 den Katharinenpalast besetzt, verschickten sie die gefundenen Kunstschätze nach Deutschland und

Perfekte Kopie – das Original ist verschollen

machten sich an die Demontage des Bernsteinzimmers, dessen Tafeln, fein säuberlich in Kisten verpackt, nach Kaliningrad (Königsberg) abtransportiert wurden. Die Stadt an der Ostsee wurde gegen Kriegsende erst von den Engländern bombardiert, dann von den Russen eingenommen, die jetzt gerne ihr Bernsteinzimmer wieder zurückgeholt hätten – aber das war unauffindbar.

Über den Verbleib des Bernsteinzimmers wird noch heute gerätselt. Die einen meinen, die Tafeln seien beim englischen Bombardement zur Unkenntlichkeit geschmolzen, andere sind sicher, dass ein kunstsinniger Deutscher sie im letzten Moment gerettet und irgendwo vergraben hat. Aber wo? Die Frage beschäftigt seit Jahrzehnten Schatzsucher und Glücksritter. Eine Zeitlang war Deutschneudorf, ein Nest im sächsischen Erzgebirge, nahe der tschechischen Grenze, der am heißesten gehandelte Tipp. Dort ließ der Bürgermeister persönlich und auf private Kosten buddeln, wurde aber nicht fündig. Experten brachten auch die Halbinsel Wustrow im Mecklenburger Becken ins Gespräch; dort ist das verdächtige Terrain allerdings derart mit Munition aus dem Zweiten Weltkrieg verseucht, dass es bis heute gesperrt ist.

In St. Petersburg hat man die Hoffnung auf ein Wiederauftauchen des Bernstein-Getäfels längst aufgegeben und ein originalgetreues Double hergestellt. Auch dabei kamen wieder Deutsche ins Spiel. Mit über 3,5 Millionen Euro sponserte die mit dem russischen Gazprom-Konzern dick im Geschäft stehende Ruhrgas AG das neue Bernsteinzimmer, das rechtzeitig zum 300. Geburtstag der Stadt von Wladimir Putin und dem damaligen deutschen Kanzler Gerhard Schröder gemeinsam eingeweiht wurde.

als sorglose Zeit besungen („Ich der glücklichen Faulheit wahrer Sohn, von Herzen sorglos"). Heute ist im Gebäude ein kleines Museum über die glorreiche kurze Zeit der Schule eingerichtet (kostenpflichtig).

Der **Katharinenpark** von Puschkin (Zarskoje Selo) ist mit seinen verspielten Bauten fast aufregender als der Prunkpalast. Der streng geschnittene französische Garten beiderseits des Palasts geht im Südwesten in einen englischen Garten über, eine Landschaftsgestaltung mit großem See, Teichen, Wäldern und Wiesen. Ein wahres Paradies, in dem der Spaziergänger einer Insel mit Theaterpavillon begegnet, türkischen Bädern (mit ihrem Minarett eher an eine Moschee erinnernd), einer Eremitage (in der Elisabeth ihre Gäste zum Diner lud), einer wunderschönen Marmorbrücke, einem chinesischen Dorf und gleich daneben einer verspielten Pagode als Brücke.

Die Boote am Ufer des *Großen Weihers* sind leider nicht zu mieten. Sie dienen dem Training russischer Marineeinheiten, die in Puschkin eine Garnison unterhalten.

Der **Alexanderpark** schließt sich nördlich an. Auch hier warten Überraschungen: eine Mini-Ausgabe der Gizeh-Pyramide (angeblich hat Katharina die Große hier ihre Hunde beerdigt), eine nach dem Zweiten Weltkrieg zum zweiten Mal restaurierte „mittelalterliche" Turmruine im neugotischen Stil sowie ein künstlicher Felsenberg – alles zum Amusement, einst der russischen Royals, heute des internationalen Tourismus.

Etwas nördlich des Katharinenpalasts steht der **Alexanderpalast**, den Katharina die Große ihrem Lieblingsenkel, dem späteren Alexander I., als Hochzeitsgeschenk hinstellen ließ. Für den Bau engagierte sie ihren Hofarchitekten *Giacomo Quarenghi*, der sich mit seinem strengen Klassizismus klar von

Rastrellis Barock abgrenzt. Der letzte Bewohner des Alexanderpalasts war Zar Nikolaus II., der lieber hier im Grünen residierte als im städtischen Winterpalast. Ohnehin zog er das zurückgezogene Familienleben der großen Politik vor. Nikolaus ließ den Palast im Inneren nach seinem eher bürgerlichen Geschmack umbauen und freute sich wie ein Kind über die neue, große Badewanne, die, wie er notierte, „noch größer ist als die im Winterpalast". Ein kaiserlicher Palastverwaltungsstab von 600 Angestellten sorgte dafür, dass die Zarenfamilie hier dem privaten Glück frönen konnte, während in der nahen Stadt die Arbeiter gegen ihre miserablen Existenzbedingungen aufbegehrten.

Der Traum vom privaten Glück war mit der Februarrevolution 1917 (→ Geschichte der Stadt) zu Ende. Nach seiner Abdankung durfte Nikolaus II. mitsamt Familie und Dienerschaft im Alexanderpalast noch ein paar Monate sorgenfreien Lebens genießen, jetzt allerdings unter Hausarrest. Am 13. August 1917 ließ ihn die Provisorische Regierung ins sibirische Tobolsk abtransportieren.

Im Katharinenpark – „Grotte" von Rastrelli

Noch in den letzten Jahren seiner Regierungszeit ließ Nikolaus II. nördlich des Alexanderpalasts die **Fjodorow-Kathedrale** erbauen; sie war gleichsam die Hauskathedrale der als fromm geltenden und später heiliggesprochenen Zarenfamilie, und der altrussische Stil der Gebäude entsprach einem privaten Wunsch des Zaren, der sich hier noch einmal tief in die Vergangenheit hineinträumen konnte, bevor ihn die Gegenwart einholte.

In sowjetischer Zeit diente die Kathedrale als Lagerhalle, 1992 wurde sie der Kirche zurückgegeben. Nach ihrer Restaurierung kann sie heute wieder besichtigt werden. Zwei große Medaillons in der Vorhalle der Kellerkirche erinnern an den Zar und die Zarin – als Kathedrale bleibt sie ein eher bescheidener Bau.

Gleich neben der Fjodorow-Kathedrale und wie diese im altrussischen Moskauer Stil gründete Nikolaus II. das Dörfchen **Fjodorow**. Es wurde im Zweiten Weltkrieg gleich zweimal bombardiert und seither nicht wieder aufgebaut.

Der **ehemalige Bahnhof von Zarskoje Selo**, eher Bahnstation als Bahnhof, verlassen und im Ruhestand, befindet sich knapp nördlich des zerstörten altrussischen Dorfs. Die Eisenbahnlinie zwischen St. Petersburg (Witebsker Bahnhof) und dem Zarendorf wurde 1837 eröffnet und ist die älteste Russlands. Die Zaren sollten schneller in ihr Sommerdomizil gelangen. Die Fahrt dauerte damals 35 Minuten, heute geht's immerhin fünf Minuten schneller, dafür fährt die Bahn nicht mehr direkt zu den Palästen ... Ein Jahr später kam auch Pawlowsk (siehe unten) in den Genuss des neuen Verkehrsmittels.

Öffnungszeiten/Eintritt Katharinenpalast: Mai und Sept. 12–16.45 Uhr, Juni–Aug. 12–18.45 Uhr, Okt. 12–16.45 Uhr, Nov.–April 10–16.45 Uhr (an nationalen Feiertagen und während Schulferien erst ab 12 Uhr). Di geschlossen, ebenso am letzten Montag im Monat. Eintritt 700 Rbl, Audioguide (auch auf Deutsch) 200 Rbl.

Katharinenpark: Mai/Juni 7–23 Uhr, Juli/Aug. 7–22 Uhr, Sept.–April 7–21 Uhr. Eintritt 150 Rbl, Mitte Okt bis April Eintritt frei.

Alexanderpalast: Wegen Restaurierung bis mindestens 2019 geschlossen.

Alexanderpark: Tägl. 7–23 Uhr. Eintritt frei.

Anfahrt Elektritschka: Ab Witebsker Bahnhof (Ⓜ Puschkinskaja) oder ab Ⓜ Kuptschino bis Detskoje Selo (ca. 30 Min. bzw. 15 Min.), dann weiter mit **Bus** Nr. 371 oder 382 bis zum Parkeingang.

Alternative: Ab Metrostation Moskowskaja (Haltestelle hinter dem Lenin-Denkmal) mit **Marschrutka** Nr. 286, 287, 342, 347 oder 545.

Павловск

Pawlowsk

Nachdem die Zaren sich in Zarskoje Selo (Puschkin) eingerichtet hatten, fehlte ihnen zur Befriedigung ihrer Bedürfnisse nur noch ein Jagdgebiet. Ein solches fanden sie rund fünf Kilometer südlich von Puschkin, im heutigen Pawlowsk. Hier waren Elche, Federvieh und was sonst noch ins Visier einer Flinte gerät, zuhauf anzutreffen. Bald waren zwei Holzbauten für Jäger hingestellt, die man – vermutlich auf das Geräusch beim Laden des Gewehrs anspielend – „Krik“ und „Krak“ nannte.

Im Jahr 1777 schenkte Katharina die Große das Gebiet ihrem Paul. Der Zarewitsch Sohn war zum ersten Mal Vater geworden, die Zarin zum ersten Mal Großmutter – Grund genug für ein großzügiges Geschenk. Die Zarin beauftragte den schottischen Architekten *Charles Cameron*, den sie bereits in Zarskoje Selo für Um- und Neubauten engagiert hatte, mit dem Bau eines **Palastes** für ihren Sohn, die Arbeiten waren 1786 abgeschlossen. Doch der reich beschenkte Paul, der seine großzügige Mutter zeitlebens abgrundtief hasste, zog es bald vor, den Sommer in Gatschina (siehe unten) zu verbringen und überließ den Palast seiner Frau Maria Fjodorowna (eine geborene Prinzessin von Württemberg), die ihn geschmackvoll einzurichten wusste und ihn bis zu ihrem Tod 1828 bewohnte.

Im Zweiten Weltkrieg konnten die Russen noch rechtzeitig kostbares Porzellan, Gobelins, Antiquitäten und andere Kunstschätze vor den deutschen Truppen in Sicherheit bringen. Die Deutschen besetzten den Palast und zerstörten ihn kurz vor ihrem Abzug weitgehend. Der Wiederaufbau dauerte bis in die 1970er Jahre.

Erst nach der Ermordung Pauls I. (→ Geschichte der Stadt) ließ Zarenwitwe Maria Fiodorowna einen riesigen **englischen Garten** anlegen, der sich beidseits des Flüsschens Slawjanka erstreckt.

St. Petersburg im Kasten

Warum man bei „woksal“ Bahnhof versteht ...

Die deutschen Besatzer brannten nicht nur den Palast von Pawlowsk nieder, sondern auch den ehemaligen Bahnhof der Zarenresidenz, der weit mehr war als nur eine einfache Bahnstation. Zu ihm gehörte ein Musikpavillon, der nach dem Vorbild der Vergnügungsstätten der britischen Vauxhall Gardens schon bald „Vauxhall-Pavillon“ genannt wurde. Johann Strauß (Sohn) und sein Orchester fanden hier begeisterte Zuhörer, ebenso Franz Liszt und Robert Schumann. Heute ist vom legendären musikalischen Bahnhof nichts mehr zu sehen. Der Vauxhall-Pavillon steht nicht mehr. Geblieben ist einzig der Begriff „woksal“, womit heute jeder russische Bahnhof bezeichnet wird und sei er noch so unmusikalisch – was in der Regel der Fall ist.

Mit rund 600 Hektar Fläche ist er um einiges größer als der von Puschkin (Zarskoje Selo), vor allem aber ist er mit seinen Wäldern weit mehr der Natur überlassen. Reisebusse gibt's hier wie dort, hier allerdings wesentlich weniger, so dass der Besucher auf seinem Spaziergang an Pavillons vorbei und über Brücken die Parkanlage oft für sich allein hat – allerdings nicht an Wochenenden. Obendrein bietet der Garten wunderbare Gelegenheit für ein Picknick im Grünen.

Öffnungszeiten/Eintritt Park tägl. 6–21 Uhr, Palast tägl. 10–18 Uhr. Fr sowie am 1. Mo im Monat geschlossen. Eintritt Park 100 Rbl (6–10 und 17–21 Uhr Eintritt frei), Palast 500 Rbl.

Anfahrt Elektritschka: Ab Witebsker Bahnhof (Ⓜ Puschkinskaja) oder ab Ⓜ Kuptschino bis Pawlowsk (ca. 30 Min. bzw. 15 Min.).

Alternative: Ab Metrostation Moskowskaja (Haltestelle hinter dem Lenin-Denkmal) mit **Marschrutka** Nr. 299, 545.

Гатчина

Gatschina

Rund 15 km südwestlich von Pawlowsk liegt mit Gatschina eine weitere Zarenresidenz. Katharina die Große warf gerne mit großen Ländereien um sich, wenn es galt, ihre Günstlinge zu beschenken. Diesmal war *Graf Grigorij Orlow* der Nutznießer ihrer Großzügigkeit, der ihr 1762 geholfen hatte, ihren Gemahl, Peter III., vom Zarenthron zu putschen (→ Geschichte der Stadt). Als Liebhaber der Zarin war der Graf, als er 1765 Gatschina bekam, zwar bereits abgehalftert, pflegte aber weiterhin eine freundschaftliche Beziehung zur Herrscherin.

Orlow ließ sich vom italienischen Architekten *Antonio Rinaldi*, einem Vertreter des frühen russischen Klassizismus, der bereits seit längerem in St. Petersburg arbeitete, einen gewaltigen **Palast** hinstellen und legte dahinter einen ausgedehnten englischen Garten an. Nach seinem Tod kaufte die Zarin Gatschina zurück, diesmal, um es an ihren Sohn Paul weiterzureichen. Dieser ließ seinen Lieblingsarchitekten *Vincenzo Brenna* kommen, der hier bereits vorwegnahm, was er später beim Bau des Ingenieursschlosses in St. Petersburg perfektionierte; er ließ einen Wassergraben ausheben, um den Palast zu sichern. Fortan überließ Paul I., der stets um sein Leben fürchtete, seine Residenz in Pawlowsk seiner Frau Maria Fjodorowna und verbrachte den Sommer vornehmlich in Gatschina.

Nach der Ermordung Pauls (→ Geschichte der Stadt) stand Gatschina lange Zeit leer. Erst Zar Alexander III. konnte dem wuchtigen Palast, der noch heute etwas Militärisches hat, wieder etwas abgewinnen. Mit Paul I. verband ihn nicht nur eine Vorliebe für alles Soldatische, sondern auch die Furcht, einem Attentat zum Opfer zu fallen. Der ordnungsliebende Alexander scheint uns gut zu diesem etwas abweisenden Palast zu passen, und das berühmte Reiterstandbild „Nilpferd auf Kanapee“, das einen provisorischen Standort im wenig beachteten Innenhof des Marmorpalasts in St. Petersburg bekommen hat, könnte dem riesigen Platz vor dem Gatschina-Palast, der wie ein Aufmarschgelände wirkt, vielleicht einen ironischen Tupfer geben.

Der Park, der sich hinter dem wuchtigen Palast erstreckt, ist mit seinen von Wald umgebenen Seen und Flüsschen seinem Pendant in Pawlowsk zumindest ebenbürtig. Er wird seltener aufgesucht als jener, doch das Naturerlebnis ist hier eher noch stärker. Ein bisschen mehr Pflege könnte der Park dennoch brauchen. Oft steht man, wo früher ein klares Flüsschen seinen Weg suchte, vor einem stehenden Bach mit Schmutzdecke. Das hat seinen Grund: Im Gegensatz zu Pawlowsk, das seit 1998 administrativ Teil des St. Peters-

Militärische Strenge statt barocker Schnörkel – Palast von Gatschina

burger Stadtgebiets ist, gehört Gatschina zum Leningrader Oblast (Bezirk Leningrad), der über weniger Finanzen verfügt als die Metropole.

Brücken und Pavillons gibt es natürlich auch hier. Ein geradezu abenteuerliches Gebäude ist das kleine **Birkenhaus** im hinteren Teil des Parks (am gegenüberliegenden Ufer des Palasts). Das einfach aus kreuzweise übereinandergelegten Birkenstämmen gezimmerte kubische Häuschen sieht aus wie eine moderne Waldhüttenarchitektur. Es stammt jedoch aus dem Jahr 1780, zumindest in seiner ersten Fassung. Im Zweiten Weltkrieg zerstörten die deutschen Truppen das kleine Werk, das erst 1976 originalgetreu wiederaufgebaut wurde.

Komplett ist die Überraschung dann, wenn man gegen einen kleinen Obolus das Birkenhaus betritt. Der Raum vereint alles, was die Trompe-l'Oeil-Kunst zu bieten hat – vom Parkett, in dem sich das Auge verliert, bis zur gemalten Kuppel (Windgott Zephyr), die ferne Erinnerungen an den venezianischen Barockmeister Tiepolo wachruft. Ein Segment eines runden Tischs in der Ecke wird in der Spiegelung zu einem ganzen Tisch. Mit Spiegeln wird auch der Raum optisch vergrößert, just wie in einem klassischen Pariser Café. Verspielte Alkoven, Stuckmalereien und hellblaue Vorhänge verstärken den Eindruck, in einem kleinen Palastzimmer zu sein. Wenn man hinterher wieder nach draußen tritt, reibt man sich erst einmal die Augen. Das scherzhafte Juwel ist ein Geschenk Maria Fjodorownas an ihren Gemahl, den zukünftigen Zaren Paul I., ein liebevoller Versuch, dem oft düsteren Mann ein Lächeln abzuringen.

Unmittelbar vor das Birkenhaus stellte Pauls Lieblingsarchitekt Brenna zehn Jahre später ein gewaltiges klassizistisches Portal hin – auch dies als architektonischer Scherz gedacht, wenn auch eindeutig weniger überzeugend.

Öffnungszeiten/Eintritt 10–18 Uhr, Mo geschlossen, ebenso am 1. Di im Monat. Eintritt: Palast 400 Rbl, Park gratis.

Anfahrt **Elektritschka** vom Baltischen Bahnhof (Ⓜ *Baltijskaja*) nach Gatschina-Baltijskaja (ca. 1 Stunde).

Левашовское мемориальное кладбище

Gedenkfriedhof Lewaschowo

Am Eingang steht die monumentale Skulptur „Moloch des Totalitarismus", ein äußerst eindrückliches Werk, das die Schrecken der Stalinzeit in Erinnerung ruft: der Staat als Guillotine, die dem Individuum das Rückgrat bricht. Die Skulptur stammt vom russischen Bildhauerpaar *Nina Galitskaia* und *Vitali Gambarov*.

Auf dem Gelände vor den Toren der Stadt entdeckte 1989 die von Nobelpreisträger *Andrej Sacharow* initiierte Menschenrechtsgruppe „Memorial" das

Der „Moloch des Totalitarismus"

wohl größte Massengrab in der Umgebung St. Petersburgs. Die angegebenen Todesjahre auf den Kreuzen oder auf den an den Bäumen des Wäldchens befestigten Fotos lauten ausnahmsweise 1937 oder 1938. Hier liegen die St. Petersburger Opfer des Großen Terrors oder der Großen Säuberung, mit der Stalin seine Alleinherrschaft endgültig zementierte. Seiner Strategie, jegliche Opposition physisch auszuschalten, fielen nicht nur der gesamte Kader der Kommunistischen Partei, zwei Drittel der Offiziere (womit er – was ihm wohl erst im Zweiten Weltkrieg bewusst wurde – die sowjetische Armee beträchtlich schwächte) und weite Teile der Intelligenzija zum Opfer, sondern auch zahllose Bürger, die dem Geheimdienst, der alle Poren der Gesellschaft durchdrang, irgendwie verdächtig schienen. Die „Schwarzen Raben", wie der Volksmund die Polizeiautos nannte, konnten jederzeit und überall auftauchen – vornehmlich im Morgengrauen, um das Opfer zu überraschen. „Tod durch Erschießen" war das übliche Urteil, wenn es überhaupt zu einer Anhörung kam. Mindestens 40.000 Personen ließen allein in St. Petersburg ihr Leben, rund 20.000 Tote wurden auf dem 11 Hektar großen Gelände von Lewaschowo gezählt. Angehörige, die meinten, ihre Verwandten seien damals in einen sibirischen Gulag verschleppt worden, erfuhren erst in der Ära Gorbatschow, als die Archive geöffnet wurden, dass diese vor den Toren der Stadt erschossen worden waren.

Das Gelände zeigt zahllose Gräber, oft ist auch nur ein Kreuz mit einem Foto an einen Baumstamm genagelt. Viele Gruppen haben ihr eigenes Denkmal bekommen, Juden, Deutsche und Italiener. Stalins Misstrauen galt grundsätzlich allen Ausländern, davon waren auch deutsche Kommunisten nicht ausgenommen, die nach der nationalsozialistischen Machtübernahme in die Sowjetunion emigrierten, um dort für ihre Idee zu wirken. Einer von ihnen, der in Lewaschowo erschossen wurde, ist *Paul Dietrich*, einst KPD-Abgeordneter im Deutschen Reichstag. Er ist von der Geschichtsschreibung vermerkt – im Gegensatz zu den zahllosen in Lewaschowo Ermordeten, deren Identität bis heute nicht festgestellt ist. Der Besuch des Gedenkfriedhofs ist eine Reise in die düsterste Zeit der sowjetischen Geschichte. Wer auf dem Rückweg noch einmal einen Blick auf den „Moloch des Totalitarismus" wirft, wird die Skulptur als Mahnmal begreifen und eine Ahnung davon bekommen, was diese tödliche Maschinerie anzurichten vermochte.

Öffnungszeiten Tägl. 9–18 Uhr. Am 30. Oktober, dem „Tag der Erinnerung an die Opfer der politischen Repression", organisiert die Stadt St. Petersburg eine besondere Feier.

Anfahrt **Zug** vom Finnländischen Bahnhof bis Lewaschowo, dann Bus Nr. 75 oder 84 bis Haltestelle Lewaschowskaja Pustosch.

Alternativ: **Bus** Nr. 75 ab der Metrostation „Prospekt Proswetschenija" bis Haltestelle Lewaschowskaja Pustosch.

Кронштадт

Kronstadt

Peter der Große erkannte den militärstrategischen Nutzen der inmitten der Bucht gelegenen *Insel Kotlin* schnell. Hier, in rund 30 Kilometer Entfernung, ließ sich seine Stadt hervorragend gegen potentielle Eindringlinge auf dem Seeweg abriegeln. Zudem schafften die großen Handelsschiffe mit ihrem Tiefgang die Einfahrt ins Newa-Delta nicht, so dass es sich anbot, hier einen Umladehafen zu bauen. Im Verlauf des Großen Nordischen Kriegs (→ Geschichte der Stadt) nahmen die Russen 1703 die Insel den Schweden ab; bald darauf ließ Peter auf ihr eine Verteidigungsanlage bauen und gab ihr den Namen *Kronstadt*. Ihre militärische Tauglichkeit musste die Festung Kronstadt nie unter Beweis stellen – zumindest nicht gegen fremde Mächte. Der einzige Angriff auf dem Seeweg erfolgte aus St.

St. Petersburg im Kasten

Der Kronstädter Aufstand

Das tragischste Kapitel im Zusammenhang mit der bolschewistischen Machtergreifung ist zweifellos der *Kronstädter Matrosenaufstand* vom März 1921. Die Kronstädter Matrosen galten als die Speerspitze der bolschewistischen Revolution von 1917, doch schon vier Jahre später sahen dieselben Matrosen mit der zunehmenden Zentralisierung der politischen Macht – erst in der Kommunistischen Partei, dann in den Händen weniger Spitzengenossen der Partei – ihre Ideale verraten. Sie ergänzten die alte bolschewistische Kampflosung „Alle Macht den Sowjets" um den Zusatz „... und nicht den Parteien" und stellten in einem Manifest 15 Forderungen auf, mit denen sie die soziale Revolution weitertreiben wollten. Das lag nicht im Sinne der Petrograder Parteioberen, die drauf und dran waren, die behauptete Diktatur des Proletariats als Diktatur über das Proletariat zu zementieren. Lenin und Trotzkij zögerten nicht lange. „Wir werden euch wie Enten abknallen", soll letzterer gesagt haben und ließ die Kriegsmaschinerie der Roten Armee auffahren, die den Aufstand äußerst brutal niederschlug. Auf beiden Seiten blieben nahezu 10.000 Tote zurück. Der Kronstädter Matrosenaufstand mit seinen revolutionären Forderungen hatte die bolschewistische Machtpolitik nachhaltig desavouiert, eine Politik, die dann unter Stalin in einen staatlichen Terror ungeheuren Ausmaßes führen sollte.

Petersburg im Verlauf des Kronstädter Matrosenaufstands (siehe unten) – gegen die späteren Bombardements der deutschen Luftwaffe im Zweiten Weltkrieg war die alte Festung natürlich machtlos.

Als Handelshafen hingegen wurde Kronstadt oft angelaufen. Die Ladungen der großen Schiffe wurden hier auf kleinere Kähne verfrachtet, deren geringerer Tiefgang die Einfahrt in die Newa-Stadt erlaubte. Erst nach 1870 wurde ein Meereskanal nach St. Petersburg gegraben und auf der Gutuewskij-Insel (südlich der Wassiljewskij-Insel) ein neuer Hafen gebaut, so dass auch die schweren Dampfer ihre Ladung direkt in der Stadt löschen konnten.

Dem Spaziergänger begegnet die militärische Vergangenheit Kronstadts auf Schritt und Tritt: Kanonenrohre und anderes Kriegsgerät, selbst ein altes U-Boot, haben den Weg in die Stadt gefunden. Auffallend viele Kasernen sind zu sehen, die meisten sind längst verlassen. Die russische Kriegsmarine unterhält ihre Hauptbasis mittlerweile auf der Wyborger Seite, ebenso ihre Werft. In Kronstadt wird jedoch weiterhin in einigen zivilen Werften gearbeitet.

Kuppel der Marine-Kathedrale

Die wuchtige **Marine-Kathedrale** mit ihrer großen Kuppel ist der auffallendste Bau im Stadtzentrum. In sowjetischen Zeiten diente sie als Kino, im hohen Kirchenraum wurde eine Zuschauertribüne eingerichtet. Nach umfassenden Restaurierungsarbeiten konnte Patriarch *Kyrill II.* 2012 die Kathedrale unter großem Pomp – selbst der damalige Präsident *Dmitrij Medwedew* markierte Präsenz – einweihen.

An den Stränden auf dem unbebauten Westteil der Insel weht dem Spaziergänger Schaschlikduft in die Nase. Petersburger Familien finden hier Ruhe vor dem Großstadtlärm.

Die Insel ist über Dämme sowohl von der Wyborger Seite wie auch vom Festland bei von Lomonosow aus erreichbar. Das Verkehrskonzept sieht damit eine weiträumige Umfahrung von St. Petersburg vor. Gleichzeitig dienen die Dämme dem Hochwasserschutz. Im Normalfall bliebe ein Stück des Damms für die Durchfahrt der Schiffe offen, für die kleinen im Norden, für die großen im Süden. Im Katastrophenfall würden die Dämme geschlossen, und der Stadt bliebe eine Überflutung, wie sie Puschkin zu seinem berühmten Gedicht „Der eherne Reiter" inspirierte, erspart.

Anfahrt Ab Metrostation Staraja Derewnja mit Bus Nr. 101 ins Zentrum von Kronstadt (ca. 40 Min.).

Репино

Repino

Als der berühmte Maler *Ilja Repin* sich im Jahr 1900 in Repino niederließ, hieß der Ort noch Kuokkala und gehörte zum russischen Großfürstentum Finnland. Nach der Oktoberrevolution 1917 erklärte Finnland seine Unabhängigkeit, Kuokkala wurde finnisch. So starb der russische Maler 1930 in Finnland. Im Zweiten Weltkrieg war der Landstrich heftig umkämpft. Nachdem die Finnen auf deutscher Seite den Krieg in Russland mitverloren hatten, wurde die Region 1944 in einem finnisch-russischen Friedensvertrag der Sowjetunion zugesprochen, die 1948 Kuokkala zu Ehren des großen russischen Realisten in Repino umbenannte.

Im Jahr 1900 heiratete der 56-jährige Repin die Schriftstellerin *Natalja Nordmann*, die zwar väterlicherseits dem russischen Adel entstammte, von gesellschaftlichen Konventionen aber nichts hielt und heute als frühe russische Frauenrechtlerin angesehen wird. Gleichsam als Hochzeitsgeschenk kaufte Natalja ihm in der Nähe des damaligen Örtchens Kuokkala ein Stück Land, auf das Repin mitten im Wald ein Haus (das heutige **Repin-Museum**) nach seinem Gusto stellen ließ, eine verwinkelte, fast karnevaleske Konstruktion aus Holz mit viel Verglasungen, die er *Penaty* nannte. Die Anspielung auf die „Penaten", die römischen Hausgötter, denen vor allem der Schutz über Herd und Vorratskammer oblag, kommt nicht von ungefähr. Die Küche war dem Maler wichtig, wenn nicht gar heilig. Er liebte es, Leute um sich zu haben und verköstigte diese gerne und vorzüglich (er selbst war übrigens Vegetarier).

Zu den regelmäßigen Gästen gehörten der Schriftsteller Maxim Gorkij und der Sänger Fjodor Schaljapin. Wie es bei den Gelagen im Repin'schen Haus zuging, erfährt der Besucher im Speisesaal. Repin, der kein Dienstpersonal um sich haben mochte, ließ sich einen runden Tisch bauen, in dessen Mitte eine drehende Platte eingebaut war, auf die die Gerichte gestellt wurden – sozusagen ein Self-service-Prinzip, bevor es diesen Begriff gab. Verstieß ein Gast gegen irgendeine Regel, so musste er zur Strafe die vier Stufen zur in der Ecke stehenden Mini-Tribüne hochsteigen und von dort oben den Anwesenden eine improvisierte Rede halten.

Nach der Besichtigung der biographischen Dokumente und Porträts im *Erdgeschoss* wird der Besucher über eine Treppe in ein Zimmerchen geführt, von dessen mit Samt ausgekleidetem Thron der Hausherr auf drei Seiten in den Wald blicken konnte, ideal für ein ruhiges Gespräch, wie ein Foto an der Wand beweist.

In der *ersten Etage* überrascht das geräumige Atelier mit einem riesigen Cheminée. Eine Ritterrüstung steht da, Musikinstrumente liegen herum, an der Wand hängt ein Jagdgewehr, und von der Leinwand blickt ein unvollendeter Puschkin auf den Betrachter. Wenn der Meister hier in Ruhe arbeiten wollte, zog er die Fahne auf dem Balkon ein: Bitte nicht stören! Hing dagegen die Fahne vom Balkon, so hieß das: Willkommen! Ansonsten hatte der Balkon noch eine ganz andere Funktion: Repin pflegte hier nächtens im Freien zu schlafen, im Sommer wie im Winter.

Nach dem Besuch dieses wunderlichen Gebäudes empfiehlt sich ein Spaziergang im Wäldchen dahinter. Er führt zu einem Aussichtsturm, den Repin bauen ließ, um aufs Meer schauen zu können. Heute steht der bescheidene Turm etwas verloren da, die Bäume um ihn herum haben ihn im Lauf der Jahrzehnte in den Schatten gestellt. Unweit davon trifft der Spaziergänger auf einen kleinen Grabhügel, den ein schlichtes Kreuz ziert. Hier hat der Meister seine letzte Ruhe gefunden.

Öffnungszeiten/Eintritt Repin-Museum: Sommer Mi–So 10.30–17 Uhr, Winter bis 16 Uhr; am letzten Donnerstag im Monat geschlossen. Die 30-minütige Führung geschieht auf Englisch über Lautsprecher und wird von freundlichen Damen unterstützt, die mit stummen Gesten auf die besprochenen Gegenstände hinweisen. Eintritt 500 Rbl.

Ilja Repin, „Die Wolgatreidler" (1872/73)

Der in der Ukraine geborene Ilja Repin gilt heute als der bedeutendste Vertreter des russischen Realismus, der seinerseits zum Vorbild für den sozialistischen Realismus (mit all seinen kitschigen Entgleisungen) wurde. Bereits 1872 schloss sich Repin der Künstlergruppe der *Peredwischniki* („Wanderer") an, die sich vom starren Betrieb der Petersburger Kunstakademie eingeengt fühlten und mit Wanderausstellungen von sich reden machten. Es gehört zu den ironischen Eskapaden der Geschichte, dass der Künstler zwanzig Jahre später beauftragt wurde, ebendiese Akademie zu reformieren, die Jahrzehnte nach seinem Tod in Repin-Akademie umbenannt wurde.

Wer heute Repins Bilder sehen will, begibt sich am besten ins Russische Museum von St. Petersburg (→ Tour 2: Zwischen Erlöserkirche und Schlossplatz), wo ihm gleich mehrere Räume gewidmet sind. Dort sind auch „Die Wolgatreidler" (1872/1873) ausgestellt: Elf Männer ziehen ein Lastschiff mühsam die Wolga flussaufwärts. Repin machte Skizzen vor Ort, gewann das Vertrauen der Männer und schuf schließlich dieses ausdrucksstarke Gemälde, das seinen Ruhm als Künstler begründete.

Als Repin 1900 sein verspieltes Haus in Kuokkala (heute: Repino) baute, das heute jeden Besucher entzückt, hatte er sein malerisches Hauptwerk bereits geschaffen und war nicht nur in künstlerischen Kreisen eine angesehene Persönlichkeit. Man muss sich ihn als Bonvivant vorstellen, der hier, bereits seine Memoiren schreibend und mit seinen Künstlerfreunden diskutierend, das Weltgeschehen aus gebührendem Abstand betrachtete. Stalin versuchte ihn zu bewegen, aus dem damals finnischen Kuokkala nach Russland zurückzukehren und stellte ihm den Titel „Volkskünstler der Sowjetunion" in Aussicht. Doch Repin zog sein schönes Domizil im heutigen Repino vor – Ruhm hatte er schließlich genug.

Anfahrt **Elektritschka** vom Finnländischen Bahnhof bis Repino.

Alternativ: Ab **Metrostation** Tschernaja Retschka mit **Bus** Nr. 211.

Essen & Trinken An der Küste entlang finden sich mehrere Restaurants, die mit Vorliebe von den Besitzern der umliegenden Datschen aufgesucht werden. Eines davon:

U Kamina, hervorragende russische Küche, großes Angebot an Vorspeisen. Billig ist's allerdings nicht. Primorskoje Schosse 450, ✆ 434-1020.

Baden Langer Küstenstreifen bei Repino. Im Sommer kann man ein Bad riskieren, die Wassertemperatur ist dann körperfreundlich. Sehr flacher Strand.

Шлиссельбург

Schlüsselburg

Geschichte: Die Festung im Ladogasee liegt direkt vor dem Abfluss der Newa und hatte über die Jahrhunderte eine militärstrategische Bedeutung ersten Ranges. Ein frühester Bau aus Holz datiert nach schwedischer Geschichtsschreibung aus dem 13., nach russischer aus dem 14. Jahrhundert. Sowohl Schweden wie Russen beanspruchen die Autorenschaft. Wie auch immer: Die Festung, von den Russen auch heute noch gelegentlich „Oreschek" (Nuss) genannt, wechselte den Besitzer im Lauf der Geschichte oft, wurde mehrmals zerstört und mehrmals wiederaufgebaut. Im Großen Nordischen Krieg dirigierte *Peter I.* höchstpersönlich das berühmte Preobraschenskij-Regiment, als Oreschek im Herbst des Jahres 1702 nach zehntägigem Mörser- und Kanonenbeschuss endgültig an Russland fiel. Für Peter war die Festung der Schlüssel zum Baltischen Meer, er gab der geknackten „Nuss" den deutschen Namen „Schlüsselburg", und bald entstand am westlichen Ufer auch die Stadt Schlüsselburg.

Nachdem Peter sein Reich konsolidiert hatte, verlor die Festung an strategischer Bedeutung und wurde bald einer neuen Bestimmung zugeführt – als Gefängnis eignete sie sich ausgezeichnet. Zu den frühesten Häftlingen gehörte *Jewdokija Fjodorowna*, Peters erste Frau, die er 1698 ins Kloster verbannt hatte. Nach dem Tod des Zaren 1725 musste sie die Klosterzelle gegen die Festungszelle eintauschen. Schlüsselburg schien wohl der sicherere Ort, um sie daran zu hindern, sich ins Gerangel um die Thronfolge einzumischen. Als Gefängnis diente Schlüsselburg fortan fast 200 Jahre – so lange, wie das Haus Romanow Bestand hatte. Die Russische Revolution machte beiden ein Ende.

Eine militärische Schlüsselstellung bekam die Festung erst im Zweiten Weltkrieg wieder. Am 8. September 1941 schloss sich der deutsche Blockadering um Leningrad, am selben Tag erobern die Deutschen auch Schlüsselburg – aber nur die Stadt am linken Newa-Ufer, nicht die Festung. Letztere blieb trotz allem Granaten- und Bombenhagel fest in russischer Hand – auch wenn sie weitgehend zerstört wurde. Sie spielte eine Schlüsselrolle für die „Straße des Lebens" (→ Geschichte/Die Stadt in der Blockade), die weiter nördlich über den Ladogasee führte.

Besichtigung: Ein Besuch der zerstörten Festung lässt sich problemlos als Halbtagsausflug gestalten. Vom Stadtzentrum ist man mit Metro und Bus in einer guten Stunde am Ladoga-Ufer, dort wartet ein kleines, schnelles Motorboot. Man zieht sich eine Schwimmweste über und setzt ein paar Minuten später seinen Fuß auf die Festungsinsel.

Zwischen den grün überwucherten Ruinen wurden einige Teile der Festung restauriert und Wege angelegt. Den besten Überblick erhält man von der gedeckten Passage zwischen den beiden Türmen (beide 16. Jh.), die der Anlegestelle am nächsten sind. Mehrere moderne Skulpturen bei der Kirchenruine gedenken der bewegten Geschichte der

Festung. Die beiden Gefängnisse, das neuere zweistöckig, wurden restauriert. Vor jeder Zelle ist das Porträt eines Häftlings angebracht: Dekabristen, Mitglieder der anarchistischen *Narodnaja Wolja* (Volkes Wille) (→ Geschichte, Nikolaus I. liebt Disziplin) und andere Romanow-Gegner saßen in den Verliesen. Zu den berühmtesten Häftlingen gehörten der Anarchist *Michail Bakunin*, der aus der Peter-Paul-Festung (→ Petrograder Insel, Kasten „Die Beichte des Anarchisten“) hierher verlegt wurde, sowie *Alexander Uljanow*, der ältere Bruder Lenins, der wegen eines gescheiterten Attentats auf Zar Alexander II. auf Schlüsselburg gehängt wurde. An Stelle des Galgens ist heute eine Gedenktafel mit seinem Porträt zu sehen.

Wenn man hinterher wieder ins Freie tritt, atmet man erst gut durch und sucht sich dann vielleicht ein ruhiges Picknickplätzchen, wo man die Füße im Ladogasee baden kann.

Öffnungszeiten/Eintritt Juni–Okt. tägl. 10–17 Uhr. Bootsüberfahrt hin/zurück 300 Rbl, Eintritt 100 Rbl.

Anfahrt Ab Metrostation Ul. Dybenko Bus Nr. 575 bis zur Endstation Schlüsselburg, von dort 2 Min. zu Fuß bis zur Anlegestelle.

Diorama „Durchbruch der Leningrader Blockade“: Rund 5 km von der Stadt Schlüsselburg entfernt, an der Stelle, wo die Murmansker Straße die Newa überquert, ist am linken Flussufer das „Diorama-Museum“ in die Brücke integriert. Die Panzer auf dem Platz vor dem Museum stehen nicht zufällig da – sie wurden zwischen 2003 und 2007 aus der Newa gezogen und haben ihre jeweils eigene Geschichte, die im kleinen Museum dokumentiert ist. Hauptattraktion aber bleibt das riesige Diorama selbst.

Die Komposition, in der sich das Auge des Betrachters verliert, stellt die „Operation Iskra“ nach, wie die Zweite Ladoga-Schlacht in Russland genannt wird. Der Betrachter steht am rechten Newa-Ufer (genau gegenüber dem tatsächlichen Platz des Dioramas am linken Ufer) und schaut dem Geschehen zu, das sich im bitterkalten Januar des Jahres 1943 abspielt. Links startet – Blasmusik hebt die Kampfmoral – die „Leningrader Front“ die Offensive, eine Einheit überquert bereits die eisige Newa. Ziel ist die Vereinigung mit der „Wolchow-Front“, die von Osten her vorstößt. Am anderen Ufer steht links die von den Deutschen gehaltene Stadt Schlüsselburg in Flammen, das Feuer rechts verrät die deutschen Stellungen. Im Hintergrund des zentralen Teils, schlecht erkennbar, treffen die beiden russischen Fronten aufeinander: Der Blockadering ist gesprengt.

Blick auf die Leningrader Blockade – Diorama in Schlüsselburg

Zwar reichte die Operation Iskra nicht aus, um die Blockade der Stadt zu beenden, dafür war der russische Korridor viel zu schmal und weiterhin der deutschen Artillerie ausgesetzt. Doch zumindest konnte die Eisenbahnlinie nach Leningrad wieder aufgebaut werden. Die endgültige Befreiung von der deutschen Umklammerung erfolgte ein Jahr später, im Januar 1944, mit der „Leningrad-Nowgoroder Operation".

Öffnungszeiten/Eintritt Di–So 11–18 Uhr, am letzten Freitag im Monat geschlossen. Eintritt 200 Rbl. Anfahrt: Von der Endstation der Buslinie 575 in Schlüsselburg mit dem Taxi (hin/zurück – das Taxi warten lassen – ca. 600 Rbl).

Валаам

Walaam

Die Fahrt mit dem Schiff zur Inselgruppe im Norden des Ladogasees dauert eine Nacht, dann wacht der Reisende in einer ganz anderen Welt auf, in der sich die Natur von ihrer schönsten Seite zeigt. Und auch in einer anderen Zeit: Die Mönche, die hier auf eine lange Tradition zurückblicken, haben nach dem Zusammenbruch des Sowjetreichs den „Athos der Nordens" zurückbekommen. Der Besucher hat den Eindruck, die Geschichte sei vor hundert Jahren stehengeblieben, in der vorrevolutionären Zeit.

Dem ist natürlich nicht so, beim Wiederaufbau setzen die bärtigen Männer in der schwarzen Kutte auf Computer und Handy, sogar über einen eigenen Hubschrauber verfügen sie. Private Spendengelder fließen, und auch der Tourismus dürfte einiges in die Klosterkasse spülen.

Geschichte

Die ersten Mönche kamen vermutlich im 11. Jahrhundert, als sich das Christentum in Karelien ausbreitete, auf den Archipel. Tatsache ist, dass Walaam bereits im 14. Jahrhundert ein bedeutendes geistig-religiöses Zentrum der Russisch-Orthodoxen Kirche war. In den schwedisch-russischen Auseinandersetzungen im 16. und 17. Jahrhundert wurde die Inselgruppe von schwedischen Truppen gebrandschatzt, das Klosterleben erlosch. Als Peter der Große weite Teile Kareliens in russische Gewalt gebracht hatte, ordnete er 1715 den Wiederaufbau des Klosters an, über die Inselgruppe verstreut entstanden zahlreiche Kirchen und Einsiedeleien. Die Mönche hatten für die nächsten 200 Jahre Ruhe. Diese hielt auch an, als 1917 mit der Unabhängigkeitserklärung Finnlands Walaam finnisch wurde.

Nach dem Finnisch-Russischen Winterkrieg 1939/1940 wurde fast ganz Karelien dem sowjetischen Staatsgebiet einverleibt, darunter auch die Klosterinsel. Galt dort die Regel, dass beim Tod eines Mönches die Klosterglocke einmal schlug, beim Tod eines Abts zweimal, so waren jetzt gleich 12 Glockenschläge zu hören: Sie verkündeten den Tod des Klosters. Die religiöse Gemeinschaft wählte den Weg ins finnische Exil, wo sie Neu-Walaam gründete, das bis heute einzige russisch-orthodoxe Kloster in Finnland.

In sowjetischer Zeit dienten die Klostergebäude säkularen Zwecken: Eine landwirtschaftliche Schule wurde eröffnet, Kriegsinvalide wurden hier untergebracht, Alters- und Freizeitheime fanden einen Platz, Lagerräume wurden eingerichtet. Erst mit der Implosion des Sowjetreiches 1989 witterte die Russisch-Orthodoxe Kirche wieder Morgenluft, die ersten Mönche kehrten zurück und machten sich, finanziell von privaten Spendern unterstützt, an den Wiederaufbau der klösterlichen Anlagen.

Heute zählt Walaam wieder rund 200 Mönche, die sich mit ungefähr gleich vielen „weltlichen" Bürgern – meist Nachfahren der angesiedelten Kriegsinvaliden – den Archipel teilen. Ob die vom Kloster betriebene Aussiedlungspolitik erfolgreich ist und zu einem „Athos des Nordens" führt, auf dem die Mönche dann gänzlich unter sich wären, ist derzeit schwer auszumachen. Von möglichen Spannungen bemerkt der Besucher nichts.

Besichtigung

Nach der Ankunft des Schiffes und einem reichhaltigen Frühstück an Bord werden die Ankömmlinge erst unter die verschiedenen Führerinnen aufgeteilt. Die Führungen sind allesamt in russischer Sprache, da westliche Besucher weitaus in der Minderzahl sind, das Gros setzt sich aus russischen Ausflüglern und Pilgern zusammen. Daraufhin wird die Besucherschar auf kleinere Kähne (kosten extra) verteilt, die zum Hauptkloster fahren; man kann den Weg aber auch zu Fuß gehen (ca. 6 km).

Das Hauptkloster mit der **Verklärungskathedrale** (1887–1892) ist das religiöse Zentrum der Inselgruppe. Durch einen idyllischen, grünen Innenhof gelangt man zum äußerlich prunkvollen Bau mit einer relativ nüchternen Unterkirche, mit der die üppig ausgestattete Oberkirche stark kontrastiert. Sie zeigt eine große, vergoldete Ikonostase, Gewölbe, Wände und Pfeiler sind komplett ausgemalt. Die Führung nimmt sich hier viel Zeit und erklärt ausführlich die Geschichte der Insel. Der Rückweg erfolgt in der Regel zu Fuß durch wunderbar duftende Wälder.

Um 15 Uhr wird auf dem Schiff das Mittagessen serviert, danach beginnt der zweite Teil der Besichtigung. Er führt erst zum grün überkuppelten, rot geziegelten Komplex des **Auferstehungsklosters** mit der Unterkirche Neu-Jerusalem, deren zwei Innentempelchen sich architektonisch an die Jerusalemer Tempelkirche anlehnen. Die Oberkirche, in sowjetischer Zeit ein Tanzlokal für Jugendliche, zeigt eine neobarock vergoldete Ikonostase. Das große Nebengebäude, wo die Jugend nach durchtanzten Nächten zu Bette ging, dient heute als Wohnstatt der freundlichen Führerinnen.

Zur **Mariä-Himmelfahrtskirche** des einstigen Gethsemane-Klosters, einem Bau in hellem Blau aus Zypressenholz mit Dach und Zwiebeltürmen, sind es kaum zehn Fußminuten. Von dort führt ein wunderschöner Spaziergang durch duftende Kiefernwälder an einem Weiher vorbei zu einer weiteren Holzkirche. Deren Lage ist so idyllisch, dass der Eremit Damaskin, der hier zuhause war, lange überredet werden musste, bis er den Job des Abts von Walaam annahm. Verwaltungsarbeit war dem Asketen nicht geheuer, lieber saß er hier auf einem Baumstamm und betätigte sich als Löffelschnitzer.

Die rund dreistündige Nachmittags-Führung ist sehr kompetent und erzählt auf den „Stationen" viele hübsche Geschichten. Wer Russisch versteht oder einen Dolmetscher bei sich hat, wird das zu genießen wissen. Im anderen Fall kann die Führung ziemlich langwierig werden. Dann empfiehlt es sich, zumindest den zweiten Teil des Besuchs auf eigene Faust zu gestalten. Man wird so die Einsiedeleien und Kirchen zwar nicht weiter verstehen, dafür entschädigt die einmalige Natur des Nordens mit ihren duftenden Wäldern, Meeresarmen und Blicken auf unerreichbare Inselchen. Am besten besorgt man sich vor Ort die brauchbare Karte mit den Inselwegen; um alle zu erkunden, reicht ein Tag längst nicht aus.

Bis zur Abfahrt des Schiffes um 20 Uhr verbleibt noch etwas Zeit. Eine kleine Reihe von Souvenirbuden knapp oberhalb des Hafens bietet sich an, interessanter aber ist der bescheidene Imbiss daneben mit ein paar Tischen im Freien. Zum kargen Angebot gehören leckere, geräucherte Fische aus dem See.

Walaam – der Athos des Nordens

Wenn die Schiffstaue gelöst sind und der Besucher auf diese wundersame Klosterinsel zurückblickt, sieht er oben am Hang die Gruppe der freundlichen Führerinnen winken – als wären sie, und nicht die Mönche, die Bewohner dieses idyllischen Eilands.

Überfahrt

Der Ausflug zu der rund 300 Kilometer entfernten Klosterinsel beginnt in St. Petersburg mit einer nächtlichen Schifffahrt die Newa entlang bis zum Ladogasee, der dann bis hoch in den Norden durchquert wird. Nach einem Tagesaufenthalt auf dem Archipel legt das Schiff abends wieder ab und fährt am Morgen darauf in St. Petersburg ein. Im Preis enthalten sind Kabine, Frühstück, Mittag- und Abendessen auf dem Schiff. Trotzdem empfiehlt es sich, ein paar Flaschen Wodka und saure Gurken einzupacken, schließlich ist die Überfahrt ein Vergnügen für sich. Es wird bis tief in die Nacht getanzt, gesungen und auch gebechert. Auf der Rückfahrt geht es etwas weniger turbulent zu. Bei den meisten Gästen stellen sich nach der durchzechten ersten Nacht und dem darauffolgenden, längeren Inselspaziergang Anzeichen von Müdigkeit ein.

Abfahrt Am Flusshafen (Retschnoj woksal) in der Nähe der Metrostation Proletarskaja.

Schifffahrtgesellschaften Mehrere Gesellschaften bieten den Ausflug nach Walaam an; Konditionen und Preise unterscheiden sich nicht wesentlich.

Lada, Ul. Schukowskogo 18, ✆ 335-9627, www.ladatour.spb.ru (nur in Russisch).

Am besten erkundigt man sich in einem Reisebüro in der Stadt – oder direkt am Hafen, dort ✆ 262-0239. Rechtzeitige Reservierung ist geboten, nicht nur während der „weißen Nächte"!

Fahrzeit/Preis Die Schiffe starten in der Regel von Mitte Mai bis Sept. tägl. um ca. 20 Uhr und sind am übernächsten Tag morgens um ca. 7.30 Uhr wieder zurück. Hin- und Rückfahrt 7000–20.000 Rbl/Pers., je nach Kabine, jeweils inkl. Frühstück, Mittag- und Abendessen. Kabinenplatz ist obligatorisch.

Alternative mit Bahn und Tragflügelboot Billiger, aber anstrengender ist folgende Variante: Ab dem Finnländischen Bahnhof oder Ladoga-Bahnhof mit dem Zug bis Priosersk am Westufer des Ladogasees (Fahrzeit 2–3 Std.). Von dort mit dem Taxi zur Schiffsablegestelle, dann mit dem Tragflügelboot auf die Insel. Abfahrtzeiten von Tragflügelboot und Bahn für die Rückfahrt in Walaam bzw. Priosersk eruieren. Wer früh startet, ist am späten Abend zurück. Besser aber eine Nacht in Priosersk einkalkulieren.

Dom Knigi – das Haus der Bücher

Nachlesen & Nachschlagen

Stadtgeschichte

Am 27. Mai 2003 erstrahlte der Himmel über St. Petersburg im Dauerfeuerwerk, und die Bürger tranken ein paar Wodkas über den Durst: Die Stadt an der Newa feierte ihren 300-jährigen Geburtstag. Im Vergleich zu anderen europäischen Metropolen hat St. Petersburg also eine junge Geschichte. Die Gründung der Stadt geht zurück auf Zar Peter I. (1672–1725) aus dem Haus der Romanows, auch Peter der Große genannt. In einem jahrelangen Krieg gegen Schweden erstritt er sich einen russischen Zugang zur Ostsee und traf die folgenreiche Entscheidung, an der Newa-Mündung ein „Fenster zum Westen" zu öffnen. 1712 erklärte Peter I. das aus den Sümpfen gestampfte St. Petersburg zur Hauptstadt des „Zarentums Russland", das er 1721 in „Russisches Reich" umbenannte. Abgesehen von einem kurzen Zwischenspiel (1728–1732) war die Stadt bis 1918 Regierungssitz des russischen Reichs. Erst unter Lenin wurde Moskau wieder in seine alten Rechte eingesetzt.

Die Insignien des Zaren

Peter I. krempelt das Reich um

Peter I. war erst 10 Jahre alt, als er 1682 in Moskau gemeinsam mit seinem 16-jährigen kränklichen Halbbruder *Iwan V.* auf den Zarenthron gesetzt wurde. Die Staatsgeschäfte übernahm vorerst seine Halbschwester *Sofia Alexejewna*. Mit 17 Jahren fühlte Peter sich stark genug und schaltete mit Hilfe seiner Anhänger die Regentin aus bzw. ließ sie in ein Kloster stecken; sein Halbbruder starb 1696, so konnte er fortan als Alleinherrscher über das Riesenreich gebieten.

Peter I. war ein kräftiger Mann von über zwei Metern Größe, vielseitig interessiert und den Wissenschaften gegenüber aufgeschlossen. Als erster russischer Zar bereiste er den Westen und lernte dort im Lauf von 17 Monaten zahlreiche Fachkräfte des Städtebaus und vor allem auch des Schiffsbaus kennen. Er selbst arbeitete eine Zeitlang inkognito in einer holländischen Schiffswerft, was im 19. Jahrhundert den deutschen Komponisten Albert Lortzing zur Oper „Zar und Zimmermann" inspirieren sollte. Peter befand sich gerade in Österreich, als er vom Aufstand der *Strelizen* – eine Art Prätorianergarde im Kreml – erfuhr, bei dem offensichtlich seine entmachtete Halbschwester Sofia die Finger im Spiel hatte. Sofort kehrte er nach Moskau zurück und schlug die Palastrevolte nieder. Bei den anschließenden Folterungen zwecks Erpressung von Geständnissen soll er höchstpersönlich Hand angelegt haben, ebenso bei den zahlreichen Hinrichtungen. Die Elitetruppe der Strelizen wurde schließlich aufgelöst und Sofia zur Nonne geschoren.

Peter I. genießt bei den heutigen Historikern auch den Ruf der Grausamkeit. Der Volksmund hat diese gewalttätige Seite des Stadtgründers in einen Vers gegossen: „Wer unter Peter muckt, wird von ihm geduckt!"

Außenpolitisch war *Schweden* die regionale Großmacht, das sich sowohl Finnland als auch weite Teile des Baltikums unterworfen hatte und damit praktisch die Vorherrschaft über die Ostsee ausübte. Der Finnische Meerbusen lag gar gänzlich in schwedischen Händen, den Russen war der Zugang zur Ostsee versperrt. Dies war ein Dorn im Auge des Zaren, der die Bedeutung des Seewegs für den Handel mit Europa erkannt hatte. Im *Großen Nordischen Krieg* (1700–1721) konnte Peter I. 1702 die Schlüsselburg, eine Inselfestung am Abfluss der Newa aus dem Ladogasee, für Russland zurückerobern und die Schweden aus dem umliegenden Gebiet verdrängen: Der ersehnte Zugang zum Meer war frei, es fehlte nur noch eine Hafenstadt. Ein Jahr später, 1703, machte sich Peter I. daran, im sumpfigen Gelände des Newa-Deltas mit Hilfe zahlreicher Fachleute aus Europa seine Hauptstadt zu errichten. Ähnlich wie in Venedig musste dabei oft auf Holzpfählen gebaut werden.

Wie viele Soldaten, Leibeigene und andere Zwangsarbeiter auf der riesigen Baustelle geopfert wurden, ist nicht bekannt. Sumpffieber und Skorbut waren die hauptsächlichen Todesursachen. Die Schätzungen liegen zwischen 20.000 und 30.000 Toten, Peter den Großen kümmerte dies wenig. Als Erstes ließ er die *Peter-Paul-Festung* bauen, er selbst bezog ein kleines Holzhaus auf der Petrograder Seite, von wo aus er die Arbeiten gut überwachen konnte. Die Idee, die Wassiljewskij-Insel zum Stadtzentrum zu machen, wurde bald aufgegeben und die „Große Seite" gewählt, die noch heute das Herz der Stadt ist. Nach nur neun Jahren Bauzeit erklärte Peter I. die neue Stadt, erst holländisch *Sankt-Pieterburch* genannt, bald aber deutsch *Sankt Petersburg* (bzw. russisch *Sankt Peterburg*, ohne „s"), zur Hauptstadt seines Reichs.

Der Stadtgründer

Alles schön und gut – aber eine Hauptstadt braucht Bewohner, am besten begüterte Bewohner, die für wirtschaftlichen Aufschwung sorgen. Peter behalf sich, indem er per Dekret die Zwangsumsiedlung des russischen Adels verfügte. Dieser sollte seine Häuser aus Stein errichten, und damit auch genügend Steinmetzen und Maurer nach St. Petersburg kamen, verbot der Zar gleichzeitig den Bau von Steinhäusern im übrigen Reich. Das Kalkül ging auf: Moskau blieb eine Holzstadt, die Maurer strömten massenweise an die Newa.

Für den Bau der neuen Hauptstadt engagierte Peter I. zahlreiche europäische Architekten, Bauingenieure, Schiffbauer und Techniker aller Branchen. Solche Fachleute waren in Russland nicht zu finden, wo die Ausbildung praktisch gänzlich in kirchlichen Händen lag und eher weltfremd ausgerichtet war. Der rührige Zar packte auch dieses Problem an der Wurzel und stutzte die Macht der Kirche zurück. Er schaffte nicht nur das Moskauer Patriarchat ab, er gründete neue Bildungsinstitutionen wie die Marine-Akademie und verschrieb den adligen Söhnen eine weltliche Zwangsausbildung.

Um schließlich standesgemäß repräsentieren zu können, ließ der Zar am Südufer des Finnischen Meerbusens 1717 sein eigenes Versailles errichten: *Peterhof* mit seinem riesigen Palast und seinen verspielten Wasserfällen im Park.

Als Peter I. 1725 starb, hinterließ er ein konsolidiertes Reformwerk. Russland hatte ein neues Gesicht bekommen, es war „europäischer" geworden.

Baudenkmäler aus der Regierungszeit Peters des Großen

- Peters Häuschen, 1703
- Sommerpalast, 1710–1714
- Menschikow-Palast, 1710–1720, später umgebaut
- Peter-Paul-Kathedrale, 1712–1732
- Kikin-Palast, 1714–1720
- Palast Peters des Großen in Peterhof, 1714–1723
- Alexander-Newskij-Kloster, ab 1715
- Kunstkammer, 1718–1734
- Zwölf Kollegien, 1722–1740

Elisabeth – die Schöne amüsiert sich im Barock

Nach dem Tod Peters I. folgt eine Zeit der schnellen Thronwechsel und der Intrigen im Hause Romanow. Zwei Jahre lang regiert Peters Witwe, die Tochter eines litauischen Bauern und zeitlebens Analphabetin, als *Zarin Katharina I.* das Land. Auf dem Totenbett bestätigt sie ein früheres Versprechen und vermacht den Thron *Peter II.*, einem 12-jährigen Enkel Peters des Großen mit deutsch-blaublütiger Mutter. Dieser verlegt den Zarenhof wieder nach Moskau und stirbt mit 15 Jahren an Pocken. Auf ihn folgt *Zarin Anna Iwanona*, eine Nichte Peters des Großen, die das Regieren ihren meist ausländischen Höflingen überlässt. Sie stirbt 1740, nicht ohne vorher testamentarisch den mittlerweile wieder nach St. Petersburg zurückgeführten Thron ihrem erst zwei Monate alten Großneffen zu vermachen, der als *Zar Iwan VI.* zu Bett gebracht wird. An seiner Stelle regiert nach einer Palastrevolution seine Mutter – auch sie aus deutschem Adel stammend – beziehungsweise deren deutsche Günstlinge.

Bei diesen Intrigen, die zum Teil byzantinische Ausmaße annehmen, ist eine mögliche Thronfolgerin der Romanows etwas ins Abseits geraten: Elisabeth, die Lieblingstochter Peters des Großen.

Auf ein Garderegiment gestützt, putscht sie sich 1741 an die Macht, stutzt den deutschen Einfluss am Hof zugunsten russischer Berater zurück und hält sich bis zu ihrem Tod 1761 auf dem Thron.

Zarin Elisabeth war laut ihren Zeitgenossen eine sehr schöne Frau, die vor Lebenslust sprühte. Sie liebte Bälle, am liebsten Maskenbälle, und Ausschweifungen aller Art. Auch Kultur und Wissenschaft erlebten unter ihr eine Blütezeit. Sie gründete sowohl das erste russische Nationaltheater wie auch die erste russische Universität. Bei all ihren Aktivitäten blieb die schöne Zarin stets auf der Hut vor vermeintlichen oder wirklichen Gegnern. So lebte und vergnügte sie sich meist nachts, und keiner wusste, in welchem ihrer Paläste sie tagsüber ausschlief.

In der Stadtarchitektur schlägt sich Elisabeths Regierungszeit in zahlreichen Barockbauten nieder, für die berühmtesten – *Winterpalast* und *Smolnyj-Kloster* – zeichnet ihr Hofarchitekt *Bartolomeo Francesco Rastrelli* verantwortlich.

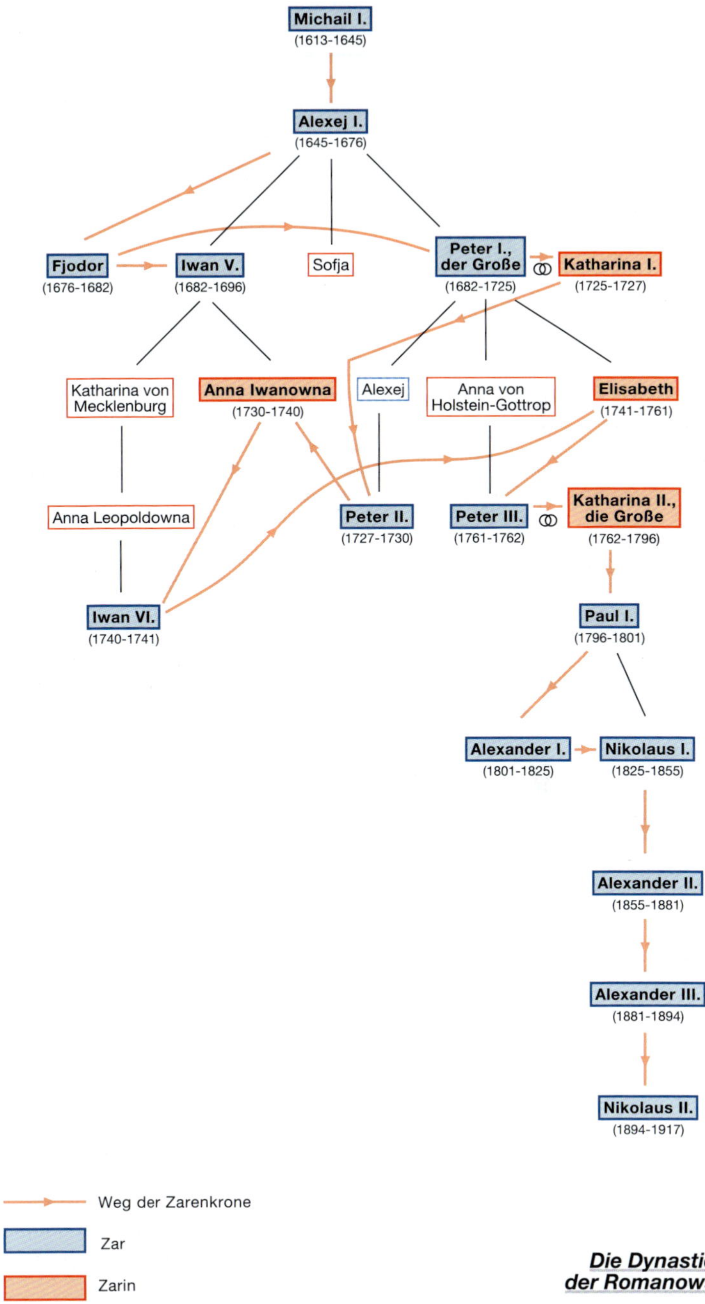

Die Dynastie der Romanows

Ebenfalls zu dieser Zeit bildet sich der *Newskij-Prospekt* (damals „Großer Prospekt" genannt) als pulsierende Hauptader der Stadt heraus, in deren Nähe sich der reiche Adel ansiedelt.

Baudenkmäler aus der Regierungszeit Elisabeths

Anitschkow-Palast, 1741–1750, später umgebaut

Smolnyj-Kathedrale, 1748–1761

Scheremetew-Palast, 1750–1755

Stroganow-Palast, 1752–1754

Katharinenpalast in Puschkin, 1752-1756, Umbau

Nikolauskathedrale, 1753–1762

Winterpalast, 1754–1762

Katharina II. – eine deutsche Prinzessin wird russische Staatsfrau

Die schöne Elisabeth hatte schon frühzeitig ihren Neffen Karl Peter Ulrich, einen Enkel Peters des Großen, zum Thronfolger bestimmt, einen wenig tauglichen Mann, der 1761 als *Peter III.* ihre Nachfolge antrat. Vielleicht hatte Elisabeth das kommende Unheil geahnt, als sie 1744 dessen Hochzeit mit der deutschen *Prinzessin Sophie Friederike Auguste von Anhalt-Zerbst*, die beim Übertritt in die orthodoxe Kirche den Namen Katharina annahm, einfädelte und ihm damit eine kluge Frau zur Seite stellte.

Eine glückliche Ehe konnte man dies nicht nennen. Der Zar verabscheute alles Russische, spielte gerne mit Zinnsoldaten oder goss sich einen zuviel hinter die Binde, am liebsten hielt er sich in seinem Schloss in Oranienbaum am Südufer des Finnischen Meerbusens auf. Seine Gemahlin dagegen liebte St. Petersburg, widmete sich der philosophischen und politischen Literatur und zeigte reges Interesse an russischer Geschichte und Gegenwart. Die beiden waren sich ziemlich fremd, Katharina hatte zahlreiche Liebhaber, und die meisten Historiker schreiben die Vaterschaft ihrer Kinder denn auch nicht ihrem Ehegatten zu.

Kaum ein halbes Jahr war seit der Inthronisierung ihres Gatten verstrichen, als die deutsche Prinzessin bereits genügend Garden hinter sich geschart hatte, um sich als *Katharina II.* zur Zarin ausrufen zu lassen. Peter III. wusste kaum, wie ihm geschah, und unterschrieb brav die Abdankungsurkunde. „Er ließ sich entthronen wie ein Kind, das man zu Bett schickt", kommentierte Friedrich der Große die unblutige Palastrevolution. Der Ex-Zar wurde in ein nahegelegenes Landhaus gesteckt und dort kurz darauf ermordet. Ob Katharina II. den Auftrag dazu gegeben hatte, ist bis heute umstritten.

Katharina II., auch Katharina die Große genannt, stand wie der Preuße Friedrich II. im Briefverkehr mit Voltaire und war eine Vertreterin des aufgeklärten Absolutismus. Außenpolitisch fallen zwei Kriege gegen das Osmanische Reich in ihre Regierungszeit, im Verlauf derer sie den russischen Zugang zum Schwarzen Meer erzwang. Innenpolitisch leitete sie zahlreiche Reformen ein. Sie erließ ein Toleranzedikt, das die Religionsfreiheit garantierte, warb ausländische Siedler an (unter ihrer Regierung entstand die Kolonie der Wolgadeutschen), säkularisierte den kirchlichen Landbesitz, um die Not der Bauern zu lindern, und gründete zahlreiche Spitäler und Schulen. Schließlich verdankt ihr St. Petersburg eine der größten Gemäldesammlungen der Welt, die *Eremitage*.

Unter Katharina der Großen entwickelt sich St. Petersburg endgültig zur Großstadt. War ihre Vorgängerin dem barocken Baustil zugetan, so beruft Katharina nun den Italiener *Giacomo Quarenghi* zum Hofarchitekten, der in der

Im Innenhof seines Schlosses gefangen: der ängstliche Paul I.

Tradition von Andrea Palladio dem klassizistischen Stil verpflichtet ist. Die entscheidenden Veränderungen des Stadtbilds unter Katharina II. sind jedoch die Bepflasterung der Straßen, die granitene Einfassung der Mojka, des Gribojedow-Kanals und der Fontanka, die zahlreichen kleinen Brücken mit ihren schmiedeeisernen Geländern und die langen Quais an der Newa, wie sie sich bis heute dem Besucher zeigen.

Baudenkmäler aus der Regierungszeit Katharinas der Großen

Wladimirskirche, 1761–1769, noch im barocken Stil

Gostinyj Dwor, 1761–1785

Katharinenkirche, 1762–1783

Kleine Eremitage, 1764–1775

Andreaskathedrale, 1764–1779

Kunstakademie, 1764–1788

Neu-Holland, 1765–1780

Marmorpalast, 1768–1785

Armenische Kirche, 1771–1780

Taurischer Palast, 1783–1789

Andreasmarkt, 1789–1790

Paul I. – im eigenen Hochsicherheitstrakt erdrosselt

Nach 34 Jahren Herrschaft beendete 1796 ein Schlaganfall Katharinas Leben. Angeblich hätte sie gerne ihren Enkel Alexander als Nachfolger gesehen. Da aber ein entsprechendes Schriftstück nicht gefunden wurde, machte ihr Sohn Paul seine Thronansprüche geltend. *Paul I.* war ein durchaus gebildeter Mensch, doch von launischem, jähzornigem Charakter. Seine Mutter hatte er zeitlebens gehasst; er hielt sie für die Mörderin seines Vaters, Peters III. (der wahrscheinlich gar nicht sein Vater war), und war bestrebt, überhaupt alles anders zu machen als seine Mama. Als Erstes erließ er ein neues Erbfolgerecht, um zu verhindern, dass künftig jemals wieder eine Frau sich auf den Zarenthron setzen könnte. Im Land machte er sich durch seine strenge Zensur unbeliebt, bei den Bürgern von St. Petersburg durch seine

Launen, absurden Anordnungen sowie Begrüßungs- und Huldigungsvorschriften. Letztere führten dazu, dass die Straßen sich in Windeseile leerten, wenn die Zarenkutsche nahte.

Unberechenbar zeigte sich Paul auch in der Außenpolitik. So trat er von einem Tag auf den anderen aus der Koalition gegen Frankreich aus, begann mit Napoleon zu paktieren und brachte damit den Adel gegen sich auf.

Paul I. hatte also Gründe genug, um sein Leben zu fürchten. Um ruhig schlafen zu können, ließ er sich als Stadtresidenz ein Schloss (heute „Ingenieursschloss") bauen, das auf allen Seiten von Wasser umgeben war und einem Hochsicherheitstrakt gleichkam. Doch alle architektonische Vorsicht nutzte nichts, am 23. März 1801 ereilte ihn sein Schicksal, sechs Wochen, nachdem er die Festung bezogen hatte. Vermutlich wurde damals am Eingang eine Waffenkontrolle durchgeführt, und so blieb den Verschwörern nichts anderes übrig, als den stupsnasigen Zaren mit seiner eigenen Schärpe zu erdrosseln.

Baudenkmal aus der Regierungszeit von Paul I.

Ingenieursschloss, 1797–1800

Alexander I. unternimmt halbherzige Reformen

Alexander, Pauls ältester Sohn, wusste von der Verschwörung gegen seinen Vater, den Mord nahm er sozusagen billigend in Kauf. Bei seiner Thronbesteigung versprach er eine Kehrtwende in der Politik: „Es soll alles wieder so werden wie unter meiner Großmutter, Katharina der Großen." *Alexander I.* war nicht nur ihr Lieblingsenkel, mit ihr teilte er auch die Idee eines aufgeklärten Absolutismus. Alexander förderte das Bildungswesen, erließ eine Reihe von Reformen, lockerte die Zensur und hob in den baltischen Staaten die Leibeigenschaft auf – allerdings nicht in Russland, was ihm der Adel kaum verziehen hätte. Um die inneren Reformen vorantreiben zu können, suchte er außenpolitischen Frieden. Doch der war mit *Napoleon*, der sich gerade anschickte, ganz Europa zu unterwerfen, nicht zu haben.

Im *Friedensschluss von Tilsit* (1807), zu dem er sich mit dem französischen Kaiser traf, hatte Alexander I. noch an eine gemeinsame Aufteilung Europas geglaubt, doch Napoleon ließ sich nicht aufhalten. 1812 marschierte er in Russland ein und konnte nach der *Schlacht von Borodino* bis Moskau vordringen. Holzhäuser brennen gut, und statt der erwarteten Lebensmittel fanden die Franzosen eine brennende Metropole vor. Sie machten sich auf den Rückzug – zu spät: Der gefürchtete russische Winter hatte eingesetzt. Die Soldaten starben an Hunger, Krankheiten und Kälte, und obendrein setzten ihnen jetzt die Russen nach. Von der *Grande Armée*, die mit über 400.000 Soldaten nach Russland aufgebrochen war, kamen gerade noch rund 40.000 lebend aus Russland heraus – Alexander I. ging als Sieger gegen Napoleon in die Geschichtsbücher ein.

Vielleicht hatten die napoleonischen Kriege die Russen wieder vermehrt mit westlichem Gedankengut bekannt gemacht, jedenfalls fürchtete der Zar jetzt revolutionäre Umtriebe und Verschwörungen. Reformen wurden wieder rückgängig gemacht, die Zensur wieder verschärft und der Polizeiapparat ausgebaut. Erst aber kam für die Petersburger die Gefahr von ganz anderer Seite: Bei einer verheerenden Flutkatastrophe im Jahr 1824 – der Wasserspiegel der Newa erhöhte sich um vier Meter – ertranken Tausende von Menschen.

Auch unter Alexander I. verändert sich das Stadtbild nochmals. Zwar war im Zentrum kaum mehr Platz für neue Paläste, doch fehlte es noch an kompositorischem Schliff. Wie schon Elisabeth und Katharina II. besorgte sich auch Alexander I. einen Architekten italienischer Herkunft: *Carlo Rossi* gestaltete den riesigen Schlossplatz sowie den westlichen Abschluss des Senatsplatzes.

Baudenkmäler aus der Regierungszeit von Alexander I.

Kasaner Kathedrale, 1801–1811, von Paul I. in Auftrag gegeben

Smolnyj-Institut, 1806–1808

Admiralität, 1806–1823, Totalumbau

Isaakskathedrale, 1818–1858

Russisches Museum, 1819–1825

Nikolaus I. liebt Disziplin

Dem furchtsam gewordenen Alexander I. hätte nach seinem Tod eigentlich sein Bruder Konstantin folgen sollen. Doch dieser war mit einer polnischen Gräfin katholisch verheiratet, was sich für einen russisch-orthodoxen Zarewitsch nicht schickte; er verzichtete zugunsten seines jüngeren Bruders Nikolaus auf die Krone. Nikolaus zögerte erst, das Angebot anzunehmen, die Nachfolgewirren dauerten drei Wochen – Zeit genug für einige Offiziere, die von westlichen Ideen eines liberaleren Staats angesteckt waren, einen Aufstand zu wagen. Sie verweigerten am 26. Dezember 1825 öffentlich mit rund 3000 Soldaten dem neuen Kaiser den Treueid. Die als *Dekabristenaufstand* (von *decabr*, Dezember) in die Geschichte eingegangene Rebellion wurde von regierungstreuen Teilen der Armee mit Hilfe der Artillerie niedergeschlagen, und der eben zum Zar ausgerufene *Nikolaus I.* leitete die folgenden Verhöre persönlich. Fünf Offiziere wurden gehängt, zahlreiche Verschwörer nach Sibirien verschickt.

Mit dieser gewaltsamen Ouvertüre leitete Nikolaus I. seine Regierungszeit ein. Für den militärisch ausgebildeten Zaren war Gehorsam die oberste Tugend, und um diesen notfalls zu erzwingen, setzte er auf eiserne Disziplin. Nur allzu gut wusste er, dass es in allen Gesellschaftsschichten gärte und aufrührerische Gedanken auf einen fruchtbaren Boden fielen. Er stellte deshalb seine immense Zivilverwaltung unter militärische Aufsicht. Da das offenbar aber nicht genügte, um mögliche revolutionäre Umtriebe zu unterbinden, schuf er die berüchtigte „Dritte Abteilung", eine Geheimpolizei, die ihm persönlich unterstellt war, und die sich nebenbei auch für die Aktivitäten der literarischen Kreise in Petersburg interessierte. Kurzum: Eine umfassende Bespitzelung machte sich im Reich breit, und als Nikolaus I. 1855 starb, weinte ihm kaum einer eine Träne nach.

Die Bautätigkeit im Stadtzentrum wurde auch unter Nikolaus I. fortgesetzt. Der Zar war berüchtigt für das geforderte Arbeitstempo, das manchen Architekten zur Verzweiflung und manchen Arbeiter ums Leben brachte. Der Hofarchitekt seines Vaters, Carlo Rossi, wurde weiterhin engagiert, aber auch zahlreiche andere Baumeister.

Baudenkmäler aus der Regierungszeit von Nikolaus I.

Kaffeehaus im Sommergarten, 1826

Teehaus im Sommergarten, 1827

Verklärungskathedrale, 1827–1829

Alexander-Theater, 1828–1832

Jussupow-Palast, 1830, Innenumbau

Petrikirche, 1832–1838

Neue Eremitage, 1839–1852

Moskauer Bahnhof, 1843–1851

Belosselskij-Beloserskij-Palast, 1846

Alexander II. will Dampf ablassen und kommt dabei um

Der Sohn und Thronfolger des 1855 verstorbenen Nikolaus I. war ein äußerst gebildeter Mensch, der sich 1841 die kunstsinnige deutsche Prinzessin Maximiliane Wilhelmine Auguste

Sophie Marie von Hessen-Darmstadt (nach ihrem Übertritt zur orthodoxen Kirche auf *Maria Alexandrowna* zurechtgestutzt) zur Frau genommen hatte. In der Außenpolitik erbte *Alexander II.* von seinem Vater den *Krimkrieg*, der mit dem Friedensschluss von 1856 für Russland kein günstiges Ende nahm. In seine Zeit fällt aber auch die Angliederung weiter Teile Zentralasiens und Sibiriens sowie des Kaukasus an das Russische Reich. Dass er nebenbei das damals russische Alaska für den Spottpreis von 7,2 Millionen Dollar an die Amerikaner verscherbelte, mochte der leeren Kriegskasse geschuldet sein. Langfristig war das für Russland kein guter Deal: 1968 wurden in Alaska riesige Ölvorkommen entdeckt.

In der Innenpolitik lockerte Alexander II., halb aus eigenem Antrieb, halb der Not gehorchend, das strenge Regime seines Vaters und führte zahlreiche Reformen ein, deren bedeutendste 1861 die Aufhebung der Leibeigenschaft war. Doch mit seinen Reformen kam er zu spät, zu zögerlich ging er vor – trotz seiner Öffnungspolitik wuchsen die sozialen Spannungen. Sozialistische und anarchistische Ideen hatten in ganz Europa Wurzeln gefasst, auch in Russland. In konspirativen Zirkeln wurden neue Gesellschaftsmodelle diskutiert, terroristische Gruppen riefen offen dazu auf, der Zarenherrschaft gewaltsam ein Ende zu setzen. Alexander II. hatte bereits mehrere Attentate überlebt, als die anarchistische Gruppe *Narodnaja Wolja* (Volkswille) mit einem Sprengstoffanschlag seinem Leben ein Ende setzte.

Am Ort des Attentats wurde zur Erinnerung an den Reformzaren später die Erlöserkirche gebaut, deren Moskauer Stil sich vom übrigen Stadtbild deutlich abhebt.

Das Stadtbild von St. Petersburg verdankt Alexander II. abgesehen vom Mariinskij-Theater, das er nach seiner Frau benannte, keine nennenswerten Prachtbauten. Viel Platz ist im Zentrum ohnehin nicht mehr. Die Bevölkerung der Hauptstadt wächst rasant. Zählte man beim Regierungsantritt von Alexander II. noch rund eine halbe Million Einwohner, so sind es bei seinem Tod bereits fast 900.000. Die brauchen Platz, es entstehen trostlose Viertel mit ebenso trostlosen Mietskasernen. Auch der berühmte Apraksin-Markt mit seinen neun Hektar Verkaufsfläche, wie er sich noch bis 2008 zeigte, datiert aus dieser Zeit. Das alte Marktgelände mit seinen Holzbauten wurde bei einem Brand 1862 vollständig zerstört.

Baudenkmal aus der Regierungszeit von Alexander II.

Mariinskij-Theater, 1860

Alexander III. – das Nilpferd auf dem Kanapee

Auf Alexander II. folgt sein Sohn *Alexander III.*, angesichts seiner Leibesfülle vom Volk „das Nilpferd" getauft. Der in Offizierskreisen aufgewachsene Mann gilt als eher stiller, introvertierter Monarch, der Gehorsam und Ordnungsliebe zu den höchsten Tugenden zählt. Neuerungen ist er ganz und gar abhold, demokratische Bewegungen sind ihm ein Graus. Angesichts des gewaltsamen Todes seines Vaters schraubt er erst die Reformen wieder zurück (die Leibeigenschaft allerdings lässt sich nicht mehr wiedereinführen), verschärft die Zensur und verbannt Oppositionelle mit Vorliebe nach Sibirien. Die größte Leistung seines Regimes ist wohl der Beginn des Baus der Transsibirischen Eisenbahn.

Am besten wird dem vergleichsweise ruhigen Alexander das Reiterstandbild im Vorhof des Marmorpalasts gerecht – es zeigt den korpulenten Zaren auf einem nicht minder korpulenten, mü-

Fülliger Herrscher auf müdem Gaul – „Nilpferd auf Kanapee"

den Gaul. „Nilpferd auf Kanapee", hat der Volksmund das Œuvre getauft.

Baudenkmal aus der Regierungszeit von Alexander III.

Erlöserkirche, 1883–1907

Nikolaus II. dankt ab und bekommt einen Heiligenschein

Nikolaus II. ist der letzte russische Zar, er steht am Schluss der über 300-jährigen Herrschaft des Hauses Romanow. Die Geschichtsbücher lassen kein gutes Haar an ihm. Sein Versuch, das Reich autokratisch zu regieren, führt zu zahlreichen politischen Fehlschlägen. Zudem steht er stark unter dem Einfluss seiner Frau, die ihrerseits Rat beim berüchtigten Wanderprediger und Geistheiler *Grigori Rasputin* sucht. In der Außenpolitik muss er 1905 im *Russisch-Japanischen Krieg* eine entscheidende Niederlage einstecken, im eigenen Land, wo die sozialen Unruhen seit einiger Zeit hochkochen, kommt es im selben Jahr zum *Blutigen Sonntag*: Zehntausende streikender Arbeiter marschieren an einem kalten Januarsonntag in einer friedlichen Demonstration auf den Winterpalast zu, um dem Zar eine Petition zu überreichen, in der sie bessere Arbeitsbedingungen, die Abschaffung der Zensur, religiöse Toleranz und mehr fordern. Die zaristischen Soldaten geraten in Panik und feuern in die Menge, über hundert Tote bleiben im Petersburger Schnee liegen. Die darauf ausbrechenden Unruhen und ein Generalstreik der sozialistischen Arbeiter führen schließlich dazu, dass Nikolaus II. die Einführung eines Parlaments *(Duma)* zulassen muss.

Der *Erste Weltkrieg* versetzt dem autokratischen Zarentum dann endgültig den Todesstoß. Russlands Krieg gegen Deutschland, Österreich-Ungarn und das Osmanische Reich zieht sich hin, im Inneren gärt die Revolution. Massenarmut und die zunehmende Demoralisierung der Soldaten führen 1917 zur *Februarrevolution*. Der Zar verfügt die Auflösung der Duma und erlässt einen Schießbefehl gegen die Aufständischen. Das Parlament fügt sich nicht, und die Soldaten weigern sich zu schießen. Im März 1917 unterschreibt

Nikolaus II. die Abdankungsurkunde. Der Ex-Zar wird mitsamt Familie in seiner Sommerresidenz von Zarskoje Selo (heutiger Name: Puschkin), wo er einst geboren wurde, unter Hausarrest gestellt. Später wird die Familie ins sibirische Tobolsk deportiert, dann nach Jekaterinburg am Ural, wo sie am 17. Juli 1918 schließlich von den Bolschewiki erschossen wird.

Den Nachtrag zur Geschichte lieferte die Russisch-Orthodoxe Kirche. Im Jahr 2000 sprach sie Nikolaus mitsamt Familie heilig, „wenn sie auch nicht im engeren Sinne für Christus gelitten haben, sondern leiden mussten, weil sie Russen waren – weil sie treu zu ihrem Land und ihrem Volk standen", wie der Referent für Interchristliche Angelegenheiten der Russisch-Orthodoxen Kirche verlautbaren ließ. So kann man es natürlich auch sehen. Das Konterfei des letzten Zaren ziert seither als Ikone zahlreiche russische Kirchen.

Lenin weiß, wo's langgeht

Baudenkmäler aus der Regierungszeit von Nikolaus II.

Ethnographisches Museum, 1900–1911

Dom Knigi, 1902–1904

Moschee, 1910–1914

Lenin taucht aus dem Exil auf

Nach der Februarrevolution von 1917, die das Ende der Zarenherrschaft besiegelt, steht Russland unter einer Doppelherrschaft. In *Petrograd*, wie der Name der Hauptstadt im Zeichen des Kriegs gegen die Deutschen russifiziert wurde, will das Parlament *(Duma)* der Provisorischen Regierung den Krieg fortsetzen, die Petrograder Arbeiter- und Soldatenräte *(Sowjets)*, denen die Armee untersteht, brauchen den äußeren Frieden – sie wollen die Revolution weitertreiben. In dieser instabilen Situation trifft der theoretische Kopf der kommenden Revolution, Wladimir Iljitsch Uljanow, besser bekannt unter dem Namen *Lenin*, aus seinem Schweizer Exil in Petrograd ein. In seinen berühmten *Aprilthesen* fordert der unbestrittene Führer der *Bolschewiki*, wie sich die linke Fraktion der Sozialdemokratischen Arbeiterpartei nennt, den Sturz der Provisorischen Regierung und „Schluss mit dem Krieg!" Am 7. November 1917 (nach dem in Russland damals geltenden julianischen Kalender am 25. Oktober, deshalb *Oktoberrevolution* genannt) putschen sich die Bolschewiki, die mittlerweile weite Teile der städtischen Bevölkerung hinter sich gebracht haben, an die Macht. Auf das Signal eines Böllerschusses des legendär gewordenen Panzerkreuzers Aurora hin stürmen sie den Winterpalast und verhaften die Provisorische Regierung; einzig Regierungschef *Alexander Kerenskij* gelingt die Flucht.

Der Rat der Volkskommissare, wie sich die erste Regierung unter Lenin nennt, tagt im Smolnyj-Institut (wo heute der Gouverneur von St. Petersburg seinen Amtssitz hat), zu den wichtigsten Mitgliedern des revolutionären Kabinetts gehören *Leo Trotzkij* (Verteidigung, Äußeres) und *Felix Dserschinskij* (Staatssicherheit, Inneres); eher zweitrangig ist der Posten eines Volkskommissars für Nationalitätenfragen, mit dem *Josef Stalin* betraut wird.

Die Revolution hat natürlich zahlreiche Feinde. Der Adel und die Großbauern können dem sozialistischen Gedankengut nichts abgewinnen, die Verankerung der neuen Ideen auf dem Land lässt zu wünschen übrig. Die Gegner schließen sich militärisch in der *Weißen Armee* zusammen, Trotzkij stellt ihnen die von ihm geschaffene *Rote Armee* entgegen. Dserschinskij gründet die berüchtigte *Tscheka*, eine Geheimpolizei, die Konterrevolutionäre (oder was sie dafür hält) aufspürt und im ganzen Land gefürchtet ist. Erst mit der Vertreibung der letzten Truppen der Weißen Armee von der Krim im November 1920 ist die bolschewistische Macht konsolidiert.

Stalin säubert die Reihen

Noch inmitten der Wirren des Bürgerkriegs wählt 1918 die kommunistische Regierung das strategisch sicherer gelegene Moskau zum Regierungssitz. St. Petersburg wird damit zur Hauptstadt einer Epoche degradiert, zur Hauptstadt der Romanows, der Zaren. Daran ändert auch die Umbenennung in *Leningrad* nichts. Zwar nahm die Revolution hier ihren Anfang, fortan aber wird die Politik in Moskau gemacht.

Nach Lenins Tod 1924 reißt Stalin die Macht in der 1922 proklamierten *Union der Sozialistischen Sowjetrepubliken* (UdSSR) an sich. Stalin bleibt Leningrad, zumal den dortigen Intellektuellen gegenüber, stets argwöhnisch, den Leningradern ihrerseits ist der Georgier suspekt. Zwar ist auch *Sergej Kirow*, der 1926 als Sekretär der Leningrader Kommunisten – oder wie andere meinen: als Stalins Büttel – die Stadt regiert, kein Einheimischer, aber er genießt trotz seiner rigiden Politik eine gewisse Beliebtheit bei der Bevölkerung. Noch heute hält in der Stadt ein Kirow-Museum sein Andenken in Ehren. Die Umstände seiner Ermordung 1934 werden wohl nie restlos aufgeklärt werden. Es wird spekuliert, dass Stalin höchstpersönlich den Mord in Auftrag gab, weil er in Kirow einen potentiellen Rivalen sah. Tatsache ist, dass die Ermordung Kirows dem Diktator ein willkommener Anlass war, die Partei von möglichen Gegnern, die in der Regel als Trotzkisten beschimpft wurden, zu „säubern“. Der *Große Terror*, dem Abertausende kommunistischer Kader, Intellektuelle und Offiziere zum Opfer fielen, wütete auch in Leningrad, wo rund 40.000 Menschen erschossen wurden. An sie erinnert heute nördlich der Stadt die eindrückliche Gedenkstätte in Lewaschowo, wo in Massengräbern über 20.000 Leichen gefunden wurden.

Die Stadt in der Blockade

Leningrad hat sich noch kaum von den Stalin'schen „Säuberungen“ erholt, als die Stadt mit ihren mittlerweile über 2,5 Millionen Einwohnern der schwersten Prüfung ihrer Geschichte ausgesetzt wird. Die *Leningrader Blockade* gehört wohl zu den größten Kriegsverbrechen der Deutschen Wehrmacht.

Der Zweite Weltkrieg ist schon in vollem Gange, als Deutschland im Juni 1941 ohne Kriegserklärung die Sowjetunion angreift. Die Russen sind militärisch denkbar schlecht auf einen Krieg vorbereitet, zumal Stalin praktisch die gesamte Generalität und fast zwei Drittel der Offiziere in den Jahren 1935 bis 1939 hat hinrichten lassen. Hitlers

Kriegsziel ist es, die beiden sowjetischen Metropolen, Moskau und Leningrad, dem Erdboden gleichzumachen. Propagandaminister Goebbels notiert in seinem Tagebuch, dass von Leningrad wahrscheinlich nicht viel übrig bleibe: „Von dieser Stadt ist der Bolschewismus ausgegangen, und in dieser Stadt wird der Bolschewismus endgültig zerschmettert werden."

Der Plan einer militärischen Eroberung erweist sich bald als zu kostspielig, die deutschen Generäle einigen sich mit Hitler auf eine andere Strategie, die des Aushungerns. Am 8. September 1941 schließt sich der deutsche Belagerungsring, der sowjetischen Armee gelingt es erst am 27. Januar 1944, die Umklammerung endgültig zu sprengen und die um ein Drittel geschrumpfte Bevölkerung Leningrads zu befreien.

Was die eingeschlossene Leningrader Bevölkerung in den 871 Tagen der Blockade durchmachen musste, ist kaum zu beschreiben. Die Nahrungsmittel fehlten schnell, bereits im November 1941 wurde die tägliche Brotration drastisch gekürzt (Arbeiter 250 Gramm, Angestellte, Familienangehörige und Kinder 125 Gramm), eine ganze Stadt war auf Nahrungssuche – Wurzeln wurden gegessen, Haustiere, weichgekochtes Leder und Tapetenkleister, auch Fälle von Kannibalismus kamen vor. Die Reserven an Öl und Kohle waren rasch aufgebraucht, die Menschen starben vor Hunger und Kälte wie Fliegen. Bereits Halbtote sammelten mit Kinderschlitten die Toten ein. Schier unglaublich ist die Tatsache, dass inmitten des allgemeinen Sterbens das kulturelle Leben aufrechterhalten wurde. Die Theater wurden bespielt, die Museen waren geöffnet, die Literaten der Stadt riefen, soweit sie überlebt hatten, zum Durchhalten auf, Wissenschaftler schrieben im Sterben noch an ihren Abhandlungen.

Die einzige Verbindung zur Außenwelt bot die bereits im November 1941 eingerichtete sog. „Straße des Lebens", eine Trasse über den vereisten Ladogasee für Lastwagen, in den eisfreien Monaten verkehrten hier Schiffe. Zur Versorgung der Bevölkerung oder gar zu ihrer Evakuierung reichte die Straße des Lebens nicht aus, und allzu oft wurde sie zur Straße des Todes. Die Verbindung wurde ständig von der deutschen Luftwaffe beschossen, zudem war das Eis oft brüchig und die Lastwagen versanken in den Fluten.

Realistische Schätzungen sprechen von ca. 800.000 Toten der Leningrader Blockade. An den zähen Widerstandswillen der Eingeschlossenen erinnern heute unter anderem das „Denkmal für die heldenhaften Verteidiger Leningrads" mit einem unterirdischen Ausstellungssaal im Süden der Stadt, das „Staatliche Museum für die Verteidigung und Belagerung Leningrads" in der Nähe des Sommergartens sowie der Piskarjowskoje-Gedenkfriedhof im Nordosten der Stadt, wo rund 470.000 „Blokadniki" ein Massengrab gefunden haben.

Wiederaufbau und sozialistische Endzeitstimmung

Nach dem Zweiten Weltkrieg ist die Regierung mit der Reparatur der Kriegsschäden beschäftigt, sie bemüht sich aufgrund der wachsenden Bevölkerungszahl aber auch, neue Wohnviertel zu bauen. Ein früherer Plan, das Zentrum der Stadt nach Süden zu verlegen – gleichsam gegen das historische zaristische Zentrum ein modernes sozialistisches zu setzen – wird bald aufgegeben. Das größte städtebauliche Projekt der unmittelbaren Nachkriegszeit bleibt die Metro. Die Jungfernfahrt kann Stalin nicht mehr antreten, er stirbt 1953. Die erste Trasse wird 1955 eröffnet und führt vom tempelartigen Rundbau am Wosstanija-Platz ins neue Wohnviertel Awtowo (heute Teil der roten Linie Nr. 1). Die Arbeitermassen,

Bauten, wie man sie aus der früheren DDR kennt

die unterirdisch in die riesigen Kirow-Werke (heute aufgestückelt in zahlreiche Kleinbetriebe) befördert werden, sollen Erbauliches zu sehen bekommen. Die Metro-Stationen, schon bald „Paläste des Volkes" genannt, präsentieren sich heute noch als pompöse Marmorhallen mit Stuck und Reliefs, die den Arbeiter- und Bauernstaat glorifizieren.

Eine klassische Wohnform in Leningrad ist die aus der Wohnungsnot geborene „Kommunalka", eine staatliche Wohnung, in der sich mehrere Familien sanitäre Anlagen, Küche und Garderobe teilen. Noch im heutigen St. Petersburg sollen rund 60.000 Menschen in Kommunalkas wohnen; allerdings nimmt ihre Zahl mit der Privatisierung des Wohneigentums ab. Unter den Regierungen *Chruschtschow* (1958–1964) und *Breschnew* (1964–1982) werden weitere Stadtviertel aus dem Boden gestampft. Man legt jetzt mehr Wert auf privates Wohnen. Plattenbauten entstehen, wie man sie in Deutschland aus der früheren DDR kennt. Deren Wände sind so hellhörig, dass man sich beinahe wieder in der altbekannten Kommunalka wähnt.

Nach der Stagnation der 1970er Jahre weht mit der Regierung *Gorbatschow* (1985–1991) ein frischer Wind durch die sowjetische Politik. Mit seinen programmatischen Begriffen „Glasnost" (Offenheit) und „Perestroika" (Umgestaltung) genießt Gorbatschow im Westen ein hohes Ansehen. Er beendet den Kalten Krieg, ermöglicht die deutsche Wiedervereinigung und wird mit dem Friedensnobelpreis ausgezeichnet. Gorbatschow sieht die Sackgasse, in der die Sowjetunion steckt, und die Notwendigkeit von umfassenden Reformen. Seine Politik versetzt letztlich der morsch gewordenen Sowjetunion mitsamt ihren osteuropäischen Satellitenstaaten den Todesstoß, die einstige Weltmacht ist nicht mehr. Das mag erklären, warum man im heutigen Russland die westliche Begeisterung für Gorbatschow nie so recht teilen mochte.

Postsowjetische Ära – die Leningrader ziehen in Moskau ein

Die Turbulenzen, die am Beginn der postsowjetischen Zeit stehen, verkörpert vielleicht kein anderer besser als der Leningrader Gouverneur *Anatolij Sobtschak*.

Als der Juristik-Professor Sobtschak 1991 zum Gouverneur von Leningrad gewählt wird, gehört er zu den überzeugten Vertretern des gorbatschowschen Konzepts der Umgestaltung. Eine seiner ersten Amtshandlungen ist eher formaler Art, aber doch kennzeichnend für den Wandel: Nach einer Volksabstimmung wird die Stadt wieder in *St. Petersburg* zurückbenannt (im Gegensatz zum umliegenden Verwaltungsbezirk, der sich für die Beibehaltung des Namens *Oblast Leningrad*, Bezirk Leningrad, ausspricht). Als im August in einem eher operettenhaften Putschversuch einige Ewiggestrige Gorbatschow für ein paar Tage in ihre Gewalt bekommen, leitet in Moskau *Boris Jelzin* den Widerstand, in St. Petersburg organisiert Sobtschak eine Massendemonstration vor dem Winterpalast. Der weit über Moskau hinaus populäre Jelzin wird bald zum neuen starken Mann im Kreml. Als Präsident Russlands leitet er nach der Auflösung der Sowjetunion eine für das Land katastrophale Politik ein. Die Privatisierung der Wirtschaft führt zur Korruption im großen Stil und einem beispiellosen Raubtierkapitalismus. Russland schlittert in eine Wirtschaftsmisere, derweil einige schwerreich gewordene Oligarchen sich schadlos halten.

Putin designtauglich

In St. Petersburg verliert Sobtschak, der lange als Anhänger Jelzins gilt, 1996 die Wiederwahl. Mit ihm verlässt auch sein ehemaliger Schüler und Vize-Gouverneur der Stadt, *Wladimir Putin*, das Rathaus. Er macht – unterstützt von Sobtschak – fortan in Moskau Karriere und wird im Jahr 2000 Jelzins Nachfolger.

In St. Petersburg genießt Putin ein hohes Ansehen. Der starke Mann in Moskau ist für die Bevölkerung einer der ihren, und so ganz allein ist er ja nicht nach Moskau gegangen. Einige Vertraute aus seiner St. Petersburger Zeit hat er in den Kreml mitgenommen. Zu ihnen gehört auch *Dmitrij Medwedew*, einst Doktorand an Sobtschaks Lehrstuhl und 2008 zu Putins Nachfolger gewählt. Nach vierjähriger Amtszeit gab Medwedew 2012 den Job an Putin zurück – ein abgekartetes Spiel, das vielen Russen aufstieß. Seither hat Putin nicht nur in Moskau, sondern auch in seiner Heimatstadt Wähler verloren.

Putins (und Medwedes) Ziehvater Anatoli Sobtschak starb im Jahr 2000. Die Stadt hat ihm auf der Wassiljewskij-Insel ein Denkmal errichtet. Fortsetzung folgt.

Klassisches Bild für orthodoxe Kirchen: Christus Pantokrator

Religion

Es ist nicht zu übersehen: Kirchenkuppeln glänzen im aufgefrischten Gold, in der Sowjetzeit heruntergekommene Gotteshäuser sind restauriert, und wer sich auch nur an einem gewöhnlichen Werktag um 10 Uhr früh in eine Kirche begibt, sieht oft mehr als nur ein Grüpplein Gläubiger die Liturgie feiern. Ältere Frauen sind eindeutig in der Überzahl; aber auch jüngere Leute betreten gelegentlich eine Kirche, und sei es auch nur für ein paar Minuten der Andacht.

Nach der Implosion der Sowjetunion Anfang der 1990er Jahre erlebte die Russisch-Orthodoxe Kirche eine wahre Renaissance. Heute verzeichnet sie einen beachtlichen Mitgliederzuwachs, Spenden für den Wiederaufbau der Kirchen fließen großzügig. Selbst die politische Elite des Landes mag bei dieser Entwicklung nicht abseits stehen. Wladimir Putin, der 2007 zur Wiedervereinigung der Russisch-Orthodoxen Auslandskirche (siehe unten) mit der Russisch-Orthodoxen Kirche seinen Segen gab, kehrt in jüngster Zeit eine ostentative Frömmigkeit hervor.

Das Erstarken der Russisch-Orthodoxen Kirche ist nicht allen geheuer. Einige befürchten ihren zunehmenden Einfluss in gesellschaftspolitischen Fragen, insbesondere der Bildungspolitik, und sehen den Laizismus in Gefahr. Schließlich verweisen sie darauf, dass im Vielvölkerstaat Russland 15 % Muslime wohnen, Buddhisten, Juden und Minderheiten nicht-orthodoxer Christen. Andere stoßen sich ganz einfach an der Weltfremdheit der Orthodoxen: Hatte doch der 2008 verstorbene Patriarch Alexius II., Hauptmotor der orthodoxen Renaissance, Homosexualität als Krankheit gegeißelt und konnte der Evolutionstheorie so wenig abgewinnen wie bestimmte religiös-konservative Kreise in den USA, die die göttliche Schöpfung des Menschen am liebsten in der Verfassung verankern möchten.

Etwas Kirchengeschichte

Wladimir lässt sich und andere taufen

Die Ursprünge der Russisch-Orthodoxen Kirche führen auf Wladimir I. (960–1015) zurück, seines Zeichens Fürst von Kiew, der damals größten Stadt des ostslawischen Siedlungsgebiets. Der Legende zufolge überlegte sich der mächtige Mann, welcher Glauben für sein Volk der richtige sei, und so begab er sich auf eine lange Reise, um die Römisch-Katholische Kirche, die Byzantinische Kirche, den Islam und das Judentum besser kennenzulernen. Der Islam war schnell ausgeschieden, mit seinem Alkoholverbot war er den Russen nicht zuzumuten. Die Wahl fiel schließlich auf den byzantinischen Ritus. Wladimir war hingerissen von der Farbenpracht der Gewänder und Ikonen, von den liturgischen Gesängen, und der Weihrauch, der ihm die Nase kitzelte, versetzte ihn wohl ihn einen leicht halluzinogenen Zustand – das war etwas für die Sinne! Theologische Spitzfindigkeiten interessierten den Herrscher herzlich wenig, und so ließ sich Wladimir nach byzantinischem Ritus im Jahr 987 taufen. Mit ihm wurde das ganze Volk byzantinisch christianisiert, das war damals üblich so. „Cuius regio, eius religio", „Wessen Gebiet, dessen Religion", formulierte fast 600 Jahre später der Augsburger Religionsfrieden zwischen Katholiken und Lutheranern diesen machtpolitischen Rechtsgrundsatz in Sachen Religionszugehörigkeit.

Legenden sind schön, aber meist nicht wahr. Wladimir war weniger von der Suche nach dem richtigen Glauben getrieben als von der nach einem militärisch potenten Bündnispartner gegen die Bulgaren. Den sah er im mächtigen Byzanz. Der byzantinische Kaiser willigte ein, zumal Wladimir seinen Wunsch mit ein paar tausend Soldaten unterstrich, die er Richtung Byzanz marschieren ließ. Das neue Bündnis kittete der Russe zusätzlich, indem er sich taufen ließ und die Tochter des byzantinischen Kaisers zur Frau nahm. In der Kiewer Rus, wie Wladimirs Fürstentum hieß, wurden darauf die heidnischen Götzenbilder zerstört und Massentaufen durchgeführt.

Moskau und Byzanz

Die Abspaltung von der byzantinischen Mutterkirche im Jahr 1448 – fünf Jahre später wurde die Stadt am Bosporus von den Osmanen erobert – war in erster Linie ein administrativer Akt. Die Russen wählten, ohne in der politisch geschwächten Zentrale nachzufragen, ihren eigenen Metropoliten. Im 16. Jahrhundert wurde ein *Moskauer Patriarchat* eingerichtet. Die Kirchensynode pflegte fortan dem Zaren eine Kandidatenliste zu unterbreiten, aus der dieser den Patriarchen wählte.

Diese Abspaltung ist der Grund dafür, dass man heute von einer Russisch-Orthodoxen und einer Griechisch-Orthodoxen Kirche (als Nachfolgerin der Byzantinischen Kirche) spricht. Dabei handelt es sich nicht um verschiedene Konfessionen aufgrund spitzfindiger theologischer Differenzen. Beide betrachten sich als Kirche derselben Einheit, die einen haben ihren Patriarchen in Moskau, die anderen in Istanbul. Die Unterschiede in der Liturgie sind nur gering und bestehen hauptsächlich in der Sprache, in der diese gesungen wird.

Unter Patriarch Nikon (1605–1681) führte dann eine Kirchenreform zu einer Spaltung innerhalb der russischen Orthodoxie. Die Reformgegner, die „Altgläubigen" *(raskolniki)*, die sich später ihrerseits spalteten, waren grausamen Verfolgungen ausgesetzt. Haarspaltereien in der Liturgie (ob das Halleluja ein- oder zweimal zu singen sei) konnten so direkt auf den Scheiterhaufen führen. Die Raskolniki wurden vom Moskauer Patriarchat erst 1971 offiziell rehabilitiert.

In der Peter-Paul-Kathedrale

Peter I. stutzt die Macht der Kirche

Peter der Große, der Gründer von St. Petersburg, interessierte sich mehr für den technischen Fortschritt in Westeuropa als für die mystischen Tiefen der russischen Seele. Peter war an den exakten Wissenschaften interessiert, er brauchte Schiffsbauer, Architekten, Ingenieure und ein entsprechendes Bildungswesen.

Die Kirche, in deren Händen praktisch das ganze Ausbildungswesen lag, nutzte ihm dabei nichts. Das von ihr vermittelte Bildungsgut war weder für den Städtebau noch für militärische Expeditionen brauchbar. Und ohnehin war ihm die Macht der im 17. Jahrhundert erstarkten Kirche zu groß. Als der Patriarch von Moskau 1700 starb, ließ der Zar die Stelle ganz einfach unbesetzt. Zwanzig Jahre später rief er als oberstes kirchliches Organ den „Heiligen Synod" ins Leben, an dessen Spitze ein weltlicher Beamter stand. Damit hatte Peter die orthodoxe Kirche faktisch in seine neue Staatsordnung eingebunden. Auch seine Nachfolgerinnen kämpften gegen Einfluss und Macht der Kirche. *Zarin Elisabeth* setzte zeitweilig Offiziere als Klostervorsteher ein, und *Katharina die Große* ging gleich ans Eingemachte: Sie verstaatlichte kirchlichen Landbesitz, um die Not der Bauern zu lindern.

Der letzte Zar, *Nikolaus II.*, war für seine Frömmigkeit bekannt – was ihn nicht hinderte, 1905 auf die streikenden Arbeiter schießen zu lassen (→ Geschichte der Stadt). Das Dörfchen Fjodorow (→ Ausflüge in die Umgebung/Puschkin) mit seiner Kathedrale im altrussischen Moskauer Stil sind Zeichen seiner Sehnsucht nach vorpetrinischen Zeiten, in denen Zar und Kirche noch Hand in Hand die Geschicke des Landes bestimmten. Die Macht, das Rad der Zeit zurückzudrehen, besaß Nikolaus II. allerdings nicht mehr. Die Bolschewiki klopften an die Tür der Geschichte.

Deportation, Loyalität oder Exil

Religion hatte im politischen Programm der Kommunisten allenfalls einen Platz im Museum. Schon bald nach der bolschewistischen Machtübernahme 1917 wurde ein Großteil des Klerus verhaftet, erschossen oder nach Sibirien deportiert. Die Kirchen wurden weitgehend zerstört und fanden als Kinos, Hallenbäder, Tanzflächen, Lagerhäuser oder Museen Verwendung. Doch konnte auch in den dunkelsten Zeiten in einigen wenigen Kirchen noch die Liturgie gefeiert werden; diese sogenannten „arbeitenden Kirchen" wurden nicht nur von Gläubigen, sondern auch von KGB-Spitzeln besucht. Die Jahrzehnte nach Stalins Tod brachten etwas Toleranz, doch waren die Einschränkungen weiterhin massiv.

Zwar wurde 1917 das von Peter dem Großen abgeschaffte Patriarchat unter kommunistischer Herrschaft wieder eingeführt, doch faktisch war es von Anfang an bedeutungslos. Orthodoxe Russen, die sich noch rechtzeitig in den Westen abgesetzt hatten, sahen das Moskauer Patriarchat – vermutlich zurecht – vom Kreml unterwandert und gründeten, um das religiöse Erbe zu wahren, die *Russisch-Orthodoxe Auslandskirche*. Diese sagte sich 1927 nach einer Loyalitätserklärung des Moskauer Patriarchen gegenüber der kommunistischen Regierung endgültig von der Mutterkirche los. Von einer Kirchenspaltung zu reden wäre trotzdem falsch, Differenzen theologischer Art gab es nicht, die Auslandskirche war eine rein politische Antwort aus dem Exil. So war es nur folgerichtig, dass sich die beiden Kirchen ein paar Jahre nach der Beendigung der kommunistischen Herrschaft 2007 wiedervereinigten.

Postsowjetische Renaissance

Seit dem Zerfall der Sowjetunion erlebt die Russisch-Orthodoxe Kirche eine Renaissance, deren Tragweite noch nicht abzusehen ist. Sie hat zahlreiche Kirchen zurückerhalten und fordert weiterhin welche zurück, Spendengelder zum Wiederaufbau fließen. Der 1991 gewählte und 2008 verstorbene Patriarch Alexius II. war Oberhaupt einer Kirche mit wieder rund 100 Millionen Mitgliedern und innerhalb der weltweiten Christenheit eine ernst zu nehmende Größe: Ein Treffen auf höchster Ebene über eine Annäherung zwischen der römisch-katholischen Westkirche und der orthodoxen Ostkirche lag in der Luft. Doch der Vatikan lehnte die von russischer Seite gestellte Bedingung, auf den Proselytismus (Abwerben von Andersgläubigen) zu verzichten, rundweg ab. Seinerseits wäre der Papst mit seiner Idee der „alleinseligmachenden Kirche" beim Patriarchen wohl auch schlecht angekommen.

In Moskau regiert seit 2009 Patriarch Kyrill I. die Kirche, im Vatikan seit 2013 Papst Franziskus I. Im Februar 2016 kam es in Kuba seit der Kirchenspaltung nach über 400 Jahren zum ersten Mal zu einem Treffen der beiden Kirchenoberhäupter. In einer gemeinsamen Erklärung fassten die beiden in 30 Punkten zusammen, welche Sorgen sie teilen. Erst einmal geht es um Versöhnung, von einer Wiedervereinigung der beiden Kirchen ist man noch weit entfernt. Ein neuer Zankapfel sind die Kirchenbauten in der westlichen Ukraine, auf die sowohl die Russisch-Orthodoxen wie auch die dem Papst unterstellte Katholische Ostkirche Anspruch erheben. Einig hingegen sind sich Papst und Patriarch in der Ablehnung von Frauenordination und Schwangerschaftsabbruch.

Kirchen

Die Architektur der russisch-orthodoxen Kirchen von St. Petersburg ist in der Regel dem byzantinischen Kreuzkuppelbau verpflichtet. Von der einfachen Kirche mit einer Kuppel über dem kreuzförmigen Schiff bis zur fünfkuppeligen Kirche, meist mit größerer Kuppel im Zentrum, kommt alles vor. Das Außendekor fällt in der Barockzeit üppiger aus als danach. Eine Ausnahme in St. Petersburg ist die gern fotografierte *Erlöserkirche* mit ihren Mosaiken und Zwiebeltürmen. Wiewohl sie auf manchem Buchcover über St. Petersburg prangt, ist sie ganz und gar untypisch für die Stadt. Der erst im 20. Jahrhundert fertiggestellte Bau im altrussischen Moskauer Stil ist eine nostalgische Rückbesinnung auf eine vorpetrinische, vorgeblich heile Welt, in der die Zaren noch nicht mit Bomben attackiert wurden (→ Tour 2, Der Museums-Marathon).

Wer eine russisch-orthodoxe Kirche betritt, achte auf sein Äußeres: Shorts sind unstatthaft, ebenso Hüte oder Mützen. Für Frauen herrscht Kopftuchpflicht (Tücher hängen in jeder Kirche bereit), in Klöstern haben sie nur im Rock Zutritt.

Die Liturgie wird gesungen, teils im Wechselgesang, teils psalmodierend, stets ohne Instrumentalbegleitung. Gesprochen wird einzig die Predigt. Die Gläubigen verbringen den Gottesdienst, der selten weniger als zwei Stunden dauert, stehend. Die Stühle an den Wänden sind für ältere Leute und Gebrechliche gedacht. Wer eine Kirche während der Liturgie betreten oder verlassen will, kann dies problemlos tun – am besten unauffällig. Gänzlich vermeiden sollte man es, die Hände hinter dem Rücken zu verschränken. Das war einst die typische Haltung der KGB-Beamten, die gelegentlich das religiöse Geschehen vor Ort überwachten.

Tagsüber bleiben die Kirchen durchgehend geöffnet. Die Zeiten der Liturgie sind angeschlagen.

Ikonen

Ikonen können als Kunstgegenstände gesammelt, ausgestellt oder gehandelt werden. Die orthodoxen Gläubigen verehren sie.

Ikonen prägen, gemeinsam mit der Architektur, die ganz besondere Atmosphäre einer orthodoxen Kirche, eine Atmosphäre, die durch das für den Besucher oft seltsam anmutende Verhalten der Gläubigen noch verstärkt wird. Alte Mütterchen, eilige Geschäftsleute, Frauen mit kleinen Kindern, Leute von der Straße, mit oder ohne Einkaufstaschen, begeben sich von Ikone zu Ikone, bekreuzigen sich, verneigen sich, berühren und küssen die Ikonen ehrfurchtsvoll, zünden Kerzen für sie an. Sie beten oder bleiben einfach ruhig vor ihnen stehen. Während des Gottesdienstes werden die Ikonen beweihräuchert und besungen, in Prozessionen werden sie herumgetragen.

Auch in den meisten Häusern gläubiger Orthodoxen, auf Reisen oder im Krankenhaus fehlen sie nicht. Der neugeborene Erdenbürger erhält eine Ikone mit seinem Schutzheiligen, die ihn bis ins Grab begleitet.

Was haben denn diese Bilder, die, ohne Tiefenperspektive gemalt, mit ihren merkwürdigen Proportionen und einer gewissen Starrheit auf den heutigen Menschen aus dem Westen eher befremdend wirken, an sich?

Die Ikonen (griech. *ikona* = Bild, Abbild) sind seit dem 6. Jahrhundert die Kultbilder der orthodoxen Kirche, die sie weder als Kunstgegenstände noch als Dekoration betrachtet. Ihre gemeinsamen Züge, die von den westeuropäischen nachgotischen Kunstvorstellungen stark abweichen, sind weder auf das Unvermögen der Maler noch auf deren fehlende schöpferische Originalität zurückzuführen.

Um die ostkirchliche Malerei zu verstehen, gibt es für den westlichen Betrachter somit keinen andern Weg, als sich von der gewohnten Sichtweise zu lösen und die Eigenart der Ikonenmalerei von ihrer theologischen Begründung her anzugehen.

Der unvorbereitete Besucher sieht nur, was auf der Ikone gemalt ist und wie es gemalt ist. Für den orthodoxen Gläubigen jedoch ist sie ein Fenster zur Ewigkeit, eine Schule des Betrachtens und des Bewusstseins, ein Ort, wo das Sichtbare die Augen für das Unsichtbare öffnet. Die Ikone ist nicht nur ein religiöses Bild zur Darstellung christlicher Glaubensinhalte, sondern vor allem eine Einladung zu einer Begegnung mit dem Sakralen. Nicht dem Bild, sondern der „hinter" dem Bild präsenten Wirklichkeit gilt die Verehrung.

Ikonen sind gemalte Worte der Bibel. Alle gemalten Figuren (Jesus, Maria, die Jünger, Heilige, Märtyrer und Engel) werden immer durch ihre Namen identifiziert, eine Ikone ohne Beischrift ist ein gewöhnliches Bild. Häufig frontal und zweidimensional gemalt, stellen die Figuren eine unmittelbare Beziehung zum Betrachter her, während ihre Heiligenscheine auf eine andere Ebene der Betrachtung hinweisen. Da es nicht um die Abbildung der äußeren Welt geht, befindet sich auch der Fluchtpunkt nicht am Horizont, sondern im Auge des Betrachters: die Figuren schauen ihn an.

Die architektonischen Elemente im Hintergrund der Ikone sind eine Herausforderung an die menschliche Logik. Niemand kann solche Gebäude bauen, die den Gesetzen der Schwerkraft zu spotten scheinen. Die Ikone wird zur Provokation für das Denken und die Regeln dieser Welt, sie erinnert daran, dass neben unserer Erfahrung eine andere Wirklichkeit mit anderen Bezugspunkten existiert.

Ikonenmalerei: Die Ikonen sind aus der orthodoxen Kirche hervorgegangen und stehen im Zentrum ihrer spirituellen Erfahrung. Die Ikonenmalerei kann deshalb nicht der Phantasie oder dem Genie eines frommen Malers überlassen werden. Das Werk des *Ikonographen* (griech. *ikonographos* – Ikonen*schreiber*) soll nicht seine eigenen ästhetischen Überzeugungen oder Gefühle widerspiegeln, sondern den Geist der Kirche, die durch Jahrhunderte hindurch den Aufbau, die Farben und den Stil der Malweise festlegte. Man kann den Ikonenmaler mit einem Musiker vergleichen, der ein Stück werkgetreu nach der vor ihm liegenden Partitur spielt und es dabei mit seiner ganzen schöpferischen Kraft belebt. Der im klassischen Fall anonyme Maler – oft ein Mönch – betrachtet sich als Werkzeug Gottes und bereitet sich fastend und betend auf seine Arbeit vor, die für ihn nicht Kunst ist, sondern heiliges Handwerk.

Grundmaterial der Ikone ist eine Holztafel, die der Maler zuerst aufraut und mit einer Mischung, die aus Knochenleim und Kreide bestehen kann, mehrmals beschichtet. Dann zeichnet er die Umrisse des Motivs und trägt den Hintergrund auf: Gold oder Ockerfarben als ein Sichtbarmachen des göttlichen Lichts, an dem die ganze Schöpfung teilhat. Erst jetzt bringt er die Farben an, die er aus Eigelb, Wasser und natürlichen Pigmenten selbst hergestellt hat. Er beginnt mit den dunkelsten Tönen, die er mit immer heller werdenden Farben langsam aufleuchten lässt. Dank dieser besonderen Maltechnik geben die ohne Raumperspektive gemalten Ikonen im Kerzenlicht ihre besondere Tiefe preis.

Ikonostase: Die Ikonostase ist eine mit Ikonen bedeckte Wand mit drei Türen, die in den orthodoxen Kirchen das Schiff vom Altar trennt, an dem der Priester die Mysterien feiert. In ihrer klassischen Form besteht sie aus fünf horizontalen, in ihrer Anordnung unveränderlichen Reihen mit streng bestimmten Themen.

Ikone der Dreieinigkeit

Von oben nach unten:

1. Altes Testament: von Adam zu Moses (Erzväter)
2. Altes Testament: von Moses zu Christus (Propheten)
3. Neues Testament: die zwölf großen Kirchenfeste
4. Neues Testament: Deesis, das Gebet der Kirche für die Welt
5. Dominierende Reihe, in die drei Türen eingelassen sind, in Augenhöhe des Betrachters: Auf der zweiflügeligen Mitteltür eine Darstellung der vier Evangelisten, rechts davon eine Christus-Ikone, links eine Ikone Marias. Auf den Seitentüren die Erzengel Gabriel und Michael. In dieser Reihe befinden sich auch der Schutzheilige der Kirche und, je nach Größe der Kirche, Apostel und weitere Heilige.

Ilona Bodmer

Ohne die Newa kommt kein Petersburger Roman aus

Literaturtipps

Eine kleine Auswahl von literarischen und nichtliterarischen Werken, die sich mit St. Petersburg beschäftigen.

Belletristik/Autobiographien

Puschkin, Alexander, *Der eherne Reiter. Petersburger Erzählungen*, Insel Taschenbuch, Frankfurt 2003.

Puschkins 1833 verfasstes Poem „Der eherne Reiter" ist ein Markstein der russischen Literaturgeschichte. Es handelt von der großen Überschwemmung 1824, von der Staatsmacht – verkörpert durch das Reiterdenkmal Peters des Großen auf dem Dekabristenplatz – und einem subalternen Beamten, der an ihr irre wird. Das Werk konnte zu Puschkins Lebzeiten nicht veröffentlicht werden. Zar Nikolaus I. wollte einige Zeilen gestrichen haben, der Dichter weigerte sich. Neben dem berühmten Poem versammelt das Bändchen fünf weitere Texte Puschkins, die alle in St. Petersburg spielen. Mit erläuternden Anmerkungen und einem Nachwort von Rolf-Dietrich Keil, der hier gleichzeitig eine Neu-Übersetzung des „ehernen Reiter" vorlegt.

Gogol, Nikolaj, *Petersburger Novellen,* Deutscher Taschenbuch Verlag, München 2014.

Am Newskij-Prospekt, wo Damen mit „Taillen, nicht dicker als ein Flaschenhals", und Männer mit pomadisierten Schnurrbärten promenieren, kommt es zu zwei tragikomischen Liebesgeschichten. In den „Aufzeichnungen eines Wahnsinnigen" entdeckt ein Titularrat, dass er der König von Spanien ist. Dem Helden der Novelle „Die Nase" kommt ebendiese abhanden, und in „Der Mantel" dreht sich alles um einen subalternen Beamten, der sich einen neuen Mantel hat schneidern lassen – „auf Seide genäht, in doppelter kleinstichiger Naht" – der ihm bei der erstbesten Gelegenheit abhanden kommt. Vier literarische Schmuckstücke vom Meister der russischen Groteske.

Gontscharow, Iwan, *Oblomow*, Deutscher Taschenbuch Verlag, München 2014.

Ilja Oblomow, der Held des satirischen Romans, besitzt ein größeres Gut mit einigen hundert Leibeigenen im Zarenreich, sein Leben aber verbringt er lieber in seiner Petersburger Stadtwohnung an der Gowochowaja-Straße bzw. in seinem dortigen Bett, aus dem er sich zum ersten Mal auf Seite 221 erhebt. Sein alter Diener Sachar ist für alles Praktische zuständig, derweil Oblomow den Kopf voller Pläne hat, die er morgen umsetzen will. Morgen bleibt morgen, das Gut verkommt. Selbst eine aufregende Liebe scheitert an Oblomows Faulheit. Sein bester Freund Stolz, ein Halbdeutscher, ist tatkräftig und verkörpert das pure Gegenteil. Er steht für die wirtschaftliche Zukunft des Landes. „Oblomowerei" ist in der russischen Sprache seit der Publikation des Romans 1859 zu einem festen Begriff geworden.

Dostojewskij, Fjodor, *Verbrechen und Strafe*, Fischer Taschenbuch, Frankfurt 1996.

Bis vor kurzem war Dostojewskijs erstmals 1866 erschienener Roman nur unter dem etwas moralisierenden Titel „Schuld und Sühne" erhältlich. Die Neu-Übersetzung von Swetlana Geier verhilft dem Autor wieder zu seinem Recht, sie entspricht dem russischen Titel. Der mittellose Student Raskolnikow entwickelt die Idee eines moralisch gerechtfertigten Mordes und bringt schließlich eine alte Pfandleiherin um. Doch nach der Mordtat ist es mit der inneren Ruhe endgültig vorbei. Der psychologische Thriller spielt im Heumarktviertel (um den Sennaja-Platz). Dank der Witwe Dostojewskijs konnte später der genaue Weg Raskolnikows von seiner Wohnung zur Pfandleiherin und die Flucht danach genau rekonstruiert werden, so dass die Reiseführer ihren Gruppen auf den Spuren des Mörders einen Vortrag über Dostojewskij halten können.

Bely, Andrej, *Petersburg*, Aufbau Taschenbuch, Berlin 1999.

Der 1912 bis 1922 geschriebene und mehrfach umgeschriebene Roman gilt als Hauptwerk des russischen Symbolismus. Vladimir Nabokov erhob ihn in den Rang von James Joyces „Ulysses". Am Vorabend des Petersburger Blutsonntags von 1905, der ersten russischen Revolution, brodelt es in der Stadt. Ein steifer, ehrbarer Senator mit einer Vorliebe für alles Geometrische soll von seinem Sohn, der Kant studiert, umgebracht werden. Bely lässt seinen Erzähler ein ganzes Panoptikum an Gestalten auffahren: Verschwörer, Beamte, Provokateure, Spitzel und mehr oder weniger zartbesaitete Damen stochern im Petersburger Nebel. Ein schwindelerregender Roman mit stets neuen Wendungen, der – wenn man sich einmal im Personal zurechtgefunden hat – eine genussvolle Lektüre bietet.

Sawinkow, Boris, *Das fahle Pferd*, Galiani, Berlin 2015.

Der Autor war der strategische Kopf der sozialrevolutionären Terroristen und maßgeblich an den Bombenattentaten beteiligt, denen 1904 in St. Petersburg der russische Innenminister und 1905 in Moskau Großfürst Sergej Romanow (ein Sohn von Alexander II.) zum Opfer fielen. Diese beiden Attentate stehen dann auch im Zentrum des Romans. Sawinkow weiß, wovon er spricht und argumentiert für den Terror. Fragen der Moral stellen sich am Rande, und nebenbei plagt eine zarte Liebesgeschichte den Terroristen. Mit einem klugen Nachwort des Herausgebers und Übersetzers Alexander Nitzberg („Die fleischgewordene Vision Dostojewskis") versehen, das den Roman in seinen zeitgeschichtlichen Zusammenhang stellt und Auskunft über den weiteren Lebensweg des Schriftstellers und Terroristen gibt.

Vaginov, Konstantin K., *Bocksgesang*, Verlag Johannes Lang, Münster 1999.

Der 1928 erschienene Roman ist etwas für literarische Feinschmecker. Vaginov, der in Russland jahrzehntelang vergessen war, wurde erst in den 1980er Jahren wiederentdeckt. „Bocksgesang", sein Debüt als Romancier, wurde sofort als Schlüsselroman über die damalige Leningrader Literatenszene verstanden, ist aber weit mehr. Vaginov setzt eine Reflexion über die Position von Literatur und Literaturkritik in Gang, indem er seine Helden, die er allesamt mit feiner Ironie überzieht, immer wieder ins Leere laufen lässt. Er zeichnet die vom Verschwinden bedrohte Intelligenzija mit ihren skurrilen Dialogen unter stets wechselnden Blickwinkeln und tritt am Schluss mit seinen Figuren von der Bühne ab – erst in eine billige Kneipe, dann „hinaus in eine wunderschöne Petersburger Frühlingsnacht", während die Setzer den „Bocksgesang" schon zur Hälfte gesetzt haben. Literaturkritiker attestieren Vaginov, die Postmoderne erfunden zu haben, bevor es sie gab.

Teffy, *Champagner aus Teetassen. Meine letzten Tage in Russland*, Aufbau Verlag, Berlin 2014.

Die Autorin mit dem Pseudonym Teffy war im vorrevolutionären Russland für ihre Satiren berühmt, der Zar soll ihre Bücher ebenso geschätzt haben wie Lenin. Das Buch, im Original unter dem nüchternen Titel „Erinnerungen" erschienen, beschreibt ihre Flucht während des Bürgerkriegs. „Moskau. Herbst. Kälte. Mein Petersburger Dasein war liquidiert." Von einer Lesereise, die sie von Moskau in die Ukraine führt, kehrt Teffy nie mehr nach Russland zurück. Geschrieben mit viel Selbstironie und einem scharfem Blick auf andere Flüchtlinge, die sich noch im letzten Moment mehr um den teuren Pelz als um ihr Leben kümmern. Ob Flöte oder Teetasse – Hauptsache Champagner. Einzige Enttäuschung: Der wunderbare Bericht hört auf Seite 261 ganz unvermittelt auf.

Charms, Daniil, *Это просто ерунда / Einfach Schnickschnack*, zweisprachige Ausgabe, Deutscher Taschenbuch Verlag, München 2013.

Das Buch hält, was der Untertitel verspricht: „Subversiver Nonsens aus dem Leningrad der

Zwanzigerjahre". Der 1905 geborene Dichter erlebte noch das „silberne Zeitalter", in dem in der Dichtung alles möglich war und viel experimentiert wurde. In literarischen Zirkeln erregte er mit seinen Nonsens-Gedichten und Abzählversen für Kinder Aufsehen. In den 1930er Jahren zum Staatsfeind erklärt, verhaftet und kurzzeitig in die Verbannung geschickt, konnte Charms bald nicht mehr publizieren. Eine zweite Verhaftung 1941 führte ihn ins Leningrader Gefängnis, wo er während der Blockade unter ungeklärten Umständen starb. Die noch während der Blockade geretteten Manuskripte konnten erst nach dem Zusammenbruch der Sowjetunion veröffentlicht werden. Charms' schönes „Schnickschnack"-Büchlein eignet sich übrigens hervorragend zum Vorlesen – ob auf Russisch oder auf Deutsch.

Achmatowa, Anna, *Gedichte*, Suhrkamp, Frankfurt 1988.

Anna Achmatowa (1889–1966) ist die große Dame der Petersburger Lyrik des 20. Jahrhunderts. Das Buch bietet eine sorgfältige Übertragung einer Auswahl ihrer Gedichte, die von einem sehr eigenwilligen, faszinierenden Sprachrhythmus getragen sind – das berühmteste ist zweifellos das „Poem ohne Held". Zweisprachige Ausgabe.

Kuckhoff, Adam & Tarin, Peter, *Strogany und die Vermissten*, ebooknews press, Berlin 2016.

Ein Kriminalroman, der in den Jahren 1909/1910 in St. Petersburg spielt, geschrieben 1940/1941 erst als Fortsetzungsgeschichte in der „Kölnischen Zeitung". Adam Kuckhoff wurde als Mitglied der Widerstandsgruppe Rote Kapelle 1943 von den Nazis in Berlin-Plötzensee hingerichtet. Ko-Autor Peter Tarin, geboren in St. Petersburg, starb noch während des Krieges an einem Herzinfarkt. Der Krimi, 75 Jahre nach seiner Entstehung wieder ausgegraben, ist doppelbödig. Strogany, eine Art russischer Sherlock Holmes, berät die Polizei, die über das Verschwinden etlicher reicher Vertreter der Oberschicht beunruhigt ist. Soweit lässt sich das Buch als spannender Krimi lesen. Untergründig lassen sich aber viele Passagen auch als Kritik an der Nazi-Diktatur interpretieren – für das Autorenduo eine Gratwanderung.

Gor, Gennadij, *Blockade*, Edition Korrespondenzen, Wien 2007.

„Ich aß Rebekka die so gerne lachte, / Ein Rabe sah mein schauerliches Mahl. / Der Rabe sah mich an, ob er wohl dachte / Wie langsam ein Mensch einen Menschen aß. / Der Rabe saß doch werfe ich dem Aas / Rebekkas Hand nicht hin zum Fraß." Der wenig bekannte Petersburger Dichter Gennadij Gor (1907–1981), der der russischen Avantgarde-Gruppe Oberiu nahe stand, erlebte die Leningrader Blockade 1942–1944 von innen; seine während der Blockade entstandenen Gedichte verzichten auf jedes Pathos, es sind eher Splitter des Absurden, mit denen er dem täglichen Schrecken begegnet.

Nabokov, Vladimir, *Erinnerung, sprich. Wiedersehen mit einer Autobiographie*, Rowohlt, Reinbek 1999.

Der 1899 in St. Petersburg geborene und 1977 in der Schweiz gestorbene Nabokov floh mit seiner Familie 1917 aus St. Petersburg über die Krim nach England und Amerika, wo er mit seinem skandalträchtigen Roman „Lolita" Weltruhm erlangte. In seinem autobiographischen Werk erinnert er sich an seine Petersburger Kindheit und Jugend. Die begüterte Familie besaß ein stattliches Haus zwischen Isaakskathedrale und Mojka (in dem heute das Nabokov-Museum) untergebracht ist) sowie einige Besitzungen in der Umgebung der Stadt, wo der Jüngling in den Ferien seinem Lieblingshobby nachging, das er bis zu seinem Tod pflegte: der Schmetterlingsjagd. Mit vielen Fotos, einem editorischen Nachwort sowie Anhängen des Herausgebers und Übersetzers Dieter E. Zimmer.

Brodsky, Joseph, *Erinnerungen an Petersburg*, Hanser, München/Wien 2003.

Brodsky (1940–1996, Nobelpreis 1987), wegen „Parasitentums" aus der Sowjetunion ausgebürgert, erinnert sich im Exil seiner Leningrader Jahre, erzählt vom Wohnen in einer *Komunalka* (Gemeinschaftswohnung), von der Schule, der Arbeit in der Fabrik, vom Einfluss des totalitären Staates auf das Individuum. Ein kluges Buch, das private Erinnerung scharfsinnig in allgemeine Überlegungen überführt.

Gorelik, Lena, *Verliebt in St. Petersburg. Meine russische Reise*, Schirmer Graf, München 2008.

Die 1981 in Leningrad geborene und seit 1992 in Deutschland wohnhafte Autorin führt ihren deutschen Freund durch St. Petersburg. Das mit lockerer Hand geschriebene Büchlein greift mit viel Ironie Klischees auf: über die russische Seele, übers russische Essen und Wodkatrinken, über die Kunst des Bestechens, über die Kulturbeflissenheit der Petersburger und über die schicken Petersburgerinnen, die auf atemberaubend hohen Stiletten über den Newskij stöckeln. Eine amüsante Lektüre, hinterher weiß der Leser, was er im Umgang mit Russen alles falsch machen kann.

Chizhova, Elena, *Die stille Macht der Frauen*, DTV 2014.

Warum vom russischen Originaltitel „Wremja Schenschtschin" (Zeit der Frauen) abgewichen wurde, bleibt ein Geheimnis des Verlags, der vielleicht eine feministische Leserschaft anpeilte. Der großartige Roman hätte dies nicht nötig gehabt. Schauplatz ist eine Kommunalka im Leningrad der 1960er Jahre. Drei sehr unterschiedliche Babuschkas ziehen gemeinsam ein stummes Mädchen auf. Sie tun alles, um zu verhindern, dass das Kind in eine seelenlose staatliche Erziehungsanstalt gesteckt wird, und fädeln schließlich eine Scheinehe ein. Die Autorin wurde für den Roman mit dem renommierten Russischen Booker-Preis ausgezeichnet.

Chizhova, Elena, *Die Terrakottafrau*, DTV 2015.

St. Petersburg in den 1990er-Jahren. Das Sowjetimperium ist zusammengekracht, doch seine Spuren finden sich im Alltag noch allenthalben. Der sich ausbreitende Raubtierkapitalismus verändert die Menschen bis ins Innerste. Die Heldin Tatjana schlägt sich als Alleinerziehende mit ihrer Tochter unter den neuen Umständen durchs Leben. Ein komplexer Roman zwischen Selbstbehauptung und Anpassung.

Sachbücher

Anziferow, Nikolai, *Die Seele Petersburgs*, Hanser, München/Wien 2003.

Das 1922 erschienene, bald verbotene und in sowjetischer Zeit im Untergrund viel beachtete Werk wurde mit einem klugen Vorwort des Russlandspezialisten Karl Schlögel neu herausgegeben. Anziferow (1889–1958), der später unter Stalin viele Jahre in Gefängnissen saß und zur Zwangsarbeit beim Bau des Weißmeer-Ostsee-Kanals verurteilt wurde, versucht anhand zahlreicher literarischer Quellen von Puschkin bis Majakowskij dem Genius loci der Stadt auf die Spur zu kommen. Streckenweise liest sich das Buch etwas antiquiert, für Liebhaber der russischen Literatur ist es jedoch ein reichhaltiger Fundus.

Jussupoff, Fürst Felix, *Rasputins Ende*, Insel Verlag, Frankfurt 1990.

In der Nacht auf den 17. Dezember 1916 wurde der Mönch und Wunderheiler Rasputin, der sich als Berater der ihm hörigen Zarin in die Politik einmischte, ermordet. Der schwerreiche Fürst Jussupow (1887–1967) war einer der

Dostojewskij monumental

Hauptbeteiligten, Rasputin wurde im Keller seines Palasts getötet. 11 Jahre später veröffentlichte der adelige Mörder in seinem Pariser Exil dieses Buch. Er begründet erst, wieso Rasputin umgebracht werden musste, schildert dann dramatisch die Einzelheiten der Tat und kommt zum Schluss, dass er mit dem Mord sein Ziel, Zarentum und Adel über den Ersten Weltkrieg hinaus zu retten, verfehlt hat. Der autobiographische Bericht ist eine spannende Lektüre, auch wenn er vermutlich nicht immer der Wahrheit entspricht.

Chodassewitsch, Wladislaw, *Nekropolis. Portraits. Essays. Erinnerungen*, Verlag Helmut Lang, 2016.

Der bislang eher als Lyriker bekannte Chodassewitsch (1886–1939) entwirft ein buntes Bild der russischen Literatur von den Anfängen des 20. Jahrhunderts bis in den 1920er Jahre. Der Autor, der 1922 emigrierte, kannte die Protagonisten der literarischen Strömungen persönlich, die sich oft auch gegenüber der sowjetischen Politik positionieren mussten. Er erweist sich mit seinen Erinnerungen und Porträts als feinsinniger Beobachter und ist nebenbei auch ein hervorragender Prosaist.

Solomon, Volkov, *St. Petersburg, A Cultural History*, Simon & Schuster, New York/London 1997.

Der 1976 in die USA emigrierte Journalist und Musikwissenschaftler hat das wohl umfassendste Werk zur Kulturgeschichte der Stadt geschrieben. Äußerst detailreich zeichnet er die Diskussionen in Literatur und Musik von St. Petersburg und damit von Russland nach. Materialsatt, leider nur auf Englisch und Russisch erhältlich.

Sebag Montefiore, Simon, *Katharina die Große und Fürst Potemkin. Eine kaiserliche Affäre*, Fischer Taschenbuch, Frankfurt 2010.

Der britische Historiker, der 2006 mit seiner Stalin-Biographie Aufsehen erregte, legt ein packendes Werk über die berühmteste Liebesgeschichte der Zarenzeit vor. Trotz aller späteren Liebhaber blieb für Katharina die Große Fürst Potemkin der wichtigste Mann im Leben, vor allem auch als politischer Ratgeber. Die geschichtlichen Fakten werden bis ins Detail ausgeleuchtet. Protz und Prunk, Mätressen und Intrigen ... süffig geschrieben.

Sebag Montefiore, Simon, *Die Romanows. Glanz und Untergang der Zarendynastie.* 1613–1918, Fischer, Frankfurt 2016.

305 Jahre Romanow-Dynastie auf 1000 Seiten gepackt. Damit der Leser halbwegs durchblickt, sind jedem Kapitel die jeweiligen Dramatis Personae vorangestellt. Brutale Machtkämpfe, Intrigen, sexuelle Eskapaden, blutige Gewalt – Sebag Montefiore erweist sich als begnadeter Erzähler und ein akribischer Rechercheur.

Jahn, Peter (Hg.), *Blockade Leningrads 1941–1944.* Dossiers, Ch. Links Verlag, Berlin 2004.

Katalog zur gleichnamigen Ausstellung 2004 im Deutsch-Russischen Museum in Berlin-Karlshorst. Zwei kluge Essays und eine ausführlich kommentierte Dokumentation der Blockade und ihrer katastrophalen Folgen für die Stadt. Zahlreiche Fotos. Zweisprachig Deutsch/Russisch.

Schalthöfer, Ingrid, *St. Petersburg. Literarische Spaziergänge*, Insel, Frankfurt/Leipzig 2002.

Wo es von Literatur und Spaziergängen handelt, enttäuscht das Buch etwas (ausgenommen die Exkurse über Puschkin und Dostojewskij). Als locker erzählte Geschichte Russlands von Peter dem Großen bis Nikolaus II., dem letzten Zaren, ist es hingegen überzeugend und liest sich wunderbar.

Bauermeister Christiane, Gerberding Eva, *St. Petersburg. Eine Stadt in Biographien*, Merian, München 2013.

Die beiden Autorinnen zeichnen Bilder der politischen und kulturellen Geschichte der Stadt anhand von zwanzig Kurzbiographien ihrer berühmtesten Bewohner von Peter I. bis Wladimir Kechman (geb. 1968), der mit Bananen reich wurde und heute das ehrwürdige Michailowskij-Theater leitet. Flüssig geschrieben, mit Zitaten und Anekdoten durchsetzt – eine leichte, bekömmliche Lektüre.

Schlögel Karl, Schenk Frithjof, Ackeret Markus (Hg.), *Sankt Petersburg. Schauplätze einer Stadtgeschichte*, Campus, Frankfurt 2007.

Ein Standardwerk, das Aufsätze von Russischen und deutschen Wissenschaftlern und Wissenschaftlerinnen versammelt, die die Stadt unter verschiedensten Gesichtspunkten beleuchten: „Das St. Petersburger Theatrum Naturae et Artis“, „Orte des jüdischen St. Petersburg“, „Die Stadt als Bühne: Orte bolschewistischer Massenfeste“, „Die starke Hand des Zaren: Innenministerium und Polizeidepartement an der Fontanka“, „Die bürgerliche und die proletarische Wohnung“ usw. usw. Ein vielseitiges, anspruchvolles, materialsattes, empfehlenswertes Buch.

Schlögel, Karl, *Petersburg. Das Laboratorium der Moderne. 1909–1921*, Fischer Taschenbuch, Frankfurt 2009.

In den Jahren vor dem Ersten Weltkrieg bis zu den ersten Jahren nach der Russischen Revolution ist eine ganze Gesellschaft im Umbruch begriffen. Literatur, Musik, Theater und Architektur suchen neue Wege, Technik, Elektrifizierung und Industrie werden bestimmend, und die Politiker reden sich die Köpfe heiß – bis eine allmächtige Partei das gesamte gesellschaftliche Leben zu regulieren beginnt. Schlögels umfangreiches Werk beleuchtet den Anbruch der Moderne und ihr vielfältiges Scheitern in St. Petersburg unter den diversesten Blickwinkeln. Ein faszinierendes Kaleidoskop für den anspruchsvollen Leser, der mit Vorteil einige Vorkenntnisse mitbringt.

Johenning, Heike Maria u. a., *Architekturführer Sankt Petersburg*, DOM publishers, Berlin 2014.

Ein gut aufgebauter und dank dazwischengestreuter Essays sehr informativer Architekturführer, der über 300 Bauten in der Stadt vorstellt, chronologisch geordnet von Peter dem Großen bis heute – und morgen. Als letzter Eintrag steht der Masterplan des „Europa Kai“ auf der Wassilijewskij-Insel, dessen Realisierung noch aussteht. Aktueller geht's nicht.

Russische Küche

Die Sorge um die Kälber war die vornehmste und eigentliche Lebensfrage in Oblomowka. Was für Kälber wurden dort zu den Jahresfesten gemästet! Was für Geflügel wurde dort großgezogen! Wieviel feine Überlegung, wieviel Sorge und Mühe galten allein der Pflege des Geflügels. Die Puten und Küken, die an den Namenstagen und zu andern feierlichen Gelegenheiten auf dem Tisch prangten, wurden mit Nüssen gemästet. Die Mastgänse durften keine Bewegung haben, infolgedessen ließ man sie einige Tage vor dem Fest ohne Bewegung in einem Sack hängen, damit sie ganz besonders fett würden. Was gab es da alles an Eingemachtem, an Gesalzenem, Gebackenem! Was für Met und Kwass wurde da zubereitet! Und erst die Pasteten, die in Oblomowka gebacken wurden!

Wenn Oblomow, der phlegmatische Held in Gontscharows gleichnamigem Roman, von seinem Landgut träumt, läuft dem Leser das Wasser im Mund zusammen. Die russische Küche zeigt eine reiche Palette, ob Fleisch, Fisch oder vegetarisch. Irgendein Gemüse gehört zu jedem Gericht und meist auch Kartoffeln.

Der Tag des russischen Gourmets beginnt mit einem kräftigen Frühstück (завтрак/*sawtrak*), zu dem Quark, Käse, Wurst die Mindestzutaten sind. Das Mittagessen (обед/*obed*) leitet er gern mit einem Gläschen Wodka und dazu einem Bissen saurer Gurke ein, bevor er sich den diversen Gängen von der Vorspeise (закуска/*sakuska*) bis zum Nachtisch (десерт/*dessert*) widmet. Das Abendessen (ужин/*uschin*) fällt, sofern das Mittagessen sehr üppig war, etwas bescheidener aus. Doch drei Gänge sind auch hier das Minimum.

In vielen Restaurants am Newskij-Prospekt und seinen Seitenstraßen hat man sich an Touristen gewöhnt und legt dem Gast oft eine englischsprachige Speisekarte hin. In billigeren, vom Tourismus weniger frequentierten Lokalen muss der Gast mit der russischsprachigen Karte zurechtkommen – wenn die Bedienung ein paar Brocken Englisch spricht, kann er sich glücklich schätzen.

Wer sich das kyrillische Alphabet angeeignet hat, befindet sich in einem leichten Vorteil. Er versteht zumindest вино (Wein), водка (Wodka), лимонад (Limonade), бифштекс (Beefsteak) und шашлык (Schaschlik). Andere Begriffe haben einen Bedeutungswandel durchgemacht: So ist das aus dem Deutschen stammende бутерброд/*buterbrod* nicht etwa ein ordinäres Butterbrot, sondern ein belegtes Brötchen (mit Lachs, Kaviar, Wurst, Schinken, Käse ...), während es sich beim котлета/*kotleta* nicht um ein saftiges Kotelett, sondern um eine ordinäre Frikadelle handelt.

Ein kleines Speiselexikon finden Sie am Ende dieses Buchs, im Kapitel „Etwas Russisch".

Russische Spezialitäten

Vorspeisen закуски

Marinierte Lachsröllchen, Räucherfisch, „Hering unter dem Pelzmantel", Pilzsalat, zart gegartes Schweine- oder Hühnerfleisch, geschmorte Wachteln, Nierchen in Madeira-Sauce, Geflügelpastete, Tomaten, gekochte Eier, Rote Beete, Gurken und zerstoßene Auberginen – der Reichtum an *Sakuski* steht einer türkischen Raki-Tafel in nichts nach. Ein Wodka ist stets ein guter Begleiter der Köstlichkeiten; wird Kaviar aufgetischt, darf's auch Krimsekt sein.

Teremok ist der Bliny-Spezialist

Piroggen (пирожки): Sie gehören zu den Klassikern der Vorspeisen und werden gelegentlich auch als Hauptgericht gegessen. Piroggen *(piroschki)* sind mit Fleisch, Fisch, Pilzen, Speck, Kartoffeln, Käse, Quark oder Gemüse gefüllte Teigtaschen, die meist gebacken werden.

Petersburg berühmtestes Piroggenlokal ist „Stolle" (→ Tour 1, Wo das Herz von St. Petersburg schlägt).

Bliny блины

Bei einer mehrgängigen russischen Tafel ist ihr Platz zwischen Vorspeisen und Suppe, sie können aber auch als Vorspeise bestellt werden. Wer einfach nur wissen will, wie sie schmecken, legt bei einem der zahlreichen Stehimbisse von *Teremok* eine Pause ein.

Das Originalrezept des russischen Pfannkuchen, der oft mit Crêpes oder Omelettes verglichen wird, basiert auf einem Drittel Weizen- und zwei Drittel Buchweizenmehl, Hefe, süße Sahne und geschlagenes Eiweiß kommen dazu. Oft findet man auch die etwas dunkleren Bliny, bei denen ausschließlich Buchweizenmehl verwendet wird. Die Füllungen sind vielfältig: von Butter, Marmelade, Honig bis zu Lachs und Kaviar.

Suppen супы

Nach oder anstelle einer Vorspeise kommt in der russischen Küche der Suppentopf auf den Tisch. Zu den Klassikern, die man praktisch in jedem Restaurant findet, gehören:

Borschtsch (борщ): Sein Ursprungsland ist die Ukraine, doch in die traditionelle russische Küche eingewandert ist der Borschtsch schon vor langer Zeit. Seine rote Farbe verdankt er seiner „Seele", der Roten Beete. Neben ihr sind auch andere Gemüse Bestandteil des leicht säuerlichen Gerichts, meist Weißkohl, Karotten, Sellerie und Petersilienwurzel. Eine lange Garzeit – die Rote Beete wird stets getrennt von den anderen Gemüsen gedünstet – hilft bei der sanften Entwicklung der Aromen. Serviert wird der Borschtsch mit frischen Kräutern (stets ist Dill vertreten) und einem Schuss saurer Sahne.

St. Petersburg im Kasten

Kaviar (икра)

Er ist die Krönung der Sakuski-Tafel, doch Kaviar ist nicht Kaviar. Am Anfang des „schwarzen Goldes" steht zwar immer der Stör, jener Knochenfisch, der vor allem im Kaspischen Meer, aber auch in andern Gewässern des russischen Südens zuhause ist. Doch gibt es mehrere Arten des Störs und daher auch des Kaviars. Grundsätzlich wird zwischen drei Sorten unterschieden:

Beluga: Der teuerste Kaviar, im Luxusrestaurant kann man für 50 g locker 500 € hinblättern. Beluga sind die Eier des Belugastörs, auch Europäischer Hausen genannt, mit bis zu vier Metern Länge und 1200 kg Gewicht der größte Vertreter der Störenfamilie. Die Eier sind anthrazitfarben und haben einen Durchmesser von drei bis vier Millimetern. Die Haut ist sehr dünn, so dass ein leichtes Drücken mit der Zunge gegen den Daumen die Delikatesse freigibt.

Osjotr: Das Wort bedeutet einfach Stör und meint den sog. Russischen Stör, der eine Länge von über zwei Metern erreicht. Die Eier haben einen Durchmesser von zwei bis drei Millimetern, die Farbe variiert von Dunkelgrün bis zu hellem oder dunklem Grau, die Schale ist nicht ganz so zart wie beim Beluga.

Sewruga: Der Sewrugastör, auch Sternhausen genannt, wird fast so groß wie der vorgenannte und produziert graue Eier von maximal zwei Millimetern Durchmesser mit einer dünnen, harten Schale. Die Störe gehören heute zu den gefährdeten Arten, der Belugastör ist gar vom Aussterben bedroht. Die USA haben aus diesem Grund die Einfuhr von Beluga-Kaviar mittlerweile verboten. Nach Moskau und St. Petersburg gelangt er natürlich weiterhin, auch wenn in Russland und im Iran, dem zweiten großen Anliegerstaat des Kaspischen Meers, die Gesetze verschärft und die Fangquoten begrenzt wurden. In jüngster Zeit wird der Stör zwecks Kaviargewinnung auch gezüchtet. Vor allem aber haben die gesetzlichen Restriktionen die Preise explodieren lassen und dadurch die Mafia auf den Plan gerufen. Der Moskauer Markt wird heute fast vollständig mit illegalem Kaviar beliefert, ähnlich dürfte es in St. Petersburg aussehen.

Serviert wird die Delikatesse kalt – knapp über dem Gefrierpunkt –, am besten in einer Glasschale auf zerstoßenem Eis. Wer keinen Krimsekt mag: Auch ein trockener Weißer ist ein guter Begleiter des Kaviars.

Unechter Kaviar: Dazu zählt vor allem der preiswertere, orangerote Lachskaviar, der in Westeuropa gelegentlich bei Vernissagen die Brötchen ziert und sich auch in Russland großer Beliebtheit erfreut. Den sog. Falschen oder Deutschen Kaviar, meist rot eingefärbt, liefert der Seehase, ein plumper Fisch, dem Aussehen nach eher ein Karpfen als ein Stör. Und gar nichts mehr mit Kaviar gemein hat der „Kölsche Kaviar", die rheinländische Zubereitung einer ordinären Blutwurst …

Der Borschtsch wird heiß wie auch kalt gegessen, letzteres mit Vorliebe im Sommer.

Soljanka (солянка): Die scharfe, leicht säuerliche Suppe wird mit Fleisch- (meist Rind) oder Fischstücken (Stör, Lachs, Schellfisch, Zander, Flunder) zubereitet. Gurken und Zwiebeln fehlen nie, Gemüse und geschälte Tomaten können dazukommen. Salz, Pfeffer und ein paar Zitronenscheiben runden den Geschmack ab. In der Regel wird die Soljanka wie der Borschtsch mit einem Schuss saurer Sahne serviert.

Schtschi (щи): Die Schtschi ist die klassische Wintersuppe, sie findet sich aber auch im Sommer auf der Speisekarte. Hauptzutaten der russischen Kohlsuppe, die in zahlreichen Variationen auf den Tisch kommt, ist Weißkohl oder Sauerkraut. Zwiebeln gehören stets dazu, oft auch Sellerie und Petersilienwurzel. Suppenfleisch vom Rind, Lamm oder Huhn sowie Knochenmark runden das Aroma hervorragend ab. Auch die Schtschi wird mit einem guten Schuss saurer Sahne serviert.

Salate

Salate werden meist als Vorspeise angesehen, die Sakuski-Tafel zeigt stets eine ganze Palette, doch werden sie auch gern zusammen mit dem Hauptgericht gegessen.

Zu Berühmtheit hat es der **Olivier-Salat** (салат Оливье) gebracht, der nichts mit Oliven zu tun hat, hingegen mit einem aus Belgien (Franzosen behaupten gerne: aus Frankreich) eingewanderten Küchenmeister namens Olivier, der im 19. Jahrhundert in Moskau ein Luxusrestaurant betrieb. Das Originalrezept soll er zeitlebens nicht verraten haben, seine Nachfolger kamen ihm aber wohl nahe mit dem, was in einigen Variationen heute „Olivier-Salat", gelegentlich auch einfach „Russischer Salat" genannt wird. Hauptzutaten sind weißes Pouletfleisch, Kartoffeln, harte Eier, Erbsen, Tomaten und auf jeden Fall Mayonnaise.

Gemüse und Kartoffeln

Vegetarier sind mit der russischen Küche gut bedient. Wer einen Spaziergang durch einen der gut sortierten Petersburger Märkte, z. B. den Kusnetschnyj-Markt (→ Tour 4: Menschen, Märkte und ein Mörder) unternimmt, bekommt einen guten Eindruck vom russischen Gemüsegarten: Kohlrüben und Karotten, Weißkohl und Blumenkohl, Rote Beete, Weiße Rüben, Gurken, Auberginen, Tomaten, Kartoffeln ... Daraus lässt sich manches Gericht zaubern, das auch ohne Fleisch auskommt.

Kartoffeln (картофель, umgangssprachlich картошка/*kartoschka*) werden gekocht, gebacken und gebraten, am meisten werden sie als Kartoffelpuffer geschätzt. Manchmal stehen sogar **Pommes frites** (картофель фри) auf der Karte. Von der knusprigen französischen

US-Fast-Food-Gigant

Art der Zubereitung sind sie jedoch meilenweit entfernt, russische Pommes kann man in der Regel zwischen den Handflächen zu Kugeln rollen.

Fleisch мясо

Schwein, Rind, Kalb und Lamm finden den Weg auf den Teller – meist in Gulaschform oder gehackt. Auch Innereien wie Zunge oder Nieren werden nicht verschmäht. Beim Federvieh steht das Hühnchen (meist billig) an erster Stelle, aber auch Enten werden serviert, gelegentlich sogar ein Fasan.

Schaschlik (шашлык): Spießchen stehen häufiger auf der Speisekarte als in Deutschland, wobei das Fleisch von Lamm und Hühnchen am beliebtesten ist. Zwiebelstücke und Gemüse werden in der Regel mit aufgespießt. Um ein Schaschlik zu essen, braucht man nicht unbedingt ein Restaurant aufzusuchen, es ist auch an billigen Straßenbuden zu haben – im schlimmsten Fall aus der Mikrowelle, im besten Fall vom Holzkohlengrill.

Boeuf Stroganoff (беф-строганов): Zugeschrieben wird das auch in Westeuropa bekannte Gericht einem französischen Koch, der für die reichen Stroganows die Kelle schwang. Diese menschenfreundliche Adelsfamilie war bekannt dafür, dass sie im Garten ihres Palasts am Newskij-Prospekt arme Leute verköstigte. In Streifen geschnitten und gebraten ließ sich das zarte Rinderfilet besser auf mehrere Teller verteilen.

Das Rezept kennt zahlreiche Variationen; im klassischen Fall gehören saure Sahne, Essiggurken, Zwiebeln und Champignons dazu.

Pelmeni (пельмени): Die Italiener haben ihre Ravioli, die Schwaben ihre Maultaschen, die russische Variante der gefüllten und in Wasser gekochten Teigtaschen heißt Pelmeni und bestreitet einen Hauptgang. Die Füllung besteht meist aus einer Hackfleischmischung vom Rind und vom Schwein,

Im Supermarkt

ein gutes Rezept schreibt zusätzlich Hammel vor. In Sibirien, dem Ursprungsgebiet des Gerichts, kommen je nachdem noch Elch, Rentier und Bär dazu. Wie viele andere Speisen werden auch Pelmeni mit einem Schuss Sauerrahm serviert. Neben den klassischen Pelmeni mit Fleischfüllung findet man auch Fisch- und vegetarische Pelmeni.

Das mühsame Herstellen jeder einzelnen Tasche von Hand erspart die *Pelmenniza*, die sich in jedem russischen Haushalt befindet – eine Ausstech- und Pressform in einem. Der Teig wird über die Pelmenniza gestrichen, die Füllung daraufgelegt, eine zweite Teigschicht darüber und das Ganze durchgepresst, so dass die Pelmeni gut verschlossen sind und im kochenden Wasser nicht platzen.

Fisch рыба

Lachs, Makrele, Hering und Kabeljau schwimmen in der näheren Umgebung der Stadt und kommen in verschiedenen, meist delikaten Zubereitungen – gegrillt oder geräuchert – auf den Teller. Der Stör aus dem Kaspischen Meer ist nicht nur Lieferant des sündhaft teuren Kaviars (siehe Kastentext *Kaviar*), sondern auch von Filets, die gebraten oder gegrillt hervorragend schmecken und auch für Schaschlik verwendet werden.

Nachtisch десерт

Die Palette für Schleckmäuler ist breit gefächert. **Speiseeis** (мороженое) wird noch auf der Straße gegessen, wenn die Newa schon zugefroren ist, und findet sich praktisch auf jeder Karte, ob pur oder mit Waldfrüchten garniert. Auch Früchtekaltschalen, Apfelkompott, Quarktaschen, Torten und allerlei Gebäck, zu dem oft Tee gereicht wird, können den Abschluss des Gelages bilden.

Georgische Spezialitäten

Die georgische Küche genießt einen exzellenten Ruf. Sie ist der russischen Küche verwandt und wird von den Petersburgern sehr geschätzt. In der Stadt finden sich zahlreiche georgische Restaurants. Die beiden wichtigsten Spezialitäten:

Chatschapuri (хачапури): überbackenes Käsebrot, mit einer Füllung aus Hackfleisch, Ei, Käse oder anderem. Chatschapuri werden oft als Zwischenmahlzeit gegessen. Wer großen Hunger hat, betrachtet sie besser als Vorspeise.

Chinkali: (хинкали): Das Pendant zu den russischen Pelmeni. Die meist mit Hackfleisch (Lamm, Rind) oder Käse gefüllten Teigtaschen laufen oben in einen Stiel aus – sie werden mit der Hand gegessen: am Stiel anfassen, Brühe ausschlürfen, dann den Rest bis auf den Stiel essen. Letzterer ist zu dickteigig und wird auf den Teller gelegt. So weiß der Kellner nachher, wie viele Chinkali der Gast verspeist hat.

Getränke

Wodka водка

Getrunken wird das „Wässerchen“, wie das russische Nationalgetränk in der deutschen Übersetzung heißt, am liebsten gemeinschaftlich vor einer reichhaltigen Sakuski-Tafel, in kleinen Gläsern und eiskalt. Das Ritual verlangt, dass die ersten drei Wodkas auf einen Zug geleert werden, wobei jeweils mit Vorliebe ein Stück eingelegter saurer Gurke dazu gegessen wird, ab

Am Stiel anfassen: Chinkali

Ambulanter Supermarkt

dem vierten Wässerchen darf dann genippt werden. Fragen Sie nicht nach dem Grund dieses schönen Rituals: Sie werden einen langen Vortrag über das Wesen der russischen Seele zur Antwort bekommen ...

Wodka wird in Russland viel und gern getrunken, entsprechend viel Platz wird den verschiedenen Marken im Supermarkt eingeräumt. Die Preisunterschiede sind beträchtlich, ebenso die Qualität. Ein guter russischer Wodka hat in der Regel 40 bis 50 Volumenprozent und ist auf Roggenbasis hergestellt, Weizen wird vor allem in Polen und in Deutschland verwendet. Gänzlich verpönt sind Kartoffeln, die oft in polnischen und ukrainischen Brennereien üblich sind. Problemlos fahren Sie mit der einheimischen Marke „St. Peterburg" (40 %) mit einer geöffneten Newa-Brücke auf dem Etikett; die auch in Deutschland bekannten „Parliament" (aus Moskau, 40 %) und „Sojus" (aus Moskau, erkenntlich am Sowjetstern, 40 %) sind ebenfalls empfehlenswerte Marken. Falls Sie auf „Gorbatschow" stehen: Er ist ein deutsches Produkt, das Sie in St. Petersburg kaum finden werden.

Neben dem weitaus am häufigsten getrunkenen puren Wodka gibt es auch aromatisierte Varianten, in die Zitronen, Ingwer, Beeren und Kräuter Eingang finden.

Wein вино

In der Umgebung von St. Petersburg wird so viel Wein angebaut wie in Grönland, der Wein muss aus dem Süden herbeigeschafft werden. Teils kommt er aus den südrussischen Republiken, teils aus der Ukraine, aus Georgien und Moldawien, seltener aus Armenien und Aserbaidschan.

Wer an gute französische oder italienische Weine gewöhnt ist, wird sich mit diesen Weinen schwer anfreunden, viele sind für den westlichen Gaumen zu süß.

Selbstverständlich gibt es auch Spitzenweine, vor allem aus Georgien, sicherer geht man meist mit südamerikanischen Importen (Chile, Argentinien).

Die Weinpreise sind unabhängig von der Qualität auch in bescheidenen Restaurants ziemlich hoch.

St. Petersburg im Kasten

Wodka – eine politische Biographie

Nachforschungen über den Ursprung des Wodkas verlieren sich im Alkoholnebel der Geschichte. Seine Geburtsstunde liegt irgendwo im 15. Jahrhundert, sein Geburtsort vermutlich in Russland, vielleicht aber auch in Polen. So genau ist das heute nicht mehr auszumachen.

Verbürgt ist, dass unter Iwan dem Schrecklichen (1530–1584) in Moskau die ersten Trinkstuben eröffnet wurden, in denen kein Essen serviert werden durfte und der Wodka in Portionen zu 100 Gramm (in Restaurants wird auch heute noch in Gramm und nicht in Liter gerechnet) konsumiert wurde. Die Einrichtung für Schluckspechte hatte Erfolg und wurde bald auch in anderen Städten eingeführt, der Zar hielt sich an Trinksprüchen schadlos – und wohl auch an den Steuern.

Peter der Große, Stadtgründer von St. Petersburg, ein Mann von mächtiger Statur, war auch im Trinken groß. Seinen Arbeitstag soll er regelmäßig mit einem Viertelliter Wodka begonnen haben. Peter verköstigte seine Gäste hervorragend und liebte es, sie unter den Tisch zu saufen. Nebenbei kurbelte er die Wodkaproduktion systematisch an, um Gelder für seine riesigen Bauprojekte einzutreiben. Auch Katharina die Große wollte auf die Einnahmen aus den Brennereien nicht verzichten; zudem befand sie, dass betrunkene Untertanen einfach besser zu regieren seien.

So hatte sich der Wodka schon tief in die russische Seele eingegraben und im russischen Körper schon einiges angerichtet, als der Staat um 1900 nicht nur das Monopol an sich riss, sondern sich

auch daran machte, einen Qualitätsstandard einzuführen, sozusagen eine „appellation contrôlée". Der renommierte Chemiker Dmitrij Mendelejew, Erfinder des nach ihm benannten Periodensystems, das noch heute manchen Gymnasiasten plagt, wurde damit beauftragt, Levels für die Herstellung und den Alkoholgehalt des Wodkas auszuarbeiten.

Die Kommunisten, die 1917 die Macht an sich rissen, befanden, dass eine alkoholisierte Arbeiterschaft der Produktionssteigerung nicht förderlich sei, und kämpften mit einigem Erfolg gegen den grassierenden Wodkakonsum. Trotzdem wurde im russischen Bürgerkrieg auf Seiten der Weißen wie der Roten weiterhin kräftig Schnaps geschluckt, und bereits Mitte der zwanziger Jahre dachten die Kommunisten so pragmatisch wie zuvor die Zaren: Die staatlichen Einnahmen aus dem Wodkahandel waren eine nationalökonomische Größe und nicht zu verachten. So ging die Trinkerei munter weiter. Im Zweiten Weltkrieg bekamen die Soldaten ihre tägliche Hundertgramm-Ration, die den Kampfgeist stärken sollte und manchen in die Abhängigkeit führte. Die Sowjetunion befand sich 1945 auf Seiten der Siegermächte – und zählte ein paar Millionen Alkoholiker mehr.

Auch Michail Gorbatschow, der letzte Präsident der Sowjetunion, entdeckte den vom Wodka angerichteten volkswirtschaftlichen Schaden: eine durchschnittliche Lebenserwartung des russischen Mannes von unter 60 Jahren, ganz zu schweigen von den alkoholbedingten Arbeitsausfällen. Mit seiner Kampagne gegen den Wodka – das begehrte „Wässerchen" war plötzlich nur noch gegen Bezugsmarken und auf zwei Flaschen pro Monat limitiert zu bekommen – stieß er bei der Bevölkerung auf keine Gegenliebe; die Bezugsmarken entwickelten sich bald zu einer Art Schattenwährung. Gorbatschows Nachfolger Jelzin ließ dann den Wodka wieder fließen, auch in seine eigene Kehle. Über Wladimir Putin ist diesbezüglich nichts Nachteiliges bekannt, er trinkt gerne Tee.

Gegen die alte Geißel aber kämpft auch Putin. So ließ er erst die Alkoholwerbung, dann das Trinken von Wodka im öffentlichen Raum verbieten und setzte einen Mindestpreis für das „Wässerchen" fest. Eine weitere Maßnahme bekommen auch Touristen zu spüren: In den vielen rund um die Uhr geöffneten Lebensmittelläden wird um 22 Uhr vor dem Spirituosenregal ein Gitter heruntergelassen. Bier bleibt weiterhin erhältlich und billig, vor allem jugendliche Konsumenten sind umgeschwenkt. Die durchschnittliche Lebenserwartung des russischen Mannes ist inzwischen auf 67 Jahre gestiegen.

Die Wodkamarke „Gorbatschow" hat übrigens nichts mit dem früheren russischen Staatspräsidenten zu tun, sie ist älter. Ein Petersburger Wodkabrenner namens Leontowitsch Gorbatschow, den die Flucht vor der Oktoberrevolution 1917 nach Berlin verschlagen hatte, nahm dort seine alte Tätigkeit unter eigenem Namen wieder auf. Seine ersten Kunden waren in Deutschland gestrandete russische Flüchtlinge. Heute gehört „Gorbatschow" zu den meistverkauften Wodkas in Deutschland und ist im Besitz der Sektkellerei Henkell & Söhnlein. Selbstverständlich wusste die Firma nach 1989, als ganz Deutschland Michail Gorbatschow zujubelte, den Gorbi-Effekt markttechnisch umzusetzen. Das verleitete ein paar Jahre später eine französische Firma, eine Marke „Boris Jelzin" zu lancieren – bis heute ohne großen Erfolg. In St. Petersburg findet man im Supermarkt weder Gorbatschow noch Jelzin, dafür „Putinka". Dieser Wodka kam drei Jahre nach Putins Machtübernahme auf den Markt, und der Moskauer Hersteller versicherte scheinheilig, der Name würde sich auf *put* (= Weg) beziehen. Wie auch immer: Er schmeckt vorzüglich.

O'zapft is

Bier пиво

Besonders bei Jugendlichen erfreut sich Bier zunehmender Beliebtheit, man sieht sie mit einer Dose in der Hand über den Newskij-Prospekt schlendern, auch im Park ist ein Bier meist dabei, am Morgen quellen dann die Abfalleimer über. Bier wird in St. Petersburg in großen Mengen getrunken. Die Halbliterflasche oder -dose ist im Supermarkt billig zu haben, im Straßencafé legt man für den gefüllten Plastikbecher 100 bis 120 Rubel auf den Tisch. Auch zum Essen wird oft Bier getrunken.

Spitzenreiter der lokalen Biere ist das „Baltika" (Балтика). Die 1990 in St. Petersburg gegründete Brauerei ist heute mit Abstand die größte ganz Russlands und hinter Heineken die zweitgrößte Europas. Ihre zehn Biersorten wurden der Einfachheit halber von „Baltika 0" (alkoholfrei) bis „Baltika 9" (ein starkes Lagerbier mit 8 % Vol.) durchnummeriert. Die gängigsten und meist auch in den Kneipen verkauften sind „Baltika 3" (klassisches Lagerbier, 4,8 %) und „Baltika 7" (Export, helles Lagerbier, 5,4 %). Auch „Baltika 6" (Porter, dunkel, 7 %) und „Baltika 8" (Weizenbier, 5 %) findet man relativ einfach, die anderen Nummern eher selten.

Einen kleineren Marktanteil hat „Botschkarew" (Бочкарев), das zweite Petersburger Bier. Einzelne Restaurants beziehen ihr Bier von Kleinbrauereien, daneben werden oft auch – meist etwas teurer – ausländische Biere serviert, z. B. Löwenbräu München oder Heineken. Und kommt das Bier vom Fass, so heißt es *Rasliwnoe pivo* (разливное пиво).

In jüngster Zeit sind auch einige Lokale entstanden, die ihr eigenes Bier brauen wie z. B. „Puberty" auf der Wyborger Seite (→ „Weitere Ziele im Stadtgebiet").

Kwas квас

Kwas ist so alt wie Russland. Lange bevor Katharina die Große 1795 die erste Bierbrauerei im Zarenreich gründete und noch bevor Iwan der Schreckliche in Moskau Wodkatrinkstuben einführte, wurde das dunkle, leicht gärige Gebräu mit einem variierenden Alkoholgehalt (in der Regel rund 0,5 % Vol. und damit nach deutschem Lebensmittelrecht alkoholfrei) massenhaft konsumiert. Und seine Beliebtheit hält an: Kwas findet man in jedem Restaurant, in jedem Supermarkt, in jedem Haushalt. Gelegentlich sieht man auch Straßenverkäufer, die dem Durstigen den Becher für 30 Rubel kredenzen.

Kwas, die „russische Coca Cola", hat mit dem amerikanischen Coke allenfalls die Farbe gemein. Kwas ist ein schmackhafter, vitaminreicher Durstlöscher, der obendrein auch den Kreislauf anregt und einer gesunden Darmflora förderlich ist.

Die Basis des klassischen Kwas, der oft auch in Suppen und Saucen gerührt wird, ist Roggenbrot. Oft werden aromatische Veränderungen durch Beifügen von Minzzweigen, Johannisbeerblättern und anderen Zutaten erreicht.

Tee чай

Wie alle Russen sind auch die Petersburger eifrige Teetrinker. Schwarztee wird dem Gast zu allen Tageszeiten angeboten, oft bildet er den Schlussakkord eines mehrgängigen Essens. In privaten Haushalten kommt meist der *Samowar* auf den Tisch, das russische Wort bedeutet „Selbstkocher". Früher wurde das Wasser mit Holzkohle erhitzt, heute wird in der Regel ein elektrischer Samowar mit Heizspirale verwendet. Während im Gerät mit dem Ablasshahn das Wasser siedet, bis es „singt", befindet sich in der Kanne darüber ein kräftiger, schwarzer Teesud. Das Praktische am Samowar, der auch in der Türkei bekannt ist: Der Teetrinker kann sich die Stärke des Getränks nach eigenem Gusto mischen.

St. Petersburg im Kasten

Wie der Tee nach Russland kam

Im Jahr 1638 bekam der damals noch Kwas und Wodka trinkende Moskauer Zarenhof zum ersten Mal Teeblätter zu Gesicht, ein Geschenk aus der Mongolei. Dem Zaren mundete das daraus zubereitete Getränk vorzüglich, und innerhalb kürzester Zeit verbreitete sich das Teetrinken erst in der Hauptstadt, dann im ganzen Reich – zumindest in der Oberschicht.

Hauptlieferant war damals China, der Transportweg über 10.000 Kilometer war lang, eine Kamelkarawane benötigte dafür 16 Monate, was den Preis in die Höhe trieb. Als Nationalgetränk setzte Tee sich erst mit dem Import aus Indien und Ceylon (heute Sri Lanka) am Anfang des 19. Jahrhundert durch. In dieser Zeit entstand auch die bekannte „Russische Mischung", die sich zur Hälfte aus dem alten chinesischen Karawanentee und zur Hälfte aus Ceylon-Tee zusammensetzt. Um der gestiegenen Nachfrage zu genügen, begann Russland Mitte des 19. Jahrhunderts mit einem großflächigen Teeanbau in den wärmeren Gegenden des Riesenreichs, am Schwarzen Meer und in den Kaukasusprovinzen. Der nationale Bedarf konnte damit mehr oder weniger gedeckt werden, das galt bis zum Zusammenbruch der Sowjetunion. In jüngster Zeit haben die bürgerkriegsähnlichen Konflikte am Kaukasus der Teeproduktion einen harten Schlag versetzt. Zahlreiche Anbaugebiete in Georgien und Abchasien sind heute zerstört. Die Importe aus Indien sind gestiegen, und auch China ist wieder im Geschäft.

St. Petersburg im Kasten

Kwas – leicht gemacht

Kwas kann man in jedem Supermarkt in St. Petersburg und in jedem russischen Spezialitätengeschäft in Deutschland kaufen, dort gibt's sogar mittlerweile einen Instant-Kwas, ein Konzentrat, das man nur noch mit Wasser anzurühren braucht. Oder man macht seinen eigenen Kwas, was keine Kunst ist. Es braucht nur viel Zeit, die man aber verschlafen kann.

Kwas für 4 Personen

Zutaten:

1,5 Liter	*Wasser*
250 g	*Brot (dunkel, am besten Roggenbrot)*
5 EL	*Zucker*
2 EL	*Hefe*
2 EL	*Honig*
1 TL	*Rosinen*

Brot in Stücke schneiden und im Backofen leicht rösten. Brot aus dem Ofen nehmen, in einen großen Topf geben und mit dem kochenden Wasser übergießen. Bis auf Körpertemperatur abkühlen lassen. Die aufgelöste Hefe, den Zucker, den Honig und die Rosinen dazugeben und das Ganze gut durchrühren. Drei Tage bei Zimmertemperatur gären lassen und dann durch ein sehr feines Sieb (oder ein Tuch) abseihen. In Flaschen abfüllen, diese fest verkorken und kalt stellen. Kalt servieren.

Es geht auch alkoholfrei – Kwas und Kola

Alte Festbrüder

Nachtleben

Discos und Clubs haben meist bis in den Morgen geöffnet. Die Eintrittspreise variieren je nach Uhrzeit und sind meist nicht hoch, wenn man von den hier nicht berücksichtigten luxuriösen Nightclubs mit ihren Erotik-Shows absieht. Die Getränkepreise sind oft leicht erhöht, das Bier fließt trotzdem in Strömen, in einigen Lokalen werden auch Speisen serviert. Kleinere Striptease-Einlagen sind in vielen Clubs üblich, daran stört sich kein Petersburger und keine Petersburgerin. Einige Schuppen sind gratis, hier beschränkt man sich auf eine Gesichtskontrolle, die der Besucher, wenn er nicht allzu alkoholisiert ist, in der Regel besteht. Viele Clubs und Discos sind erst ab 23 Uhr geöffnet, die meisten schließen um 6 Uhr früh. Auch wenn die Mehrzahl der Besucher Russen und Russinnen sind: Ausländische Touristen sind stets willkommen. Eine große Dichte an Nachtlokalen findet man neben und hinter dem Gostinyi Dwor. Die Szene der Stadt ist einem relativ schnellen Wandel unterworfen, Lokale schließen, neue öffnen, einige halten ihren guten Ruf schon seit Jahren.

Ziemlich mager ist das spezifische Angebot für **Schwule und Lesben**. Homosexualität wurde in Russland lange Zeit weitgehend tabuisiert oder ignoriert. Das hat sich geändert: 2012 erließ das Stadtparlament ein Gesetz, das „Propaganda“ für gleichgeschlechtliche Liebe untersagt – und das in der „Gay-Hauptstadt Russlands“! St. Petersburg war jedoch nur vorgeprescht; ein Jahr später unterzeichnete Putin ein praktisch gleichlautendes Gesetz auf nationaler Ebene. Bei Zuwiderhandlung droht eine saftige Geldstrafe, bei Ausländern ist zudem eine Ausweisung nicht ausgeschlossen. Wo die Grenzen der Propaganda liegen (öffentliches Küssen unter Männern bzw. unter Frauen, Schwenken einer Regenbogenfahne etc.), liegt wohl im Ermessen des Gerichts.

Clubs/Discos/Music-Bars

Metro **12** → Karte S. 82/83, Ⓜ Obwodnyi Kanal, von da noch 10 Min. zu Fuß dem Prospekt entlang stadtauswärts. Der größte Tanzschuppen der Stadt, in dem es auf drei Etagen abgeht. Russische Popmusik, Rhythm & Blues. Gelegentlich „erotische" Einlagen mit Vorliebe muskelbepackter Männer. Das Publikum ist sehr gemischt, Studenten, Erwachsene mittleren Alters, Ausländer. Trotz der Größe bilden sich Warteschlangen, die sich meist erst gegen Mitternacht auflösen. Gesichtskontrolle. Ligowskij prosp. 174, ✆ 766-0204, www.metroclub.ru.

Fish Fabrique Nouvelle **5** → Karte S. 82/83, Ⓜ Ploschtschad Wosstanija/Majakowskaja, beim Moskauer Bahnhof. Eher ein Underground-Club mit kulturellen Aktivitäten. Im riesigen Gebäudekomplex, bei den Einheimischen „Pu 10" genannt, ist auch das Museum für nonkonformistische Kunst zuhause, das Ausstellungen lokaler Szene-Künstler zeigt. Im „Temple of Love" präsentiert ein John-Lennon-Devotionalien-Sammler, was er schon alles über die Beatles zusammengetragen hat (nur Fr Abend geöffnet), und auf der Dachterrasse des Gebäudes ist ein kleines Open-Air-Café eingerichtet.

Im Clublokal der Fischfabrik sehr gemischtes Publikum, nüchternes Dekor, moderate Getränkepreise. Beliebte Musikkneipe, besonders Do–Sa, wenn Konzerte gegeben werden. Auch Tischfußballer kommen hier auf ihre Kosten. Wer Platz an einem Tisch findet, kann hier locker eine Nacht durchzechen, in der Regel aber ist die Fischfabrik brechend voll. Eintritt gratis, bei Konzerten 150 Rbl. Ligowskij prosp. 53 (Eingang durch den Torbogen), ✆ 764-4857, www.fishfabrique.ru.

Money Honey **27** → Karte S. 24/25, Ⓜ Newskij Prospekt/Gostinyi Dwor, am Rand des Apraksin Dwor, vom „Revolution" ein Stück in Richtung Sennaja-Platz. Ebenfalls vom Abriss bedroht. Bis es so weit ist, hält die Wild-West-Bar ihre Türen offen: Rock'n'Roll bis in die Puppen. Viel ausländisches Publikum. Sadowaja ul. 28/30 (Apraksin Dwor), ✆ 310-0549, www.money-honey.ru.

Rossi's Club **26** → Karte S. 24/25, Ⓜ Newskij Prospekt/Gostinyi Dwor, hinter dem Alexandrinskij-Theater. Größeres Lokal mit Publikum verschiedener Alterskategorien. Rhythm & Blues und nostalgische Musik. Verschiedene Parties, gelegentlich mit Striptease-Einlagen. Mo/Di geschlossen. Sodtschego Rossi 1-3, ✆ 710-4016, www.rossis.ru.

Fidel **15** → Karte S. 24/25, Ⓜ Newskij Prospekt/Gostinyi Dwor, am Rand des Gostinyi Dwor. Bis Mitternacht ist hier meist tote Hose – richtig los geht's erst gegen zwei Uhr. Dann ist der Laden brechend voll und vibriert unter Rock- und Technorhythmen. Wer sich unterhal-

Am spektakulärsten bei Nacht: Brückenöffnung

ten will, geht woanders hin, im Fidel kann man sein eigenes Wort kaum verstehen. Das Publikum besteht gleichermaßen aus Studenten und Touristen. Eintritt frei. Dumskaja ul. 9.

Quarenghi **17** → Karte S. 24/25, Ⓜ Newskij Prospekt/Gostinyi Dwor. Wem es bei Fidel zu laut geworden ist, findet hier eine etwas ruhige Szenerie vor. Oft Karaoke-Abende. Eintritt frei. Ul. Lomonosowa 2, ✆ 940-7877.

Lomonossow **20** → Karte S. 24/25, Ⓜ Newskij Prospekt/Gostinyi Dwor. Das Lokal hat im Nachtclub-Eck seinen sicheren Platz: Drinks im Erdgeschoss, Dance in der 1. Etage. Meist brechend voll. Ul. Lomonossowa 1, ✆ 934-9090.

Bermudy **2** → Karte S. 82/83, Ⓜ Sennaja Ploschtschad/Sadowaja/Spasskaja. Alles in allem vergleichbar mit dem vorgenannten Quarenghi. Es wird mehr getanzt, weniger Karakoe gesungen als dort. Schließt früher (ca. 3 Uhr) als die Lokale an der Dumskaja- und der Lomonossowastraße. Eintritt frei. Bankowskij per. 6, ✆ 312-9126.

Jazz

Jazz Philharmonic Hall **10** → Karte S. 82/83, Ⓜ Puschkinskaja oder Wladimirskaja/ Dostojewskaja, dann knapp 10 Min. zu Fuß auf dem Sagorodnyi-Prospekt, das Lokal liegt exakt zwischen den beiden Stationen. Der Tipp für Oldtimer, die Dixie und traditionellen Jazz mögen. Künstlerischer Direktor der 1989 von ihm gegründeten Konzerthalle ist der bekannte einheimische Trompeter, Saxophonist, Pianist und Violinist Dawid Goloschtschjokin, der hier, wenn er nicht auf Welttournee ist, gelegentlich mit seiner eigenen Band auftritt. Große Konzerthalle mit 200 Sitzplätzen. Tische für 2 bis 6 Personen; während der Konzerte (Beginn in der Regel 19 Uhr) werden auch kleine Snacks serviert. Sagorodnyi prosp. 27, ✆ 764-8565, www.jazz-hall.com (auch englischsprachig).

JFC Jazz Club **1** → Karte S. 68/69, Ⓜ Tschernyschewskaja. Sehr populäres Lokal, in dem russische Jazzbands aller Stilrichtungen auftreten. Ul. Schpalernaja 33, ✆ 272-9850, www.jfc-club.spb.ru.

White Night Music Joint **9** Karte S. 82/83, Ⓜ Dostojewsskaja/Wladimirskaja. 2016 eröffnetes, großes, modern gestyltes Lokal mit Restaurant und täglich wechselndem Jazzprogramm. Vergleichsweise hoher Eintritt. Nab. Fontanka 59, ✆ 313-3111, www.whitenight.spb.ru (auch englisch).

Schwule & Lesben

Central Station **19** → Karte S. 24/25, Ⓜ Newskij Prospekt/Gostinyi Dwor, beim Gostinyi Dwor. Auf mehreren Ebenen wird getanzt, gebechert und geflirtet, Drag-Queens streifen durch die verschiedenen Räume. Diverse Show-Einlagen wie Männerstrip und Lesbenperformances. Eine Bar für das etwas ältere Publikum und Dark Rooms. Meist brechend voll. Gesichtskontrolle und Körperabtastung wie im Flughafen. Ul. Lomonosowa 1 (Eingang Sadowaja ul.), ✆ 312-3600.

Blue Oyster **22** → Karte S. 24/25, Ⓜ Newskij Prospekt/Gostinyi Dwor. Die bekannteste Schwulenbar im Zentrum hält sich nach außen bedeckt. Den Eingang findet man unter einer kleinen, blauen, geöffneten Muschel mit Augen: an der Stahltür mit der Nr. 69 klingeln und dann die Gesichtskontrolle bestehen. Eintritt frei. Ul. Lomonossowa 1, ✆ 332-5161.

Malewitsch **13** → Karte S. 82/83, Ⓜ Moskowskire Worota. Lokal der LGBT-Community mit fröhlich-buntem Interieur. Mo–Mi 18–23 Uhr (Café-Modus), Do–So 23–6 Uhr (Nightclub-Modus). Moskowskie pr. 109/3 (im Hinterhof), ✆ 920-3207, www.malevich-club.ru.

Der Zoologische Garten ist ein Paradies für Kinder

St. Petersburg mit Kindern

Im Vergleich zu westeuropäischen Großstädten macht sich St. Petersburg wenig Gedanken um Touristen, die mit Kindern Urlaub in der Stadt machen wollen. Doch auch die Einheimischen haben Kinder, und so schauen wir einfach, wo es den kleinen Petersburgerinnen und Petersburgern gefällt. Wo russische Kinder gerne hingehen, gefällt es in der Regel auch den nichtrussischen. Fünf Vorschläge:

Boat Trip

Eine Fahrt auf den Kanälen erfreut Kinderherzen. Die Erklärungen zu den Palästen, an denen man vorbeituckert, interessieren sie in der Regel nicht, ob sie auf Russisch, Englisch oder Deutsch aus dem Megaphon kommen. Für Kinder zählt das optische Erlebnis: unter Brücken durchmanövrieren, entgegenkommende Schiffe begutachten und ganz neue Blicke auf die Großstadt erleben. → Kastentext „Boat Trip", S. 232

Zoo

Affen, Raubkatzen, Schlangen – zoologische Gärten sind bei Kindern ein sicherer Wert. Der 1865 gegründete Zoo von St. Petersburg ist der älteste Russlands und macht da keine Ausnahme. Rund 2000 Tiere und über 400 Arten sind vertreten. Besonders beliebt ist das Eisbär-Pärchen Uslada und Menschikow, dessen Nachkommen heute in zoologischen Gärten über die ganze Welt verstreut leben. Dass einige Tiere zu wenig Auslauf haben, die Gehege westlichen Standards teilweise nicht genügen, muss man hinnehmen. Der für Kinder eingerichtete Teich, auf dem sie auf großen Plastikenten herumkurven können, ist hingegen ein großes Plus – fast wie Autoskooter, nur leiser. → Tour 7, S. 128

Museum der sowjetischen Spielautomaten

Das kleine Museum stellt Flipper und Videospiele aus, die einst in Bars und Hinterstuben standen und heute längst der glitzernden Importware gewichen sind. Mit der Eintrittskarte erhält man fünfzehn 15-Kopeken-Münzen, mit denen die Spielgeräte in Gang gesetzt werden. Dass deutsche Kinder die russischsprachigen Spielanweisungen nicht verstehen, stört sie nicht, sie probieren einfach aus. → Tour 2, S. 56

Peterhof

Mit Kindern sollte man den Ausflug nach Peterhof unbedingt mit dem Boot machen, die Fahrt über Land mit der Elektritschka ist eher anstrengend. Von der Bootsanlegestelle in Peterhof gelangt man direkt in die Gärten mit ihren zahlreichen Brunnen. Die spektakuläre Große Kaskade vom Palast zum unteren Garten bringt auch Kinder zum Staunen. Vor allem aber lieben sie die sogenannten Scherz-Fontänen: die Regenschirm-Fontäne, wo sie trocken im Regen stehen, oder die Marmorbänke, wo sie sich unerwartet einen nassen Po holen können. → Ausflüge in die Umgebung, S. 146

Petersburger Aquatorium

Auch wenn Kinder sich kaum für die Architektur von Gebäuden interessieren: Das riesige Stadtmodell im Maßstab 1:87 lässt die Herzen höher schlagen. Es bewegt sich nämlich einiges im St. Petersburg des 18. Jahrhunderts: Auf der Newa ziehen Segelschiffe ihre Bahn, Pferdekutschen fahren durch die Straßen, und die winzigen Spaziergänger müssen aufpassen, dass sie nicht unter deren Räder kommen. → Tour 1, S. 37

Wie kommt man da rein?

Visum

Noch herrscht für Russlandreisende **Visumpflicht**. Davon ausgenommen sind einzig Besucher, die mit einem *Kreuzfahrtschiff* oder mit der Fähre von Helsinki in St. Petersburg ankommen und sich *mit einer geführten Reisegruppe* nicht länger als 72 Stunden in der Stadt aufhalten.

Die Beschaffung des Visums ist mit einigen bürokratischen Umtrieben verbunden und kostet nebenbei auch Geld. Sich darüber zu ärgern bringt nichts, besser ist es, den Ablauf zu kennen.

Es gibt mehrere Visaformen, u. a. auch ein Geschäftsvisum oder ein Visum für mehrfache Einreise innerhalb eines Jahres. Im Folgenden beschränken wir uns auf den Regelfall eines *30 Tage gültigen Touristenvisums* mit einmaliger Einreise. Die russischen Konsulate haben *VFS Global* damit beauftragt, Visumanträge entgegenzunehmen und nach der Bearbeitung das Visum auszuhändigen. Der Antrag muss also bei einem Visa Application Center von VFS Global gestellt werden, was das frühere Schlangestehen vor dem Konsulat erspart. Sie bekommen einen Termin, um die Unterlagen abzugeben, und einen zweiten Termin, um das Visum abzuholen. Eine Beantragung auf dem Postweg ist in der Regel möglich. Alternative: Sie beauftragen einen Visumdienst (kostet ca. 40–50 € plus Kosten für das Visum selbst), der alles für Sie erledigt. Erforderlich dazu sind:

Einladung/Voucher

Es ist sozusagen das Einladungsschreiben, das stets mit Kosten verbunden ist, die von der Aufenthaltsdauer abhängen (15–50 €). Hotels stellen ihren Gästen in der Regel ein Voucher per E-Mail zu. Im Falle einer privaten Einladung kümmert sich der russische Gastgeber darum, der dann einige Behördengänge auf sich nehmen muss. Erhältlich ist das Voucher auch bei akkreditierten Agenturen, die „Visa Support“ leisten (siehe unten „Wem das alles zu kompliziert ist“).

Visumantrag

Die Bestimmungen ändern sich häufig. Wir empfehlen, sich vorab bei einer der unten angegebenen Adressen des *Application Centers von VFS Global* über den aktuellen Stand kundig zu machen.

Formular: Es kann online ausgefüllt werden: **https://visa.kdmid.ru**.

Passfoto: Klassisches Standardfoto (ca. 3,5 x 4,5 cm), nicht älter als 6 Monate, Frontalansicht in Farbe. Keine Kopfbedeckung (mit Ausnahme von Bedeckungen aus religiösen oder ethnischen Gründen), keine getönten Gläser, keine Sonnenbrille, kein Lächeln. Jeder Fotoautomat genügt den technischen Anforderungen.

Reisepass: Dieser muss bis mindestens sechs Monate nach der geplanten Rückreise gültig sein und mindesten zwei freie Seiten aufweisen.

Bezahlung: Bezahlt wird in der Regel bei Abgabe der Unterlagen. Maestro- und Kreditkarten werden akzeptiert.

Nachweis einer Auslandskrankenversicherung: Am besten lassen Sie sich von Ihrer Krankenversicherung bestätigen, dass diese von Russland anerkannt ist (Mindestdeckung 30.000 €). Andernfalls schließen Sie für die Zeit Ihrer Reise eine spezielle Auslandskrankenversicherung ab. Nehmen Sie eine Kopie der Versicherungspolice mit.

Rückkehrwilligkeitsnachweis (für deutsche Staatsbürger): Darunter verstehen die russischen Behörden z. B. den Nachweis eines regelmäßigen Einkommens durch Arbeits- und Verdienstbescheinigung (im Original), die Registrierung der eigenen Firma, den Nachweis von Wohneigentum usw. – eine Ermessenssache, die in der Regel großzügig behandelt wird.

Preise und Bearbeitungszeit: Bearbeitungszeit bei VFS Global 4 bis 10 Arbeitstage, Kosten für das Visum inkl. VFS-Gebühr 65 € (Schweiz: 73 CHF). Das Express-Visum (Bearbeitungszeit 1–3 Tage) kostet 130 € (Schweiz 118 CHF).

Ausländer: Verlangt wird eine Aufenthaltsgenehmigung von mindestens 90 Tagen (für Staatsangehörige einiger weniger Länder eine unbefristete Aufenthaltserlaubnis).

Visazentren: Wenn Sie das Visum selbst beantragen, müssen Sie sich zu einem Application Center von VFS Global begeben. Am einfachsten machen Sie online einen Termin aus.

Zentrale von VFS Global: www.vfsglobal.com. Dort sind alle Informationen im Zusammenhang mit dem Visum für Russland abrufbar.

VFS Global – Application Centers:

10117 Berlin, Charlottenstr. 62, ✆ 089-21540197, info.rusberlin@vfshelpline.com.

53177 Bonn, Burgstr. 54, ✆ 089-21540197, info.rusbonn@vfshelpline.com.

60325 Frankfurt, Schuhmannstr. 27, ✆ 089-21540197, info.rusfrankfurt@vfshelpline.com.

22085 Hamburg, Kanalstr. 14a, ✆ 089-21540197, info.rushamburg@vfshelpline.com.

04155 Leipzig, Lützowstr. 11, ✆ 089-21540197, info.rusleipzig@vfshelpline.com.

80538 München, Unsöldstr. 2, ✆ 089-21540197, info.rusmunich@vfshelpline.com.

1030 Wien, Neulinggasse 29, ✆ 0720-228426, info.rusvienna@vfshelpline.com.

5020 Salzburg, Eberhard Fuggerstr. 2a, ✆ 0720-228426, info.russalzburg@vfshelpline.com.

3006 Bern, Bolligenstr. r54, ✆ 031-5281106, info.russiabern@vfshelpline.com.

1203 Genf, Charles-Giron 1, ✆ 022-5187055, info.russiageneva@vfshelpline.com.

Weitere Bestimmungen

Bei der Einreise füllt die Passkontrolle am Flughafen eine **Migrationskarte** mit zwei identischen Teilen aus (Name, Reisepass-Nummer, Nummer des Visums, Adresse in Russland, Ein- und Ausreisedaten). Den einen Teil behält die Passkontrolle, den anderen Teil – jetzt mit dem Einreisestempel versehen – müssen Sie aufbewahren und bei der Ausreise vorlegen. So gelten Sie nachher als ordnungsgemäß ausgereist.

Kinder: Sie benötigen stets eine eigene **Einladung** (Voucher), diesbezüglich werden sie als Erwachsene behandelt und müssen dafür denselben Tarif zahlen.

Visum: Unabhängig davon, ob Kinder im Pass der Eltern eingetragen sind, brauchen sie einen eigenen Reisepass und ein eigenes Visum. Kinder müssen im Visumantrag des Elternteils, in dessen Visum sie eingetragen werden, aufgeführt sein.

Einfuhrbestimmungen: Kontrolliert wird kaum. Nicht eingeführt werden dürfen im Prinzip mehr als 2 Liter Wein und 1,5 Liter Spirituosen (bis 18 Jahre gilt Nulltoleranz), Tiere, Obst, Gemüse, Drogen, Waffen, Pornos und Rubel.

Registrierung in Russland: Sie muss innerhalb von sieben Werktagen (als erster Tag gilt der erste Werktag nach der Ankunft) erfolgen und ist Sache des Gastgebers. Lassen Sie sich eine Bestätigung der Registrierung aushändigen und weisen Sie diese notfalls bei einer Kontrolle vor. Wer sich nicht länger als sieben Werktage in der Stadt aufhält, braucht sich nicht registrieren zu lassen.

Wem das alles zu kompliziert ist ...

Die obige Darstellung des bürokratischen Hürdenlaufs soll Sie keineswegs abschrecken oder Ihnen gar die Lust auf eine Reise nach St. Petersburg nehmen. Vielmehr will sie Orientierungshilfe beim Vorgehen sein. Sie können natürlich den steinigen Weg meiden und das Ganze den Profis überlassen. Sie zahlen dann neben den Visum- und Voucher-Gebühren, die ohnehin anfallen, eine Gebühr für die Dienstleistung und brauchen weder Schlange zu stehen noch Ihren Kopf zu kratzen. Nachstehend zwei zuverlässige Adressen:

www.ostwest.com: Dahinter steckt das effiziente und superfreundliche Reisebüro OST WEST in St. Petersburg mit langjährigem deutschem Management. Hier können Sie gegen Gebühr eine Einladung online bekommen, das Visum müssen Sie anschließend selbst in Ihrer Heimat besorgen. Das Büro kümmert sich um die Registrierung vor Ort, falls Sie nicht in einem Hotel wohnen. Ul. Wosstaniya 7 (Office 306), St. Petersburg, 191036 Russland. ✆ +7 (812) 327-3416, info@ostwest.com.

www.vostok.de: Zuverlässiges Reisebüro, bei dem man online nur eine Einladung (Voucher) bestellen oder das gesamte Dienstleistungspaket (Einladung + Visum) in Anspruch nehmen kann. Die Registrierung vor Ort muss man dann selber auf sich nehmen, in der Regel bietet das gewählte Hotel den Service an. Invalidenstr. 150, 10115 Berlin, ✆ 030-871020, kontakt@vostok.de.

Was haben Sie entdeckt?

Haben Sie ein nettes Hotel entdeckt, ein gemütliches Restaurant oder den heißesten Nachtclub von St. Petersburg? Wenn Sie Ergänzungen, Verbesserungen oder Tipps zum Buch haben, lassen Sie es uns bitte wissen!

Schreiben Sie an: Marcus X. Schmid, Stichwort „St. Petersburg" | c/o Michael Müller Verlag GmbH | Gerberei 19, D – 91054 Erlangen | marcus-x.schmid@michael-mueller-verlag.de

Anreise

Das Gros der Besucher wählt den bequemen Luftweg nach St. Petersburg. Daneben bieten sich die Varianten Flug & Zug bzw. Flug & Bus übers Baltikum oder über Finnland an, die gelegentlich bei einem beabsichtigten Zwischenaufenthalt gewählt werden. Auch die Variante Flug nach Helsinki und von dort mit der Fähre nach St. Petersburg ist möglich.

Nur selten kommen Besucher aus dem Westen mit dem eigenen Fahrzeug auf dem Landweg. Abschreckend sind nicht nur die weite Distanz, sondern auch die holprigen russischen Landstraßen und die langwierigen Zollformalitäten. Zudem: Wohin mit dem Auto in St. Petersburg? Die öffentlichen Verkehrsmittel dort sind ausgezeichnet. Das Risiko, sich im wilden Verkehr der Metropole eine Beule oder mehr zu holen und sich hinterher mit den russischen Behörden auseinandersetzen zu müssen, ist hoch.

Mit dem Flugzeug

Von Frankfurt dauert der Flug 2¾ Std., die Uhr muss man unterwegs um eine Stunde nachstellen – im Winter um zwei Stunden, weil St. Petersburg die Sommerzeit abgeschafft hat.

Direktflüge

Lufthansa fliegt von Frankfurt und München, *Swiss* von Zürich. Die in St. Petersburg beheimatete Gesellschaft *Rossija* fliegt von Berlin, Düsseldorf, Hamburg, München und Wien. *Pobeda*, die Billigtochter von Aeroflot, bietet Flüge von Köln-Bonn an.

Wer ein Paketangebot Flug & Hotel (plus evt. Besuchsprogramm) ins Auge fasst, begibt sich am besten in ein Reisebüro; wem es nur um den Flug geht, der kann im Internet suchen, sich dort erst verlieren und schließlich doch buchen:

Lufthansa: www.lufthansa.com

Swiss: www.swiss.com

Rossija: www.rossiya-airlines.com

Pobeda: www.pobeda.aero/de

Vom Flughafen in die Stadt

Die Flieger landen auf dem internationalen Flughafen Pulkowo, ca. 15 km südlich der Stadt.

Vom Flughafen Pulkowo fahren die **Busse** Nr. 39, Nr. 393 bzw. der **Marschrutka**-Minibus K 39 zur Metrostation *Moskowskaja* und weiter zum Moskauer Bahnhof (Metrostation *Ploschtschad Wosstanija*).

Die teurere Variante ist das **Taxi**. Dem früheren Raubrittertum, das legale und illegale Taxifahrer am Flughafen auszeichnete, hat die Stadt mittlerweile einen Riegel vorgeschoben. Wimmeln Sie eventuelle selbsterklärte Taxifahrer ab und gehen Sie zum Taxischalter im Flughafengebäude. Dort wird Ihnen nach Angabe des Stadtviertels der Preis mitgeteilt, Sie bekommen ein Voucher, auf dem die Nummer, der Preis und das Stadtviertel stehen, zur Sicherheit teilt man Ihnen oft auch Marke und Farbe des Autos mit (z. B. roter Mercedes). Ebenso sicher ist es, wenn Sie das Taxi über Ihr Hotel buchen lassen. Auch in diesem Fall wird man Ihnen die Nummer des Taxis durchgeben, oder ein Fahrer hält im Flughafengebäude ein Schild mit Ihrem Namen hoch.

Flug & Zug, Flug & Bus, Flug & Schiff

Mit Zwischenaufenthalt im Baltikum oder in Finnland

Wer's nicht eilig hat, nach St. Petersburg zu kommen, kann die Anreise mit einem Zwischenaufenthalt in Lettland, Estland oder Finnland verlängern. Erst sucht man sich Internet eine Flugverbindung nach Riga, Tallinn oder Helsinki, dann geht's auf Schiene, Straße oder auf dem Wasser weiter.

Lettland: Riga, die alte Hansestadt in der Rigaer Bucht, ist mit rund 700.000 Einwohnern die größte Stadt des Baltikums. Die gut erhaltene Altstadt von Riga – durch einen großzügigen Park von der Neustadt getrennt – ist nicht nur sehenswert, sondern auch höchst lebendig.

Bahn: Täglich fährt am Nachmittag ein *Nachtzug* von Riga nach St. Petersburg, wo man nach rund 16 Stunden gut ausgeruht am Witebsker Bahnhof aussteigt. Das Ticket am besten nach der

Kreuzfahrtstopp in St. Petersburg

Ankunft direkt am Bahnhof lösen, in der Regel ist Platz genug, und man hat einen Schlafplatz.

Bus: Tages- oder Nachtbus von *LuxExpress*, Fahrzeit von Riga nach St. Petersburg rund 11 Stunden. In St. Petersburg hält der Bus am Baltischen Bahnhof (Metrostation Baltijskaja). *Eco Lines* fährt zu ähnlichen Preisen und kommt in St. Petersburg am Witebsker Bahnhof (Metrostation Swenigorodskaja) an. Bei beiden Gesellschaften ist die Buchung über das Internet billiger als die vor Ort!

LuxExpress: www.luxexpress.eu

Ecolines: www.ecolines.net

Estland: Das am finnischen Meerbusen gelegene Tallinn ist wesentlich kleiner als Riga und hat einen intakten Altstadtkern mit regem Kneipenleben. Zudem gibt's in Estlands Hauptstadt den „Vana Tallinn", einen kräftigen Likör mit leichtem Rumgeschmack.

Bahn: Die Eisenbahnstrecke Tallinn – St. Petersburg wird täglich 2- bis 3-mal befahren; Ankunft in St. Petersburg (Baltischer Bahnhof), Fahrzeit knapp 8 Stunden.

Bus: Die Busse von *LuxExpress* fahren täglich mehrmals nach St. Petersburg, Ankunft am Baltischen Bahnhof (Metrostation Baltijskaja) aussteigt. Fahrzeit rund 8 Stunden. Auch Nachtfahrten. *Eco Lines* fährt zu ähnlichen Preisen und kommt in St. Petersburg am Witebsker Bahnhof (Metrostation Swenigorodskaja) an. Bei beiden Gesellschaften ist die Buchung übers Internet billiger als die vor Ort!

LuxExpress: www.luxexpress.eu.

Ecolines: www.ecolines.net.

Schiff: 2 Mal pro Woche fährt ein Schiff der *St. Peter Line* von Tallin nach St. Petersburg, Dauer der Überfahrt: 14–15 Stunden.

St. Peter Line: http://ferryknowhow.info/stpeterline.

Schweizerische Präzision in St. Petersburg

Finnland: In der finnischen Hauptstadt lassen sich problemlos zwei oder drei Tage verbringen: geschäftiges Stadtzentrum, Ausflüge per Schiff zu den Inseln oder einfach sich am Hafen mit Fischen vollstopfen. Übrigens: Die Finnen sind so trinkfest wie die Russen.

Bahn: Von Helsinki fährt mehrmals täglich ein *Allegro*-Hochgeschwindigkeitszug nach St. Petersburg (Finnländischer Bahnhof). Die Fahrt dauert 3,5 Std., die von Finnland und Russland gemeinsam betriebene Eisenbahn ist sehr komfortabel. Man gleitet geräuschlos durch die karelischen Wälder mit ihren zahllosen Gewässern bis in die russische Metropole.

Schiff: *St. Peter Line* unterhält mit der „Princess Maria" und mit der „Princess Anastasia" eine Verbindung über Wasser nach St. Petersburg, derzeit alle zwei Tage.

St. Peter Line: http://ferryknowhow.info/stpeterline.

Mit dem Zug

Täglich verlässt ein Zug Berlin über Warschau und Minsk in Richtung Russland und fährt nach ca. 35 Stunden im Witebsker Bahnhof von St. Petersburg ein. Je nachdem muss man 2- bis 3-mal umsteigen – in Warschau, Brest, Minsk oder Orschau.

Noch komplizierter: Die Fahrt durchquert weißrussisches Staatsgebiet und erfordert ein **Transitvisum**. Dieses muss man sich bereits vor der Abfahrt beim weißrussischen Konsulat im Heimatland besorgen; verlangt werden der Nachweis eines russischen Visums, Antrag, Passfoto und 60 Euro für den einmaligen Transit. Ohne Transitvisum riskiert der Reisende, an der polnisch-weißrussischen Grenze ausgeladen zu werden. Weitere Auskünfte erteilt jeder größere Bahnhof der deutschen Bundesbahn.

Wesentlich einfacher, aber noch nicht realisiert: Eine direkte Verbindung von Berlin nach St. Petersburg ist seit 2018 in der Planungsphase. Die Strecke soll über Warschau und Kaliningrad durch die baltischen Staaten führen, ohne dass weißrussisches Gebiet berührt wird.

Mit eigenem Fahrzeug

Im Prinzip ist die Anreise mit dem eigenen Automobil möglich, und wer die Fahrt über Polen, Litauen und Lettland nach St. Petersburg wählt, kommt sogar um das transitvisumpflichtige Weißrussland herum. Allerdings ist die Fahrt lang, die Straßen in Russland sind oft nicht die besten, und in St. Petersburg braucht man das Auto nicht, das öffentliche Verkehrsnetz ist hervorragend. Zudem stellt sich das Problem: Wo stelle ich das Gefährt sicher unter?

Der Verfasser hat mit der Anreise mit dem eigenen Fahrzeug (noch) keine Erfahrung; selbstverständlich kann sie durchaus ihren Reiz haben, sofern man sich Zeit nimmt, unterwegs Land und Leute kennen zu lernen.

Ein Besuch des heimischen Automobilclubs vor Abfahrt ist sicherlich sinnvoll.

Eher abzuraten: Fahrradverleih

Unterwegs in St. Petersburg

Die öffentlichen Verkehrsmittel der Fünfmillionenstadt sind effizient und obendrein billig. Mit *Metro*, *Straßenbahn*, *Trolleybus*, *Bus* und *Marschrutka* erreicht man jede Ecke der Stadt, mit der *Elektritschka* die Vororte – zumindest bis Mitternacht. Danach helfen nur noch *Taxis*.

Mit dem eigenen Auto durch die Stadt zu kurven, ist denkbar. Der abendliche Stau ist allerdings kein Vergnügen, und die einheimischen Fahrer suchen sich ihren Weg meist ziemlich rücksichtslos. Ein Blechschaden kann Ihnen einen Tag bürokratischer Scherereien bringen.

Eher abzuraten ist von der Fortbewegung mit dem *Fahrrad*. Nach dem darwinistischen Prinzip, dass der Stärkere sich durchsetzt, haben Radler im Petersburger Straßenverkehr das Nachsehen. Zwar brüten die lokalen Verkehrspolitiker seit einiger Zeit über der Idee eines Radwegenetzes, zu sehen ist davon bisher nichts. Radfahrer gelten als Verkehrshindernisse. 2014 wurde immerhin das Unternehmen „Velobike", heute „Velogorod" lanciert, das sich an westeuropäische Modelle anlehnt: An 95 Stationen können Räder geliehen und zurückgegeben werden. Das Registrierungsverfahren ist allerdings kompliziert und der Zustand der Vehikel oft bedenklich: fehlende, weil entwendete Rücklichter, aufgeschlitzte Sättel oder ganz einfach platte Reifen. Wer davor nicht zurückschreckt: https://spb.velogorod.org.

Metro

Sie ist schnell und im Gegensatz zum Bus stauresistent. Die Rushhour macht sich einzig durch überfüllte Waggons bemerkbar, was gelegentlich Taschendiebe in Versuchung führt. Man muss nie lange warten, in den Stoßzeiten fährt die Bahn alle zwei Minuten ein. In der Regel verkehrt die Metro von 6 Uhr früh bis Mitternacht: Erste und letzte Abfahrt sind an den Eingängen in die Unterwelt angeschlagen. Ausnahme: Von Mai bis November verkehrt von 1 bis 3 Uhr früh ein Zug der Linie 5 zwischen den Stationen Admiraltejskaja und Sportiwnaja, um die Bewohner der Wassiliewskij-Insel während der Brückenöffnungen nicht gänzlich vom Festland abzuschneiden.

Rolltreppen: Das Erste, was dem Besucher auffällt, sind die endlos langen Rolltreppen. Die Erklärung ist einfach. Die ganze Stadt steht auf morastigem Untergrund, und die Architekten mussten über 60 Meter tief bohren, bevor sie auf festen Grund stießen. Bei der Talfahrt gilt: rechts stehen, links rennen. Viele haben's eilig, und die Rolltreppe ist ihnen nicht schnell genug. Ganz unten wacht in einer Glaskabine eine Angestellte über den reibungslosen Rollverkehr. Auf der Fahrt aufwärts kann man dann ruhig nebeneinander stehen; das Hochrennen ist auch den Eiligsten zu mühsam.

St. Petersburg im Kasten

Geschichte der St. Petersburger Metro

Erste Pläne, das Transportproblem der Großstadt mit dem Bau einer Metro zu lösen, existierten bereits vor dem Ersten Weltkrieg – und verschwanden bald wieder in den Schubladen. Krieg, Bürgerkrieg und wirtschaftliche Situation ließen so hochtrabende Bauvorhaben nicht zu. Der erste Spatenstich für eine Metrotrasse unter dem Leningrader Sumpf erfolgte 1940. Im Jahr darauf mussten die Arbeiten wieder unterbrochen werden, während der fast 900 Tage dauernden „Leningrader Blockade" (→ Kapitel „Geschichte") hatte die Bevölkerung andere Sorgen. Fortgesetzt wurden sie erst wieder 1946 nach Beseitigung der von der Deutschen Wehrmacht verursachten Kriegsschäden.

Im Jahr 1955 wurde die erste Linie eröffnet, sie reichte von der Station *Ploschtschad Wosstanija* bis zu jener von *Awtowo*. Die 10,8 km lange Strecke verband damals vier der fünf städtischen Bahnhöfe, den Moskauer, den Witebsker, den Baltischen und den heute nicht mehr bestehenden Warschauer Bahnhof – eine ideale Verzahnung von Fern- und Nahverkehr. Zudem konnten mit der Metro die Arbeitermassen in die riesigen Putilow-Werke (später Kirow-Werke) transportiert werden, dem größten Industriebetrieb der Stadt, der sich dem Maschinenbau widmete, aber auch Panzer und anderes Kriegsgerät herstellte.

Die acht Bahnhöfe dieser ersten Linie verströmen noch heute den Geist ihrer Zeit – sie sind imposante architektonische Relikte aus der Stalinzeit in St. Petersburg.

Man beginne die Reise mit der Linie 1 (rot) gegenüber dem Moskauer Bahnhof, wo eine Kirche abgerissen wurde, um dem Rundtempel des Metro-Pavillons Platz zu machen und steige bei den folgenden sieben Stationen jeweils aus (der nächste Zug kommt bald): Es sind riesige Marmorhallen mit Kronleuchtern, Säulengängen und Revolutionsfresken im Stil des Sozialistischen Realismus zur Lobpreisung des Arbeiter- und Bauernstaats. Bald wurden sie ironisch „Paläste des Volks" genannt – in Anlehnung an die überirdischen Prachtbauten aus der Zarenzeit.

Palast im Untergrund

Heute ist das Metronetz schon wieder zu klein für die Großstadt, und die Planer stecken die Köpfe zusammen. In einem ersten Schritt sollen die neuen Stadtviertel im Süden angeschlossen werden, Bald soll eine sechste Linie – mindestens in einem Teilstück – hinzukommen, eine siebte ruht noch in den Schubladen der Planer.

Auf endlosen Rolltreppen in die Erde hinein

Linien und Stationen: Das Netz mit seinen rund 60 Stationen besteht aus fünf Linien, eine sechste ist im Bau. Gewöhnungsbedürftig für den Fremden ist, dass einige Umsteigestationen zwei Namen haben; so heißt jene am Moskauer Bahnhof für die rote Linie (Linie Nr. 1) Ploschtschad Wosstanija, für die grüne Linie (Linie Nr. 3) Majakowskaja, und seit der Eröffnung der violetten Linie (Linie 5) gibt es sogar die Triple-Umsteigestation Sadowaja/Sennaja Ploschtschad/Spasskaja.

Jetons, Gepäck und MetroTravel Card: Die Benutzung ist einfach. An der Kasse (касса) ersteht man für derzeit 45 Rbl einen *Jeton*, wirft ihn ins Drehkreuz und kann fortan, so lange man will, im Untergrund bleiben. Es empfiehlt sich gleich eine Handvoll Jetons zu kaufen; zumindest am Monatsanfang bilden sich lange Schlangen vor der Kasse, weil Schüler und andere dann ihre Monatskarte erneuern.

Großes Gepäck kostet einen zusätzlichen Jeton. Was groß ist, entscheidet ein Aufpasser, der die Schranke stets im Blick hat.

Im Vergleich zu westeuropäischen Städten ist eine Metrofahrt spottbillig. Wer's noch billiger haben will, kauft eine **MetroTravel Card** (355 Rbl für 10 Fahrten innerhalb von 7 Tagen, 600 Rbl für 20 Fahrten innerhalb von 15 Tagen).

Umsteigen: Wer an einer Umsteigestation die Linie wechseln will, hält sich an das Schild „переход" (Übergang) oder noch einfacher an die Leitfarbe der gesuchten Linie.

Metroplan: Er ist – meist nur in kyrillischer Schrift – an den Stationen und an Kiosken erhältlich, einen transkribierten Metroplan finden Sie auf der Rückseite des Stadtplans in diesem Buch.

Straßenbahn

St. Petersburg rühmt sich, das längste Straßenbahnnetz der Welt zu haben. Das mag sein. Für den Touristen aber ist das Verkehrsmittel meist von zweitrangiger Bedeutung. Benutzt wird

„Boat Trip"

Die Sandwich-Männer und -Frauen vor dem Gostinyj Dwor, dem großen Kaufhaus am Newskij, sind nicht zu übersehen, und an der nicht minder belebten Anitschkow-Brücke wird das Angebot über Megaphon angepriesen: „Boat Trip!"

Eine Stadtrundfahrt auf dem Wasser ist ein Vergnügen, das man sich keinesfalls entgehen lassen sollte, zumal wenn die Sonne scheint und man auf offenem Deck an den Palästen vorbeischippern kann. Das Angebot ist vielfältig. Besonders empfehlenswert ist die Fahrt auf einem möglichst kleinen Kahn von der Fontanka aus über den Krjukow-Kanal in den Gribojedow-Kanal und weiter in die Mojka. Größere Boote starten bei der Anitschkow-Brücke, fahren auf der Fontanka am Ingenieursschloss vorbei in die Newa und wenden dort auf der Höhe des Winterpalasts. Optische Höhepunkte dieser Tour: großartiger Blick auf die Peter-Paul-Festung, die Strelka mit den Rostra-Säulen und den Winterpalast.

Nebenbei erfährt man während der Vergnügungsfahrt über Lautsprecher eine Menge Anekdoten zu den Palästen und Kanälen; die meisten Gesellschaften bieten zu bestimmten Zeiten auch englischsprachige Touren an.

Und schließlich noch der Tipp eines Lesers, der eine leidvolle Erfahrung hinter sich hat: „Am besten schaut man sich den Kahn, mit dem man zu fahren gedenkt, einen Tag vorher an. Die einen hauen Dieselrußwolken heraus, die die Fahrt auf dem Touristendeck zur Qual machen. Unser Schiff sorgte anderweitig für Verdruss. Die Plätze auf der letzten Bank waren zwar zum Fotografieren ideal. Als der Stadtführer aber mit seinen Ausführungen begann, hat es mich fast rückwärts in den Kanal gehauen. Der Lautsprecher war unter dem Platz neben mir montiert. Die ganze Fahrt hatte ich das Vibrieren am Hintern, und ich baute mir aus Papiertaschentüchern und Spucke behelfsmäßige Ohrenstöpsel." Es bietet sich also an, nicht nur den Kahn auszuwählen, sondern auch den richtigen Sitzplatz – dann ist ein höchst romantisches Vergnügen garantiert.

Preise Für eine 60- bis 90-minütige Fahrt sind 600–1000 Rbl zu zahlen.

Gesellschaften Das Angebot an der Anitschkow-Brücke (Newskij-Prospekt/Fontanka) sowie an der Seleny-Brücke (Newskij-Prospekt/Mojka) ist groß. Kleinere Gesellschaften haben oft nur ein Boot und starten an kleineren Piers. Zu ihnen zählt die folgende, die uns wegen des freundlichen Personals mehrfach empfohlen wurde: **Anglotourismo**, Start an der Fontanka, nahe der Anitschkow-Brücke (Nab. Reki Fontanki 21). Rund 90-minütige Kanaltour mit englischsprachiger Begleitung. Mit dem Preis von 1100 Rbl etwas teurer als die Konkurrenz, Studenten bekommen Ermäßigung. ✆ 989-4722.

die *Tramwaj* vor allem in den Außenquartieren. Verglichen mit den musealen Wagen ist eine Fahrt im Bus geradezu komfortabel. Wer sich einer Schüttel-Kur unterziehen will: Die Fahrtstrecke ist an der Außenseite angeschrieben (in kyrillischer Schrift), bezahlt wird im Inneren. Die Fahrt kostet 40 Rbl.

Eine Ausnahme bildet die 2013 fertiggestellte Strecke zwischen Sennaja-Platz und Repin-Platz. Auf ihr verkehren moderne Waggons.

Trolleybus und Bus

Zwar ist ein exakter Linienplan an jedem gut bestückten Kiosk erhältlich, trotzdem: Das Netz ist unübersichtlich. Entweder man weiß, welchen Bus man braucht, oder man versucht, sich an den Haltestellen durchzufragen. Letztere sind mit einem „T" *(trollejbus)*, mit einem „A" *(awtobus)* oder ganz einfach nur mit einem Piktogramm versehen. Hat man einmal alles kapiert, wartet man oft eine Ewigkeit, bis der richtige Bus kommt.

Bezahlt wird im Bus: Fahrpreis 40 Rbl. Der Fuhrpark wird allmählich erneuert, so dass man mit etwas Glück ein komfortables Gefährt erwischt. Gänzlich abzuraten ist von einer Busfahrt im Stadtzentrum während der Rushhour, dann kann die Fahrt auf dem Newskij-Prospekt statt zehn Minuten eine Stunde oder mehr dauern. Die Busse auf dem Newskij haben zwar eine eigene Fahrspur, doch ist das leidige Stauproblem damit nicht gelöst. Wenn sich als Alternative eine Fahrt mit der Metro bietet, ist dies stets die einfachere und schnellere Lösung.

Marschrutka

So werden die Minibusse mit K-Nummern genannt. Marschrutkas sind Sammeltaxis, die daran interessiert sind, möglichst viele Gäste zu kutschieren. Sie fahren ein bestimmte Strecke, die in kyrillischen Lettern am Fahrzeug angeschrieben ist, halten an bestimmten Orten, können aber auch unterwegs per Handzeichen herangewunken werden; sofern Platz ist, halten sie dann. Wenn man aussteigen will, tut man dies dem Fahrer lautstark kund (*ostanawites poschalujsta* – Halten Sie bitte an!) und hofft, dass er nicht taub ist. Der Fahrpreis ist fix (ca.40 Rbl) und am Fahrzeug angeschlagen. Bezahlt wird im Inneren; bei

Stop ▲ Go ▼

Eher in den Außenbezirken anzutreffen: Tramwaj

Gedränge das Geld einfach nach vorne reichen, das Rückgeld kommt auf demselben Weg zurück.

Für den Newskij-Prospekt hat die Stadt ein Marschrutka-Verbot erlassen, damit der dortige Bus-Verkehr etwas schneller vorankommt.

Elektritschka

Die Vorortzüge, in etwa der S-Bahn vergleichbar, werden von Touristen allenfalls für Ausflüge in die Zarenresidenzen südlich der Stadt gebraucht (Abfahrt am Witebsker Bahnhof). Die Preise sind streckenabhängig, aber billig. Fahrkarten werden am Abfahrtsbahnhof verkauft. Insgesamt ist die Elektritschka ein patentes Transportmittel. Keine Toiletten!

Ein Fenster pro Person

Taxi

Mehrere Gesellschaften sind im Geschäft, unterwegs in der Stadt sind rund 5000 Taxis, erkenntlich am gelb karierten Schild auf dem Dach und demselben Zeichen am Chassis. Sie verfügen in der Regel über ein Taxameter, es wird jedoch empfohlen, sich nach dem ungefähren Preis zu erkundigen, bevor man einsteigt. Oft wird der Preis auch einfach ausgehandelt, in diesem Fall besteht das Risiko, an einen unseriösen Fahrer zu geraten. Wer sicher sein will, nicht an einen zwielichtigen Chauffeur zu geraten, ruft das Taxi telefonisch herbei (z. B. unter den seriösen Nummern ✆ 333-0000 oder ✆ 777-1777, meist werden Preis und Wartezeit mitgeteilt) oder begibt sich in ein Café, konsumiert dort etwas und bittet dann den Kellner, ein Taxi zu bestellen. Kein Café kann es sich leisten, einen unseriösen Fahrer zu vermitteln.

Wenn die Newa-Brücken hochgehen ...

Das Bild der hochgezogenen Brücke ist ein Markenzeichen der Stadt, auf Ansichtskarten zu sehen und ziert als Flaschenetikett einen guten einheimischen Wodka. Wer spätnachts unterwegs ist, tut gut daran, darauf zu achten: Die Brücken über die Newa und ihre Seitenarme öffnen sich jede Nacht, um den riesigen Frachtern den Durchgang zur Ostsee freizugeben. Dann sind die großen Stadtteile plötzlich nicht mehr miteinander verbunden. Autofahrer müssen den Morgen abwarten, Fußgänger finden immerhin eine Notlösung: Von Mai bis Mitte November pendelt nachts von 1 bis 3 Uhr eine Metro (alle 20 Minuten) zwischen den beiden Stationen Admiraltejskaja und Sportiwnaja (Linie 5).

Die Öffnung der Brücken – besonders spektakulär während der „weißen Nächte" – ist ein Ereignis, das man sich nicht entgehen lassen sollte. Computergesteuert werden die beiden Brückenhälften langsam hochgefahren, bis die Sicherheitslinie zwischen Fahrbahn und Gegenfahrbahn fast senkrecht in den Petersburger Himmel ragt. Und dann setzt sich eine schier endlose Reihe schwerer Kähne in Bewegung ...

Besonders beliebt bei den Fotografen ist der Blick von der Wassiljewskij-Insel auf die sich öffnende *Dworzowyj-Brücke* mit dem Winterpalast im Hintergrund sowie auf die gleichzeitig in Aktion tretende *Blagoweschtschenskij-Brücke* etwas flussabwärts – allerdings steckt man dann, bis die Metro etwa um 5 Uhr den Betrieb aufnimmt, auf der Insel fest oder unternimmt einen rund 20-minütigen Spaziergang zur Nacht-Metrostation Sportiwnaja (siehe oben).

Brückenöffnungszeiten

Newa	
Wolodarskij-Brücke:	2.00–3.45 Uhr 4.15–5.45 Uhr
Finljandskij-Brücke:	2.20–5.30 Uhr
Alexander-Newskij-Brücke:	2.20–5.10 Uhr
Bolscheochtinskij-Brücke:	2.00–5.00 Uhr
Liteinyj-Brücke:	1.40–4.45 Uhr
Troizkij-Brücke:	1.35–4.50 Uhr
Bolschaja Newa	
Dworzowyj-Brücke:	1.05–4.50 Uhr
Blagoweschtschenskij-Brücke:	1.25–2.45 Uhr 3.30–5.00 Uhr
Malaja Newa	
Birschewoj-Brücke:	2.00–4.55 Uhr
Tutschkow-Brücke:	2.00–2.55 Uhr 3.35–4.55 Uhr
Bolschaja Newka	
Sampsoniewskij-Brücke:	2.10–2.45 Uhr 3.20–4.25 Uhr
Grenaderskij-Brücke:	2.45–3.45 Uhr 4.20–4.50 Uhr
Kantemirowskij-Brücke:	2.45–3.45 Uhr 4.20–4.50 Uhr

Angaben ohne Gewähr

Draußen Limousinen, drinnen Kaviar: Grand Hotel Europe

Übernachten

→ Karte S. 238/239

Die Hotels von St. Petersburg bieten insgesamt rund 30.000 Betten an. Das scheint auf den ersten Blick viel, ist aber weitaus zu wenig. Nach den Gesetzen des sogenannten freien Markts, der sich durch Nachfrage und Angebot regelt, heißt das: Hotelzimmer sind teuer, besonders während der „weißen Nächte" (→ Wissenswertes von A bis Z, Klima und Reisezeit). Das gilt mit wenigen Ausnahmen für Unterkünfte aller Kategorien. Hinzu kommt, dass ein St. Petersburger 3-Sterne-Hotel gelegentlich eher westeuropäischem 2-Sterne-Standard entspricht. Damit wird man sich abfinden müssen.

Das städtische Heizsystem, das für ganze Stadtteile zentral reguliert wird, wird im Frühjahr oft zu früh aus- und im Herbst oft zu spät eingeschaltet. Das kann in diesen Übergangszeiten dann zu kalten Hotelnächten führen. Einige clevere Hoteliers haben sich mit einem hauseigenen Heizsystem von derlei Unpässlichkeiten unabhängig gemacht.

Etwas billiger als die klassischen Hotels sind die B & B (Bed & Breakfast), von denen einige sehr empfehlenswert sind.

Die weitaus meisten Hotels befinden sich am Newskij-Prospekt und in seiner unmittelbaren Umgebung. Die Lage ist also in der Regel ideal, die Metro meist nah.

Reservierung ist geboten! Wer nicht über ein Reisebüro gebucht hat, wird dies in der Regel über das Internet tun. Zudem bieten die Hotels auch Hilfe bei der Beschaffung des Einreisevisums (→ Kapitel Visum). Wer's riskieren will, der kann auch nur eine Nacht oder zwei vorausbuchen und dann vor Ort weitersehen. Wir raten davon aber eher ab. In der Hauptsaison sind viele Hotels ausgebucht, und beim B & B ist der Gastgeber vielleicht gerade beim Gemüseeinkauf auf dem Markt.

Internet-Buchung: Die Buchung über das Internet – heute die üblichste Variante – ist in der Regel etwas billiger als die Buchung vor Ort (10–20 %). Es empfiehlt sich, im Internet die Angaben von Hotelportalen mit den Angaben des Hotels selbst zu vergleichen. Die Websites der Hotels sind stets auch in Englisch gehalten, manchmal auch in weiteren Sprachen.

Preise: Sie schwanken saisonal, in einigen Hotels werden zudem Größe, Ausstattung oder Lage (zur Straße, zum Hof) des Zimmers in der Preisgestaltung berücksichtigt. Einzelreisende zahlen in der Regel weniger. Hochsaison ist während der „weißen Nächte", also von Anfang Juni bis Mitte Juli; oft gelten aber höhere Preise bereits ab Mitte Mai.

Apartments: Eine durchaus überlegenswerte Alternative zu den oft teuren Hotels; viele Apartments werden in zentraler Lage vermietet. Empfehlenswerte Adressen:

www.petersburgapartments.de (Deutsch)

www.oksanas.net (Englisch)

Kategorien/Preise

Sofern die Hotels mit Sternen ausgezeichnet sind, haben wir in unserem Buch diese Sterne übernommen. Etliche Hotels sind nicht kategorisiert. In diesen Fällen haben wir eigenmächtig Sterne verteilt, die auf unserem Vergleich beruhen.

Bei den Preisangaben berücksichtigen wir die Preisspanne innerhalb eines Hotels. Beispiel: DZ 5000–7000 Rbl heißt: billigstes Doppelzimmer im Hotel für 5000 Rbl (z. B. Nebensaison, kleinstes Zimmer des Hotels), teuerstes für 7000 Rbl (z. B. Hauptsaison, größtes Zimmer).

Alle Preise beruhen auf Recherchen im Jahr 2018.

Hotels

Grand Hotel Europe 9, Ⓜ Newskij Prospekt/Gostinyi Dwor. Wenn schon Grand Luxe, dann doch gleich hier! Außen Neobarock, innen Jugendstil, nach der Sowjetära komplett überholt und 1991 neu eröffnet. Dem Gast stehen acht Restaurants und Bars zur Auswahl, darunter die berühmte Kaviar-Bar und das „Mezzanine", ein großes Café im Zwischengeschoss unter freiem Himmel, wo abgeschottet vom Straßenlärm gelegentlich eine Lautenspielerin zum Champagner aufspielt. Im Erdgeschoss findet man teure Shops und Juweliere. Und schließlich hat das „Europe", das Mitglied der „Leading Hotels of the World" ist, seine eigene Bank, seine eigene Bäckerei und seinen eigenen Chocolatier. Fazit: Für viel Geld ist man gut aufgehoben. DZ 16.000–29.000 Rbl, je nach Saison und Kategorie. Teurer sind die Suiten, die ihrerseits in vier Kategorien aufgeteilt sind. Die Teilnahme am Frühstücksbuffet kostet Rbl extra. Michajlowskaja ul. 1/7, ✆ 329-6000, www.grandhoteleurope.com.

******* SO Sofitel** 10, Ⓜ Admiraltejskaja. Das luxuriöse 2012 in St. Petersburg eröffnete „W" wurde von der Sofitel-Kette übernommen. Vom Standardzimmer bis zur Suite ist alles todschick durchkomponiert, Hightech wird groß geschrieben. Schwimmbad, Sauna, Massage, Nail Studio und für nachher ein Gourmet-Restaurant. Von der „miXup Bar" auf der Dachterrasse blickt man direkt auf die Isaac-Kathedrale und befindet sich fast auf Augenhöhe mit der dortigen Aussichtplattform. Der Designer-Traum ist nicht billig zu haben: DZ ab 26.000 Rbl. Wosnesenskij pr. 6, ✆ 610-6161, www.sofitel.com.

****** Petro Palace** 11, Ⓜ Admiraltejskaja. Zentrale Lage im Dreieck zwischen Isaakskathedrale, Admiralität und Winterpalast. Zum Standard gehören geräumige, komfortable Zimmer mit Klimaanlage, Minibar und Safe. Oft von Gruppen ausgebucht, dann kann's beim Frühstück wegen Überforderung des Personals etwas chaotisch zugehen. DZ 9.000–22.000 Rbl, Frühstück extra; teurer sind die Suiten. Malaja Morskaja ul. 14, ✆ 571-3006, www.petropalacehotel.com.

****** Helvetia** 21, Ⓜ Majakowskaja/Ploschtschad Wosstanija. In einem stattlichen, denkmalgeschützten Bau aus dem 19. Jh. Die Zimmer haben Parkettböden und sind alle stilvoll eingerichtet. Das größte Plus des Hotels mit dem Schweizer Kreuz und der Schweizer Bahnhofsuhr vor dem Eingang bleibt jedoch der phantastische mit vielen Pflanzen und Blumen geschmückte Innenhof, in dem sich hervorragend speisen lässt. DZ ab 10.000 Rbl inkl. Frühstücksbuffet. Ul. Marata 11, ✆ 326-5353, http://helvetiahotel.ru.

****** Arbat Nord** 2, Ⓜ Tschernyschewskaja. Der vierte Stern ist eindeutig übertrieben. Korrekte, sehr gut ausgestattete Zimmer mit Haartrockner und Internet-Anschluss, aber ohne besonderen Charme. Abseits des Trubels. Auch Nichtraucherzimmer. DZ 4700–9300 Rbl inkl. Frühstück. Artillerijskaja 4, ✆ 200-8913, www.arbat-nord.ru.

MeinTipp ****** The Brothers Karamazov** 28, Ⓜ Wladimirskaja/Dostojewskaja. Freundlicher Empfang in einem ruhigen, von der Straße

Bolschoi prosp.
Bol. Puschkarskaja ul.
Sablinskaja ul.
Kronwerkskaja ul.
Kronwerkski
Gorkowskaja
Kamennoostrowski prosp.
Kuibyschewa
Wwedenskaja ul.
Kronwerk
Sjeschinskaja ul.
Swerinskaja ul.
ul. Blochina
Kronwerkski prosp.
nab. Kronwerkskaja
ul.
Petrowskaja
prosp Dobroljubowa
Peter-Paul-Festung
nab. Makarowa
Birschewaja pl.
Millionnaja ul
nab.
Dworzowaja
Börse
Wassiljewskij-Insel
1
2./3. Linie
4./5. Linie
Die zwölf Kollegien
Kunstkammer
Millionnaja ul.
nab. r. Mojki
Eremitage
Konjuschennaja pl.
Andreaskathedrale
prosp.
Kadetskaja/1. Linie
Uniwersitetskaja nab.
Winterpalast
3
4
Erlöserkirche
Bol. Konjuschennaja ul.
Russisches Museum
Bolschoi
2./3. Linie
4./5. Linie
Menschikow-Palast
nab.
Dworzowy prosp.
Schlossplatz
Admiralität
Platz der
Newa
Admiralteiskaja
Generalstabsgebäude
5
6
Newskij prosp.
7
Newski Prospekt
9
Senatsplatz (Senatskaja pl.)
Admiralteysky prosp.
8
Admiraltejskaja
Angliskaja nab.
10
Isaakewskaja
11
13
nab. r. Mojki
Kasaner Kathedrale
Newski Prospekt
Galernaja ul.
Konnogwardeiski bul.
Konnogwardeiski bul.
Isaakskathedrale
Gorochowaja
16
18
19
Gostiny Dwor
Morskaja
pl.
ul.
Bolschaja
ul.
nab. r. Mojki
Kasanskaja
per. Griwzowa
ul.
Neu-Holland
Sadowaja
nab. r. Mojki
Dekabristow
Wosnesenski
Graschdanskaja ul.
Gorochowaja ul.
ul.
24
Spasskaja
Sennaja-Platz
Sennaja pl.
Konservatorium
Sadowaja
Anglinski prosp.
nab. k. Gribojedowa
Dekabristow
Moskowski prosp.
25
Sennaja-Markt
26
ul.
ul. Sojusa Petschatnikow
nab. r. Fontanki
Korsakowa
Sadowaja ul.
nab. r. Fontanki
Nikolski
prosp.
Prosp. Rimskowo-
Obuchowskaja pl.
Nikolaus-Kathedrale
29
ul.
Anglinski prosp.
nab. r. Fontanki
Witebsker Bahnhof
per.
Sadowaja
nab. r. Fontanki
Puschkinskaja
30

Übernachten
1 Shelfort
2 Arbat Nord
3 Pushka Inn
4 Dvory Kapelly
5 By the Hermitage
6 Golden Triangle
7 Nevsky Inn
8 Prestige
9 Grand Hotel Europe
10 SO Sofitel
11 Petro Palace
12 Polikoff
13 Comfort/Herzen House
14 5. Sowjetskaja
15 Nevsky Contour
16 Art-Hotel Rachmaninov
17 Nevsky Central
18 Cubahostel
19 Griboedova 29
20 Cronwell
21 Helvetia
22 Dostoevsky
23 Kristoff
24 Park Lion Bridge
25 Kameo
26 Swiss Star
27 Ibis
28 The Brothers Karamazov
29 St. Peterburg Nikolsky
30 Alexander House
Botkinskaja ul.
Bol. Sampsonij. prosp.
ul. Akademika Lebedewa
Pl. Lenina
Finnländischer Bahnhof
Petrowskaja nab.
Progowskaja nab.
Arsenalnaja nab.
Newa
nab. Robespjera
nab. Kutusowa
Schpalernaja ul.
Taurischer Palast
Sacharewskaja ul.
ul. Tschaikowskowo
Furschtatskaja ul.
Tschernyschewskaja
Potjomkinskaja ul.
Tawritscheskaja ul.
Kavalergardskaja ul.
Kirotschnaja ul.
Verklärungskathedrale
Lebjaschjerzkanala
nab. r. Fontanki
Mochowaja ul.
ul. Pestelja
Liteiny prosp.
ul. Majakowskowo
ul. Wosstanija
Radischtewa ul.
Nekrasowa ul.
Sadowaja ul.
ül. Moisejenko
8. Sowetskaja ul.
7. Sowetskaja ul.
Gretscheski prosp.
Suworowski prosp.
ul. Schukowskowo
Ligowski prosp.
Degtjarnaja ul.
Mytninskaja ul.
3. Sowetskaja ul.
Newskij prosp.
Gostinyi Dwor
Alexandrinskij-Theater
Pl. Wosstanija
Majakowskaja
Wosstanija-Platz
Bakunina prosp.
Moskauer Bahnhof
Chersonskaja ul.
Wladimirski prosp.
pl. Lomonossowa
ul. Lomonossowa
Dostojewskaja
Dostojewskij-Museum
Wladimirskaja
ul. Marata
Swetschnoi per.
Mirgorodskaja ul.
Sagorodny prosp.
Sozialistitscheskaja ul.
ul. Prawdy
Swenigorodskaja ul.
Pionerskaja pl.
Ligowski prospekt
250 m
Übernachten in St. Petersburg

etwas zurückgesetzten Haus. Die geräumigen, nach Frauen aus Dostojewskijs Romanwelt benannten Zimmer sind geschmackvoll eingerichtet, sehr gepflegt und verfügen alle über Klimaanlage. Das Frühstück ist reichhaltig, die Klientel international und begeistert. DZ 3800–8900 Rbl inkl. Frühstück. Sozialistitscheskaja 11A, ✆ 335-1185, www.karamazovhotel.ru.

***** Pushka Inn 3**, Ⓜ Admiraltejskaja. Der Name leitet sich nicht von Puschkin ab, der gleich nebenan wohnte, sondern von der Familie Puschtschin, die dieses Haus einst bewohnte. Elegantes kleines Hotel mit hohem Komfort. Klimaanlage und Safe gehören zur Grundausstattung der freundlich eingerichteten Zimmer, bei den teuersten kommt ein Balkon mit Sicht auf die Mojka hinzu. DZ 8100–19.000 Rbl inkl. Frühstück, auch Familienzimmer vorhanden. Nab. reki Mojki 14, ✆ 644-7120, www.pushkainn.ru.

***** Golden Triangle 6**, Ⓜ Newskij Prospekt/Gostinyi Dwor. Rezeption in der 3. Etage. Blitzblanke Zimmer in der 3. und 4. Etage, leicht english styled, etwas viel Rosenholz. Schöner, heller Frühstücksraum mit Blick auf die lebhafte Straße. Einziges Minus ist der klitzekleine Lift, in dem kaum zwei Personen Platz haben. Sollte er unterwegs stillstehen: einfach nochmals auf den Knopf drücken! 400–16.000 Rbl je nach Saison und Komfort. Bolschaja Konjuschennaja ul. 12, ✆ 490-7710, www.goldtriangle.ru.

Mein Tipp ***** Alexander House 30**, Ⓜ Technologitscheskij Institut. Ein ehemaliger Journalist hat am Krjukow-Kanal ein kleines Schmuckstück mit 20 komfortablen Zimmern auf zwei Etagen eingerichtet. Pro Etage ein gepflegter Aufenthaltsraum, in der unteren mit Cheminée, in der oberen mit Bibliothek. Zum Haus gehört ein halber Innenhof, der hübsch mit Grün überdacht ist. Einziger Nachteil: Die Metro ist etwas weit entfernt. DZ 8200 bis ca. 14.300 Rbl, opulentes Frühstück inklusive. Nab. Krjukowa Kanala 27, ✆ 334-3540, www.a-house.ru.

***** Comfort 13**, Ⓜ Admiraltejskaja. Tatsächlich komfortable, geräumige Zimmer in der 2. und 3. Etage des „Herzen House" (siehe unten). Internet-Anschluss im Zimmer. Die Suiten zum Teil mit Jacuzzi-Bädern. DZ 3400–12.900 Rbl, je nach Saison und Standard, noch teurer sind die Suiten. Bolschaja Morskaja ul. 25, ✆ 570-6700, www.comfort-hotel.ru.

***** Kameo 25**, Ⓜ Puschkinskaja. Kleiner, rosa und hellblau gestrichener Palazzo, frei in einem Hinterhof stehend. Sehr komfortable und freundlich eingerichtete Nichtraucherzimmer mit Haartrockner, und Kühlschrank. DZ 4800–10.700 Rbl inkl. Frühstück, teurer sind

In sowjetischen Zeiten war's noch eine Topadresse: Hotel Moskau

einige Luxus-Zimmer. Fontanka nab. 90, ✆ 328-1515, www.cameohotel.ru.

*** **Cronwell** **20**, Ⓜ Majakowskaja/Ploschtschad Wosstanja. nach langjährigem Umbau 2010 eröffnet, die historische Substanz ist mit der modernen Innenarchitektur elegant verbunden. Über dem Eingang lockt eine kleine Dachterrasse. Helle, komfortable, modern eingerichtete Zimmer. DZ 5000–10.000 Rbl inkl. Frühstück und Five o'Clock Tea (!). Stremjannaja ul. 18, ✆ 406-0450, http://stremyannaya.cronwell.com.

*** **Prestige** **8**, Ⓜ Admiraltejskaja. Rezeption in der 3. Etage an der Hotelbar. Kleiner, professioneller Betrieb mit hervorragendem Service. Komfortable Zimmer mit Internet-Anschluss, die teureren mit Jacuzzi-Bad. DZ 4200–10.500 Rbl inkl. Frühstück. Gorochowaja ul. 5, ✆ 312-8326, www.prestige-hotels.com.

*** **Kristoff** **23**, Ⓜ Wladimirskaja/Dostojewskaja. Geräumige, komfortable Zimmer mit nüchtern-sachlicher Einrichtung, kleines Restaurant zur Straße. DZ 4000–10.500 Rbl inkl. Frühstück. Sagorodnyj prosp. 9, ✆ 571-3692, www.kristoff.ru.

*** **Herzen House** **13**, Ⓜ Admiraltejskaja. 20 gepflegte, teils sehr geräumige Zimmer in der 4. Etage, alle komfortabel eingerichtet. Freundliche Rezeption rund um die Uhr. DZ 3900–9800 Rbl inkl. Frühstücksbuffet. Bolschaja Morskaja ul. 25, ✆ 315-5550, www.herzen-hotel.com.

*** **Dostoevsky** **22**, Ⓜ Wladimirskaja/Dostojewskaja. Direkt gegenüber der Wladimirkirche. Hinter der relativ schmalen, gediegenen Frontfassade streckt sich das sehr professionell geführte Haus weit nach hinten. Insgesamt 218 sehr komfortable Zimmer auf sechs Etagen (einige mit Verbindungstür). Fitnessroom und in der 7. Etage eine rund um die Uhr geöffnete Bar. Direktzugang zur Wladimirskij-Passasch, einem modernen Shopping-Center auf mehreren Etagen, wo man das am hoteleigenen Automaten gezogene Geld schnell wieder loswerden kann. DZ 4500–9500 Rbl je nach Standard und Saison, teurer die Suiten. Inkl. Frühstücksbuffet. Wladimirskij prosp. 19, ✆ 331-3200, www.dostoevsky-hotel.ru.

MeinTipp *** **Art-Hotel Rachmaninov** **16**, Ⓜ Newskij Prospekt/Gostinyi Dwor. In der 3. Etage des einstigen Wohnhauses des Komponisten Sergej Rachmaninow, nahe der Kasaner Kathedrale. Gepflegtes, antikes Interieur. Rezeption und Aufenthaltsraum wurden im Stil des beginnenden 20. Jh. renoviert. Daran schließt sich eine hübsche, kleine Bar an. Kleiner Raucherbalkon zur Straße, auf dem gerade zwei Stühle Platz haben. Zum Haus gehört eine kleine Galerie mit monatlich wechselnden Ausstellungen (Eingang über den Hinterhof). DZ 3300–8700 Rbl. inkl. Frühstück. Kasanskaja 5, ✆ 571-9778, www.hotelrachmaninov.com.

*** **Ibis** **27**, Ⓜ Majakowskaja/Ploschtschad Wosstanija. 400 m vom Moskauer Bahnhof entfernt, in wenig attraktiver Lage. Die Zimmer zeigen klassischen Ibis-Standard, kühl und praktisch. Große Empfangshalle mit Geldautomat und Ticketschalter für Flug- und Zugreisen sowie für organisierte Ausflüge. DZ 3400–8100 Rbl, außerhalb der Saison an Wochenenden billiger, Frühstücksbuffet extra. Teurer sind die Suiten, in denen eher bessergestellte Geschäftsleute logieren. Ligowskij prosp. 54, ✆ 622-0100, www.ibishotel.com.

*** **Shelfort** lp Ⓜ Wassileostrowskaja. Unser **1**,Tipp auf der Wassiljewskij-Insel. Zimmer auf zwei Etagen mit leicht britischer Patina, darunter zwei mit noch funktionierendem Cheminee; auch zwei miteinander verbundene Zimmer sind zu haben. Alles etwas old-fashioned, aber keineswegs muffelig, sondern sehr gepflegt und obendrein eine hilfsbereite, sehr freundliche Rezeption. DZ 4500–7500 Rbl. 3., Linie 26, ✆ 328-0555, www.shelfort.ru.

MeinTipp *** **Dvory Kapelly** **4**, Ⓜ Newskij Prospekt/Gostinyi Dwor. Beim Haus Nr. 7 den Hinterhof durchqueren, am Nevsky-Hostel vorbei, dann neben der kleinen, betischten Terrasse versteckt. Ein Schmuckstück in ruhiger Lage mit 10 sehr gepflegten Zimmern. Stilmöbel und schönes Bad. Großer Speiseraum. Gegessen wird auch im Innenhof oder oben auf der Galerie. Wer den Spaziergang durch die Innenhöfe fortsetzt, gelangt direkt zum Schlossplatz. DZ 3500–6200 Rbl. Bolschaja Konjuschennaja ul. 11, ✆ 449-1790.

*** **Park Lion Bridge** **24**, Ⓜ Sennaja Ploschtschad/Sadowaja/Spasskaja. Ein kleiner Palazzo aus dem 18. Jh. in sehr schöner Lage bei der Löwenbrücke am Gribojedow-Kanal. Die Zimmer, die man über eine breite Treppe erreicht, sind etwas old-fashioned, aber stilvoll eingerichtet. Die Suite mit Blick auf den Kanal hat die Ausmaße eines mittleren Tanzsaals. Freundliche, mehrsprachige Rezeption. Preis- und empfehlenswert. DZ 3500–5700 Rbl inkl. Frühstück und Saunabenutzung, die Suite ist teurer. Gribojedowa Kanala nab. 101, ✆ 315-

6667, park-lion-bridge.saintpetersburg-hotels.com www.park-lion-bridge.saintpetersburg-hotels.com.

***** Nevsky Central** **17**, Ⓜ Majakowskaja/Ploschtschad Wosstanja. Der Ableger der Nevsky Hotels Group bietet kleine, korrekte Zimmer in der 3. Etage, zentrale Lage. Charme sucht man vergebens. DZ 2100–4500 Rbl. Newskij prosp. 90-92, ✆ 703-3860, www.nevskyhotel.com.

***** Nevsky Contour** **15**, Ⓜ Majakowskaja/Ploschtschad Wosstanija. Im 2. Hinterhof, beim Hotel „Anabel“ (dem die 1., 2., 4. und 5. Etage gehören) die 3. Etage aufsuchen. Die 10 Zimmer des Hotels sind nicht sehr geräumig, aber gepflegt und alle mit WLAN, das Bad ist modern eingerichtet. Kleine Bar, Tee und Kaffee gibt's rund um die Uhr gratis. Freundliche englischsprachige Rezeption. Absolute Ruhe garantiert. DZ 2400–4100 Rbl, je nach Komfort und Saison. Newskij pr. 88, ✆ 687-7939, www.nevskycontour.com.

***** St. Petersburg Nikolsky** **29**, Low-Budget-Hotel der Meininger-Kette. Der langgestreckte Bau zollt mit den Arkaden seinem Vorgänger architektonischen Tribut. Hier stand der Nikolski-Markt aus dem 18. Jh. Im neuen Komplex haben neben Meininger auch noch das schickere Holiday Inn und das Hardrock-Café Platz gefunden – alles 2018 eröffnet. Die 158 Zimmer werden gern von Backpackern aufgesucht, aber auch Geschäftsleute haben die Unterkunft entdeckt. Die Preise für die brandneuen Zimmer waren nach der Eröffnung erst einmal moderat, vielleicht bleibt es so. DZ ab 3000 Rbl. Ul. Sadowaja 62, ✆ 640-2288, www.meininger-hotels.com.

Katzen sind nachts lieber draußen

**** By the Hermitage** **5**, Ⓜ Admiraltejskaja. In zentraler Lage. Durch den begrünten Innenhof findet man zum ruhigen Hotel in der 2. Etage. Die Zimmer sind relativ bescheiden, leicht bieder eingerichtet, aber gepflegt. DZ 5000–9500 Rbl, die billigen Zimmer sind teilweise extrem klein, Frühstück nur in der teureren Kategorie inbegriffen. Nab. reki Mojka 42, ✆ 571-3667, https://byhermitage-hotel.ru.

**** Polikoff** **12**, Ⓜ Newskij Prospekt/Gostinyi Dwor. In der Karawannaja-Straße rechts vom Café Five o'clock durch die Glastür gehen, dann Code „26“ eingeben und hochgehen. Das „Business-Hotel“ verfügt in der 3. und 4. Etage über 13 nüchterne, praktisch eingerichtete Komfortzimmer sowie über zwei weitere sehr kleine Zimmer. Modern eingerichtete kleine Bar an der Rezeption. DZ 3000–6600 Rbl. Newskij prosp. 64 (Eingang von der Karawannaja-Straße), ✆ 995-3488, www.polikoff.ru.

Bed & Breakfast

MeinTipp **Swiss Star** **26**, Ⓜ Sennaja Ploschtschad/Sadowaja/Spasskaja. „Weniger ist mehr“ – so die Devise des Schweizer Gastgebers, der direkt an der Fontanka eine zentral gelegene und obendrein preiswerte Unterkunft anbietet. 8 sehr gepflegte, lichtdurchflutete Zimmer in modernem, schlichtem Design mit Safe und Kühlschrank (ein rund um die Uhr geöffnetes Lebensmittelgeschäft befindet sich unten im Haus). 5 Zimmer mit geräumigem Bad, die anderen 3 teilen sich ein Bad auf Etage. Eine komplett ausgerüstete Küche steht den Gästen zur Verfügung, beim Frühstück bedient man sich aus dem reichhaltigen Angebot und darf auch Sonderwünsche anmelden, stellt hinterher das schmutzige Geschirr in die Spülmaschine und die verderblichen Lebensmittel in den Eisschrank. Internetzugang. Last but not least vermittelt Swiss Star auch Stadtführungen und Sprachkurse an. DZ 4700-7100 Rbl., Kind bis 12 J. im eigenen Zimmer 50 % Ermäßigung, im Zimmer der Eltern kostenfrei. Nab. Fontanka 93, ✆ 929-2793, www.swiss-star.ru.

5. Sowjetskaja **14**, Ⓜ Majakowskaja/Ploschtschad Wosstanja. Gepflegte Unterkunft in

Das städtische Heizsystem entscheidet oft über die Temperatur in Hotelzimmern

einer sorgfältig renovierten Wohnung eines Hauses aus der Mitte des 19. Jh.; Stuck und Holzböden wurden dabei weitgehend belassen. Von den 4 Zimmern teilen sich jeweils 2 ein Bad. Küchenbenutzung für Selbstversorger. Internet-Ecke. Die beiden größeren Zimmer verfügen über Safe und Kühlschrank, eines von ihnen mit Balkon. DZ 5100–6400 Rbl, je nach Saison und Zimmergröße. Kind bis 12 J. im Zimmer der Eltern gratis. 5. Sowjetskaja 21, ✆ 923-0575, www.rentroom.ru.

meinTipp **Griboedova 29** **19**, Ⓜ Newskij Prospekt/Gostinyi Dwor. In zentraler Lage unter schweizerischer Leitung. 4 freundlich eingerichtete Doppelzimmer, jeweils zwei Zimmer teilen sich ein Bad. Die gut bestückte Küche kann man auch für eigene Kochexperimente nutzen. Ganz in der Nähe, am selben Kanal, aber am anderen Ufer unterhält der Besitzer ein weiteres B & B, auch dort 4 Doppelzimmer, auch dort teilen sich jeweils zwei ein Bad. Zusätzlich vermietet der Besitzer ein Appartement mit zwei Schlafzimmern, Bad und Küche in der Nähe des Sennaja-Platzes. Und schließlich vermittelt das freundliche Griboedova auch Russischkurse und individuelle Stadtführungen (deutschsprachige Reiseführerin) mit eigenem Chauffeur an. DZ 3800-6000 Rbl inkl. Frühstück. Nab. k. Gribojedowa 29, ✆ 913-9657, www.petersburg-hotel.com.

Nevsky Inn **7**, Ⓜ Admiraltejskaja. Unter dem Hausschild „19B" eingeben, und es wird geöffnet. Freundlicher, englischsprachiger Empfang. Insgesamt 11 Zimmer, teils in einem Nebengebäude, alle geräumig, unprätentiös-sachlich eingerichtet und mit Dusche/WC. Waschmöglichkeit. DZ 5000–5500 Rbl. Kirpitschnyj per. 2, ✆ 972-6873 (Englisch), www.nevskyinn.ru.

Jugendherberge

Cubahostel **18**, Ⓜ Newskij Prospekt/Gostinyi Dwor. Im selben Haus wie das Hotel Rachmaninov, Nebeneingang bei einer roten Telefonzelle. „Freundlich wie auf Kuba soll es sein", sagte uns die junge Betreiberin des Hostels, dessen Logo der weiße Stern auf rotem Grund ist. In der 3. Etage des Hauses logieren Backpacker aus aller Herren Länder. Geschlafen wird in Zimmern mit 2, 4, 6, 8 oder 10 Betten. Du/WC im Flur. Gepäckraum, Küche für Selbstversorger, Waschmaschine. Kostenloser Internetzugang und pro Bett ein Schließfach. Geöffnet ist die freundliche Herberge rund um die Uhr. Pro Person 400–1200 Rbl, je nachdem, wie viele Betten im Zimmer stehen. Kasanskaja ul. 5, ✆ 921-7115, www.cubahostel.ru.

Der Sonntagsmaler

Wissenswertes von A bis Z

Adressen

Gewöhnungsbedürftig sind die gelegentlich vorkommenden **zweiteiligen Hausnummern**: 46–23 oder 46/23 beispielsweise bedeutet Haus Nr. 46, Appartement 23.

Bei Geschäftshäusern steht oft am Eingang, was man in welchem **Stockwerk**, auf Russisch „этаж“ (gesprochen *Etasch*, vom französischen „Etage“ abgeleitet) findet. Im Unterschied zu deutschen Gepflogenheiten wird jedoch wie in den USA das Erdgeschoss als 1. Stock bezeichnet, der deutsche 1. Stock ist dann der russische 2. Stock, der deutsche 2. Stock der russische 3. Stock usf.

Straßenbezeichnungen

prospekt (*prosp.* oder *pr.*) = Avenue bzw. Prospekt

uliza (*ul.*) = Straße

pereulok (*per.*) = Gasse

nabereschnaja (*nab.*) = Quai

schosse = Chaussee; sie liegt meist außerhalb der Stadt.

Ärztliche Versorgung

Am besten erkundigt man sich erst bei der eigenen Krankenversicherung. Touristen brauchen den Nachweis einer in Russland gültigen Auslandskrankenversicherung. Dieser wird bereits beim Visumantrag verlangt. In der EHIC (European Health Insurance Card) ist der Rücktransport im Krankheitsfall nicht enthalten. Am besten schließt man für die Zeit des Aufenthalts eine spezielle Auslandskrankenversicherung ab, die Spitalkosten sowie einen eventuellen Rücktransport decken sollte.

Grundsätzlich gilt: den Arzt vor Ort bezahlen, eine Quittung verlangen und sich später zuhause um die Rückerstattung kümmern.

Die Qualität der ärztlichen Versorgung in Russland hat nicht europäischen Standard, in Großstädten wie St. Petersburg sieht es jedoch etwas besser aus als auf dem Land. Für schwerere Fälle (auch ambulante Versorgung) bieten sich folgende Adressen mit westlichem Standard an:

American Medical Clinic, am Mojka-Quai, Nähe Isaak-Platz, Metro Sadowaja/Sennaja Ploschtschad. Rund um die Uhr geöffnet. Nab. reki Mojki 78, ✆ 740-2090.

Medem International Clinic, Nähe Moskauer Bahnhof, Metro Ploschtschad Wosstanija/Majakowskaja. Rund um die Uhr geöffnet. Ul. Marata 6a, ✆ 643-5273.

Apotheken (аптека) finden sich im Zentrum zuhauf, meist ziert ein grünes Kreuz das Geschäft.

Ambulanz: Die Notrufnummer ist 03 (nur von St. Petersburg aus).

Babuschka

Babuschka ist die „Großmutter"; im allgemeinen Sprachgebrauch werden damit auch die älteren Frauen bezeichnet, die am Straßenrand einen Blumenstrauß oder ein paar Socken feilhalten, statt zu betteln.

Babuschka

Banja

Das Banja, wie das russische Bad heißt, ist ein der finnischen Sauna vergleichbares Dampfbad, nicht so heiß wie die finnische Variante, dafür feuchter als diese und ebenso gesund. Oft steht einfach im Garten der → *Datscha* eine Holzhütte, in der ein Raum auf über 50 Grad hochgeheizt wird. Das auf Steine gegossene Wasser sorgt für Nebelschwaden und feuchte Luft, das Kaltwasserbecken daneben für Abkühlung – im Winter kann man sich zu diesem Zweck natürlich auch nackt im Schnee wälzen.

Begrüßung

Männer begrüßt man mit festem Händedruck, Frauen mit einem etwas weniger festen. Bei russischen Frauen, die er nicht kennt, kann es dem Ausländer passieren, dass ihm die Hand in der Luft hängen bleibt. Umarmungen und Wangenküsse sind nur unter sehr guten Freunden üblich.

Und damit die Begrüßung nicht stumm verläuft: *sdrawstwujte* heißt „Guten Tag", unter Freunden ist auch ein einfaches *priwjet* (Hallo! Grüß dich) üblich.

Behindertengerecht

Behindertenfreundlich ist St. Petersburg nicht. Weder kennt man Rampen an den oft hohen Gehsteigen, noch sind die Verkehrsmittel für Rollstuhlfahrer gedacht. Einzig einige Hotels haben mit dem Umdenken begonnen.

Brücken

Über 300 Brücken zählt das „Venedig des Nordens" allein im Stadtgebiet. Die breiteste ist die Sinij-Brücke über die Mojka vor dem Isaak-Platz (97 m), die schmalste die Bankbrücke über den Gribojedow-Kanal hinter Kasaner Kathedrale (1,85 m), die am meisten fotografierte die Anitschkow-Brücke über die Fontanka (Newskij-Prospekt). Greifen, Löwen und Sphingen schmücken die schönsten Brückenköpfe. Und schließlich gibt es noch Brücken über die Newa, die sich jede Nacht in spektakulärer Weise öffnen, um den großen Frachtern den Weg zum Meer freizugeben. Mehr dazu → Unterwegs in St. Petersburg/Wenn die Newa-Brücken hochgehen.

Abseits der urbanen Hektik: Datschensiedlung

Datscha

Die Datscha ist des Städters Wochenend- oder Ferienhaus. Das kann eine Villa im Grünen sein oder auch nur ein Häuschen in einer Schrebergartensiedlung, das im besseren Fall über ein → Russisches Bad verfügt. Teuer sind Datschen in stadtnaher Lage oder gar im Stadtgebiet (z. B. auf der Kamennyj-Insel), billiger in 100 km Entfernung von der Stadt. Bei einer Stadt mit über 5 Millionen Einwohnern ist der Datscha-Bedarf groß, die Nachfrage treibt die Preise in die Höhe. In jüngster Zeit bauen sich Petersburger ihr Wochenenddomizil in Finnland, wo Grundstücke inzwischen billiger zu haben sind als in Russland.

Diebstahl

→ Kriminalität

Diplomatisches

Konsulate in St. Petersburg **Generalkonsulat der Bundesrepublik Deutschland**: Uliza Furschtatskaja 39, Nähe Metro Tschernyschewskaja. ✆ 320-2400.

Honorarkonsulat von Österreich, ohne Pass- und Sichtvermerksbefugnis: Nab. reki Mojki 22 (Hotel Kempinski). ✆ 335-9111.

Schweizerisches Generalkonsulat: Tschernyschewskogo pr. 17, Nähe Metro Tschernyschewskaja. ✆ 327-0817.

Feiertage

Gesetzliche, arbeitsfreie Feiertage sind:

1. bis 5. Januar:	Neujahr
7. Januar:	Russisch-Orthodoxes Weihnachtsfest
23. Februar:	Tag der Verteidiger des Vaterlands
8. März:	Internationaler Frauentag
1. Mai:	Tag des Frühlings und der Arbeit
9. Mai:	Tag des Sieges über den Faschismus
12. Juni:	Tag Russlands (Tag der Unabhängigkeit, offizieller Nationalfeiertag)
4. November:	Tag der Einheit des Volkes

Das russische Gesetz ist arbeitnehmerfreundlich: Fällt ein gesetzlicher Feiertag auf einen Samstag oder Sonntag, so gilt laut Gesetz der nächstfolgende Werktag als arbeitsfrei.

Daneben gibt es eine Unzahl religiöser Feiertage und Gedenktage, an denen jedoch gearbeitet wird: Russisch-Orthodoxes Neujahrsfest (14. Januar, nach dem Julianischen Kalender), Humortag (1. April), Gedenktag für die Verstorbenen bei Nuklearunfällen (26. April), Tag der Flagge Russlands (22. August), Tag der Zollbeamten (25. Oktober), Tag der Oktoberrevolution von 1917 (7. Nov.), Tag der Mitarbeiter des Geheimdiensts (20. Dezember) und viele andere mehr.

Fotografieren und Filmen

Nicht nur japanische Touristen erkunden die Stadt mit der Kamera, auch russische. Filme, Speicherkarten für Digitalkameras und weiteres Fotozubehör findet man am Newskij-Prospekt problemlos.

Fotoverbot gilt grundsätzlich nicht nur für militärische Anlagen, sondern eigenartigerweise auch für einige Märkte. Das Verbot, in der Metro zu fotografieren, wurde 2009 aufgehoben (ein Foto mit dem Smartphone lässt sich kaum kontrollieren) und 2012 teilweise (mit Stativ, professionelle Fotos) wiedereingeführt. Grundsätzlich: Piktogramme, die ein Verbot signalisieren, beachten. Die Polizei wird Ihnen vermutlich nicht die Kamera aus der Hand reißen, sondern sich darauf beschränken, Sie energisch auf das Verbot hinzuweisen.

Geld

In Russland rollt der Russische Rubel, oder er wird in Scheinen hingeblättert. Das Hundertstel eines Rubels ist die Kopeke. Derzeit sind Scheine von 5000, 2000, 1000, 500, 200, 100, 50 und 10 Rubel im Umlauf, Münzen von 10, 5, 2 und 1 Rubel, 50, 10, 5 und 1 Kopeken (wobei die kleineren Münzen eher Seltenheitswert haben). Ganz und gar üblich ist das Bezahlen – auch kleiner Beträge – mit Kreditkarte.

Rubel-Kurs

1 Rbl = 0,0134 €, 0,0152 CHF

100 Rbl = 1,34 €, 1,52 CHF

1 € = 74,53 Rbl

1 CHF = 65,65 Rbl

Stand: Februar 2019

Der Rubel hat nach der Krimkrise 2014 bzw. aufgrund der darauffolgenden Sanktionen gegen Russland einen Sturz erlebt, doch hat sich die Währung insgesamt im Vergleich zu früheren Zeiten stabilisiert, was auch ein Grund dafür ist, dass wir die Preise in diesem Buch in Rubel angeben. Zudem sind touristische Hotels und Geschäfte seit einiger Zeit verpflichtet, ihre Preise in Rubel anzuschlagen, statt wie früher oft üblich in Dollar oder Euro. Dahinter steckt natürlich auch das Selbstbewusstsein einer erstarkten Wirtschaftsmacht: Wir sind wieder wer!

Geldautomaten, die nicht nur die gängigen Kreditkarten, sondern auch die Maestro-Karte akzeptieren, findet man überall in der Stadt. Zudem wechselt jede *Bank* Euro, die meisten auch Schweizer Franken; oft muss man einen Reisepass vorlegen. **Private Wechselstuben** am Newskij-Prospekt schreiben täglich in marktschreierischer Größe den Dollar- und Eurokurs aus. Die Differenzen zum offiziellen Preis, sind – wenn überhaupt – minimal. In der Regel berechnen sowohl Banken wie Wechselstuben eine Kommission von ca. 30 Rbl.

Банк – hier rollt der Rubel

Höflichkeit

An den schweren Eingangstüren zur Metro steht seit kurzem geschrieben, dass man sie dem Nachfolgenden offenhalten solle – auf Russisch und auf Englisch („Please hold the door!“). Wenn Sie dies tun, was ja nicht mehr als freundlich ist, verraten Sie sich als Ausländer, ebenso wenn Sie im Aufzug den Mitfahrenden grüßen. Wenn Sie im Park eine freie Bank entdeckt und sich darauf niedergelassen haben, kann es passieren, dass plötzlich jemand neben Ihnen sitzt, ohne dass ihm eingefallen wäre zu fragen, ob noch Platz sei. Verglichen mit dem mediterranen Raum ist die orale Kommunikationskultur, zumindest in der Öffentlichkeit, wenig ausgeprägt. Derlei ist ein wenig gewöhnungsbedürftig. Mit einem *„spassibo“* (danke) oder *„poschalyjsta“* (bitte) liegen Sie trotzdem nicht daneben.

Was man alles nicht darf ...

Information

In Frankreich oder Italien hat jeder kleine Ort sein Tourismusbüro mit Prospekten, Vorschlägen und Werbematerial aller Art. Auch St. Petersburg unterhält eine Informationsstelle für Touristen, aber da geht kaum einer hin. Im städtischen *City Tourist Information Bureau* liegen ein paar Mini-Guides aus, die findet man jedoch auch in jedem besseren Hotel. Ein halbwegs brauchbarer Stadtplan (weil Hemdtaschenformat) sowie Flyer in russischer und neuerdings auch chinesischer Sprache ergänzen das Angebot. Die Person am Tresen spricht ein bisschen Englisch.

City Tourist Information Bureau, nahe der Metro Newskij Prospekt/Gostinyi Dwor. Mo–Sa 10–19 Uhr. Sadowaja ul. 14, ✆ 242-3909.

Das Büro unterhält mehrere Zweigstellen, u. a. am Flughafen, am Wosstanija-Platz, gegenüber dem Moskauer Bahnhof und am Schlossplatz.

Internet

Die meisten Hotels, aber auch viele Cafés – v. a. am Newskij-Prospekt und seinen Seitenstraßen – verfügen über einen WiFi-Zugang (WLAN). Ein Internet-Café alten Stils ist das *Café Max* am Newskij-Prospekt (→ Tour 1), das Computer mit Kopfhörern zur Verfügung stellt.

Kalender

Die Oktoberrevolution der Bolschewiki fand am 7. November statt, und Weihnachten wird von den russisch-orthodoxen Gläubigen erst nach Neujahr gefeiert, nämlich am 7. Januar. Diese Verschiebungen hängen damit zusammen, dass in Russland bis zur Oktoberrevolution noch der alte, von Cäsar eingeführte *Julianische Kalender* Gültigkeit hatte.

In Westeuropa wurde 1582 von Papst Gregor XIII. der nach ihm benannte *Gregorianische Kalender* dekretiert. Erst

Neujahrstag am Finnischen Meerbusen

übernahmen ihn die Katholiken, später auch die Protestanten. Seit Februar 1918 gilt der Gregorianische Kalender auch in Russland. Einzig die Russisch-Orthodoxe Kirche hält sich noch an den Julianischen Kalender – allerdings nur noch, wenn es um das Kirchenjahr geht.

Kinder

→ Kapitel „St. Petersburg mit Kindern"

Klima und Reisezeit

Im Klima-Atlas liegt die Stadt an der Grenze zwischen dem „Festländischen Klima der sommergrünen Laub- und Kiefernmischwälder" (warme Sommer, kalte Winter, ständig feucht) und dem „Festländischen Klima der Nadelwälder" (mäßig warme Sommer, sehr kalte Winter, überwiegend Sommerniederschläge), für den Finnischen Meerbusen verzeichnet der Atlas winterliches Küsteneis. Das ganze Jahr über ist mit Winden vom Meer her zu rechnen.

Diese allgemeine klimatische Einordnung bestätigt auch die Klimatabelle, die folgende Durchschnittswerte zeigt:

Die Wassertemperatur im Finnischen Meerbusen schließlich steigt von 0 °C (Eis) in den Monaten Februar und März bis 16 oC (Badetemperatur für Unerschrockene) in den Monaten Juli und August.

Das Klima bestimmt in der Regel die ideale Reisezeit. Wer nicht gerade mit dem Drehbohrer das Eis des Finnischen Meerbusens löchern will, um Fische zu fangen, hält sich von Mai bis Mitte September bestimmt schadlos. Ein warmer Pullover für kühle Nächte sowie ein Regenschirm sollten dennoch im Gepäck Platz finden. Bei kräftigem Regen ist auch gutes Schuhwerk angesagt. Die Entwässerung der Dächer direkt auf den Gehsteig führt zu riesigen Pfützen.

Aber auch Reisen im Frühjahr, wenn das Eis aufgebrochen ist, oder im Herbst, wenn die Blätter an den Bäumen in allen Farben schillern und der erste Frost einsetzt, können reizvoll sein. Wer einen Besuch im Winter mit seinen langen Nächten und kurzen Tagen wagen will, was bei schönem Wetter durchaus seinen Reiz haben kann:

Klimadaten von St. Petersburg

	Ø Lufttemperatur (Min./Max. in °C)		Ø Niederschlag (in mm)	Ø Stunden mit Sonnenschein
Jan.	-10,7	-5,1	38	10
Febr.	-9,7	-4,1	31	9
März	-5,2	1,1	35	9
April	0,6	8,1	33	7
Mai	6,5	15,1	38	7
Juni	11,4	20,1	58	9
Juli	13,9	21,9	80	10
Aug.	12,8	20,0	81	11
Sept.	8,1	14,5	69	12
Okt.	3,4	8,2	67	12
Nov.	-1,9	2,0	56	12
Dez.	-7,1	-2,3	51	12
Jahr	**1,8**	**8,3**	**637**	**120**

Quelle: Deutscher Wetterdienst

Mütze (am besten Fellmütze), Handschuhe und solides, matschresistentes Schuhwerk sind geboten.

Weiße Nächte: Beliebteste Reisezeit ist die Periode der „weißen Nächte“, für die allgemein der Zeitraum von Anfang Juni bis Mitte Juli veranschlagt wird. St. Petersburg liegt zwar nicht am Polarkreis, aber immerhin auf dem 60. Breitengrad und damit so nördlich wie die Südspitze Grönlands. Besonders spektakulär sind die Nächte um die Sommersonnenwende herum. Für kurze Zeit verschwindet dann die Sonne in einem Silberstreifen am Horizont, um gleich wieder aufzutauchen, sozusagen Abendlicht und Morgendämmerung in einem. Natürlich kennt man das Phänomen überall in diesen Breitengraden, aber St. Petersburg ist eben eine Millionenstadt, und dort wird das Ereignis massenhafter als anderswo auf dem Erdball gefeiert. Da um diese Zeit auch die Temperaturen freundlich sind, wird gern die ganze Nacht hindurch gefeiert, die Tanzlokale sind voll, Wodka und Bier fließen in Strömen. Ein Spaziergang in der hellen Nacht an der Newa mit ihren hochgezogenen Brücken entlang wird eine nachhaltige Erinnerung sein.

Während der weißen Nächte herrscht touristische Hochsaison, insbesondere in der zweiten Junihälfte. Rechtzeitige Reservierung ist geboten, mit höheren Zimmerpreisen ist zu rechnen – schließlich gelten seit rund zehn Jahren auch in St. Petersburg die Gesetze des Marktes mit Nachfrage und Angebot.

Kommunalka

St. Petersburg galt lange als die „Hauptstadt der Kommunalkas“. Mit Kommunalka ist eine Gemeinschaftswohnung gemeint, die zur unfreiwilligen Wohngemeinschaft führt. Schon in vorrevolutionärer Zeit lebten im Stadtzentrum in den zahlreichen weitläufigen Hinterhöfen oft mehrere Familien in einer Wohnung. Dabei galt meist: ein Zimmer pro Familie; Bad, Küche und Abstellraum wurden von mehreren Familien gemeinsam benutzt. In sowjetischer Zeit wurden zahlreiche stattliche Bürgerhäuser in Kommunalkas aufgeteilt, der Wohnanspruch wurde von den Behörden in Quadratmetern pro Kopf festgelegt. Über das Leben in einer Kommunalka berichtet Nobelpreisträger Joseph Brodsky aus eigener Erfahrung (→ Kapitel *Auf dem Weg zum Smolnyj/ Wo Nobelpreisträger Brodsky aufwuchs*).

Noch heute leben im Stadtzentrum ca. 60.000 Personen in Kommunalkas, besonders dicht mit Gemeinschaftswohnungen belegt ist das Viertel zwischen Sennaja-Platz und Neu-Holland. Die Zahl der Kommunalkas nimmt allerdings ab. Der Wohnraum im Besitz der öffentlichen Hand wird zunehmend privatisiert, die neuen Eigentümer renovieren und vermieten hinterher teure Wohnungen in zentraler Lage. Die ehemaligen Bewohner finden dann meist Unterkunft in den gesichtslosen Neubauvierteln im Süden. Dort haben sie in eigenen Wohnungen etwas mehr Platz, doch die Wände der Plattenbauten sind ebenso hellhörig wie die der Kommunalkas.

Kriminalität

Um die Jahrtausendwende war St. Petersburg noch als „Hauptstadt der Kriminalität" verschrien, man konnte Gruselgeschichten über Mafiamorde und Auftragskiller lesen. Diese Zeiten sind eindeutig vorbei. Touristen waren von der organisierten Kriminalität, die im großen Stil ans große Geld kommen wollte, ohnehin nie betroffen.

Diebstähle hingegen kommen immer noch häufig vor. Meist handelt es sich dabei um Trickdiebe, Anwendung von Gewalt ist eher selten. Bevorzugte Orte sind überfüllte Metros, aber auch Metro-Eingänge und proppenvolle Self-Service-Restaurants. Gelegentlich wird ein künstliches Gedränge verursacht, bei dem Sie sich dann über jemanden ärgern, dessen „Mitarbeiter" bereits die Hand in Ihrer Tasche hat. Im schlimmsten Fall, so empfiehlt ein einheimischer Ratgeber: „Stoßen Sie – in welcher Sprache auch immer – einen Urschrei aus!"

Obwohl jeder zweite Einheimische mit einem Handy am Ohr durch die Straßen läuft, stehen Mobiltelefone bei Dieben weiterhin hoch im Kurs. Auch eine teure Kamera kann Begehrlichkeiten wecken. Reisepass, Flugticket, Juwelen, größere Geldsummen und Kreditkarten (falls man sie an diesem Tag nicht unbedingt benötigt) sind im Safe des Hotels gut aufgehoben. Und schließlich:

Matrjoschka stellt sich vor

Alternative zur SMS

In alkoholisiertem Zustand lässt jede Aufmerksamkeit nach.

Tourist-Helpline vom Handy aus: ✆ 0333, sonst ✆ 300-3333 (mehrsprachig).

Matrjoschkas

Sie gehören zu den beliebtesten Souvenirs für die Lieben zuhause: farbig bemalte, ineinander schachtelbare Holzpuppen. Oft werden auch „Gag-Matrjoschkas" angeboten, z. B. ein Putin, in dem sich ein kleinerer Putin versteckt, der einen noch kleineren Putin freigibt usw.

Medikamente

Wer spezielle Medikamente benötigt, sollte diese in der nötigen Menge mitnehmen, ansonsten ist eine normale Reiseapotheke völlig ausreichend. Apotheken (аптека) findet man zuhauf in der Stadt, meist ziert ein grünes Kreuz das Geschäft. Mit viel Glück versteht der Apotheker, wenn Sie ihm Ihre Kopfschmerzen auf Englisch erklären, wenn nicht: Graben Sie Ihre mimischen Talente aus.

Museen

→ Kapitel „Kompakt: Museen"

Notruf

→ Telefonieren

Öffnungszeiten

Bei Banken und Behörden sind die Arbeitszeiten in der Regel angeschlagen. Geschäfte kennen oft keine Mittagspause. Wenn Sie „24 часа" lesen, bedeutet dies, dass das Geschäft rund um die Uhr geöffnet ist.

Post

почта

Erkenntlich sind die Postämter am blauen Schild: Почта России. Geöffnet sind sie in der Regel Montag bis Samstag von 8 bis 19 Uhr. In Sachen Tempo schlägt die russische Post selbst die italienische, schicken Sie also Ihre Urlaubsgrüße nicht erst am letzten Tag ab. Wenn Sie nicht lange anstehen wollen: Briefmarken verkaufen auch die meisten Hotels.

Rajon

Die Pariser haben ihre 20 Arrondissements, die Petersburger ihre 20 Rajons: Zentrales Rajon, Admiralitätsrajon, Kirow-Rajon, Puschkin-Rajon ... Die Einteilung der Stadt in Verwaltungsbezirke hat für Touristen am ehesten noch bei Taxifahrten eine Bedeutung.

Rauchen

Seit 2014 herrscht in Restaurants und Cafés ein generelles Rauchverbot, ausgenommen sind selbstverständlich offene Terrassen und Straßenbetischung. Das tut den Russen weh, schließlich gehören sie zu den Weltmeistern im Rauchen. Marken wie Marlboro, Pall Mall und andere werden zu deutlich niedrigeren Preisen als in Westeuropa verkauft, ganz billig sind die russischen Fabrikate.

Russisches Bad

→ Banja

Schwule und Lesben

In Sachen Homosexualität ziehen Kirche und Staat am selben Strang. Für den 2008 verstorbenen Patriarchen *Alexius II.* war Homosexualität schlicht eine Krankheit, sein Nachfolger *Kyrill I.* ließ verlauten, es handle sich um eine Sünde, um nachher mit jesuitischer Spitzfindigkeit zu differenzieren: Man verurteile nicht die Sünder, aber die Sünde. Die politischen Machthaber stecken entweder den Kopf in den Sand oder ziehen den Knüppel aus dem Sack. „Unsere Gesellschaft verfügt über eine gesunde Moral und akzeptiert all diese Schwuchteln nicht", verkündete einst Jurij Luschkow, Moskaus mächtiger Bürgermeister, der nach 18-jähriger Amtsdauer 2010 von Medwedew abgesetzt wurde. Das für 2008 in St. Petersburg geplante erste russische schwule Filmfestival wurde im letzten Moment abgesagt – die Feuerwehr meldete Sicherheitsbedenken an. 2011 genehmigte die Stadt eine Demonstration von Lesben, Schwulen und Transsexuellen – allerdings nicht für die vorgesehene Route zum Newskij-Prospekt, sondern für einen Ort zwischen Autobahn, Wäldern und Sümpfen am Stadtrand. 2012 schließlich folgte der jüngste Coup: Das Stadtparlament verabschiedete ein Gesetz, das „Schwulenpropaganda" unter Strafe stellt – und das in der „Gay-Hauptstadt Russlands"! Ein Jahr später unterzeichnete Putin ein fast gleichlautendes Gesetz, das für ganz Russland gilt.

Natürlich ändern Tabuisierung und Unterdrückung nichts daran, dass es auch in St. Petersburg Schwule und Lesben gibt. Einige wenige Inseln hat die Gay-Community immerhin noch nicht preisgeben müssen → Kapitel „Nachtleben".

Sprache

Die russische Sprache gehört zusammen mit dem Weißrussischen und dem Ukrainischen der ostslawischen Sprachengruppe an, die zu den slawischen Sprachen zählt, einem Hauptzweig der indogermanischen Sprachen. Dialektunterschiede innerhalb des Russischen gibt es zwar, vor allem von Norden nach Süden, doch sind sie geringfügig. Wenn Sie Russisch beherrschen, wird man Sie von St. Petersburg bis Odessa und Wladiwostok verstehen.

Allerdings ist der Spracherwerb mit viel Mühe verbunden. Relativ schnell hat man sich das kyrillische Alphabet mit seinen 33 Buchstaben angeeignet.

Auf der Newa

Kanalreinigung

Aber dann geht es erst los. Das Vokabular ist mit viel Auswendiglernerei verbunden, jedes Wort – abgesehen von ein paar aus dem Deutschen, Französischen oder Englischen eingeflossenen Begriffen – praktisch neu. Und in den grammatischen Details steckt der Teufel: Russisch ist eine stark flektierende Sprache; je nach Wortstamm und Geschlecht (männlich, weiblich, neutral) wird anders dekliniert, und die Konjugation ist ein Kapitel für sich. Obendrein ist auch die Aussprache nicht immer einfach, die Betonung ist festgelegt, ohne dass sich dafür Regeln ausmachen ließen.

Einige Sätze halbwegs korrekt zu sprechen, ist vor Ort hilfreich – auch wenn man die russische Antwort dann nicht unbedingt versteht. Die Russen sprechen nämlich nicht nur unwahrscheinlich schnell, sie nuscheln auch gerne.

Einen minimalen Wortschatz und ein paar geläufige russische Ausdrücke finden Sie im Sprachführer, am Ende dieses Buchs.

Stadtführungen

Wer im Internet auf Suche geht, wird schnell fündig. Zahlreiche kleinere und größere Unternehmen bieten Stadtführungen und Ausflüge zu den Zarenresidenzen im Umland an. Unsere Empfehlungen:

Petersburg hautnah: Leser sind begeistert, und unsere eigene Erfahrung bestätigt es: Das „hautnahe“ Unternehmen ist eine empfehlenswerte Adresse. Sergej Martschukov ist lizenzierter Reiseleiter und ein hervorragender Organisator in Detailfragen. Er kennt seine Vaterstadt wie die eigene Hosentasche und spricht fließend Deutsch, was auch für seine ebenso professionellen Mitarbeiterinnen gilt. Auf individuelle Bedürfnisse zugeschnittene Führungen durch die Stadt und in die nähere Umgebung, für Kleingruppen, Paare oder Einzelreisende – je nach Größe der Gruppe im Pkw oder im Kleinbus. Sergej Martschukov, ✆ 911-967-2483 (mobil), www.petersburg-hautnah.com.

Reisetreff Petersburg: Tatjana und Fred Schmittat bieten deutschsprachige Führungen als Pakete für 1 oder 2 Tage an, die zu allen Highlights der Stadt führen. Führungen für Gruppen, vor Ort zusammengestellte Gruppen, aber auch individuelle Führungen. www.reisetreff-petersburg.com.

Private Führungen: Die Petersburger Literaturwissenschaftlerin Juliana Kaminskaja und der seit über 20 Jahren in der Stadt ansässige Journalist und Buchautor Lothar Deeg bieten als deutschsprachige Guides individuelle Stadtrundgänge und Begleitung bei Ausflügen vor die Stadt an. Dabei teilen sie gern ihr Insiderwissen – und dies nicht nur zu den Sehenswürdigkeiten. Kontakt: guide@infoburg.info.

Peter's Walking Tours ist die Alternative zu den klassischen Highlighttouren. Das vom Peter, einem Einheimischen, 1996 gegründete Unternehmen führt 4–5-stündige Spaziergänge durch, auf denen professionelle Führer auf Architektur und Geschichte eingehen, aber auch viel über das Leben in St. Petersburg erzählen und für Fragen aller Art offen sind. Der Improvisation wird Raum gelassen und damit auch den Interessen der Teilnehmer. Touren in Englisch jeden Morgen um 10.30 Uhr, in deutscher Sprache nach Vereinbarung. Der konkrete Treffpunkt ist unter www.peterswalk.com zu erfahren. Zusätzlich werden Bike-Touren sowie zahlreiche thematische Touren organisiert. ✆ 943-1229, www.peterswalk.com.

Strom

Es fließt 220 Volt Wechselstrom. Deutsche Flachstecker passen in jede russische Steckdose, der dicke Schuko-Stecker braucht einen Adapter. Den kann man sich zuhause besorgen oder findet ihn preiswert vor Ort.

Telefonieren

Notrufnummern

Feuerwehr: 01

Polizei: 02

Ambulanz: 03

Tourist-Helpline 300-3333, vom Handy aus: 0333

Zuerst die gute Nachricht: Innerhalb der Stadt sind Telefongespräche *von Festnetzanschluss zu Festnetzanschluss* gratis.

Die meisten Touristen telefonieren aber mit dem Smartphone, das sich in der Regel ins russische Mobilnetz (Megafon) einklinkt. Die anfallenden *Roaming-Gebühren* für Auslandsgespräche sind happig. *Prepaid-Karten* mit russischer Nummer sind nur bei längerem Aufenthalt sinnvoll; man braucht in diesem Fall einen einheimischen Strohmann, da der Käufer einen festen Wohnsitz im Land haben muss.

Die Landesvorwahl für Russland ist 007. Die Vorwahl von St. Petersburg ist 812, gefolgt von einer 7-stelligen Nummer, die wir in diesem Buch mit Bindestrich aufgeteilt darstellen, z. B. 111-4567. Handelt es sich um eine lokale Handynummer, so ist die Vorwahl eine dreistellige Zahl, die mit 9 beginnt, dann folgt die 7-stellige Nummer, also z. B. 9xx-111-4567. Verfügt der an das Mobilnetz angeschlossene Teilnehmer über ein lokales Handy, so behält er die 7-stellige Nummer, so dass er sowohl über die Vorwahl 812 als auch über 9xx erreichbar ist.

Für nationale Ferngespräche innerhalb Russlands muss der lokalen Vorwahl eine 8 vorangestellt werden, dann wartet man auf das Freizeichen. Das

Kommunikation ohne Smartphone

Telefonieren von Russland ins Ausland unterscheidet sich je nach dem, ob Sie dies von einem Festnetzanschluss (wobei statt der bei uns üblichen „00“ eine „10“ steht) oder von Ihrem Handy aus tun. Alles klar?

Vom Ausland nach St. Petersburg: Landesvorwahl + Vorwahl von St. Petersburg (oder Handy-Vorwahl) + 7-stellige Anschlussnummer, also: 007 (oder +7) + 812 (oder 9xx) + yyy-zzzz.

Von Russland nach St. Petersburg: 8 + Vorwahl von St. Petersburg (oder Handy-Vorwahl) + 7-stellige Anschlussnummer, also: 8 (Freizeichen abwarten) + 812 (oder 9xx) + yyy-zzzz.

Innerhalb von St. Petersburg: 7-stellige Anschlussnummer wählen, also: yyy-zzzz.

Von St. Petersburg nach Russland: 8 (Freizeichen abwarten) + regionale Vorwahl (Null stets mitwählen) + Anschlussnummer.

Von St. Petersburg ins Ausland über Festnetz: 8 + 10 + Landesvorwahl (Deutschland: 49, Österreich: 43, Schweiz: 41), bei der folgenden Stadtvorwahl entfällt die Null + Anschlussnummer.

20 Rubel, und Sie sind drin

Beispiel für die Ziffernfolge nach Frankfurt: 8–10–49–69 + Anschlussnummer.

Von St. Petersburg ins Ausland über Handy: Wie bei internationalen Telefonaten innerhalb Westeuropas. Also: 00 (muss durch „+“ ersetzt werden), dann Landesvorwahl (Deutschland: 49, Österreich: 43, Schweiz: 41), bei der folgenden Stadtvorwahl entfällt die Null + Anschlussnummer. Beispiel für die Ziffernfolge nach Frankfurt: +49-69 + Anschlussnummer.

Toiletten

An neuralgischen Punkten des Tourismus, aber auch anderswo an belebten Orten in der Stadt stehen mobile, blaue Toilettenkabinen. Der Eintritt kostet 30–40 Rbl (an touristisch frequentierten Orten mehr), die Häuschen sind gewöhnungsbedürftig. Abzuraten ist von den zu Toiletten umfunktionierten, ausgemusterten Bussen auf dem Schlossplatz – selbst Schlanke haben hier Probleme. Angenehmer erledigt man derlei Geschäfte im Restaurant und Café, aber nur, sofern man dort konsumiert hat.

Und damit Sie nicht am falschen Örtchen landen: **М** steht für *Muschtschina* (Mann), **Ж** für *Schenschtschina* (Frau).

Trinkgeld

Wenn das Bedienungsgeld nicht bereits in der Rechnung enthalten ist, sind 10 bis 15 % Trinkgeld üblich. Nach oben zu runden ist in jedem Fall freundlich, zumal wenn der Service hervorragend war.

Vatername

Der Begriff taucht schon auf dem Antragsformular des Visums auf. Schreiben Sie einfach den Namen ihres Vaters hin, Hauptsache es steht dort etwas.

Für Russen ist der Name stets dreiteilig: Vorname, Vatername, Familienname. Für männliche Personen setzt sich der Vatername aus dem Namen des Vaters und dem Suffix *-owitsch* oder *-ewitsch* zusammen, für weibliche aus dem Namen des Vaters und dem Suffix *-owna* oder *-ewna*. Beispielsweise hieß Gorbatschows Vater *Sergej*, und so hieß der berühmte Sohn Michail *Sergejewitsch* Gorbatschow, Putins Vater hieß *Wladimir*, der starke Mann in Moskau heißt Wladimir *Wladimirowitsch* Putin, der Vater der Lyrikerin Anna *Andrejewna* Achmatowa hieß *Andrej* – und der Sohn des *Zaren* war ganz einfach der *Zarewitsch*.

Visum

→ Kapitel „Visum"

Weiße Nächte

→ Klima & Reisezeit

WiFi (WLAN)

→ Internet

Zeitungen

Sankt-Petersburger Herold: Eine deutschsprachige Zeitung dieses Namens existierte zur Zarenzeit, von 1873–1914, im Jahr 2008 feierte sie online eine Wiedergeburt und berichtet seither Aktuelles aus Politik, Sport, Kunst usw. Die Redaktion dieser professionell gemachten und empfehlenswerten Zeitung besteht weitgehend aus einem Journalisten und Fotografen, der früher in der Schweiz arbeitete und seit über 10 Jahren in St. Petersburg lebt. Die Leser sind eingeladen, an der Zeitung mitzuschreiben. Alle zwei Monate erscheint eine PDF-Print-Ausgabe, die das Geschehen zusammenfasst – sofern man den eigenen Drucker betätigt. www.spzeitung.ru.

Zeitverschiebung

Der Flieger hebt um 11.50 Uhr in Berlin ab und landet um 16 Uhr in St. Petersburg. Um 16.50 startet er in St. Petersburg nach Berlin und landet dort um 17 Uhr. Der Flug dauert natürlich in beiden Fällen gleich lang, nämlich 2 Stunden und 10 Minuten. Die Zeitdifferenz zwischen Berlin (Mitteleuropäische Zeit, MEZ) und St. Petersburg (Moskauer Zeit) beträgt im Sommer eine Stunde, im Winter zwei Stunden, weil St. Petersburg die Sommerzeit abgeschafft hat. Die Zeitumstellung, wie man sie aus Westeuropa kennt, wurde in Russland 2011 aufgegeben.

... darf im Prinzip nicht eingeführt werden

Zoll

Einfuhr von Waren nach Russland: Bei der Einfuhr wird kaum kontrolliert. Nicht eingeführt werden dürfen im Prinzip Tiere, Obst, Gemüse, Drogen, Waffen, Pornos sowie mehr als 2 Liter Wein und 1,5 Liter Spirituosen (bis 18 Jahre gilt Nulltoleranz). Bei der Einfuhr von Devisen gleich welcher Währung darf der Gegenwert von 10.000 $ nicht überschritten werden. Höhere Beträge müssen deklariert werden.

Ausfuhr von Waren aus Russland: Bei der Ausfuhr von Waren sind v. a. die Einfuhrgesetze des Heimatlandes zu beachten.

Kompakt

Alle Museen

Von der weltberühmten Eremitage mit ihren zahllosen Sälen bis zum kleinen Sigmund-Freud-Museum – St. Petersburg besitzt über 100 Museen. Hier im Überblick alle Museen, die in diesem Buch beschrieben werden.

Geschichte

Peters Häuschen: Das kleine Haus ist der älteste Bau von St. Petersburg; von hier aus überwachte Peter der Große die Arbeiten bei der Stadtgründung. Im Inneren einige persönliche Gegenstände Peters sowie eine Dokumentation seines Kriegs gegen die Schweden. → S. 133

Kommandantenhaus: Der Sitz des Festungskommandanten zu Zeiten der Stadtgründung zeigt eine Ausstellung über die Entwicklung der Stadt von 1703 bis 1918. → S. 127

Museum der Kriegsmarine: Zahlreiche Schiffsmodelle, vom kleinen Holzboot, mit dem Peter der Große seine ersten Navigationsversuche machte, bis zur heutigen, schlagkräftigen Kriegsmarine. → S. 96

Trubezkoj-Bastion: Im Gefängnis der Zaren schmachtete schon der Sohn Peters des Großen, später lernten es auch Dostojewskij, Bakunin, Trotzkij und Gorkij von innen kennen. Eine düstere Dokumentation. → S. 127

Museum der Politischen Polizei: Geheimpolizei und Spione spielten unter Zar Nikolaus I. eine große Rolle. Die Bolschewiki perfektionierten das System mit der Tscheka, später kamen GPU und KGB – und heute? → S. 37

Kreuzer Aurora: Das kanonenbestückte Kriegsschiff, von dem aus 1917 der Böllerschuss abgegeben wurde, dem der Sturm auf den Winterpalast folgte, dokumentiert im Inneren seine eigene Geschichte. → S. 133

Museum der Politischen Geschichte Russlands: Geschichte der Sowjetunion von der Russischen Revolution 1917 bis zu ihrer Auflösung am Ende der Ära Gorbatschow. Putins Russland als Postscriptum. → S. 129

Kirow-Museum: Eine Hommage an den berühmten Leningrader Kommunisten, der die Stadt von 1926 bis zu seiner Ermordung 1934 regierte. → S. 134

Museum der Verteidigung und Belagerung Leningrads: Dokumentation über die Jahre der Blockade 1941–1944. Der Umklammerung durch die Nazis fielen schätzungsweise 800.000 Menschen zum Opfer. → S. 53

Diorama „Durchbruch der Leningrader Blockade": Der Betrachter steht am rechten Newa-Ufer und schaut zu, wie die deutsche Blockade bei Schlüsselburg gesprengt wird. Die Blockade Leningrads war damit aber noch nicht zu Ende. → S. 172

Palastmuseen

Katharinenpalast: Prunkstück im Barockpalast ist das weltberühmte Bernsteinzimmer. Das Original ist verschollen, die 2003 zum 300. Geburtstag der Stadt eingeweihte Kopie überzeugt. → S. 158

Jussupow-Palast: Nach dem Winterpalast, in dem heute Teile der Eremitage-Sammlung untergebracht sind, der luxuriöseste Palast der Stadt. Prunkräume, Gemälde und Skulpturen, ein hauseigenes Theater und im Keller ein theatralisches Tableau, das die Ermordung Rasputins zeigt. → S. 97

Menschikow-Palast: Peter der Große schenkte seinem Busenfreund Alexander Menschikow praktisch die ganze Wassiljewskij-Insel, woraufhin dieser den damals größten Palast der Stadt baute. Unzählige Prunkräume, am schönsten ist das Nussbaumkabinett mit seinem wunderbaren Panorama. → S. 111

Jelagin-Palast: Der heutige Bau geht auf den italienischen Architekten Carlo Rossi zurück. Im Inneren ein halbes Dutzend Prunkräume, offiziell etwas großspurig als „Museum für dekorativ angewandte Kunst" bezeichnet. → S. 143

Bildende Kunst

Eremitage: Eine der bedeutendsten Kunstsammlungen der Welt. Von rund drei Millionen Werken sind nur 60.000 ausgestellt, fast immer noch doppelt so viele wie im Pariser Louvre. Am besten überlegen Sie vorab, welche Abteilungen Sie besuchen wollen. → S. 58

Russisches Museum: Neben der Moskauer Tretjakow-Galerie die bedeutendste Sammlung russischer Kunst, von altrussischer Ikonenmalerei bis zur Russischen Revolution 1917. Einen besonderen Platz nimmt Ilja Repin, der berühmteste Vertreter des russischen Realismus ein. → S. 46

Repin-Museum: Ilja Repins verspieltes Wohnhaus, einst in Finnland, heute in Russland, bietet einen Einblick in den etwas schrulligen Alltag des berühmten Malers. → S. 168

Museum Ludwig im Russischen Museum: Im „Marmorpalast" ist eine Schenkung der Mäzene Irene und Peter Ludwig (Gründer des Museum Ludwig in Köln) zu sehen: Picasso, Andy Warhol, Gerhard Richter, Joseph Beuys ... → S. 55

Erarta, Museum & Galerie für Gegenwartskunst: Weltweit größtes Museum für russische Gegenwartskunst, rund 2000 Werke von 1950 bis heute. Sehenswert sind auch die Wechselausstellungen. → S. 120

Angewandte Kunst

Museum für angewandte Kunst: Intarsienschränke, bemalte Kachelöfen, Keramik, silberne Buchumschläge, kunstvolle Türklopfer und mehr. Die meisten Exponate stammen aus dem 18. und 19. Jahrhundert. → S. 52

Fabergé-Museum: Kernstück der luxuriösen Sammlung von Juwelen und Keramik sind neun von 42 noch erhaltenen Fabergé-Eiern, jedes ein Kunstwerk für sich. → S. 29

Kaiserliche Porzellanmanufaktur: Die Manufaktur, seit 1744 bis heute ununterbrochen in Betrieb, zeigt im hauseigenen Museum ihre Produkte über die Jahrhunderte. Besonders eindrücklich ist eine 60-köpfige Figurengruppe aus den Jahren 1907–1917, die alle Völker des damaligen Zarenreichs repräsentiert. → S. 150

Literatur

Puschkin-Museum: Das Haus, in dem Alexander Puschkin seine letzten Jahre verbrachte, dokumentiert Leben und Werk des größten aller russischen Dichter – bis zum verhängnisvollen Duell. → S. 56

Dostojewskij-Museum: Die 5-Zimmer-Wohnung in der 2. Etage war der letzte Wohnsitz des unsteten Fjodor Dostojewskij. Das Arbeitszimmer wurde anhand einer Zeichnung der Nichte des Dichters rekonstruiert. → S. 81

Anna-Achmatowa-Museum: Ehemalige Wohnräume der Grande Dame der russischen Poesie, beeindruckende Zeugnisse zum Leben und Werk der Dichterin, die von Stalin als „Hure und Nonne" beschimpft wurde. → S. 66

Nabokov-Museum: Das einstige Wohnhaus des „Lolita"-Autors zeigt eine kleine Dokumentation und ehrt nebenbei auch sein wichtigstes Hobby, die Schmetterlingsjagd. → S. 100

Musik

Musikinstrumentenmuseum: Instrumente aus aller Welt in alten Vitrinen: Balalaikas, Harfen, Spinette, Glockenspiele ... Eine Besonderheit ist das russische Hornorchester aus dem 19. Jahrhundert, jeder Musiker war für einen bestimmten Ton verantwortlich. → S. 29

Schaljapin-Museum: Hommage an den berühmten russischen Opernsänger, der sich auch malend und zeichnend auf die darzustellenden Charaktere vorbereitete. Als Finale erschallt im kleinen Konzertsaal Schaljapins Bass in fünf Opernausschnitten. → S. 136

Natur

Zoologisches Museum: Zum Empfang das Skelett eines riesigen Blauwals. Es folgen Delphine, See-Elefanten, Raubkatzen und mehr. Einzigartig ist die Sammlung von Mammuts, zu denen auch das vor 35.000 Jahren im Sumpf steckengebliebene Mammut-Baby Dima gehört, das 2006 auf Deutschlandtournee war. → S. 117

Museum der Arktis und der Antarktis: Das Erdgeschoss einer altrussischen

Isaakskathedrale

Kirche ist mit seinen ausgestopften Eisbären und Walrossen der Arktis gewidmet, das Obergeschoss der Antarktis, wo 1959 die sowjetische Flagge gehisst wurde. → S. 80

Weitere Museen

Kunstkammer (Kunstkamera): Die von Peter dem Großen ins Leben gerufene Kunstkammer präsentiert neben einer großen ethnographischen Abteilung das Kuriositätenkabinett von menschlichen und tierischen Missbildungen, die der Stadtgründer gerne persönlich dem Publikum zeigte. Ganz oben im Gebäude steht der weltberühmte Gottorper Globus. → S. 115

Ethnographisches Museum: Erinnerungen an den einstigen Vielvölkerstaat – kaukasisches, armenisches und sibirisches Leben wird anhand von Gegenständen und Wachsfiguren gezeigt. Neu ist eine besondere Abteilung für die jüdischen Gemeinden Russlands, inklusive der isoliert lebenden sog. Bergjuden im nördlichen Aserbaidschan. → S. 49

Isaakskathedrale: Im Inneren hervorragende Dokumentation zur Geschichte des Baus der größten Kathedrale der Stadt. Der Aufstieg zum Panorama des Säulenumgangs kostet extra. → S. 102

Museum für Religionsgeschichte: Zu Sowjetzeiten gab es ein Museum des Atheismus. Heute kommt die Religion wieder zu Ehren – in diesem Museum allerdings ziemlich unübersichtlich. → S. 100

Mosaikenmuseum: Die sog. Erlöserkirche – eines der beliebtesten Fotomotive der Stadt – ist im Inneren nahezu vollständig mit Mosaiken aus geschmückt. Als Gotteshaus diente die 1907 im Moskauer Stil fertiggestellte Kirche nie. → S. 44

Petersburger Aquatorium: St. Petersburg im Maßstab 1 : 87, wie die Stadt im 18. Jahrhundert aussah – Segelschifflein kreuzen auf der Newa, Kutschen fahren auf den Straßen, Kamine rauchen, und die Spaziergänger sind ganz klein. Für den Familienausflug geeignet. → S. 37

Ermäßigungen: Viele Museen geben Schülern und Studenten Ermäßigungen. Zumindest lohnt es, an der Kasse den Studentenausweis (besser die internationale ISIC-Card) zu zeigen. Falls dies nichts nutzt: Die Eintrittspreise sind in der Regel gering.

Petersburg Card: Passionierte Museumsgänger besorgen sich die Petersburg Card, die freien Eintritt in über 80 Museen gewährt und zudem bei ausgewählten Unternehmen einen kostenlosen Boat Trip und eine kostenlose Sightseeing-Tour im Doppeldecker bietet. Zusätzlich ist ein aufladbares E-Ticket für den öffentlichen Verkehr in die Karte integriert. Der Preis der Petersburg Card hängt von der Gültigkeitsdauer ab: 2 Tage 3900 Rbl, 3 Tage 5300 Rbl, 5 Tage 6500 Rbl, 7 Tage 7300 Rbl. Alles darüber unter www.petersburgcard.com.

Fotografieren und Filmen: Vor allem in größeren Museen wird für Fotografieren und Videoaufnahmen eine Extragebühr verlangt.

Kassenschluss: In der Regel schließt die Kasse 30–60 Minuten vor der Schließung des Museums.

Audio-Guides, Legenden und Pantoffeln: Selten präsentiert ein Museum fremdsprachige Legenden; oft hilft ein meist gebührenpflichtiger Audio-Guide in deutscher Sprache. In anderen Museen ertönt eine sonore russische Lautsprecherstimme, und eine ältere Dame weist dazu mit mehr oder weniger mimischem Talent auf das angesprochene Objekt hin. Oder es wird Ihnen einfach ein englisch- oder deutschsprachiges Informationsblatt in die Hand gedrückt. Hat das Museum ein blankes Parkett, so stehen im Vorraum die obligatorischen Museumspantoffeln, damit der Schmutz draußen bleibt.

Museum der sowjetischen Spielautomaten: Auch in der Sowjetunion waren Flipperkästen und Videospiele beliebt. Das Schöne an diesem Nostalgiemuseum: Die Besucher bekommen 15-Kopeken-Münzen, mit denen sie die Spielautomaten ausprobieren können. → S. 56

Wodkamuseum: Alles rund um das russische Nationalgetränk und zum Schluss eine Degustation von drei verschiedenen Marken – selbstverständlich mit der obligaten Salzgurke dazu. → S. 104

Sigmund-Freud-Museum: Der Seelendoktor und sein Gedankengebäude kommen im Erdgeschoss des Instituts für Psychoanalyse zu Ehren. Moderne Ausstellungstechnik, trotzdem bleibt der Besucher etwas ratlos zurück. → S. 137

Kompakt

Alle Restaurants

Russische Küche

Zar, der Name verpflichtet: erlesene russische Küche in fast schon imperialem Interieur. Für den prallen Geldbeutel. → S. 40

Podwal Brodjatschej Sobaki, früher war der „Streunende Hund" berühmter Künstlertreff, heute wird hier russische Küche zu gehobenen Preisen serviert. → S. 65

MeinTipp **Karl und Friedrich**, riesiges Gartenrestaurant mit guter Stimmung und breit gefächertem Angebot. Hauseigenes Bier. → S. 141

Sadko, klassische russische Küche in modern gestyltem Interieur zu leicht erhöhten Preisen. → S. 106

Jat, traditionell von Blini bis Pelmeni, von Olivier-Salat bis Boeuf Stroganoff. → S. 64

Arcobaleno, modern und farbenfroh, neben Klassikern wie hausgemachten Pelmeni, Kaninchen oder Gänsebrust gibt's auch Vegetarisches. Preise über dem Durchschnitt. → S. 106

Mari Vanna, Borschtsch, hausgemachte Pelmeni, Schweinefleischspezialitäten usw. zu leicht überdurchschnittlichen Preisen. Serviert in einer riesigen russischen Stube mit allen Accessoires, die dazugehören. → S. 138

Kafe Literaturnoje, das legendäre einstige „Café Wolff" ist eindeutig überteuert. → S. 41

Paparazzi, empfehlenswertes Kellerlokal in klarem Design mit klassischen russischen Gerichten wie Hering oder Kalbszunge. Jüngeres Publikum. → S. 107

MeinTipp **Zoom**, Suppen, Hering an Vinaigrette, Hühnchen, Fischklößchen und mehr. Russische Küche in außergewöhnlicher Atmosphäre. Reservierung empfohlen. → S. 106

Krokodil, russische und europäische Küche. Fisch, Fleisch und vor allem sehr leckere Salate. → S. 107

MeinTipp **Pchali Chinkali**, eine Speisekarte für russische Küche, eine Speisekarte für georgische, man darf die beiden selbstverständlich mischen. Hier gibt's die besten Chinkali (georgische Teigtaschen) der Stadt. → S. 106

Gosti, Wohnzimmeratmosphäre auf zwei Etagen. Die Küche ist russisch und westeuropäisch, Freitag- und Samstagabend geht ohne Reservierung nichts. → S. 41

Grad Petrow, die Küche ist durchschnittlich, die Terrasse draußen ein großes Plus, das hauseigene Bier schmeckt hervorragend. → S. 120

Dwa Mu, man fühlt sich wie in einer großen russischen Wohnstube, probieren sollte man als Vorspeise Seljodka pod Schuboj („Hering unter dem Pelzmantel"). Moderate Preise. → S. 106

Otmennaja Pelmennaja, alteingesessene Pelmeni-Stube. Viel mehr als Pelmeni gibt's nicht, aber die schmecken ausgezeichnet. → S. 139

Tolstij Fraer, populäre Kette mit acht Lokalen in der Stadt, angenehmes Interieur, hausgemachte Würstchen, Spareribs (hervorragend!), Fisch, mariniertes Schweinefleisch … → S. 78

MeinTipp **Lew**, kleines Restaurant mit ruhiger Atmosphäre, abends schnell voll. Neben klassischer russischer Landküche (hervorragend die Soljanka) auch Fisch. → S. 120

Stschastje, russische Gerichte, Pasta und Fisch. Eher für den kleinen Hunger. → S. 89

48 Chairs, mittags russischer „Business Lunch", abends internationale Küche mit leicht italienischem Einschlag. → S. 40

Kafe Kommunalka, sowjetisch angehauchtes Ambiente gleich gegenüber dem Zoo. Kleine russische Gerichte, doch die meisten kommen einfach auf einen Tee oder ein Bier. → S. 139

Spy Kafe, kleine russische Gerichte, über Mittag Business-Lunch mit Mors (Preiselbeersaft). → S. 65

MeinTipp **Mickey & Monkeys**, großes, beliebtes Lokal mit preiswerten 2- oder 3-gängigen Mittagsmenus (Salate, Suppe und Hauptgang zur Auswahl). Sonst à la carte. → S. 106

1848, angenehme Stube, Einheimische kommen gern zum billigen Business-Lunch: zwei Salate, zwei Suppen, zwei Tagesgerichte zur Auswahl. Ohne Russisch-Kenntnisse ein bisschen mühsam. → S. 107

Café St. Petersburg, kleine Auswahl an Gerichten, trotz der nahen Erlöserkirche nicht einmal sehr teuer. → S. 65

Georgisch, ukrainisch, aserbaidschanisch, armenisch …

Suliko, Kellerlokal mit hervorragender georgischer Küche, angenehme Stimmung und relativ ruhig. → S. 40

MeinTipp Ket Kafe, kleines Lokal mit georgischen Spezialitäten wie Chinkali (gefüllte Teigtaschen), hervorragende Qualität. → S. 41

Baku, Petersburgs Nummer eins für aserbaidschanische Küche, vor allem Lammgerichte aller Art. → S. 40

MeinTipp Mamaliga, groß und meist voll, serviert werden Gerichte der Kaukasusküche, großes Suppen- und Salatangebot. → S. 40

MeinTipp Kawkas Bar, sehr gute kaukasische und georgische Küche, auch große Auswahl an Chatschapuri (überbackenes Käsebrot). Außer bei den Weinen sind die Preise erschwinglich. → S. 65

Kazan-Mangal, georgische und usbekische Küche. Aus Georgien kommen die berühmten Chinkali (Teigtaschen), das hausgemachte usbekische Pendant heißt Lamian. → S. 41

MeinTipp Kilikia, hervorragendes, großes Kellerlokal mit vorwiegend armenischer Küche, einige Gerichte georgischer und internationaler Herkunft, auch Fisch. → S. 89

Grusinskij Ugolok, unprätentiöses Lokal mit georgischer Hausmannskost, die Küche ist gut, die Gerichte sind preiswert. → S. 107

MeinTipp Sakartwelo, beliebtes georgisches Restaurant, die Atmosphäre ist angenehm und ruhig. Reservierung empfohlen. → S. 120

Tbiliso, gute und preiswerte georgische Küche in freundlichem Interieur, abends gelegentlich georgische Livemusik. → S. 139

Internationale Küche

meinTipp **Golizyn Loft**, indische oder thailändische Küche oder doch lieber russische? Lebendiges Ensemble von Restaurants, Bars, Tattoo-Studios und mehr in einem stattlichen Palazzo. Ausgelassene Stimmung im Innenhof – einfach großartig. → S. 64

Tan Shen, sehr beliebtes chinesisches Lokal. Hervorragende Qualität, trotzdem preiswert. Ohne Reservierung hat man allerdings kaum Chancen. → S. 120

Dickens Pub, very british, von 8 bis 17 Uhr gibt's Breakfast. Ansonsten: Fish & Chips, Baked Potatoes, aber auch klassische russische Küche. Großer Biergarten. → S. 88

meinTipp **Uno Due Tre**, hervorragende italienische Küche vom Cacciucco (Fischsuppe) bis zum Ossobuco. → S. 78

meinTipp **Teura**, im „Chillout-Space" herrscht kulinarische Vielfalt. Der Chefkoch ist Kubaner. Jugendliches Publikum. → S. 88

meinTipp **Jean-Jacques Rousseau**, freundliches Bistro mit ausgewachsenen französischen Gerichten und Snacks. Auch für den preiswerten Business-Lunch geeignet. → S. 139

Mama Roma, kleine Pizza + Pasta-Kette, die Filiale in der Nähe des „Platzes der italienischen Architekten" ist die beste. Auch Bistecca, Saltimbocca und andere Kitzel der italienischen Küche. → S. 65

O! Cuba, charmantes zusammengezimmertes Interieur, zu essen gibt's Südamerikanisches wie schwarze Bohnensuppe oder Tacos mit Chili con carne. Die Qualität stimmt, die Preise sind räsonabel. → S. 88

Vegetarisch & vegan

Baraka Café (Samadeva), freundliches Café mit vegetarischen und veganen Gerichten, darüber hinaus auch Verkauf gesunder Lebensmittel. → S. 41

Botanika, russische Blini, indisches Currygemüse, italienische oder japanische Pasta und hervorragende Salate. Preiswert. → S. 65

The Idiot, gute vegetarische russische Küche, allerdings zu überdurchschnittlichen Preisen. Man kann aber auch nur auf ein Bier hereinkommen. → S. 106

Koscher

Lechaim, in einem niedrigen Gewölberaum der Synagoge. Koschere Küche zu etwas gehobenen Preisen in sehr gepflegtem Ambiente. → S. 107

Golden Cafe, koschere georgische Küche, die Bedienung ist äußerst freundlich, die Preise sind moderat. → S. 107

Cafés & Teehäuser

Unzija, Teehaus-Kette mit mehreren Filialen und großem Angebot, auch Kaffee. Stimmungsvolle Atmosphäre, serviert wird im Hinterstübchen, vorne Verkaufsladen. Leicht gehobene Preise. → S. 42

Café Mango, eines der schönsten Cafés im Diplomatenviertel. Angenehmes Ambiente, kleine Gerichte, vor allem aber exzellenter Kaffee, Espresso und Ristretto. → S. 78

Grand Café „Tea House", großes Sortiment an Kaffees, Tees und Tabak – das Lokal im leicht indischen Stil bietet auch Wasserpfeifen an. → S. 89

Sewer, der Tortenspezialist am Newskij (Stammhaus der gleichnamigen Kette), riesiges Angebot an hausgemachten Torten und anderen Süßigkeiten. → S. 42

Busche, eine der renommiertesten Tortenbäckereien der Stadt mit diversen Filialen. Die hinter der Kasaner Kathedrale hat Kaffeehausatmosphäre und ist die freundlichste von allen. Auch vorzügliches Frühstück im Angebot. → S. 42

meinTipp **Stolle**, Petersburgs berühmtester Hersteller von Piroggen (gefüllte Teigtaschen), die gut besuchten Räume verströmen Wiener Kaffeehaus-Atmosphäre. → S. 42

Prächtige Aussicht

Terrassa, Dachrestaurant in einem Glasanbau hinter der Kasaner Kathedrale, der Blick entschädigt für die gehobenen Preise. Die Küche ist international, auch Pizza und Pasta. Unbedingt reservieren. → S. 40

Singer, spektakulärer Blick auf den Newskij und die Kasaner Kathedrale bei Kaffee und Kuchen. → S. 42

Bellevue, im Nobel-Hotel Kempinski und mit traumhafter Aussicht über die Dächer der Stadt. Europäische Küche für den betuchten Gast. → S. 64

Korjuschka, die Lage ist einmalig: direkt an der Peter-und-Paul-Festung, zur Newa hin ein Strand, von der Terrasse Blick auf die Eremitage und die Strelka ... Die Küche (russisch und ukrainisch) ist ebenfalls hervorragend, die Preise liegen etwas über dem Durchschnitt. → S. 128

Etwas Russisch

Guter Wille wird honoriert. Wer sich auch mit nur wenigen russischen Wörtern durchzuschlagen versucht, zeigt damit Interesse an der ihm fremden Kultur und kann sich der Freundlichkeit des Gegenübers gewiss sein.

Das in Russland verwendete kyrillische Alphabet befremdet den Westeuropäer erst, doch ist es einfacher zu erlernen, als der erste Blick befürchten lässt. Wer sich daran gewöhnt, alle Schilder, die ihm auf der Straße begegnen, zu entziffern, am Anfang vielleicht noch ab und zu einen Buchstaben nachschaut, der hat das Mysterium der 33 Buchstaben schnell entschleiert.

Das kyrillische Alphabet

1. Spalte: kyrillische Buchstaben. Auf die Schreibweise in der teilweise stark abweichenden, häufig anzutreffenden sog. „Maschinenschrift" verzichten wir hier, um die Sache nicht unnötig zu verkomplizieren.

2. Spalte: Transkription in lateinische Buchstaben

3. Spalte: Beispiel (kyrillisch)

4. Spalte: Transkription des Beispiels

5. Spalte: die wichtigsten Erklärungen zur Aussprache und Besonderheiten

А а	*A*	**Антон**	*Anton*	
Б б	*B*	**Борис**	*Boris*	
В в	*W*	**Владимир**	*Wladimir*	
Г г	*G*	**Горки**	*Gorki*	bei den Adjektivendungen -ого/-его als „w" ausgesprochen
Д д	*D*	**Днепр**	*Dnjepr*	
Е е	*je*	**Менделеев**	*Mendelejew*	am Wortanfang, nach Vokalen, nach ъ und ь
	e	**Нева**	*Njewa*	offenes „e" nach Konsonanten
Ё ё	*jo*	**Пётр**	*Pjotr*	
	o	**Горбачёв**	*Gorbatschow*	offenes „o" nach ж, ш, ч, щ
Ж ж	*sch*	**Живаго**	*Schiwago*	stimmhaftes „sch"
З з	*S*	**Захаров**	*Sacharow*	stimmhaftes „s"
И и	*I*	**Иван**	*Iwan*	
Й й	*J*	**Байкал**	*Bajkal*	
К к	*K*	**Катя**	*Katja*	ks = x, Максим = Maxim
Л л	*L*	**Ладога**	*Ladoga*	
М м	*M*	**Максим**	*Maxim*	
Н н	*N*	**Надя**	*Nadja*	
О о	*O*	**Обломов**	*Oblomow*	offenes „o" in der betonten Silbe, kurzes „a" in unbetonten Silben

П п	*P*	**Путин**	*Putin*	
Р р	*R*	**Россия**	*Rossija*	gerolltes Zungenspitzen-R
С с	*S*	**Сергей**	*Sergej*	stimmloses „s"
	Ss	**Василий**	*Wassilij*	zwischen Vokalen
Т т	*T*	**Таня**	*Tanja*	
У у	*U*	**Урал**	*Ural*	
Ф ф	*F*	**Фёдор**	*Fjodor*	
Х х	*Ch*	**Харьков**	*Charkow*	
Ц ц	*Z*	**Цветаева**	*Zwetajewa*	
Ч ч	*tsch*	**Чайковский**	*Tschajkowskij*	
Ш ш	*sch*	**Наташа**	*Natascha*	stimmloses „sch"
Щ щ	*schtsch*	**Щедрин**	*Schtschedrin*	das „t" entfällt bei der Aussprache
Ъ ъ		**объект**	*Objekt*	Härtzeichen: vorhergehender Konsonant wird hart ausgesprochen
Ы ы	*Y*	**Иртыш**	*Irtysch*	unbetontes „i", ungefähr wie in „bitte"
Ь ь		**Ольга**	*Olga*	Weichheitszeichen: vorhergehender Konsonant wird weich ausgesprochen
Э э	*e*	**Эльбрус**	*Elbrus*	geschlossenes „e", vor harten Konsonanten und im Auslauf offenes „e"
Ю ю	*ju*	**Юрий**	*Jurij*	
Я я	*ja*	**Яков**	*Jakow*	

Kleiner Sprachführer

Im folgenden Mini-Wörterbuch ist der **Vokal der betonten Silbe** jeweils **fett und farbig** gedruckt. Bei der Transkription wird eine abweichende Aussprache in Klammern angegeben.

Minimalwortschatz

ja	da	**да**
nein	njet	**нет**
vielleicht	wosm**o**scho, m**o**schet byt	**возможно, может быть**
und	i	**и**
oder	**i**li	**или**
schön	krass**i**wyj (m), krass**i**waja (f)	**красивый (m), красивая (f)**
groß	bolsch**o**j (m), bolsch**a**ja (f)	**большой (m), большая (f)**

klein	m**a**lenkij (m), m**a**lenkaja (f)	**маленький (m), маленькая (f)**
viel	mn**o**go	**много**
wenig	m**a**lo	**мало**
wo?	gde?	**где?**
wann?	kogd**a**?	**когда?**
wie viel?	sk**o**lko?	**сколько?**
warum?	potschem**u**?	**почему?**

Grüße

Guten Tag!	sdr**a**wstwujte (str**a**stwujte)	**здравствуйте**
Guten Tag!	d**o**bry den	**добрый день**
Grüß Dich! Hallo!	priwj**e**t	**привет**
Guten Morgen!	d**o**broje **u**tro	**доброе утро**
Guten Abend!	d**o**bryj w**e**tscher	**добрый вечер**
Gute Nacht!	spok**o**jnoj n**o**tschi	**спокойной ночи**
Auf Wiedersehen	do swid**a**nija	**до свидания**
Bis bald!	do wstr**e**tschi (da fstr**e**tschi)	**до встречи**
Tschüs!	pok**a**	**пока**

Gespräche

Wie geht es dir?	Kak del**a**?	**Как дела?**
Wie geht es Ihnen?	Kak u was del**a**?	**Как у вас дела?**
danke	spass**i**bo	**спасибо**
Mir geht es gut, und dir ?	U menj**a** choroschи**o**, a u tebj**a**?	**У меня хорошо, а у тебя?**
Wie heißt du/heißen Sie?	Kak tebj**a** sow**u**t/was sow**u**t?	**Как тебя зовут/вас зовут?**
Ich heiße ...	Menj**a** sow**u**t ...	**Меня зовут ...**
Wie heißt das auf Russisch?	Kak **e**to po-r**u**sski?	**Как это по-русски?**
Ich bin ...	Ja ...	**Я ...**
Deutscher/Deutsche	n**e**mez/n**e**mka	**немец/немка**
Österreicher/Österreicherin	awstr**i**ez/awstr**i**jka	**австриец /австрийка**
Schweizer/Schweizerin	schwejz**a**rez/schwejz**a**rka	**швейцарец/швейцарка**
pardon	iswin**i**te	**извините**
Deutschland	Germ**a**nija	**Германия**
Sprechen Sie Deutsch? ... Englisch?	Wy gowor**i**te po-nem**e**zki? ... po-angl**i**jski?	**Вы говорите по-немецки? по-английски?**
Wissen Sie ...?	Wy sn**a**jete ...?	**Вы знаете ...?**
Ich habe nicht verstanden	Ja ne p**o**njal. (m) Ja ne p**o**njal**a**. (f)	**Я не понял. Я не поняла.**

Ich weiß nicht	Ja ne sn**a**ju	**Я не знаю**
Ich suche	Ja ischtsch**u**	**Я ищу**
Einverstanden!	sogl**a**ssen! OK	**согласен! OK!**
Macht nichts!/Kein Problem!	n**i**tschego (nitschewo)	**ничего**

Unterwegs

Straße	**u**liza	**улица**
Platz	pl**o**schtschad	**площадь**
Brücke	most	**мост**
Kreuzung	perekr**jo**stok	**перекрёсток**
Ampel	swetof**o**r	**светофор**
links	sl**e**wa	**слева**
nach links	nal**e**wo	**налево**
rechts	spr**a**wa	**справа**
nach rechts	napr**a**wo	**направо**
geradeaus	pr**ia**mo	**прямо**
Fahrkarte	bilj**e**t	**билет**
einfach	pr**o**sto	**просто**
hin und zurück	tud**a** i obr**a**tno	**туда и обратно**
Flughafen	aerop**o**rt	**аэропорт**
Flugzeug	samol**jo**t	**самолёт**
Hafen	g**a**wan	**гавань**
Schiff	kor**a**bl	**корабль**
Fähre	par**o**m	**паром**
Bahnhof	woks**a**l	**вокзал**
Zug	p**o**jesd	**поезд**
U-Bahn	metr**o**	**метро**
Station	st**a**nzija	**станция**
Straßenbahn	tramw**a**j	**трамвай**
Bus	awt**o**bus	**автобус**
Haltestelle	ostan**o**wka	**остановка**
Toilette	tual**e**t	**туалет**

Bank/Post

geöffnet	otkr**y**to	**открыто**
geschlossen	sakr**y**to	**закрыто**
Bank	bank	**банк**
Geldautomat	bankom**a**t	**банкомат**
Post	p**o**tschta	**почта**
Briefkasten	potscht**o**wyj **j**aschtschik	**почтовый ящик**

Briefmarke	m**a**rka	марка
Brief	pism**o**	письмо
mit Luftpost	na samol**jo**te	на самолёте
Eilpost	expr**e**ss	экспресс
Einschreiben	sakasn**o**je pism**o**	заказное письмо

Einkaufen

geöffnet	otkr**y**to	открыто
geschlossen	sakr**y**to	закрыто
Haben Sie ...?	U was est ...?	У вас есть ...?
Ich hätte gern ..., bitte (wenn Mann etwas will)	Ja chot**e**l by ..., posch**a**lujsta (posch**a**lysta)	Я хотел бы ..., пожалуйста
Ich hätte gern ..., bitte (wenn Frau etwas will)	Ja chot**e**la by ..., posch**a**lujsta (posch**a**lysta)	Я хотела бы ..., пожалуйста
Was kostet das?	Sk**o**lko **e**to st**o**it?	Сколько это стоит?
Das gefällt mir nicht.	**E**to mne ne nr**a**witsja.	Это мне не нравится.
Markt	r**y**nok	рынок
Kilo(gramm)	kilogr**a**mm	килограмм
100 Gramm	sto gr**a**mmow	сто граммов
groß	bolsch**o**j (m), bolsch**a**ja (f)	большой (m), большая (f)
klein	m**a**lenkij (m), m**a**lenkaja (f)	маленький (m), маленькая (f)
Geschäft	magas**i**n	магазин
Lebensmittelladen	prod**u**kty	продукты
Supermarkt	superm**a**rket	супермаркет
Lebensmittel	jed**a**, p**i**schtscha	еда, пища
Bäckerei	b**u**lotschnaja	булочная
Konditorei	kond**i**terskaja	кондитерская
Apotheke	apt**e**ka	аптека
Buchhandlung	kn**i**schnyj magas**i**n	книжный магазин
Buch	kn**i**ga	книга
Schreibwarengeschäft	kanzel**ja**rskij magas**i**n	канцелярский магазин
Briefumschlag	konw**e**rt	конверт
Apfel	**ja**bloko	яблоко
Brot	chleb	хлеб
Butter	m**a**slo	масло
Ei	jajz**o**	яйцо
Essig	**u**ksus	уксус
Honig	mjod	мёд

Käse	syr	**сыр**
Marmelade	dschem	**джем**
Milch	moloko	**молоко**
Butter	maslo	**масло**
Öl	rastitelnoje maslo	**растительное масло**
Pfeffer	perez	**перец**
Salz	sol	**соль**
Tomaten	tomaty, pomidory	**томаты, помидоры**
Würste	kolbasy	**колбасы**
Zucker	sachar	**сахар**
Seife	mylo	**мыло**
Shampoo	schampun	**шампунь**
Toilettenpapier	tualetnaja bumaga	**туалетная бумага**

Sehenswertes/geographische Begriffe

wo ist …?	gde …?	**где …?**
links	slewa	**слева**
rechts	sprawa	**справа**
hier	sdes	**здесь**
dort, da	tam	**там**
Insel	ostrow	**остров**
Kanal	kanal	**канал**
Kirche	zerkow	**церковь**
Kathedrale	sobor	**собор**
Kloster	monastyr	**монастырь**
Meer	more	**море**
Museum	musej	**музей**
Kasse	kassa	**касса**
Eingang	wchod (fchod)	**вход**
Ausgang	wychod	**выход**
Platz	ploschtschad	**площадь**
Stadt	gorod	**город**

Hilfe/Krankheit

Konsulat	konsulstwo	**консульство**
Polizei	milizija	**милиция**
Arzt, Doktor	wratsch, doktor	**врач, доктор**
Zahnarzt	dantist, stomatolog	**дантист, стоматолог**
Krankenhaus	bolniza	**больница**
Apotheke	apteka	**аптека**

Medikamente	lek**a**rstwo	**лекарство**
Heftpflaster	pl**a**styr	**пластырь**
Mullbinde	bint	**бинт**
Schmerzen	b**o**li	**боли**
krank	boln**o**j (m), boln**a**ja (f)	**больной (m), больная (f)**
erkältet	n**a**smork	**насморк**
Grippe	gripp	**грипп**
Husten	k**a**schel	**кашель**
Durchfall	diar**e**ja, k**o**liki	**диарея, колики**
Verstopfung	sap**o**r	**запор**
Entzündung	wospal**e**nje	**воспаление**
Ich habe ...	u menj**a** ...	**у меня ...**
Kopfschmerzen	... bol**i**t golow**a**	**... болит голова**
Halsschmerzen	... bol**i**t g**o**rlo	**... болит горло**
Zahnschmerzen	... bolj**a**t s**u**by	**... болят зубы**
Auge	glas	**глаз**
Ohr	**u**cho	**ухо**
Magen	schel**u**dok	**желудок**
Rücken	spin**a**	**спина**

Allgemeine Zeitbegriffe

morgens	**u**trom	**утром**
tagsüber	dnjom	**днём**
abends	w**e**tscherom	**вечером**
nachts	n**o**tschju	**ночью**
gestern	wtscher**a** (ftscher**a**)	**вчера**
heute	seg**o**dnja (sew**o**dnja)	**сегодня**
morgen	s**a**wtra (s**a**ftra)	**завтра**
Stunde	tschas	**час**
Tag	den	**день**
Woche	ned**e**lja	**неделя**
Monat	m**e**sjaz	**месяц**
Jahr	god	**год**
vor	do, p**e**red	**до, перед**
nach	p**o**sle	**после**
früher	r**a**nsche	**раньше**
später	p**o**ssche	**позже**
Wie spät ist es?	Kot**o**ryj tschas?	**который час?**
um welche Uhrzeit?	wo sk**o**lko?	**во сколько?**
wann?	kogd**a**?	**когда?**

Tage, Monate, Jahreszeiten

Montag	ponedelnik	**понедельник**
Dienstag	wtornik (ftornik)	**вторник**
Mittwoch	sreda	**среда**
Donnerstag	tschetwerg	**четверг**
Freitag	pjatniza	**пятница**
Samstag	subbota	**суббота**
Sonntag	woskresenje	**воскресенье**
Januar	janwar	**январь**
Februar	fewral	**февраль**
März	mart	**март**
April	aprel	**апрель**
Mai	maj	**май**
Juni	ijun	**июнь**
Juli	ijul	**июль**
August	awgust	**август**
September	sentjabr	**сентябрь**
Oktober	oktjabr	**октябрь**
November	nojabr	**ноябрь**
Dezember	dekabr	**декабрь**
Frühjahr	wesna	**весна**
Sommer	leto	**лето**
Herbst	osen	**осень**
Winter	sima	**зима**

Zahlen

0	nol	**ноль**
1	odin	**один**
2	dwa	**два**
3	tri	**три**
4	tschetyre	**четыре**
5	pjat	**пять**
6	schest	**шесть**
7	sem	**семь**
8	wossem	**восемь**
9	dewjat	**девять**
10	dessjat	**десять**
11	odinnadzat	**одиннадцать**
12	dwenadzat	**двенадцать**
13	trinadzat	**тринадцать**

14	tschetyrnadzat	**четырнадцать**
15	pjatnadzat	**пятнадцать**
16	schestnadzat	**шестнадцать**
17	semnadzat	**семнадцать**
18	wosemnadzat	**восемнадцать**
19	dewjatnadzat	**девятнадцать**
20	dwadzat	**двадцать**
21	dwadzat odin	**двадцать один**
22	dwadzat dwa	**двадцать два**
23	dwadzat tri	**двадцать три**
30	tridzat	**тридцать**
40	sorok	**сорок**
50	pjatdessjat	**пятьдесят**
60	schestdessjat	**шестьдесят**
70	semdessjat	**семьдесят**
80	wosemdessjat	**восемьдесят**
90	dewjanosto	**девяносто**
100	sto	**сто**
1000	tysjatscha	**тысяча**
2017	dwe tysjatschi semnadzat	**две тысячи семнадцать**
einmal	odin ras	**один раз**
zweimal	dwa rasa	**два раза**
die Häfte	polowina	**половина**
ein Viertel	tschetwert	**четверть**
ein Paar	para	**пара...**

Speiselexikon

Diverses

завтрак	sawtrak (saftrak)	*Frühstück*
обед	obed	*Mittagessen*
ужин	uschin	*Abendessen*
Приятного аппетита!	prijatnogo appetita	*Guten Appetit!*
Я хотел бы ..., пожалуйста	Ja chotel by ..., poschalujsta (paschalysta)	*Ich hätte gern ..., bitte (wenn Mann etwas will)*
Я хотела бы ..., пожалуйста	Ja chotela by ..., poschalujsta (paschalysta)	*Ich hätte gern ..., bitte (wenn Frau etwas will)*
Счёт, пожалуйста!	stschiot (stschot), poschalujsta (paschalysta)	*Die Rechnung, bitte!*
самообслуживание	samoobsluschiwanje	*Selbstbedienung*

вегетарианский	wegetari**a**nskij	*vegetarisch*
есть	est	*essen*
пить	pit	*trinken*
меню	men**ju**	*Speisekarte*
закуски	sak**u**ski	*Vorspeisen*
блюда	bl**ju**da	*Gerichte*
основные блюда	osnown**y**je bl**ju**da	*Hauptgerichte*
хлеб	chleb	*Brot*
булочка	b**u**lotschka	*Brötchen*
масло	m**a**slo	*Butter*
джем	dschem	*Marmelade*
мёд	mjod	*Honig*
яичница	ja**i**tschniza	*Spiegelei*
каша	k**a**scha	*Brei*
икра	ikr**a**	*Kaviar*
блины	blin**y**	*Bliny (russischer Pfannkuchen)*
бутерброд	buterbr**o**d	*belegtes Weißbrot*
пирожки	piroschk**i**	*Piroggen (russische Spezialität)*
суп	sup	*Suppe*
борщ	borschtsch	*Borschtsch (Rote-Beete-Suppe)*
уха	uch**a**	*Ucha (Fischsuppe)*
щи	schtschi	*Schtschi (Kohlsuppe)*
солянка	sol**ja**nka	*Soljanka (russische Suppenspezialität)*
нож	nosch	*Messer*
вилка	w**i**lka	*Gabel*
ложка	l**o**schka	*Löffel*
холодный (m), холодная (f)	chol**o**dnyj (m), chol**o**dnaja (f)	*kalt*
горячий (m), горячая (f)	gor**ja**tschij (m), gor**ja**tschaja (f)	*heiß*
варёный (m), варёная (f)	war**jo**nyj (m), war**jo**naja (f)	*gekocht*
жареный (m), жареная (f)	sch**a**renyj (m), sch**a**renaja (f)	*gebraten*
копчёный (m), копчёная (f)	koptsch**o**nyj (m), koptsch**o**naja (f)	*geräuchert*
гриль	gril	*Grill*
соль	sol	*Salz*

перец	p**e**rez	*Pfeffer*
лук	luk	*Zwiebel*
чеснок	tschesn**o**k	*Knoblauch*
уксус	**u**ksus	*Essig*
горчица	gortsch**i**za	*Senf*
йогурт	j**o**gurt	*Joghurt*
кубик льда	k**u**bik lda	*Eiswürfel*

Fleisch und Geflügel

мясо	m**ja**sso	*Fleisch*
говядина	gow**ja**dina	*Rind*
телёнок	tel**jo**nok	*Kalb*
свинина	swin**i**na	*Schwein*
ягненок	jagn**e**nok	*Lamm*
жаркое	schark**o**je	*Braten*
филе	fil**e**	*Filet*
антрекот	antrek**o**t	*Entrecôte*
бифштекс	bifscht**e**ks	*Beefsteak*
эскалоп, отбивная	eskal**o**p, otbiwn**a**ja	*Schnitzel*
гуляш	gul**ja**sch	*Gulasch*
котлета	kotl**e**ta	*Frikadelle*
мясо на вертеле	m**ja**sso na w**e**rtele	*Bratspieß*
шашлык	schaschl**y**k	*Schaschlik*
печень	p**e**tschen	*Leber*
почки	p**o**tschki	*Nieren*
потроха	potr**o**cha	*Kutteln*
сосиска	soss**i**ska	*Bratwurst*
колбаса	kolbass**a**	*Brühwurst*
ветчина	w**e**tschina	*Schinken*
птица	pt**i**za	*Geflügel*
утка	**u**tka	*Ente*
молодой петушок	molod**o**j petusch**o**k	*Hähnchen*
курица	k**u**riza	*Huhn*
пельмени	pelm**e**ni	*Pelmeni (russische Teigtaschen)*

Meeresfrüchte, Fische

мидия	m**i**dija	*Muscheln*
каракатица	karak**a**tiza	*Tintenfisch*
рыба	r**y**ba	*Fisch*

осётр	os**jo**tr	*Stör*
лосось	loss**o**s	*Lachs*
селёдка	sel**jo**dka	*Hering*
окунь	**o**kun	*Barsch*
щука	schtsch**u**ka	*Hecht*
карп	karp	*Karpfen*
форель	for**e**l	*Forelle*

Gemüse und Beilagen

овощи	**o**woschtschi	*Gemüse*
гарнир	garn**i**r	*Beilage*
картошка	kart**o**schka	*Kartoffel*
картофель фри	kart**o**fel fri	*Pommes frites*
рис	ris	*Reis*
макароны	makar**o**ny	*Teigwaren*
грибы	grib**y**	*Pilze*
капуста	kap**u**sta	*Kohl*
цветная капуста	zwetn**a**ja kap**u**sta	*Blumenkohl*
шпинат	schpin**a**t	*Spinat*
лук-порей	luk-por**e**j	*Lauch*
морковь	mork**o**w	*Möhren*
кабачок	kabatsch**o**k	*Zucchini*
помидор	pomid**o**r	*Tomate*
стручковая фасоль	strutschk**o**waja fass**o**l	*grüne Bohnen*
зелёный горошек	sel**jo**nyj gor**o**schek	*Erbsen*
чечевица	tschetschew**i**za	*Linsen*
артишок	artisch**o**k	*Artischocke*
спаржа	sp**a**rscha	*Spargeln*
огурец	ogur**e**z	*Gurke*
редиска	red**i**ska	*Radieschen*
салат	sal**a**t	*Salat*
салат „Оливье“	salat „Oliwj**e**“	*„Oliwje“-Salat*
соус	s**o**us	*Sauce*
сметана	smet**a**na	*saure Sahne*

Obst, Dessert, Gebäck, Käse

десерт	dess**e**rt	*Dessert*
мороженое	mor**o**schenoje	*Eis*
фрукты	fr**u**kty	*Obst*

яблоко	jabloko	*Apfel*
груша	gruscha	*Birne*
персик	persik	*Pfirsich*
апельсин	apelsin	*Orange*
банан	banan	*Banane*
ананас	ananas	*Ananas*
клубника	klubnika	*Erdbeeren*
шоколад	schokolad	*Schokolade*
сладости	slasti	*Süßigkeiten*
сладкий (m), сладкая (f)	sladkij (m), sladkaja (f)	*süß*
сироп	sirop	*Sirup*
сахар	sachar	*Zucker*
пирог	pirog	*Kuchen*
торт	tort	*Torte*
сыр	syr	*Käse*

Getränke

бутылка	butylka	*Flasche*
стакан	stakan	*Glas*
водка	wodka	*Wodka*
пиво	piwo	*Bier*
вино	wino	*Wein*
красное вино	krasnoje wino	*Rotwein*
белое вино	beloje wino	*Weißwein*
квас	kwas	*Kwas (russ. Getränk, meist auf Basis von Roggenbrot)*
сок	sok	*Saft*
лимонад	limonad	*Limonade*
вода	woda	*Wasser*
… газированная	… gasirowannaja	*… mit Kohlensäure*
… негазированная	… negasirowannaja	*… ohne Kohlensäure*
кофе	kofe	*Kaffee*
… с молоком	… s molokom	*… mit Milch*
чай	tschaj	*Tee*
какао	kakao	*Kakao*
молоко	moloko	*Milch*

Verzeichnisse

St. Petersburg im Kasten

Fotoverzeichnis

Was haben Sie entdeckt?

Haben Sie ein besonderes Restaurant, ein neues Museum oder ein nettes Hotel entdeckt? Wenn Sie Ergänzungen, Verbesserungen oder Tipps zum Buch haben, lassen Sie es uns wissen!

Schreiben Sie an: Marcus X. Schmid, Stichwort „St. Petersburg" | c/o Michael Müller Verlag GmbH | Gerberei 19, D – 91054 Erlangen | mxs@michael-mueller-verlag.de

Kartenverzeichnis und Zeichenerklärung

Autobahn/Schnellstraße

Hauptstraße/Sonstige Straße/Fußweg

Eisenbahn

Rundgang/Anfang...Ende

Bebaute Fläche/ Gebäude

Fußgängerzone

Grünfläche

Gewässer/Sumpfgebiet

Friedhof

Flughafen

P Parkplatz

M Newski Prospekt Metro-Station

Letni sad Fähranlegestelle

B Botschaft /Konsulat

M Museum

Kirche/ Synagoge/ Moschee

Denkmal

Zoo

i Information

Abkürzungen:

ul. = uliza *(Straße)*

prosp. oder pr. = prospekt *(Avenue bzw. Prospekt)*

per. = pereulok *(Gasse)*

nab. = nabereschnaja *(Quai)*

pl. = ploschtschad *(Platz)*

▼ Kartenausschnitte im Buch

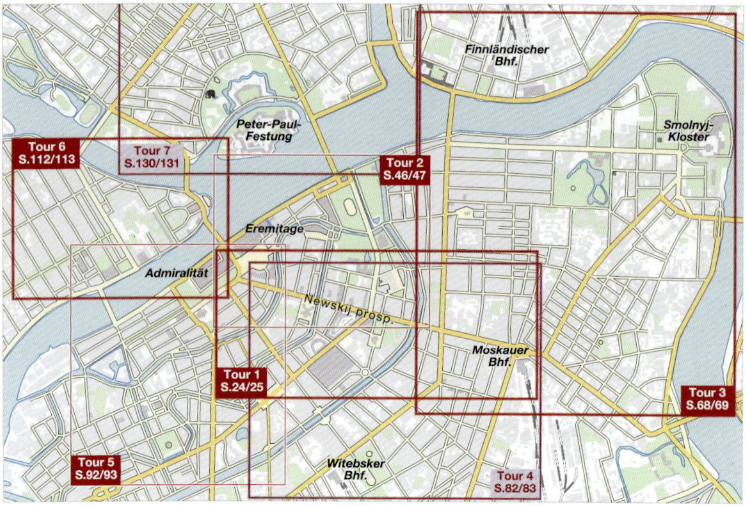

Impressum

Text und Recherche: Marcus X. Schmid | **Lektorat:** D&M Services GmbH: Horst Christoph | **Redaktion:** Johanna Prediger | **Layout:** D&M Services GmbH: Jana Locker | **Karten:** Janina Baumbauer, Hans-Joachim Bode, Carlos Borell, Theresa Flenger, Judit Ladik, Gábor Sztrecska | **Covergestaltung:** Karl Serwotka | **Covermotive:** vorne: Troizkij-Kathedrale © Heidi Moretti; hinten: Schlossbrücke © Michel Riethmann; Klappe vorne: Lomonossow-Brücke © Marcus X. Schmid, Klappe hinten: Winterpalast © Antje Vogel

ISBN 978-3-95654-642-6

 Druck: Westermann Druck Zwickau GmbH.

Newsletter

Aktuelle Infos zu unseren Titeln, Hintergrundgeschichten zu unseren Reisezielen sowie brandneue Tipps erhalten Sie in unserem regelmäßig erscheinenden Newsletter, den Sie im Internet unter **www.michael-mueller-verlag.de** kostenlos abonnieren können.

Abruzzen ■ Ägypten ■ Algarve ■ Allgäu ■ Allgäuer Alpen ■ Altmühltal & Fränk. Seenland ■ Amsterdam ■ Andalusien ■ Andalusien ■ Apulien ■ Australien – der Osten ■ Azoren ■ Bali & Lombok ■ Barcelona ■ Bayerischer Wald ■ Bayerischer Wald ■ Berlin ■ Bodensee ■ Bremen ■ Bretagne ■ Brüssel ■ Budapest ■ Chalkidiki ■ Chiemgauer Alpen ■ Chios ■ Cilento ■ Cornwall & Devon ■ Comer See ■ Costa Brava ■ Costa de la Luz ■ Côte d'Azur ■ Cuba ■ Dolomiten – Südtirol Ost ■ Dominikanische Republik ■ Dresden ■ Dublin ■ Düsseldorf ■ Ecuador ■ Eifel ■ Elba ■ Elsass ■ Elsass ■ England ■ Fehmarn ■ Franken ■ Fränkische Schweiz ■ Fränkische Schweiz ■ Friaul-Julisch Venetien ■ Gardasee ■ Gardasee ■ Genferseeregion ■ Golf von Neapel ■ Gomera ■ Gomera ■ Gran Canaria ■ Graubünden ■ Hamburg ■ Harz ■ Haute-Provence ■ Havanna ■ Ibiza ■ Irland ■ Island ■ Istanbul ■ Istrien ■ Italien ■ Italienische Adriaküste ■ Kalabrien & Basilikata ■ Kanada – Atlantische Provinzen ■ Kanada – Der Westen ■ Karpathos ■ Kärnten ■ Katalonien ■ Kefalonia & Ithaka ■ Köln ■ Kopenhagen ■ Korfu ■ Korsika ■ Korsika Fernwanderwege ■ Korsika ■ Kos ■ Krakau ■ Kreta ■ Kreta ■ Kroatische Inseln & Küstenstädte ■ Kykladen ■ Lago Maggiore ■ Lago Maggiore ■ La Palma ■ La Palma ■ Languedoc-Roussillon ■ Lanzarote ■ Lesbos ■ Ligurien – Italienische Riviera, Genua, Cinque Terre ■ Ligurien & Cinque Terre ■ Limousin & Auvergne ■ Limnos ■ Liparische Inseln ■ Lissabon & Umgebung ■ Lissabon ■ London ■ Lübeck ■ Madeira ■ Madeira ■ Madrid ■ Mainfranken ■ Mainz ■ Mallorca ■ Mallorca ■ Malta, Gozo, Comino ■ Marken ■ Marseille ■ Mecklenburgische Seenplatte ■ Mecklenburg-Vorpommern ■ Menorca ■ Midi-Pyrénées ■ Mittel- und Süddalmatien ■ Montenegro ■ Moskau ■ München ■ Münchner Ausflugsberge ■ Naxos ■ Neuseeland ■ New York ■ Niederlande ■ Niltal ■ Norddalmatien ■ Norderney ■ Nord- u. Mittelengland ■ Nord- u. Mittelgriechenland ■ Nordkroatien – Zagreb & Kvarner Bucht ■ Nördliche Sporaden – Skiathos, Skopelos, Alonnisos, Skyros ■ Nordportugal ■ Nordspanien ■ Normandie ■ Norwegen ■ Nürnberg, Fürth, Erlangen ■ Oberbayerische Seen ■ Oberitalien ■ Oberitalienische Seen ■ Odenwald ■ Ostfriesland & Ostfriesische Inseln ■ Ostseeküste – Mecklenburg-Vorpommern ■ Ostseeküste – von Lübeck bis Kiel ■ Östliche Allgäuer Alpen ■ Paris ■ Peloponnes ■ Pfalz ■ Pfälzer Wald ■ Piemont & Aostatal ■ Piemont ■ Polnische Ostseeküste ■ Portugal ■ Prag ■ Provence & Côte d'Azur ■ Provence ■ Rhodos ■ Rom ■ Rügen, Stralsund, Hiddensee ■ Rumänien ■ Rund um Meran ■ Sächsische Schweiz ■ Salzburg & Salzkammergut ■ Samos ■ Santorini ■ Sardinien ■ Sardinien ■ Schottland ■ Schwarzwald Mitte/Nord ■ Schwarzwald Süd ■ Schwäbische Alb ■ Schwäbische Alb ■ Shanghai ■ Sinai & Rotes Meer ■ Sizilien ■ Sizilien ■ Slowakei ■ Slowenien ■ Spanien ■ Span. Jakobsweg ■ Sri Lanka ■ St. Petersburg ■ Steiermark ■ Stockholm ■ Südböhmen ■ Südengland ■ Südfrankreich ■ Südmarokko ■ Südnorwegen ■ Südschwarzwald ■ Südschweden ■ Südtirol ■ Südtoscana ■ Südwestfrankreich ■ Sylt ■ Tallinn ■ Teneriffa ■ Teneriffa ■ Tessin ■ Thassos & Samothraki ■ Toscana ■ Toscana ■ Tschechien ■ Türkei ■ Türkei – Lykische Küste ■ Türkei – Mittelmeerküste ■ Türkei – Südägäis ■ Türkische Riviera – Kappadokien ■ USA – Südwesten ■ Umbrien ■ Usedom ■ Varadero & Havanna ■ Venedig ■ Venetien ■ Wachau, Wald- u. Weinviertel ■ Westböhmen & Bäderdreieck ■ Wales ■ Warschau ■ Westliche Allgäuer Alpen und Kleinwalsertal ■ Wien ■ Zakynthos ■ Zentrale Allgäuer Alpen ■ Zypern

Reisehandbuch **MM-City** **MM-Wandern**

Register

Die in Klammern gesetzten Koordinaten verweisen auf die beigefügte St. Petersburg-Karte.

Trompe-l'Œil im Hinterhof

Der Umwelt zuliebe

Unsere Reiseführer werden klimaneutral gedruckt.

Eine Kooperation des Michael Müller Verlags mit myclimate

Sämtliche Treibhausgase, die bei der Produktion der Bücher entstehen, werden durch Ausgleichszahlungen kompensiert. Unsere Kompensationen fließen in das Projekt »Kommunales Wiederaufforsten in Nicaragua«:

- Wiederaufforstung in Nicaragua
- Speicherung von CO_2
- Wasserspeicherung
- Überschwemmungsminimierung
- klimafreundliche Kochherde
- Verbesserung der sozio-ökonomischen und ökologischen Bedingungen
- Klimaschutzprojekte mit höchsten Qualitätsstandards
- zertifiziert durch Plan Vivo

Plan Vivo
Carbon management and rural livelihoods

Einzelheiten zum Projekt unter myclimate.org/nicaragua.

Michael Müller Reiseführer

So viel Handgepäck muss sein.

myclimate
shape our future

Die Webseite zum Thema:
www.michael-mueller-verlag.de/klima

Die Apps aus dem Michael Müller Verlag

mmtravel® Web-App und mmtravel® App

Mit unseren beiden Apps ist das Unterwegssein einfacher.
Sie kommen schneller an Ihr Wunsch-Ziel.
Oder Sie suchen gezielt nach Ihren persönlichen Interessen.

Die mmtravel® Web-App ...

... erhalten Sie gratis auf www.mmtravel.com

... funktioniert online auf jedem Smartphone, Tablet oder PC mit Browserzugriff.

... zeigt Ihnen online sämtliche Sehenswürdigkeiten, Adressen und die Touren aus dem Buch (mit Seitenverweisen) auf einer Karte. Aktivieren Sie das GPS, sehen Sie auch Ihren Standort und alles Interessante in der Umgebung.

... ist ideal für das Setzen persönlicher Favoriten. Dazu legen Sie einfach ein Konto an, das Sie auch mit anderen Geräten synchronisieren können.

www.mmtravel.com

Die mmtravel® App ...

... verknüpft die mmtravel Web-App mit einem intelligenten E-Book. Mit dieser Profi-Version sind Sie komplett unabhängig vom Internet.

... kaufen Sie für Apple und Android in einem App Store.

... verortet sämtliche Adressen und Sehenswürdigkeiten aus dem Buch auf Offline-Karten. Mit zugeschaltetem GPS finden Sie darauf Ihren Standort und alles Interessante rund herum.

... informiert über Hintergründe und Geschichte.

... liefert die kompletten Beschreibungen unserer Autoren.

... eignet sich sowohl zum Schmökern als auch zum intuitiven Wechseln zwischen Karte und Text.

... lässt sich nach Bestätigung eines individuellen Kontos auf bis zu drei Geräten verwenden – und das sogar gleichzeitig.

... wird durch eigene Kommentare und Lesezeichen zum persönlichen Notizbuch.